utb 2959

Eine Arbeitsgemeinschaft der Verlage

Böhlau Verlag · Wien · Köln · Weimar
Verlag Barbara Budrich · Opladen · Toronto
facultas · Wien
Wilhelm Fink · Paderborn
Narr Francke Attempto Verlag · Tübingen
Haupt Verlag · Bern
Verlag Julius Klinkhardt · Bad Heilbrunn
Mohr Siebeck · Tübingen
Ernst Reinhardt Verlag · München
Ferdinand Schöningh · Paderborn
Eugen Ulmer Verlag · Stuttgart
UVK Verlag · München
Vandenhoeck & Ruprecht · Göttingen
Waxmann · Münster · New York
wbv Publikation · Bielefeld

Constanze Janda, Udo Pfeifer

Wirtschafts-privatrecht

3., überarbeitete Auflage

UVK Verlag · München

Die Autoren

Prof. Dr. Constanze Janda ist Inhaberin des Lehrstuhls für Sozialrecht und Verwaltungswissenschaft an der Deutschen Universität für Verwaltungswissenschaften in Speyer.

Dr. Udo Pfeifer ist Richter am Amtsgericht Apolda und Lehrbeauftragter für Bürgerliches Recht, Handels- und Gesellschaftsrecht an der Friedrich-Schiller-Universität Jena.

Online-Angebote oder elektronische Ausgaben sind erhältlich unter www.utb-shop.de

Bibliografische Information der Deutschen Bibliothek

Die Deutsche Bibliothek verzeichnet diese Publikation in der Deutschen Nationalbibliografie; detaillierte bibliografische Daten sind im Internet über <http://dnb.ddb.de> abrufbar.

Lektorat: Rainer Berger, München
Einbandgestaltung: Atelier Reichert, Stuttgart
Einbandmotiv: © Meinzahn – iStock
Druck und Bindung: CPI – Clausen & Bosse, Leck

UVK Verlag
Nymphenburger Str. 48
80335 München
Telefon: 089/452174-66

Narr Francke Attempto Verlag GmbH & Co. KG
Dischingerweg 5
72070 Tübingen
Telefon: 07071/9797-0

www.narr.de

UTB-Nr. 2959
ISBN 978-3-8252-4979-3

Inhalt

Vorwort zur 3. Auflage

Seit der letzten Auflage des „Crashkurs Wirtschaftsprivatrecht“ sind nunmehr sieben Jahre vergangen. In der Zwischenzeit hat es keine fundamentalen Umbrüche im Bürgerlichen Recht, dem Handels- und Gesellschaftsrecht gegeben. Jedoch waren kleine Änderungen und Ergänzungen – etwa im Mietrecht sowie im Werkvertragsrecht – erforderlich, um das Lehrbuch auf den aktuellen Stand zu bringen.

Wir freuen uns, dass das Werk von den Studierenden weiterhin gut angenommen wird und sehen uns in unserem Anliegen bestätigt, juristisches Wissen einerseits klar konturiert und strukturiert, andererseits auf die Kernaussagen beschränkt, an Studierende anderer Fachrichtungen zu vermitteln.

Bei der Durchsicht des Manuskript hat uns Mathieu Wagner umfassend unterstützt, wofür wir ihm herzlich danken. Neben ihm haben Carolin Berghöfer, Martina Dieterle, Carolin Duda, Vanessa Zeeb und Leonie Zeißler die Druckfahnen durchgesehen. Auch ihnen gebührt herzlicher Dank!

Apolda und Speyer, im März 2019

Constanze Janda
Udo Pfeifer

Vorwort zur 1. Auflage

Das vorliegende Lehrbuch ist aus den Skripten zu den Lehrveranstaltungen „Recht I für Wirtschaftswissenschaftler" hervorgegangen, welche die Verfasser an der Wirtschaftswissenschaftlichen Fakultät der Friedrich-Schiller-Universität Jena gehalten haben. Es wendet sich vor allem an Studenten der Wirtschaftswissenschaften, Magisterstudenten mit dem Nebenfach „Recht" und Lehramtsstudenten mit dem Fach „Wirtschaft und Recht" und soll ihnen bei der Vorbereitung auf die Leistungsnachweise im Wirtschaftsprivatrecht zur Seite stehen. Über die Klausurvorbereitung hinaus soll es dem Leser die vermögensrechtlichen Vorgaben vermitteln, die im geschäftlichen wie privaten Alltag eine Rolle spielen und ihn so in die Lage versetzen, juristische Risiken zu erkennen und einzuschätzen.

Der „BWL Crash Kurs Wirtschaftsprivatrecht" behandelt neben dem Bürgerlichen Recht auch das Handelsrecht und das Gesellschaftsrecht.

Im Anschluss an eine Einführung in die Grundbegriffe des Bürgerlichen Rechts werden die Voraussetzungen für das Zustandekommen von Verträgen dargestellt. Zudem werden die wichtigsten Vertragstypen des BGB erörtert. Besonderes Augenmerk wird auf die Rechtsfolgen von Pflichtverletzungen gelegt. Das Arbeitsrecht sowie das Familien- und Erbrecht bleiben jedoch außer Betracht. Ebenso wird im Interesse der Klarheit und Übersichtlichkeit auf die Darstellung juristischer Streitstände verzichtet. Die Autoren folgen insoweit der Auffassung der Rechtsprechung.

Das Handelsrecht ist bewusst kurz gehalten. Namentlich haben wir auf die Erörterung der Regeln zu Buchführung und Bilanzierung verzichtet. Vielmehr kam es uns darauf an, die Besonderheiten, die im kaufmännischen Rechtsverkehr gelten, im Vergleich zu dem für „jedermann" geltenden Bürgerlichen Recht herauszustellen.

Die Darstellung des Gesellschaftsrechts folgt dem Befund, dass unser heutiges Wirtschaftsleben ganz überwiegend von Kapitalgesellschaften – namentlich der GmbH – und nicht mehr vorrangig von Personengesellschaften geprägt wird. Nach einer Einführung folgt daher zunächst eine auf die wesentlichen Regelungen beschränkte Darstellung der einzelnen Personengesellschaften, an die sich eine ausführlichere Behandlung des Kapitalgesellschaftsrechtes anschließt. Angesichts vieler struktureller Übereinstimmungen wird dabei nach dem Vorbild des Lehrbuches von Heribert Hirte das Recht der Aktiengesellschaft und der GmbH gemeinsam dargestellt.

Ergänzt wird die Darstellung durch zahlreiche Beispiele im Text sowie einen Anhang mit klausurtypischen Fällen und Musterlösungen. Ein Glossar soll die

Klärung unbekannter Rechtsbegriffe und ein Index das schnelle Nachschlagen bei einzelnen Problemfragen erleichtern.

Ein herzlicher Dank gebührt Prof. Dr. Dietrich Simon und Prof. Dr. Heribert Hirte für die Anregungen bei der Vorbereitung der dem Buch zu Grunde liegenden Lehrveranstaltungen. Ebenso danken wir Herrn Andreas Jenak für die Durchsicht des Manuskripts.

Jena, im Juni 2007

Constanze Abig
Udo Pfeifer

Bürgerliches Recht

1 Rechtsgeschäfte

Orientierungsfragen

- Was ist Gegenstand des Privatrechts und wie unterscheidet es sich von anderen Rechtsgebieten? → vgl. Abschnitt 1.1
- Wie ist die Handlungsfreiheit des Einzelnen im Privatrecht verwirklicht? Welchen Einschränkungen ist sie unterworfen? → vgl. Abschnitt 1.2, S. 22
- Welche Handlungen und Willensäußerungen sind rechtlich relevant? → vgl. Abschnitt 1.3.1, S. 25
- Wie lassen sich Rechtsgeschäfte systematisieren? → vgl. Abschnitt 1.3.2 ff., S. 26
- Wie kommen Verträge zustande? → vgl. Abschnitt 1.5, S. 32
- Welche Besonderheiten gelten, wenn Minderjährige Verträge abschließen? → vgl. Abschnitt 1.5.2, S. 33
- Wie kann man sich von Verträgen wieder lösen? → vgl. Abschnitt 1.5.3.3, S. 42, Abschnitt 1.6.3, S. 37
- Auf welche Weise kann man Geschäfte unter Einschaltung von Mittelspersonen abschließen? → vgl. Abschnitt 1.7, S. 56
- Welche Regeln hält das Recht bereit, um Benachteiligungen „im Kleingedruckten“ zu unterbinden? → vgl. Abschnitt 1.8, S. 67

1.1 Einführung

Das Privatrecht ist neben dem Öffentlichen Recht Teil unserer Rechtsordnung. Es beschreibt das Verhältnis der Bürger untereinander, die sich als gleichberechtigte Personen gegenüberstehen. Im Gegensatz dazu befasst sich das Öffentliche Recht mit so genannten hoheitlichen Verhältnissen, also der Bürger zum Staat, wie auch der Staats- und Verwaltungsorgane untereinander.

Das Privatrecht umfasst verschiede Rechtsgebiete: das Bürgerliche Recht, das Handels-, Gesellschafts- und das Arbeitsrecht. Das Bürgerliche Recht trifft Regelungen über das Verhältnis von Personen untereinander (Schuldrecht), von Personen zu Sachen (Sachenrecht), die vermögensrechtlichen Folgen des Todes (Erbrecht) oder die Rechtsfragen von Ehe und Verwandtschaft (Familienrecht). Als Sonderprivatrecht der Kaufleute regelt das Handelsrecht alle Angelegenheiten der Kaufleute sowie das

Verhältnis der Kaufleute zu ihren Kunden. Das Recht der Personen- und Kapitalgesellschaften ist Gegenstand des Gesellschaftsrechts. Letztlich stellt das Arbeitsrecht Regelungen über Rechte und Pflichten der abhängig Beschäftigten auf. Unter dem Begriff des Öffentlichen Rechts sind das Staatsrecht, das Verwaltungsrecht sowie das Strafrecht zusammengefasst. Ein und derselbe Sachverhalt kann Gegenstand beider Rechtsgebiete sein.

Beispiel

A hat B bei einem Verkehrsunfall schwer verletzt. Die Ansprüche auf Schadenersatz und Schmerzensgeld, die B gegen A geltend machen möchte, unterliegen dem Zivilrecht. Die staatliche Sanktionierung des Fehlverhaltens des A ist demgegenüber Gegenstand des Strafrechts als Bestandteil des Öffentlichen Rechts.

Die Unterscheidung zwischen Privatrecht und Öffentlichem Recht ist für die Frage relevant, welchen Rechtsweg man im Streitfall zu beschreiten hat. Während für Klagen aufgrund eines Privatrechtsverhältnisses die Zuständigkeit der ordentlichen Gerichte (Amtsgericht oder Landgericht) gegeben ist, ist bei hoheitlichen Streitigkeiten der Rechtsweg zu den Verwaltungsgerichten eröffnet. Strafrechtliche Verfahren werden dagegen – trotz ihrer Zuordnung zum Öffentlichen Recht – wiederum vor den ordentlichen Gerichten geführt.

Merksatz

Zivilrechtliche Ansprüche lassen sich in die Frage „Wer will was von wem woraus?" kleiden, welche den Ausgangspunkt aller Überlegungen zur Lösung eines Falles bildet.

1.2 Der Grundsatz der Privatautonomie

Das Bürgerliche Gesetzbuch (BGB) ist das zentrale Regelungswerk des Privatrechts. Es soll dem Einzelnen die freie wirtschaftliche Entfaltung ermöglichen und ist damit entscheidend vom Prinzip der Handlungsfreiheit geprägt. Die Handlungsfreiheit ist in Art. 2 Abs. 1 GG als Grundrecht gewährleistet. Danach hat jeder das Recht auf freie Entfaltung seiner Persönlichkeit, sofern er nicht die Rechte anderer verletzt und nicht gegen die verfassungsmäßige Ordnung oder das Sittengesetz verstößt. Der Begriff „Sittengesetz" umschreibt die gesellschaftlich anerkannten Regeln, Werte und moralischen Vorstellungen.

Im Zivilrecht wird die Handlungsfreiheit als **PRIVATAUTONOMIE** → GLOSSAR bezeichnet, die dem Einzelnen die Freiheit zur rechtsgeschäftlichen Selbstbestimmung gewährt. Die Privatautonomie hat drei Ausprägungen: die Vertragsfreiheit, die Eigentumsfreiheit und die Testierfreiheit. Die Vertragsfreiheit beinhaltet zum einen die freie Entscheidung darüber, ob man einen Vertrag abschließen möchte, wie auch das Recht zur freien Wahl des Vertragspartners (Abschlussfreiheit). Zum anderen schützt sie das Recht der freien Ausgestaltung von Verträgen (Inhalts- oder Gestaltungsfreiheit). Die Eigentumsfreiheit gewährt dem Eigentümer einer Sache die freie Entscheidung darüber, was mit seinem Eigentum geschieht. Er darf über seine Sachen nach Belieben verfügen und andere von der Einwirkung darauf ausschließen → vgl. § 903 BGB. Die Testierfreiheit gewährleistet das Recht, durch eine letztwillige Verfügung zu bestimmen, an wen im Todesfall das Vermögen fallen soll → vgl. § 1937 BGB.

Auf diese Weise ermöglicht die Privatautonomie die freie Selbstbestimmung bei der Regelung persönlicher Angelegenheiten. Gleichzeitig ist sie Voraussetzung der freien Marktwirtschaft, d. h. der Steuerung der Wirtschaft durch Wettbewerb frei von staatlichen Vorgaben. Durch das freie Wirken des Marktes werden Arbeit und Kapital nach dem größten ökonomischen Nutzen verteilt. Indes führt dies nicht per se zur Äquivalenz von Leistung und Gegenleistung. Dies funktioniert nur, wenn die Vertragspartner annährend gleich stark sind. Denn ein Übermaß an Wissen versetzt eine Partei in die Lage, die andere zu täuschen, ein Übermaß an wirtschaftlicher Macht ermöglicht das Ausnutzen monopolistischer Strukturen. Letztlich vermag schrankenlose Privatautonomie nicht für soziale Gerechtigkeit zu sorgen, führt doch das freie Wirken des Marktes nicht automatisch zu Chancengleichheit und gerechten Lebensbedingungen.

Aus diesem Grunde hat der Gesetzgeber die Privatautonomie Einschränkungen unterworfen, indem er Schutzvorschriften zugunsten schwächerer Vertragsparteien etabliert hat. Solche Regelungen gibt es beispielsweise im Arbeitsrecht für die Arbeitnehmer (Arbeitsschutz, Kündigungsschutz), im Mietrecht für die Mieter (Mieterhöhungen, Kündigungsrecht) und im Kauf- oder Kreditrecht für die Verbraucher (Haustürgeschäfte, Allgemeine Geschäftsbedingungen). Diese heben die Gestaltungsfreiheit zumindest teilweise auf. Anbieter von Leistungen oder Gütern, die ein Monopol innehaben, werden einem Kontrahierungszwang unterworfen und können damit ihre Vertragspartner nicht frei wählen. Vergleichbares gilt für Unternehmer, die öffentlich Waren und Dienstleistungen anbieten: diesen ist es nach dem Allgemeinen Gleichbehandlungsgesetz (AGG) nicht gestattet, Vertragspartner aufgrund ihrer Rasse oder ethnischen Herkunft, ihres Geschlechts, ihrer Religion, ihres Alters, der sexuellen Ausrichtung oder wegen einer Behinderung beim Vertragsschluss oder bei der Ausgestaltung von Verträgen zu benachteiligen. Die

Pflicht zur Entrichtung von Steuern und Sozialabgaben oder das Grundstücksrecht tangieren die Eigentumsfreiheit. Die Testierfreiheit wird durch das Pflichtteilsrecht → vgl. §§ 2303 ff. BGB eingeschränkt. Dieses statuiert über den Tod hinaus eine Fürsorgepflicht für Ehegatten, Kinder und Eltern, denn diese können nie vollständig enterbt werden.

Zusammenfassung

- Im Gegensatz zum öffentlichen Recht, welches die Rechtbeziehungen zwischen Staat und Bürger oder staatlichen Organen untereinander regelt, beschäftigt sich das Privatrecht mit den Rechtsbeziehungen unter Privatpersonen. Diese sind durch ein Verhältnis der Gleichordnung gekennzeichnet.
- Die Privatautonomie ist ein tragendes Prinzip des Privatrechts. Sie gewährleistet die Handlungsfreiheit im Rechtsverkehr. Um wirtschaftlich oder sozial schwache Personen zu schützen, ist sie jedoch Einschränkungen unterworfen.
- Ausgeübt wird die Privatautonomie durch den Abschluss von Rechtsgeschäften.

Kontrollfragen

1. Welche Bedeutung hat der Grundsatz der Privatautonomie?
2. Was verstehen Sie unter Vertrags-, Eigentums- und Testierfreiheit?
3. Welchen Beschränkungen unterliegt die Privatautonomie?

1.3 Struktur und Arten der Rechtsgeschäfte

Das **Rechtsgeschäft** → Glossar ist das vom BGB bereitgestellte Instrument zur Ausübung der Privatautonomie. Dabei handelt es sich um einen Tatbestand, der aus mindestens einer **Willenserklärung** → Glossar und oft noch aus weiteren Elementen besteht und an den die Rechtsordnung den Eintritt eines bestimmen Erfolges knüpft.

Beispiel

Der Mietvertrag → vgl. § 535 BGB ist ein Rechtsgeschäft, das sich aus den Willenserklärungen des Mieters und des Vermieters zusammensetzt.

1.3.1 Willenserklärung

Zentrales Element des Rechtsgeschäfts ist die Willenserklärung. Darunter ist eine private Willensäußerung zu verstehen, die auf Herbeiführung eines rechtlichen Erfolges gerichtet ist.

Beispiele

- Vertragsangebot → vgl. § 145 BGB
- Kündigung z. B. eines Mietverhältnisses → vgl. § 542 BGB
- Rücktritt von einem Vertrag → vgl. § 346 BGB
- Anfechtung einer Willenserklärung → vgl. §§ 119 ff. BGB
- Testament → vgl. § 1937 BGB

Die Willenserklärung ist durch ein inneres, subjektives Element – den Willen des Erklärenden – und ein äußeres, objektives Element – die Äußerung dieses Willens – gekennzeichnet.

Auf der subjektiven Seite werden drei Elemente unterschieden: Der Handlungswille bezeichnet das Bewusstsein zu handeln. Er fehlt bei Äußerungen, die im Schlaf oder unter Hypnose getätigt werden sowie bei Reflexhandlungen, da diese nicht von einem Willen getragen sind. Ohne Handlungswillen gibt es keine Willenserklärung. Unter dem Erklärungswillen ist das Bewusstsein zu verstehen, dass die Handlung rechtliche Relevanz hat. Der Geschäftswille bezeichnet schließlich den Willen, den rechtlichen Erfolg auch herbeizuführen. Letztere Elemente sind keine Voraussetzung für eine Willenserklärung. Denn das Vorliegen des Erklärungs- und Geschäftswillens kann im Streitfall kaum bewiesen werden. Um den Rechtsverkehr zu schützen, wird daher zunächst auf das objektive Erscheinungsbild abgestellt. Hätte der Erklärende bei sorgfältigem Handeln erkennen und vermeiden können, dass seine Äußerung als Willenserklärung aufgefasst werden kann, muss er sich daran festhalten lassen, wenn sein Gegenüber dies so verstanden hat [BGHZ 91, S. 324].

Beispiel

[So genannter „Trierer Weinversteigerungsfall" nach Isay, S. 25.]

A nimmt an einer Versteigerung wertvoller Kunstwerke teil. Während der Versteigerung trifft sein Bekannter B ein, dem A zur Begrüßung zuwinkt. Der Versteigerer V nimmt an, A wolle mit seiner Handbewegung anzeigen, dass er auf das letzte von V bezifferte Gebot bieten wollte. Als kein weiterer Teilnehmer einen höheren Preis bietet, gewährt V dem A den Zuschlag.

Hier hatte A Handlungswillen, denn er wollte seine Hand heben. Jedoch war A nicht bewusst, dass er mit seiner Handbewegung rechtliche Folgen herbeiführen würde und er wollte dies auch nicht. Ihm fehlten also Erklärungs- und Geschäftswillen. Darauf kommt es aber nicht an, da diese keine notwendigen Bestandteile einer Willenserklärung sind. A hat also eine Willenserklärung abgegeben.

1.3.2 Ein- und mehrseitige Rechtsgeschäfte, Beschlüsse

Ein einseitiges Rechtsgeschäft enthält die Willenserklärung nur einer Person. Beispiele sind die Kündigung → vgl. § 314 Abs. 1 BGB, die Anfechtung → vgl. § 143 BGB oder das Testament → vgl. § 2064 BGB. Ein mehrseitiges Rechtsgeschäft enthält dagegen die Willenserklärungen von mindestens zwei Personen. Man unterscheidet Verträge, Beschlüsse und Gesamtakte.

Ein Rechtsgeschäft, das aus den inhaltlich – nicht wortwörtlich – übereinstimmenden Willenserklärungen von mindestens zwei Personen besteht, wird als **VERTRAG** → GLOSSAR bezeichnet. Kennzeichnend ist die Willenseinigung zwischen beiden Parteien.

Beispiel

A bietet B ein Gemälde von Renoir für 500.000 € zum Kauf an. B stimmt zu. Hier ist ein Vertrag zustande gekommen.

B möchte nur 250.000 € zahlen, womit A jedoch nicht einverstanden ist. Der Vertragsschluss scheitert daran, dass A und B keine Einigung über den Preis erzielt haben.

Einseitig verpflichtende Verträge verpflichten nur eine Person, auch wenn Willenserklärungen mehrerer Personen vorliegen. So ist bei der Schenkung → vgl. §§ 516 ff. BGB nur der Schenker verpflichtet, dem Begünstigten etwas zuzuwenden. Bei einem gegenseitigen Vertrag verpflichtet sich dagegen die eine Person zu einer Leistung, gerade weil eine andere ihr ebenfalls eine Leistung verspricht. Dieser Grundsatz wird auch mit der Formel **do ut des = ich gebe, damit du gibst** umschrieben. Ein Beispiel ist der Kaufvertrag → vgl. §§ 433 ff. BGB. Hier verpflichtet sich der Verkäufer zur Übereignung der Kaufsache, weil ihm der Käufer im Gegenzug die Zahlung des Kaufpreises verspricht.

BESCHLÜSSE → GLOSSAR sind gleichgerichtete Willenserklärungen von mehreren Personen in einer Personenvereinigung, die parallel abgegeben werden. Beschlüsse fassen beispielsweise die Mitglieder eines Vereins über dessen innere Angelegenheiten → vgl. § 32 BGB.

Unter einem **GESAMTAKT** → GLOSSAR sind parallele Willenserklärungen von mindestens zwei Personen zu verstehen, die auf derselben Seite des Vertrags stehen. Hat beispielsweise ein Ehepaar gemeinsam eine Wohnung gemietet und erklärt es nun gemeinsam die Kündigung des Mietvertrages, handelt es sich um einen Gesamtakt.

1.3.3 Verpflichtungs- und Verfügungsgeschäfte

Eine wichtige und dem deutschen Zivilrecht eigene Besonderheit ist die Unterscheidung zwischen Verpflichtungs- und Verfügungsgeschäft. Ein **VERPFLICHTUNGSGESCHÄFT** → GLOSSAR ist ein Rechtsgeschäft, durch das die Verpflichtung zu einer Leistung begründet wird.

Beispiel
Durch einen Kaufvertrag **wird der Verkäufer einer Sache verpflichtet**, dem Käufer die Sache zu übergeben und das Eigentum an der Sache zu verschaffen. **Der Käufer ist verpflichtet**, dem Verkäufer den vereinbarten Kaufpreis zu zahlen und die gekaufte Sache abzunehmen → vgl. § 433 Abs. 1, 2 BGB.

Ein **VERFÜGUNGSGESCHÄFT** → GLOSSAR ist ein Rechtsgeschäft, mit dem auf den Bestand vorhandener Rechte unmittelbar eingewirkt wird – sei es durch Übertragung, Belastung, Änderung des Inhalts oder Aufhebung des Rechts.

Beispiele
- Übereignung einer beweglichen Sache nach § 929 BGB = Übertragung eines Rechts
- Bestellung eines Pfandrechts an einer beweglichen Sache nach § 1204 BGB = Belastung eines Rechts
- Erlass einer Forderung nach § 397 BGB = Aufhebung eines Rechts
- Umwandlung einer Buchhypothek in eine Briefhypothek nach § 877 BGB = Änderung eines Rechts

Nach dem **TRENNUNGSPRINZIP** → GLOSSAR sind Verpflichtungs- und Verfügungsgeschäft streng voneinander zu trennen. Dies gilt auch, wenn sie tatsächlich meistens zusammen abgeschlossen werden. Durch das Verpflichtungsgeschäft allein treten noch keine Rechtsänderungen ein. Die Parteien verpflichten sich lediglich, diese herbeizuführen.

Beispiel
A kauft von B ein Mofa. B übergibt ihm das Fahrzeug, A bezahlt es.

Während sich dieser Vorgang im Alltag als ein einheitlicher Sachverhalt darstellt, ist im Zivilrecht zu differenzieren. Es liegen drei getrennte Geschäfte vor: der Kaufvertrag als Verpflichtungsgeschäft und die Übereignung des Mofas sowie des Geldes als separate Verfügungsgeschäfte.

Aus dem Wortlaut des § 433 Abs. 1 BGB wird deutlich, dass durch den bloßen Abschluss des Kaufvertrages noch kein Eigentum übertragen wird. Der Verkäufer wird lediglich zur Eigentumsübertragung verpflichtet und der Käufer erhält einen Anspruch darauf → vgl. auch § 241 BGB. Zum Übergang des Eigentums ist eine Übereignung → vgl. § 929 BGB – das Verfügungsgeschäft, welches auch als Erfüllungsgeschäft bezeichnet wird – erforderlich. Ein „Kauf" besteht also immer aus (mindestens) drei Geschäften: dem Kaufvertrag, in dem sich Käufer und Verkäufer einander Leistungen versprechen; der Übereignung der Kaufsache durch den Verkäufer an den Käufer und der Übereignung des Geldes durch den Käufer an den Verkäufer.

Aus dem Trennungsprinzip folgt, dass die Wirksamkeit des Verpflichtungsgeschäfts nicht Voraussetzung für die Wirksamkeit des Verfügungsgeschäfts ist. Dieser Grundsatz wird als **ABSTRAKTIONSPRINZIP** → GLOSSAR bezeichnet. Verpflichtungs- und Verfügungsgeschäft teilen also nicht notwendig das gleiche rechtliche Schicksal.

Beispiel

A ist fünfzehn Jahre alt und damit beschränkt geschäftsfähig → vgl. § 106 BGB. Sofern die Eltern nicht einwilligen, ist der Kaufvertrag zwischen A und B gemäß §§ 107, 108 BGB unwirksam (→ vgl. Abschnitt 1.5.2.2, S. 35). Gleiches gilt für die Übereignung des Geldes von A an B. Eigentum an dem Mofa kann A indes wirksam erwerben.

1.3.4 Abstrakte und kausale Geschäfte

Abstrakte Geschäfte sind von ihrem Rechtsgrund (causa) losgelöst. Das heißt, die vertragliche Einigung bezieht sich nicht auf den Rechtsgrund, sondern nur auf die unmittelbar angestrebten Rechtsfolgen. Das abstrakte Rechtsgeschäft ist auch dann gültig, wenn das zugrunde liegende Rechtsgeschäft (causa) nicht wirksam ist. Alle Verfügungsgeschäfte des BGB sind abstrakt.

Beispiel

Bei der Übereignung einer Sache → vgl. § 929 BGB ist nach außen nicht erkennbar, ob das Eigentum aufgrund eines Kaufvertrages oder einer Schenkung übertragen wird.

Ebenso ist beim Schuldversprechen → vgl. § 780 BGB als einem der wenigen Beispiele für ein abstraktes Verpflichtungsgeschäft nicht feststellbar, aus welchem Grund man einem anderen eine Leistung verspricht.

Kausale Rechtsgeschäfte tragen den Rechtsgrund in sich, der Rechtsgrund ist Inhalt des Rechtsgeschäfts – so z. B. Kauf, Miete, Pacht, Darlehen, Dienst- und Werkvertrag. Fast alle Verpflichtungsgeschäfte sind kausal.

1.3.5 Schuldrechtliche und dingliche Verträge

Letztlich lassen sich Rechtsgeschäfte auch anhand der Bücher des BGB systematisieren, in deren Anwendungsbereich sie fallen. Schuldverhältnisse betreffen die Rechtsbeziehungen zwischen Personen. So ist nach § 241 BGB der Gläubiger berechtigt, vom Schuldner eine Leistung zu fordern. Das Schuldverhältnis besteht immer nur zwischen den an ihm beteiligten Personen. Dritte können daraus keine Rechte oder Pflichten ableiten, weshalb sie als **RELATIVE RECHTE** → GLOSSAR bezeichnet werden.

Dingliche Verträge betreffen demgegenüber die Beziehungen zwischen Personen und Sachen. Ein Beispiel ist die Übereignung nach § 929 BGB, welcher die Frage regelt, wie eine Person Eigentum an einer Sache erwerben kann. Diese Rechtsbeziehungen zu Sachen sind auch von Dritten zu achten, weshalb sie als **ABSOLUTE RECHTE** → GLOSSAR bezeichnet werden.

Zusammenfassung

- Rechtsgeschäfte bestehen aus einer oder mehreren Willenserklärungen und ggf. weiteren Elementen, an die das Recht einen bestimmten Erfolg knüpft.
- Willenserklärungen sind Äußerungen des menschlichen Willens, durch die ein bestimmter Erfolg hervorgerufen werden soll. Sie müssen von einem Handlungswillen getragen sein.
- Einseitige Rechtsgeschäfte enthalten die Willenserklärung einer Person, mehrseitige die von mindestens zwei Personen.
- Durch ein Verpflichtungsgeschäft verpflichten sich die Beteiligten, einen bestimmten Erfolg herbeizuführen.
- Die Realisierung des versprochenen Erfolgs ist Gegenstand des Verfügungsgeschäfts, durch welches ein Recht unmittelbar übertragen, belastet, aufgehoben oder in seinem Inhalt geändert wird.
- Nach dem Trennungsprinzip sind Verpflichtungs- und Verfügungsgeschäft immer strikt auseinander zu halten. Sie teilen daher nicht notwendig das gleiche rechtliche Schicksal.
- Die Wirksamkeit des Verpflichtungsgeschäfts ist nach dem Abstraktionsprinzip nicht Voraussetzung für die Wirksamkeit des Verfügungsgeschäfts.

Kontrollfragen

1. Definieren Sie die Begriffe Willenserklärung, Vertrag und Rechtsgeschäft!
2. Aus welchen Elementen setzt sich eine Willenserklärung zusammen?
3. Wie lassen sich Rechtsgeschäfte systematisieren?
4. Nennen Sie Beispiele für einseitige und mehrseitige Rechtsgeschäfte!
5. Warum wird man durch Abschluss eines Kaufvertrages nicht Eigentümer der gekauften Sache?
6. Welche Folgen resultieren aus dem Abstraktions- und dem Trennungsprinzip?
7. Sind der Erlass einer Forderung → vgl. § 397 BGB und die Bestellung einer Grundschuld → vgl. §§ 873 Abs. 1, 1113, 1192 BGB Verpflichtungs- oder Verfügungsgeschäfte?

1.4 Auslegung von Willenserklärungen und Rechtsgeschäften

Durch **AUSLEGUNG** → GLOSSAR wird der Wille des Erklärenden ermittelt. Dies ist immer dann notwendig, wenn dieser aus der Erklärung nicht eindeutig erkennbar ist.

1.4.1 Die natürliche Auslegung

Die natürliche Auslegung dient der Feststellung des Sinnes einer Erklärung. Dabei darf man sich nach § 133 BGB nicht auf den buchstäblichen Sinn des Ausdrucks beschränken. Vielmehr ist der hinter dem Wortlaut der Erklärung stehende (subjektive) Geschäftswille des Erklärenden zu ermitteln.

Beispiel
K erklärt V, er wolle von ihm eine Bohrmaschine kaufen. K und V betreiben jedoch illegale Waffengeschäfte und hatten zuvor vereinbart, das Wort „Bohrmaschine" als Codewort für „Maschinengewehr" zu verwenden.

1.4.2 Die normative Auslegung

Ist der subjektive Wille des Erklärenden trotz sorgfältiger Prüfung nicht erkennbar, erfolgt die Auslegung gemäß § 157 BGB nach „Treu und Glauben mit Rücksicht auf die Verkehrssitte". Dabei ist zu ermitteln, was ein rational denkender Adressat an der Stelle des Empfängers bei verständiger Würdigung aller Umstände verstehen musste und durfte (so genannter Empfängerhorizont). Auch bei der normativen Auslegung gilt das in § 133 BGB verankerte Verbot, sich auf den buchstäblichen Ausdruck zurückzuziehen. Maßstab ist der objektive Sinn der Erklärung, der sich beispielsweise aus den vorangegangenen Vertragsverhandlungen oder dem Zweck des Rechtsgeschäfts ableiten lässt.

Beispiel

V hatte gegenüber K mehrfach davon gesprochen, dass er seinen gebrauchten PKW verkaufen und dabei mindestens einen Preis von 1.000 € erzielen wolle. Eines Tages erhält K einen Brief von V, in dem er ihm den PKW für 100 € anbietet. Aufgrund ihrer früheren Gespräche muss K erkennen, dass V sich verschrieben hat.

Die Auslegung nach dem Empfängerhorizont kommt freilich nur bei empfangsbedürftigen Willenserklärungen in Betracht. Bei der Auslegung nichtempfangsbedürftiger Willenserklärungen, für deren Wirksamkeit es nicht auf die Kenntnisnahme durch einen anderen ankommt → vgl. Abschnitt 1.5.3.2, S. 39, ist allein der Wille des Erklärenden maßgeblich. Dies gilt beispielsweise für die Auslegung von Testamenten, bei der es nur auf den Willen des Erblassers ankommt.

1.4.3 Die ergänzende Auslegung

Ergibt sich in einem Rechtsgeschäft eine Lücke – etwa weil den Erklärenden bei dessen Abschluss wesentliche Umstände unbekannt waren – kommt die ergänzende Auslegung zur Anwendung. Es ist nach dem hypothetischen Willen zu forschen, also danach, was geregelt worden wäre, wenn den Beteiligten diese Umstände bereits beim Abschluss des Rechtsgeschäfts bekannt gewesen wären. Auch die ergänzende Auslegung hat ihre Grundlage in § 157 BGB.

Beispiel

[Nach Brox/Walker, Allgemeiner Teil des BGB, S. 59 f.]

V verpachtet sein Tabakwarengeschäft an P. Sie vereinbaren, dass es V nicht erlaubt ist, im selben Gebäude ein solches Geschäft zu betreiben. V will nun unmittelbar vor dem Haus einen Kiosk eröffnen, um dort Tabakwaren zu verkaufen.

Mit der vertraglichen Regelung haben die Parteien den Schutz des P vor Konkurrenz durch V bezweckt. Dies würde durch V vereitelt, würde er seinen Kiosk betreiben. Der Pachtvertrag ist also ergänzend dahin auszulegen, dass dem V jedes konkurrierende Geschäft in unmittelbarer Nähe zu P verboten ist.

Zusammenfassung

- Ist aus dem Wortlaut einer Erklärung nicht erkennbar, welcher Erfolg beabsichtigt ist, so ist der hinter der Äußerung stehende Wille durch Auslegung zu ermitteln.
- Die natürliche Auslegung orientiert sich am Wortlaut und sucht den dahinter stehenden Sinn der Äußerung zu ergründen.
- Mit der normativen Auslegung wird ermittelt, wie eine objektive Person die Willenserklärung aufgefasst hätte.
- Die ergänzende Auslegung kommt bei lückenhaften Rechtsgeschäften zum Tragen und dient der Erforschung des hypothetischen Willens der Parteien.

Kontrollfragen

1. Welche Bedeutung kommt der Auslegung von Willenserklärungen zu?
2. Welche Arten der Auslegung kennen Sie?
3. Wie sind Rechtsgeschäfte auszulegen, die Lücken aufweisen?

1.5 Abschlussvoraussetzungen

1.5.1 Rechtsbindungswille

Das Zustandekommen eines Rechtsgeschäfts setzt voraus, dass sich beide Seiten rechtlich binden wollen. Dies ist nicht der Fall bei **GEFÄLLIGKEITEN** → GLOSSAR, d. h. dem Versprechen einer **unentgeltlichen** Hilfe oder Annehmlichkeit, die erkennbar in der Absicht gegeben wird, sich dadurch nicht zu binden. Charakteristisch ist also das Fehlen eines Rechtsbindungswillens. Dies führt dazu, dass die eine Partei keinen Anspruch gegen die andere Partei auf Erfüllung der versprochenen Leistung hat.

Da der Wille als subjektive Tatsache nur schwer beweisbar ist, hat die Rechtsprechung objektive Kriterien entwickelt, die auf das Vorliegen oder Fehlen des Rechtsbindungswillens schließen lassen.

Indizien für und gegen einen Rechtsbindungswillen sind

- der Wert der anvertrauten Sache
- die wirtschaftliche Bedeutung der Angelegenheit
- die Interessen der Parteien, z. B. Freundschaftsdienste, alltägliche Besorgungen
- die Gefahr, in die der Begünstigte durch eine fehlerhafte Leistung geraten kann

Beispiel

A bittet seinen Nachbarn B, während seines Urlaubs bei ihm die Blumen zu gießen. Wenn B dies vergisst und die Blumen verwelken, hat dies keine rechtlichen Folgen, da eine bloße Gefälligkeit vorliegt.
A bittet seinen Nachbarn B, während einer kurzen Abwesenheit auf seine 3-jährige Tochter aufzupassen. Hier ist von einem Rechtsgeschäft auszugehen, denn es ist nicht anzunehmen, dass A dem B sein Kleinkind anvertrauen würde, ohne dass dieser rechtlich verpflichtet wäre, Schaden von dem Kind abzuwenden.

Auch wenn lediglich ein Gefälligkeitsverhältnis besteht, ist Haftung aus unerlaubter Handlung möglich → vgl. § 823 BGB, falls eine Partei die andere vorsätzlich oder fahrlässig schädigt.

1.5.2 Geschäftsfähigkeit → vgl. §§ 104 ff. BGB

1.5.2.1 Grundlagen

Nach § 1 BGB ist jeder Mensch von der Geburt bis zum Tod rechtsfähig, d. h. er kann Träger von Rechten und Pflichten sein. Somit kann auch ein Säugling Erbe oder eine Person mit einer schweren psychischen Störung Aktionär sein. Die Rechtsfähigkeit hat jedoch nicht zur Folge, dass jedermann handlungsfähig ist. Die Handlungsfähigkeit umfasst mehrere Tatbestände:

- die **Geschäftsfähigkeit** → Glossar als Fähigkeit, wirksame Willenserklärungen abzugeben und Rechtsgeschäfte abzuschließen → vgl. §§ 104 ff. BGB
- die **Deliktsfähigkeit** → Glossar als Fähigkeit, sich durch unerlaubte Handlungen schadenersatzpflichtig zu machen → vgl. §§ 827, 828 BGB
- die **Prozessfähigkeit** → Glossar als Fähigkeit, wirksame Handlungen in einem Gerichtsverfahren vorzunehmen → vgl. §§ 51 ff. ZPO
- die Ehefähigkeit (auch: Ehemündigkeit) als Fähigkeit, eine wirksame Ehe einzugehen → vgl. § 1303 BGB
- die Testierfähigkeit als Fähigkeit, ein wirksames Testament zu errichten → vgl. § 2229 Abs. 1 BGB

Diese Regelungen dienen nicht nur dem Schutz der Menschen, die die Tragweite ihres Handelns nicht abschätzen können. Sie sollen auch die Sicherheit des Rechtsverkehrs schützen, indem sie anhand eindeutiger Kriterien bestimmen, wer wirksame rechtliche Handlungen vornehmen kann.

Für die Wirksamkeit von Willenserklärungen und damit für das Zustandekommen von Rechtsgeschäften kommt es also darauf an, dass die Erklärenden geschäftsfähig sind. Kinder zwischen null und sieben Jahren sind geschäftsunfähig → vgl. § 104 Nr. 1

BGB. Ihre Willenserklärungen sind gemäß § 105 Abs. 1 BGB **NICHTIG** → GLOSSAR, d. h. sie entfalten von Anfang an keinerlei rechtliche Wirkung. Für sie muss ein Vertreter handeln, damit sie dennoch am Rechtsverkehr teilnehmen können. Die gesetzlichen Vertreter der Kinder sind ihre Eltern → vgl. § 1629 BGB. Sie vertreten das Kind gemeinsam, so dass ihre Willenserklärungen in diesem Fall Gesamtakte sind.

Ebenso sind Personen, deren Geistestätigkeit dauerhaft, also nicht nur vorübergehend krankhaft gestört ist, geschäftsunfähig → vgl. § 104 Nr. 2 BGB. Eine solche Störung liegt vor, wenn eine Person ihren Willen nicht frei und unbeeinflusst bilden, die Folgen ihres Handelns nicht abschätzen und keine Einsichten aus ihrem Handeln gewinnen kann. Diese Personen werden nach § 1902 BGB vom Betreuer gesetzlich vertreten. Eine Ausnahme gilt für Bargeschäfte des täglichen Lebens, die ein volljähriger Geschäftsunfähiger abschließt. Diese sind gemäß § 105a BGB wirksam, sobald Leistung und Gegenleistung bewirkt sind. Unter einem Bargeschäft sind alltägliche Besorgungen zu verstehen, die sich auf Waren des täglichen Bedarfs beziehen und geringer finanzieller Mittel bedürfen. Dies gilt nur dann nicht, wenn das Geschäft eine Gefahr für Leben oder Vermögen des Geschäftsunfähigen herbeiführen würde → vgl. § 105a S. 2 BGB.

Beispiel

Der an Schizophrenie erkrankte A kauft beim Bäcker ein Brötchen. Dieser übergibt ihm das Brötchen und A bezahlt sogleich den Kaufpreis von 0,30 €. Das Geschäft ist nach § 105a S. 1 BGB wirksam.

Kauft dagegen B, die an schweren Depressionen leidet und stark suizidgefährdet ist, Rasierklingen und bezahlt diese sogleich, ist das Geschäft wegen § 105a S. 2 BGB nichtig.

Bewusstlose oder Personen, deren Geistestätigkeit vorübergehend gestört ist, sind zwar nicht geschäftsunfähig. Sie können aber gemäß § 105 Abs. 2 BGB ebenfalls keine wirksamen Willenserklärungen abgeben, so lange sie sich in diesem Zustand befinden. Ein wichtiger Anwendungsbereich dieser Norm ist der Vollrausch. Nach der höchstrichterlichen Rechtsprechung ist ein solcher die Willensbildung ausschließender Vollrausch bei einer Blutalkoholkonzentration von 2–3%fj gegeben → vgl. BAG, NJW 1996, S. 2593.

Beschränkt geschäftsfähig sind Minderjährige, die mindestens sieben Jahre, aber noch nicht 18 Jahre alt sind → vgl. §§ 2, 106 BGB. Die Rechtsgeschäfte dieser Minderjährigen sind i.d.R. schwebend unwirksam, d. h. ihr rechtliches Schicksal ist unklar, wenn sie ohne Zustimmung des gesetzlichen Vertreters vorgenommen werden → vgl. § 107 BGB. Die Zustimmung kann bereits im Voraus (= Einwilligung → vgl. § 183 BGB) erteilt werden. Fehlt die Einwilligung, muss die Zustimmung nach § 108 Abs. 1 BGB im Nachhinein (= Genehmigung → vgl. § 184 BGB) erfolgen. Sie kann sowohl gegenüber dem Minderjährigen als auch gegenüber seinem Vertragspartner erklärt werden. Etwas anderes gilt nur, wenn der Vertragspartner die gesetzlichen Vertreter nach § 108 Abs. 2 BGB zur Genehmigung auffordert. In diesem Fall kann sie nur binnen zwei Wochen gegenüber diesem erteilt werden. Die Genehmigung führt dazu, dass das Geschäft rückwirkend auf den Zeitpunkt seines Abschlusses wirksam wird. Wird sie verweigert, führt dies zur endgültigen Unwirksamkeit des Geschäfts. Solange die Genehmigung nicht erteilt worden ist, steht dem Vertragspartner ein Widerrufsrecht zu → vgl. § 109 BGB.

Für bestimmte, besonders risikoreiche Rechtsgeschäfte reicht die Zustimmung der Eltern nicht aus. Sie bedürfen zusätzlich der Genehmigung des Familiengerichts. Dies gilt beispielsweise für

- Grundstücksgeschäfte → vgl. § 1643 Abs. 1 i. V. m. § 1821 Abs. 1 Nr. 1 BGB
- die Aufnahme eines Kredites → vgl. § 1643 Abs. 1 i. V. m. § 1822 Nr. 8 BGB
- die Ausschlagung einer Erbschaft → vgl. § 1643 Abs. 2 BGB.

1.5.2.2 Zustimmungsfreie Rechtsgeschäfte des beschränkt Geschäftsfähigen

Keiner Zustimmung bedürfen Rechtsgeschäfte des Minderjährigen, die ihm einen lediglich rechtlichen Vorteil → vgl. § 107 BGB bringen. Rechtlich nachteilig und damit zustimmungsbedürftig sind Geschäfte, durch die der Minderjährige auf Rechte verzichtet oder Pflichten auferlegt bekommt. Auf den wirtschaftlichen Erfolg des Geschäfts kommt es nicht an. Rechtlich nachteilig ist damit stets der Abschluss von gegenseitigen Verträgen, einseitig verpflichtenden Verträgen – soweit sich darin der Minderjährige zu einer Leistung verpflichtet – sowie Verfügungen, die ein Minderjähriger über ihm gehörende Sachen trifft.

Beispiel

Der 17-jährige K kauft von V ein Mofa. V übereignet ihm das Fahrzeug. K bezahlt sogleich den Kaufpreis in Höhe von 1.000 €.

Der Kaufvertrag über das Mofa ist nach §§ 107, 108 BGB schwebend unwirksam, bis ihn die Eltern genehmigen. Denn durch den Vertrag wird er gemäß § 433 Abs. 2 BGB zur Zahlung des Kaufpreises verpflichtet, was einen rechtlichen Nachteil i. S. v. § 107 BGB darstellt. Die Übereignung des Mofas → vgl. § 929 BGB ist ohne Zustimmung der Eltern wirksam. Denn durch den Erwerb des Eigentums an dem Mofa wird er zu nichts verpflichtet. Das Geschäft ist rechtlich vorteilhaft. Dass K später beispielsweise Benzin für das Mofa kaufen und es warten muss, ist irrelevant. Für die Beurteilung der rechtlichen Vorteilhaftigkeit ist allein auf die unmittelbaren Folgen des Geschäfts abzustellen. Unmittelbare Folge der Übereignung des Mofas ist allein der Eigentumserwerb des K. Die Übereignung des Geldes an V ist bis zur Genehmigung durch die Eltern schwebend unwirksam. Da K durch die Übereignung das Eigentum an dem Geld verliert, ist diese für ihn rechtlich nachteilig. Wenn die Eltern die Genehmigung ablehnen, sind Kauf und

Übereignung des Geldes endgültig unwirksam. In diesem Fall kann V das Mofa und K das Geld jeweils nach § 812 BGB als „ungerechtfertigte Bereicherung" zurückfordern.

Genehmigungsfrei sind außerdem Geschäfte, bei denen der Minderjährige die Leistung aus eigenen Mitteln bewirkt, die ihm zur freien Verfügung oder zu diesem Zweck überlassen worden sind → vgl. § 110 BGB (so genannter Taschengeldparagraf). In der Überlassung des Geldes an den Minderjährigen ist die Genehmigung enthalten, es auszugeben. Diese Einwilligung umfasst aber nur solche Geschäfte, die von den Eltern generell gebilligt werden. Der Minderjährige kann sich von seinem Taschengeld daher keine Zigaretten oder Spielzeugwaffen kaufen, wenn die Eltern dies ablehnen. Voraussetzung für die Wirksamkeit des Geschäfts ist jedoch, dass der Minderjährige seine Leistung „bewirkt" hat. Das bedeutet, dass er die Leistung vollständig erbracht haben muss.

Beispiel

Der 17-jährige K kauft von V ein Mofa zum Preis von 1.000 €. Den Kaufpreis will er mit seinem Taschengeld in zehn Raten à 100 € entrichten. Nachdem er fünf Monatsraten beglichen hat, erfahren seine Eltern von dem Geschäft und verweigern die Zustimmung.

Der Vertrag ist nicht nach § 110 BGB wirksam, da K seine Leistung noch nicht „bewirkt" hat. Darauf, dass K die einzelnen Raten mit seinem Taschengeld bezahlt hat, kommt es nicht an – schließlich ist er als Käufer gemäß § 433 Abs. 2 BGB zur Entrichtung des **gesamten** Kaufpreises verpflichtet. Erfahren seine Eltern jedoch nichts von dem Geschäft und entrichtet K alle zehn Raten, so wird es nach § 110 BGB mit Zahlung der letzten Rate wirksam, weil K dann die vertragsmäßig geschuldete Leistung vollständig aus seinem Taschengeld erbracht hat.

1.5.2.3 Teilgeschäftsfähigkeit → vgl. §§ 112, 113 BGB

Das Gesetz sieht vor, dass der beschränkt Geschäftsfähige in bestimmten Fällen uneingeschränkt geschäftsfähig ist. In diesen Fällen haben die Eltern keine Vertretungsmacht als gesetzliche Vertreter! Betreibt der Minderjährige mit Genehmigung seiner Eltern und des Vormundschaftsgerichts → vgl. §§ 1643, 1822 Nr. 3 BGB selbständig ein Erwerbsgeschäft, ist er voll geschäftsfähig, soweit er Rechtsgeschäfte vornimmt, die der Betrieb eines solchen Erwerbsgeschäfts mit sich bringt → vgl. § 112 BGB.

Beispiel

Der 17-jährige K eröffnet mit Erlaubnis seiner Eltern und nach Genehmigung des Vormundschaftsgerichts einen Verleih für Computerspiele. Dazu darf er Geschäftsräume anmieten und Personal einstellen. Er dürfte jedoch keinen Kredit aufnehmen, um seine Investitionen zu finanzieren → vgl. §§ 112 Abs. 1 S. 2, 1643 Abs. 1, 1822 Nr. 8 BGB.

Ermächtigen die Eltern den Minderjährigen ein Dienst- oder Arbeitsverhältnis einzugehen, darf er alle mit der Eingehung und Aufhebung oder der Erfüllung dieses Verhältnisses zusammenhängenden Geschäfte vornehmen → vgl. § 113 BGB. Ausbildungsverhältnisse sind davon jedoch nicht erfasst, da hier der Ausbildungszweck die vom Minderjährigen erbrachten Dienstleistungen überwiegt.

Beispiel

Die 16-jährige K wird von ihren Eltern ermächtigt, im Supermarkt als Kassiererin zu arbeiten. Sie darf den Arbeitsvertrag unterschreiben und kündigen oder auch in eine Gewerkschaft eintreten, da dies zur Erfüllung ihrer arbeitsvertraglichen Pflichten beiträgt. Ferner darf sie einen Vertrag über ein Girokonto abschließen, auf welches ihr Lohn überwiesen wird. Sie ist aber nicht berechtigt, frei über ihren Lohn zu verfügen, denn dies hat keinen Bezug mehr zu ihrem Arbeitsverhältnis.

1.5.3 Abgabe und Zugang von Willenserklärungen

1.5.3.1 Abgabe der Willenserklärung

Mit ihrer Abgabe ist die Willenserklärung in der Welt. Die genaue Bestimmung dieses Zeitpunkts ist beispielsweise für den Lauf von Fristen von Bedeutung. Ferner ist beim Auftreten von Irrtümern, die zur **ANFECHTUNG** → GLOSSAR einer Willenserklärung berechtigen, auf den Zeitpunkt ihrer Abgabe abzustellen. Bei der Abgabe von Willenserklärungen ist zwischen empfangsbedürftigen und nichtempfangsbedürftigen Willenserklärungen zu unterscheiden.

Nichtempfangsbedürftige Willenserklärungen richten sich an keine bestimmte Person. Sie sind abgegeben, wenn der Erklärende sie vollständig fertig gestellt, d. h. aufgeschrieben oder ausgesprochen hat. Sie werden unmittelbar mit der Abgabe wirksam, auch wenn sie niemals wahrgenommen werden. Einen schutzbedürftigen Empfänger gibt es nicht, da die mit solchen Erklärungen beabsichtigten Rechtsfolgen nicht in fremde Rechte eingreifen.

Beispiele

A hat in seinem Testament → vgl. §§ 2064 ff. BGB vorgesehen, dass seine Nichte sein gesamtes Vermögen erben soll. Diese Folge tritt unmittelbar mit seinem Tod ein → vgl. § 1922 BGB, auch wenn das Testament nicht oder erst später aufgefunden wird.

A hat seine Geldbörse verloren. Er bringt an einem Baum einen Aushang an, auf dem er dem ehrlichen Finder eine Belohnung von 50 € verspricht (Auslobung → vgl. § 657 BGB). B findet die Geldbörse und bringt sie zu A, ohne den Aushang gelesen zu haben. A muss den Finderlohn gemäß § 657 BGB dennoch an B zahlen.

Empfangsbedürftige Willenserklärungen sind an eine andere Person gerichtet (Normalfall). Der Empfänger muss diese Erklärungen wahrnehmen, um sich auf die beabsichtigte Rechtsfolge einstellen zu können. Eine empfangsbedürftige Willenserklärung ist abgegeben, wenn der Erklärende sie willentlich in Richtung des Empfängers auf den Weg bringt und er normalerweise mit dem **ZUGANG** → GLOSSAR beim Empfänger rechnen darf. Dabei ist zu differenzieren, ob es sich um eine mündliche oder schriftliche Erklärung handelt und ob diese gegenüber einem Anwesenden oder einem Abwesenden geäußert werden soll. Eine mündliche Erklärung unter Anwesenden ist abgegeben, wenn sie so geäußert wird, dass dieser sie verstehen kann. Ob der Empfänger sie tatsächlich versteht, ist unerheblich. Zu beachten ist § 147 Abs. 1 S. 2 BGB, aus welchem folgt, dass eine telefonische Erklärung als Erklärung unter Anwesenden gilt.

Unter Abwesenden können mündliche Erklärungen nur durch Mittelspersonen abgegeben werden. So kann sich der Erklärende eines **BOTEN** → GLOSSAR bedienen. Über den Boten finden sich im BGB keine ausdrücklichen Regelungen; lediglich in § 120 BGB ist der Erklärungsbote angesprochen. Da der Bote lediglich eine fremde Willenserklärung überbringt – ähnlich wie eine Brieftaube – können auch Geschäftsunfähige als Bote eingesetzt werden. Die Willenserklärung ist in diesem Fall abgegeben, wenn sie gegenüber dem Boten geäußert und dieser angewiesen worden ist, die Erklärung dem Adressaten zu übermitteln. Denn damit hat der Erklärende alles getan, damit die Erklärung den Empfänger erreichen kann.

Eine schriftliche Erklärung gegenüber einem Anwesenden ist abgegeben, wenn sie vollständig abgefasst und diesem überreicht wird. Wird das Geschriebene vor der Übergabe vernichtet, war die Willenserklärung nie in der Welt.

Schriftliche Erklärungen gegenüber einem Abwesenden sind erst abgegeben, wenn der Erklärende das Schriftstück vollendet und in Richtung des Adressaten auf den Weg gebracht hat, so dass unter normalen Umständen mit dem Zugang beim Erklärungsempfänger zu rechnen ist. Dies ist bei einem Brief der Fall, sobald er in die Post gegeben wird, bei einem Fax mit dem Drücken der „Start"-Taste am Faxgerät und bei E-Mails mit dem Mouse-Click auf das „Absenden"-Symbol.

Beispiel

A schreibt eine E-Mail, in der er dem B seinen gebrauchten PKW für 5.000 € zum Kauf anbietet. Sendet er die Mail ab, ist sein Angebot abgegeben.

Etwas anderes gilt, wenn es sich bei dem Schreiben lediglich um einen Entwurf handelt und A sich die Sache noch einmal überlegen wollte. Schickt seine Frau die im Entwurfsordner gespeicherte Nachricht ab, weil sie meint, A hätte dies vergessen, ist die Willenserklärung nicht abgegeben. Denn in diesem Fall hat A sie nicht willentlich auf den Weg gebracht.

Willenserklärungen können auch stillschweigend (**KONKLUDENT** → GLOSSAR) abgegeben werden. Dies ist der Fall, wenn sich der Erklärende schlüssig so verhält, dass auf einen bestimmten rechtlichen Willen zu schließen ist.

Beispiel

A steigt in den Bus ein und fährt drei Stationen weit. Er muss das Beförderungsentgelt auch dann entrichten, wenn er nicht ausdrücklich erklärt hat, einen Beförderungsvertrag abschließen zu wollen.

In einem Selbstbedienungsgeschäft nimmt A verschiedene Waren aus dem Regal und legt sie wortlos an der Kasse vor. Er bringt damit schlüssig zum Ausdruck, einen Kaufvertrag abschließen zu wollen.

Bloßes Schweigen allein hat grundsätzlich keinen Erklärungsgehalt. Etwas anderes gilt nur, wenn diesem objektiv ein Erklärungswert zuzumessen ist („beredtes Schweigen") oder wenn es das Gesetz ausdrücklich anordnet → vgl. §§ 108 Abs. 2 S. 2, 177 Abs. 2 BGB.

Beispiel

K ist regelmäßig Kunde bei Buchhändler V. Beide vereinbaren, dass V dem K regelmäßig interessante Neuerscheinungen zuschickt, die dieser zum Vorzugspreis kaufe, sofern er nicht widerspreche. Trifft eine solche Lieferung ein, kommt ein Kaufvertrag zustande, auch wenn K sich nicht äußert.

1.5.3.2 Zugang der Willenserklärung

Während die nicht empfangsbedürftigen Willenserklärungen mit ihrer Abgabe wirksam sind, müssen empfangsbedürftige Willenserklärungen beim Empfänger zugehen. Dies ist der Fall, wenn sie so in den Bereich des Empfängers gelangt ist, dass er unter normalen Umständen von ihrem Inhalt Kenntnis nehmen kann. Für Erklärungen unter Abwesenden ist dies in § 130 Abs. 1 S. 1 BGB ausdrücklich festgehalten. Der „Bereich" des Empfängers umfasst einen abgegrenzten Raum, innerhalb dessen er uneingeschränkt auf alle dort befindlichen Sachen zugreifen kann, also seine Wohnung, das Büro, den Briefkasten, die Mailbox oder den Anrufbeantworter. Für den Zugang genügt die Möglichkeit der Kenntnisnahme, d. h. das Wahrnehmen der Willenserklärung durch ihren Empfänger ist keine Wirksamkeitsvoraussetzung. Anderenfalls könnte dieser durch bloßes Ignorieren den Zugang unangenehmer Willenserklärungen, beispielsweise einer Kündigung, vereiteln. Einem beschränkt Geschäftsfähigen → vgl. § 106 BGB gegenüber wird eine Willenserklärung gemäß § 131 Abs. 2 S. 1 BGB erst wirksam, wenn sie seinem gesetzlichen Vertreter zugegangen ist.

Für den Zugang ist wiederum zwischen mündlichen und schriftlichen Erklärungen und solchen, die unter Anwesenden bzw. gegenüber einem Abwesenden geäußert werden, zu unterscheiden. Mündliche Erklärungen unter Anwesenden werden mit der Abgabe wirksam, weil sie dann regelmäßig vom Empfänger zur Kenntnis genommen werden können. Etwas anderes gilt nur, wenn der Erklärende aus den Umständen darauf schließen musste, dass der Empfänger die Erklärung nicht, nicht richtig oder nicht vollständig zur Kenntnis genommen hat (so genannte Vernehmungstheorie).

Beispiel

A will ein Kaufangebot des B annehmen. B versteht ihn jedoch nicht, da er wegen einer Mittelohrentzündung schwerhörig ist. Die Erklärung ist B zugegangen, denn A hatte keinen Anlass daran zu zweifeln, dass B ihn verstehen kann.

Schriftliche Erklärungen unter Anwesenden werden mit Abgabe, also mit der Übergabe des Schriftstücks an den Empfänger wirksam. Denn ab diesem Zeitpunkt hat der Empfänger die Möglichkeit, vom Inhalt der Erklärung Kenntnis zu nehmen.

Mündliche Erklärungen unter Abwesenden können nur über Mittelspersonen zugehen. Als Mittelsperson kommen der **EMPFANGSBOTE** → GLOSSAR sowie der **EMPFANGSVERTRETER** → GLOSSAR in Betracht. Ein Empfangsbote ist eine Person, die zur Entgegennahme der Willenserklärung geeignet und ermächtigt ist. Da der Bote keine eigene Willenserklärung abgibt, sondern lediglich eine fremde Erklärung entgegennimmt, können auch Geschäftsunfähige Bote sein, so lange sie zur Entgegennahme rechtsgeschäftlicher Erklärungen geeignet sind. Die Erklärung ist in dem Zeitpunkt zugegangen, in dem damit zu rechnen ist, dass der Bote sie weitergegeben hat. Dies gilt auch, wenn der Bote die Übermittlung vergisst oder die Erklärung falsch oder zu spät weitergibt.

Beispiel

A will ein Kaufangebot des B annehmen. Als er am Nachmittag bei ihm klingelt, ist nur die 17-jährige Tochter des B anwesend, da B erst am Abend von der Arbeit zurückkehrt. Die Erklärung gilt am Abend als zugegangen. Dies gilt auch, wenn T die Erklärung erst später oder gar nicht übermittelt, da es nicht darauf ankommt, dass B die Willenserklärung tatsächlich zur Kenntnis genommen hat.

Ist T dagegen erst 5 Jahre alt, geht die Willenserklärung B nicht zu. Denn A kann in diesem Fall nicht davon ausgehen, dass T zur Entgegennahme der Erklärung geeignet ist, so dass sie als Bote nicht in Betracht kommt.

Bei einem Empfangsvertreter handelt es sich um eine Person, die zur Entgegennahme von Willenserklärungen ermächtigt ist, dabei aber – im Vergleich zum Boten – selbständig handeln kann → vgl. § 164 Abs. 3 BGB. Die Erklärung ist dem Empfänger mit der Abgabe an den Empfangsvertreter zugegangen – es sei denn, der Erklärende muss nach den Umständen darauf schließen, dass dieser ihn nicht verstanden hat. Ob der Empfangsvertreter die Erklärung ordnungsgemäß an den Empfänger weitergibt, ist irrelevant.

Beispiel

Der Geschäftsführer einer GmbH ist Empfangsvertreter der Gesellschaft → vgl. § 35 GmbHG → vgl. Abschnitt 15.3.2, S. 262 ff.

Schriftliche Erklärungen unter Abwesenden sind zugegangen, wenn sie in den Machtbereich des Empfängers gelangt sind (z. B. in seinen Briefkasten oder in die Geschäftsräume) und unter normalen Umständen mit der Kenntnisnahme gerechnet werden kann. Es kommt wiederum lediglich auf die Möglichkeit zur Kenntnisnahme an. So sind schriftliche Erklärungen, die am Tage während der gewöhnlichen Geschäftszeiten in den Machtbereich des Empfängers gelangen, noch an diesem Tag zugegangen. Dies gilt auch, wenn der Empfänger abwesend ist – beispielsweise weil er sich im Urlaub befindet – und der Absender dies wusste. Um Rechtssicherheit zu erlangen, wird nur auf den Eingang der Erklärung im Machtbereich des Empfängers abgestellt, da anderenfalls der Zeitpunkt des Zugangs von einem Verhalten des Empfängers abhängig wäre.

Beispiel

Vermieter V wirft die Kündigung des Mietvertrages um 23.00 Uhr in den Briefkasten des Mieters M. Die Kündigung ist erst am nächsten Tag zugegangen, da V vernünftigerweise nicht damit rechnen kann, dass M nachts seinen Briefkasten leert. Liest M das Schreiben tatsächlich aber vorher, ist die Erklärung des V im Zeitpunkt der Kenntnisnahme durch M zugegangen.

Verweigert der Empfänger die Annahme der Erklärung, so ist zu unterscheiden, ob dies berechtigt ist oder nicht. Im Falle der unberechtigten Verweigerung gilt die Willenserklärung als zugegangen. Dies folgt aus dem Grundsatz von **Treu und Glauben** → Glossar → vgl. § 242 BGB, welcher redliches Verhalten zum Maßstab rechtlichen Handelns macht.

Beispiel

M weiß, dass V das Schreiben mit der Kündigung des Mietvertrags in die Post gegeben hat. Er klebt seinen Briefkasten zu, so dass der Brief nicht eingeworfen werden kann. Die Willenserklärung des V gilt wegen § 242 BGB als zugegangen, auch wenn sie nicht in den Empfangsbereich des M gelangen konnte.

Im Falle der berechtigten Verweigerung der Entgegennahme ist die Erklärung nicht zugegangen.

Beispiel
V hat den Brief mit dem Kündigungsschreiben nicht ausreichend frankiert. Der Postbote klingelt daher bei M und verlangt von ihm ein Nachentgelt. M nimmt den Brief nicht an, da er das Strafporto nicht zahlen möchte. Da M die Entgegennahme zu Recht verweigert hat, ist ihm das Kündigungsschreiben nicht zugegangen.

1.5.3.3 Widerruf der Willenserklärung

Ist eine Willenserklärung dem Empfänger zugegangen, so wird sie gleichwohl nicht wirksam, wenn ihm vorher oder gleichzeitig ein Widerruf zugeht → vgl. § 130 Abs. 1 S. 2 BGB. Darauf, welche Erklärung der Empfänger zuerst zur Kenntnis nimmt, kommt es nicht an.

Beispiel
V sendet einen Brief an K, in dem er diesem sein Auto zum Preis von 1.000 € zum Kauf anbietet. Nachdem er den Brief zur Post gebracht hat, bereut er seinen Entschluss. Er verfasst sogleich einen neuen Brief, in dem er sein Angebot widerruft. Beide Briefe werden gleichzeitig in den Briefkasten des K eingeworfen. Das Kaufangebot des V ist nicht wirksam geworden.

Darüber hinaus erlaubt das Gesetz in bestimmten Fällen den Widerruf einer Willenserklärung auch nach diesem Zeitpunkt. Voraussetzung ist gemäß § 355 Abs. 1 BGB, dass an dem Rechtsgeschäft ein **VERBRAUCHER** → GLOSSAR und ein **UNTERNEHMER** → GLOSSAR beteiligt sind. Als Verbraucher ist jede natürliche Person anzusehen, die ein Rechtsgeschäft abschließt – es sei denn, sie verfolgt mit dem Geschäft gewerbliche Zwecke oder das Geschäft ist ihrer selbständigen beruflichen Tätigkeit zugeordnet → vgl. § 13 BGB.

Beispiel
Der bei U angestellte Bauarbeiter A kauft sich im Berufsbekleidungsgeschäft einen Blaumann. A ist Verbraucher, denn er ist nicht selbständig tätig.

Bauunternehmer U kauft sich im Berufsbekleidungsgeschäft einen Blaumann. Als Unternehmer ist U selbständig tätig und daher kein Verbraucher.

Bauunternehmer U kauft sich beim Bäcker ein Brot. U ist Verbraucher, da dieser Kauf nichts mit seiner beruflichen Tätigkeit zu tun hat.

Der Begriff des Unternehmers ergibt sich aus § 14 BGB. Danach ist Unternehmer jede natürliche oder juristische Person, die in Ausübung ihrer gewerblichen oder selbständigen beruflichen Tätigkeit Rechtsgeschäfte abschließt.

Beispiel

A ist Inhaber eines Antiquariats und verkauft gebrauchte Bücher. Er ist Unternehmer, da der Bücherverkauf in sein Gewerbe fällt.

Student S verkauft am Ende des Semesters sein gebrauchtes Lehrbuch an einen Kommilitonen K. Er ist kein Unternehmer, da S kein Gewerbe betreibt, sondern einmalig ein Buch verkauft hat.

Ferner verlangt § 355 BGB, dass das Gesetz dem Verbraucher ausdrücklich ein Widerrufsrecht einräumt. Dies ist der Fall bei

- Haustürgeschäften → vgl. § 312 BGB. Dies sind Geschäfte, die in der Wohnung oder am Arbeitsplatz des Verbrauchers, bei Freizeitveranstaltungen („Kaffeefahrt") oder durch überraschendes Ansprechen an öffentlichen Orten angebahnt werden.
- Fernabsatzverträgen → vgl. §§ 312b, 312d BGB. Dabei handelt es sich um alle Geschäfte des **e-commerce**, aber auch den traditionellen Versandhandel. Entscheidend ist, dass beim Vertragsschluss Kommunikationsmittel wie Briefe, Telefon, Fax, E-Mail etc. verwendet werden.
- Teilzeit-Wohnrechteverträgen → vgl. §§ 481, 485 BGB (so genanntes **„Time Sharing"**)
- Verbraucherdarlehensverträgen → vgl. §§ 491, 495 BGB. Dies sind Darlehen, die ein Unternehmer an einen Verbraucher gegen Entgelt (= Zinsen) gewährt.

Bei diesen Verträgen ist die Willenserklärung des Verbrauchers zunächst gültig. Er kann sie jedoch nach § 355 Abs. 1 S. 2 BGB innerhalb von zwei Wochen in Textform → vgl. § 126b BGB, d. h. durch Brief, Fax oder E-Mail, widerrufen. Die zweiwöchige Widerrufsfrist beginnt, wenn der Verbraucher über sein Widerrufsrecht belehrt worden ist. Infolge des Widerrufs wandelt sich das Rechtsgeschäft in ein so genanntes Rückabwicklungsverhältnis um → vgl. § 357 BGB, der auf die §§ 346 ff. BGB verweist. Die Parteien haben in diesem Fall die einander gewährten Leistungen zurückzugeben.

Beispiel

Rentnerin K nimmt an einer Busreise teil. Bestandteil der Fahrt ist auch eine „Werbeveranstaltung" des V, bei der sich K zum Kauf einer Heizdecke zum Preis von 150 € hinreißen lässt. Über ihre Rechte als Verbraucherin wird sie nicht aufgeklärt. Wieder zu Hause bereut K den Kauf. Als V nach sechs Wochen die Zahlung des Kaufpreises anmahnt, fragt K, was sie tun kann, um aus dem Geschäft herauszukommen.

K als Verbraucherin nach § 13 BGB, da der Kauf rein privaten Zwecken diente. Beim Vertragsschluss handelt es sich um ein Haustürgeschäft nach § 312 Abs. 1 BGB: der Vertrag bezieht sich auf eine entgeltliche Leistung und ist bei einer Freizeitveranstaltung zustande gekommen. K steht daher ein Widerrufsrecht aus §§ 355, 312 BGB zu. Dass die zweiwöchige Widerrufsfrist verstrichen ist, spielt keine Rolle, da K nicht über ihre Rechte als Verbraucherin aufgeklärt worden ist → vgl. § 355 Abs. 2, 3 BGB. Sie kann ihr Widerrufsrecht gemäß § 355 Abs. 1 S. 2 BGB ohne Begründung in Textform → vgl. § 126b BGB erklären oder durch das Zurücksenden der Kaufsache ausüben.

1.5.3.4 Form der Willenserklärung

Die Wirksamkeit einer Willenserklärung ist grundsätzlich an keine bestimmte Form gebunden. Verträge kommen daher auch durch mündlich abgegebene Willenserklärungen zustande. Die Parteien können jedoch durch Rechtsgeschäft eine bestimmte Form vereinbaren, die dann Voraussetzung für die Gültigkeit der Willenserklärungen ist → vgl. § 127 BGB. Für bestimmte Geschäfte schreibt auch das Gesetz eine besondere Form vor.

Beispiele

- § 568 BGB: Die Kündigung eines Mietvertrags über Wohnraum bedarf der Schriftform → § 126 BGB.
- § 558a BGB: Der Vermieter muss sein Mieterhöhungsverlangen in Textform an den Mieter übermitteln → § 126b BGB.
- § 311b BGB: Verträge über die Veräußerung von Grundstücken sind notariell zu beurkunden → § 128 BGB.
- § 411 BGB: Gehaltsabtretungen sind öffentlich zu beglaubigen → § 129 BGB.
- § 1310 BGB: die Eheschließung ist vor dem Standesbeamten zu erklären.

Die Schriftform nach § 126 BGB erfordert, dass der Aussteller eines Dokuments dieses eigenhändig unterzeichnet. Die Schriftform kann gemäß § 126a BGB auch durch eine zertifizierte elektronische Signatur ersetzt werden, deren nähere Anforderungen im Signaturgesetz festgelegt sind. Die Textform nach § 126b BGB entspricht im Wesentlichen der Schriftform, nur dass sie ohne persönliche Unterschrift des Ausstellers auskommt. Daher erfüllen beispielsweise auch E-Mails oder Faxe diese Voraussetzung. Wird ein Geschäft, das nach dem Gesetz einer bestimmten Form bedarf, unter Verstoß gegen diese geschlossen (Formmangel), ist es gemäß § 125 BGB nichtig. Das gleiche gilt im Zweifel auch für die rechtsgeschäftlich vereinbarte Form.

Beispiel

A und B haben telefonisch über den Kauf eines Gemäldes von Renoir verhandelt. Sie vereinbaren, dass sie den Kaufvertrag über das Bild schriftlich abfassen.

Sofern sich aus dem Telefonat von A und B keine anderen Schlüsse ziehen lassen, kommt der Vertrag erst zustande, wenn er schriftlich abgefasst und von beiden eigenhändig unterschrieben worden ist. Zuvor hat keiner der beiden Anspruch auf Erbringung der mündlich ausgehandelten Leistungen.

1.5.4 Der Vertragsschluss

1.5.4.1 Angebot und Annahme

Ein Vertrag kommt zustande, wenn das Angebot (auch: Offerte, Antrag) der einen Partei durch eine andere Partei angenommen wird. Das Vertragsangebot → vgl. § 145 BGB ist eine empfangsbedürftige Willenserklärung. Sie muss dem Empfänger also zugehen, um wirksam zu werden. Mit dem Angebot muss dem anderen der Vertragsschluss so angetragen werden, dass das Zustandekommen des Rechtsgeschäfts nur von dessen Einverständnis abhängt. Die Offerte muss also inhaltlich so bestimmt sein, dass die Annahme durch eine bloße Zustimmung des Adressaten erfolgen kann. Dies ist der Fall, wenn sie alle für den Vertragsschluss wesentlichen Informationen („essentialia negotii“) enthält.

Beispiel
Bei einem Kaufangebot müssen der Kaufgegenstand und der Kaufpreis bestimmt oder zumindest bestimmbar (Listenpreis, Einkaufspreis etc.) sein.

Der Anbieter ist gemäß § 145 BGB an seinen Antrag gebunden. Will er die Gebundenheit ausschließen, beispielsweise weil er nur über eine begrenzte Menge an Waren verfügt, die er zu Sonderkonditionen anbieten möchte, muss er dies durch Formulierungen wie „Angebot freibleibend“ oder „ohne obligo“ zum Ausdruck bringen. Geht in diesem Fall bei ihm eine Annahmeerklärung ein, muss er dieser sofort widersprechen → vgl. § 242 BGB. Anderenfalls kommt der Vertrag zustande.

Bei Katalogen, Annoncen oder Warenauslagen im Schaufenster eines Geschäfts handelt es sich daher nicht um eine Offerte, sondern lediglich um eine Aufforderung, ein solches Angebot abzugeben (invitatio ad offerendum). Wollte man hier bereits die Bindungswirkung nach § 145 BGB bejahen, könnte eine unüberschaubare Personenzahl durch eine Annahmeerklärung einen Vertragsschluss herbeiführen – und hätte Anspruch auf Erfüllung!

Ein Vertragsangebot erlischt, wenn es abgelehnt oder nicht rechtzeitig angenommen wird → vgl. § 146 BGB. Auch die Annahme oder Ablehnung eines Angebots sind empfangsbedürftige Willenserklärungen. Durch bloßes Schweigen auf ein

Angebot kann grundsätzlich kein Vertrag zustande kommen. Eine Ausnahme gilt nach § 516 Abs. 2 S. 2 BGB für das Schweigen auf ein Schenkungsangebot. Lehnt der Schenkungsempfänger die Zuwendung nicht innerhalb einer bestimmten Frist ab, so gilt die Schenkung als angenommen. Ebenso kann Schweigen als Annahme gelten, wenn beide Parteien dies vereinbart haben.

Beispiel

K vereinbart mit Buchhändler V, dass dieser ihm jedes Quartal jeweils fünf Neuerscheinungen zusenden soll und K diese kaufe, wenn er die Lieferung nicht binnen einer bestimmten Frist zurücksendet.

Unter Anwesenden oder telefonisch kann ein Angebot nur sofort angenommen werden → vgl. § 147 Abs. 1 BGB. Gegenüber einem Abwesenden muss der Antrag in dem Zeitraum angenommen werden, in dem der Anbietende normalerweise mit der Annahme rechnen darf → vgl. § 147 Abs. 2 BGB. Bei der Bewertung, ob die Annahme rechtzeitig eingegangen ist, muss berücksichtigt werden, wann dem Empfänger das Angebot zugegangen ist; ferner ist ihm eine Überlegungsfrist zuzugestehen sowie Zeit für das Abfassen und den Zugang des Annahmeschreibens. Weiß der Antragende, dass der Empfänger des Angebots gerade längere Zeit im Urlaub ist, muss auch dies berücksichtigt werden. Der Antragende kann, um etwaigen Unsicherheiten zu entgehen, sein Angebot befristen → vgl. § 148 BGB.

Beispiel

Weinhändler V bietet seinem Kunden K schriftlich ein Weinpaket zu Sonderkonditionen an und vermerkt in seinem Brief „Dieses Angebot gilt bis zum 15. Oktober."

Wird die Annahme verspätet erklärt, gilt sie gemäß § 150 Abs. 1 BGB als neuer Antrag. Das gleiche gilt, wenn der Annehmende das Angebot abändert → vgl. § 150 Abs. 2 BGB.

Beispiel

Weinhändler V bietet K das Weinpaket für 100 € an. K erklärt, er würde das Paket für 80 € kaufen; mehr wolle er keinesfalls zahlen. Hier hat K gemäß § 150 Abs. 2 BGB ein neues Angebot abgegeben, das V nun seinerseits annehmen oder ablehnen kann.

Ein Vertrag kann auch zustande kommen, wenn „im modernen Massenverkehr" eine Leistung tatsächlich in Anspruch genommen wird. Wird der bloßen Inanspruchnahme der Leistung typischerweise eine rechtsgeschäftliche Bedeutung zugemessen, so wird der Vertrag durch das sozialtypische Verhalten, also ohne die Willenserklärungen Angebot und Annahme herbeigeführt.

Beispiel

Steigt A in den Bus ein, so kommt damit ein Beförderungsvertrag zustande, der ihn verpflichtet, den Fahrpreis zu bezahlen.

Stellt A seinen PKW auf einem öffentlichen Parkplatz ab, so kommt damit ein Bewachungsvertrag zustande, der A verpflichtet, das dafür festgelegte Entgelt zu entrichten.

1.5.4.2 Konsens und Dissens

Ein Vertrag kommt nur zustande, wenn Angebot und Annahme übereinstimmen (Konsens). Ob die Übereinstimmung besteht, ist anhand des Willens der Erklärenden zu ermitteln. Stimmt der Wille der Parteien überein, so kommt der Vertrag zustande, auch wenn ihre Erklärungen nicht übereinstimmen.

Beispiel

V und K hatten sich vor längerer Zeit darüber unterhalten, dass V dem K seinen gebrauchten PKW für 1.000 € verkaufen will. In seinem Brief an K schreibt V später versehentlich, dass er den Wagen für 100 € anbiete. K, der den Schreibfehler bemerkt und den ursprünglich besprochenen Preis zahlen möchte, schreibt an V, dass er sein Angebot annehme. Der Kaufvertrag ist wegen der Willensübereinstimmung über 1.000 € zustande gekommen.

Tritt der wahre Wille der Erklärenden nicht offen zu Tage, muss der Sinn der Erklärungen durch normative Auslegung ermittelt werden. Maßgeblich ist dafür die objektive Bedeutung der Erklärung. Es gilt also das, was ein sorgfältig handelnder, objektiver Dritter hätte verstehen können.

Beispiel

Hatten sich V und K noch nie über den Kauf des PKW unterhalten, hätten für K keine Anhaltspunkte bestanden, an dem im Brief genannten Kaufpreis von 100 € zu zweifeln. Ein objektiver Dritter konnte das Angebot des V eben nur so verstehen, dass der Kaufpreis 100 € betragen soll. Der Kaufvertrag ist daher trotz der fehlenden Willensübereinstimmung über 100 € zustande gekommen, denn objektiv stimmen Angebot und Annahme überein.

Stimmen dagegen weder der Wille noch die Erklärungen der Parteien überein (**DISSENS** → GLOSSAR), kommt ein Vertrag nicht zustande. Ein Dissens liegt vor, wenn eine Erklärung objektiv mehrdeutig ist.

Beispiel

Der in Australien lebende V bietet K ein Gemälde von Renoir zum Preis von 500.000 Dollar an. V meint damit den Australischen Dollar. K glaubt jedoch, V spreche von US-Dollar.

Ein Dissens ist aber auch dann gegeben, wenn sich die Erklärungen der Parteien objektiv nicht decken.

Beispiel

V bietet dem K das Renoir-Gemälde für 500.000 US-Dollar an. K entgegnet, er kaufe es für 400.000 US-Dollar.

Zusammenfassung

- Bei bloßen Gefälligkeiten kommt kein Rechtsgeschäft zustande. Den Beteiligten fehlt es an dem Willen, sich rechtlich zu binden.
- Um wirksam Rechtsgeschäfte abschließen zu können, muss man geschäftsfähig sein.
- Kinder unter sieben Jahren und Geisteskranke sind geschäftsunfähig; ihre Willenserklärungen sind nichtig. Minderjährige zwischen sieben und achtzehn Jahren sind in ihrer Geschäftsfähigkeit beschränkt. Ohne Zustimmung ihrer gesetzlichen Vertreter können sie Rechtsgeschäfte nur dann abschließen, wenn diese ihnen einen lediglich rechtlichen Vorteil bringen oder wenn sie die versprochenen Leistungen vollständig aus ihrem Taschengeld erbringen.
- Nicht empfangsbedürftige Willenserklärungen sind mit ihrer vollständigen Fertigstellung abgegeben. Sie werden regelmäßig im gleichen Augenblick wirksam.
- Eine empfangsbedürftige Willenserklärung ist abgegeben, wenn sie so auf den Weg in Richtung Empfänger gebracht worden ist, dass unter normalen Umständen mit ihrem Zugang zu rechnen ist. Sie ist zugegangen und damit wirksam, wenn sie so in den Machtbereich des Empfängers gelangt ist, dass dieser unter normalen Umständen von ihrem Inhalt Kenntnis nehmen kann.
- Ein Vertrag kommt zustande, wenn die in Bezug aufeinander abgegebenen Willenserklärungen mindestens zweier Personen (Angebot und Annahme) übereinstimmen.

Kontrollfragen und Fälle

1. Wie lassen sich vertragliche Verpflichtungen von bloßen Gefälligkeiten abgrenzen?

2. Welche Arten der rechtlichen Handlungsfähigkeit werden unterschieden?
3. Welche Rechtsgeschäfte können Minderjährige ohne Zustimmung ihrer gesetzlichen Vertreter abschließen? Wann ist ein Geschäft lediglich rechtlich vorteilhaft?
4. Dürfen Minderjährige ihr Taschengeld für Ratengeschäfte verwenden?
5. Tante T schenkt dem Minderjährigen M Geld zur Anschaffung eines großen Lexikons. Die Eltern sind mit der Anschaffung des Lexikons einverstanden. M kauft stattdessen bei V ein gebrauchtes Mofa. Kann V Zahlung des Kaufpreises verlangen?
6. Was verstehen Sie unter Teilgeschäftsfähigkeit?
7. Wann gilt eine Willenserklärung als abgegeben?
8. Was ist unter dem Zugang einer Willenserklärung zu verstehen?
9. A kündigt durch Brief sein Mietverhältnis gegenüber dem Vermieter V. Wann wird die Kündigung wirksam?
   a. mit Absenden des Briefes?
   b. mit Einwurf des Briefes in den Hausbriefkasten?
   c. mit Kenntnisnahme des Inhaltes des Briefes durch V?
10. Was verstehen Sie unter einem Empfangsvertreter?
11. Unter welchen Voraussetzungen kann man Willenserklärungen widerrufen?
12. Welche Form ist bei Willenserklärungen einzuhalten?
13. Handelt es sich bei einer Schaufensterauslage bereits um ein verbindliches Angebot zum Abschluss eines Kaufvertrags?
14. Was verstehen Sie unter dem Begriff Dissens und welche Folgen sind daran geknüpft?

1.6 Nichtige, unwirksame und anfechtbare Rechtsgeschäfte

1.6.1 Nichtigkeitsgründe

Ein Rechtsgeschäft ist **NICHTIG** → GLOSSAR, wenn es mit schweren Mängeln behaftet ist, die nicht behoben („geheilt") werden können. Das Geschäft kann daher nie gültig werden. Bei einem nichtigen Rechtsgeschäft fehlt entweder ein Tatbestandselement (z. B. Konsens, Geschäftsfähigkeit nach § 105 Abs. 1 BGB) oder es ist der Tatbestand einer besonderen Nichtigkeitsnorm erfüllt.

Nach § 117 BGB sind Scheingeschäfte nichtig. Ein Scheingeschäft liegt vor, wenn beide Parteien etwas anderes erklären, als sie eigentlich wollen. Dies tun sie in der Regel, um damit ein anderes Geschäft zu verdecken.

Beispiel
A und B schließen vor dem Notar einen Kaufvertrag über ein Grundstück. Da beide die Grunderwerbssteuer und die Notargebühren möglichst niedrig halten wollen, wird der Kaufpreis in der Vertragsurkunde mit 150.000 € angegeben. Mündlich verabreden sie jedoch, dass der Preis tatsächlich 300.000 € betragen soll.

Der notarielle Kaufvertrag ist nach § 117 Abs. 1 BGB nichtig, denn A will B das Grundstück gerade nicht für 150.000 € verkaufen. Zugleich ist das eigentlich gewollte Geschäft, nämlich der Verkauf zum Preis von 300.000 €, gemäß §§ 125 S. 1, 311b Abs. 1 BGB nichtig, da es nicht notariell beurkundet worden ist.

Ein Rechtsgeschäft, das gegen ein gesetzliches Verbot verstößt, ist gemäß § 134 BGB nichtig. So verstößt der Verkauf von Drogen gegen das BtMG. Ein entsprechender Kaufvertrag ist daher nichtig. § 138 Abs. 1 BGB bestimmt, dass ein Rechtsgeschäft nichtig ist, wenn es gegen die guten Sitten verstößt. Der Begriff der „guten Sitten" umschreibt das Anstandsgefühl aller billig und gerecht denkenden Menschen und bezieht sich auf die allgemein gültigen Wertvorstellungen im Zeitpunkt des Vertragsschlusses.

Beispiel
M nimmt bei der B-Bank ein Darlehen über 1.000.000 € auf. Zur Sicherung ihrer Darlehensforderung verlangt die B-Bank eine Bürgschaft. Aus Liebe zu M gibt dessen vermögenslose Ehefrau F die Bürgschaftserklärung ab, obwohl sie selbst keinerlei Vorteile aus dem damit gesicherten Darlehen ableiten kann.

Nach § 138 Abs. 2 BGB sind insbesondere solche Rechtsgeschäfte nichtig, durch die jemand eine Zwangslage oder die Unerfahrenheit, den Mangel an Urteilsvermögen oder eine erhebliche Willensschwäche seines Vertragspartners in einer Weise ausnutzt, dass Leistung und Gegenleistung in einem auffälligen Missverhältnis stehen (Wucher). Nach einer Faustformel ist von Wucher auszugehen, wenn die Leistung des Schuldners mehr als 100% über dem Marktpreis liegt.

Ist ein Teil eines Rechtsgeschäfts nichtig, so ist gemäß § 139 BGB das gesamte Rechtsgeschäft nichtig. Dies gilt jedoch nicht, wenn das Rechtsgeschäft auch ohne den nichtigen Teil abgeschlossen worden wäre (Teilnichtigkeit).

Beispiel
Die vermögenslose F bürgt auf Verlangen der B-Bank für ihren Mann, um eine Darlehensschuld in Höhe von 1.000.000 € abzusichern. A, ein sehr vermögender Freund von M und F, erfährt von dem Vorgang. Da er die beiden unterstützen möchte, verpflichtet er sich in Kenntnis der

Vermögenslosigkeit der F gegenüber der B-Bank als Mitbürge → vgl. § 769 BGB. Hier ist zwar die Bürgschaftserklärung der F nichtig → vgl. vorheriges Beispiel. Die Erklärung des A kann jedoch angesichts seines Willens, M und F zu unterstützen, aufrechterhalten werden. Denn es ist davon auszugehen, dass er sie auch abgegeben hätte, wenn er die Nichtigkeit der Bürgschaftserklärung der F gekannt hätte. Hier liegt also lediglich Teilnichtigkeit vor.

1.6.2 Unwirksamkeit von Rechtsgeschäften

Ein Rechtsgeschäft ist unwirksam, wenn es noch gültig werden kann. Unwirksame Rechtsgeschäfte sind lediglich schwebend unwirksam. Sie werden wirksam, sobald das noch fehlende Tatbestandselement hinzutritt (z. B. Nachholen einer behördlichen Genehmigung). Im Gegensatz zum nichtigen Rechtsgeschäft kann hier der Mangel also geheilt werden.

1.6.3 Anfechtung von Rechtsgeschäften

Das Gesetz bietet den Parteien eines Rechtsgeschäfts die Möglichkeit, sich in bestimmten Fällen durch Anfechtung von ihren Willenserklärungen zu lösen.

1.6.3.1 Anfechtung wegen eines Irrtums

Zuweilen kommt es vor, dass bei der Abgabe einer Willenserklärung ein Irrtum unterläuft. Der Erklärende kann solche irrtümlichen Erklärungen durch **ANFECHTUNG** → GLOSSAR rückgängig machen. Hat der Erklärungsempfänger aber erkannt, was der Erklärende wollte oder hätte er dies erkennen müssen, so gilt das Gewollte und das Rechtsgeschäft wird nicht rückgängig gemacht. Die Auslegung hat also Vorrang vor der Anfechtung. Nach § 121 BGB muss die Anfechtung unverzüglich, d. h. ohne schuldhaftes Zögern erklärt werden. Dies ist der Fall, sobald der zur Anfechtung Berechtigte Kenntnis von seinem Irrtum erlangt hat. Für das Wirksamwerden der Anfechtungserklärung gelten die allgemeinen Vorschriften über Willenserklärungen.

Das Gesetz unterscheidet zwischen mehreren Arten von Irrtümern. Nach § 119 Abs. 1, 1. Fall BGB kann eine Willenserklärung angefochten werden, wenn der Erklärende bei deren Abgabe „über deren Inhalt im Irrtume war“ (**INHALTSIRRTUM** → GLOSSAR). Ein solcher Irrtum liegt vor, wenn der Erklärende nicht wusste, welche Bedeutung seine Äußerung hatte. Er erklärt also das, was er erklären will – weiß aber nicht, was er damit erklärt. Es werden drei Varianten unterschieden: zum einen der Bedeutungsirrtum, welcher vorliegt, wenn der Erklärende die Bedeutung eines Fach- oder Fremdwortes nicht kennt.

Beispiel
Schulleiter K kauft bei Händler V „25 Gros Rollen Toilettenpapier" für die Schule. 25 Gros sind 3.600 Rollen (1 Gros = 12 x 12). K glaubt aber, 25 große Rollen bestellt zu haben.

Einem Inhaltsirrtum unterliegt auch, wer eine Erklärung ungelesen unterschreibt und sich falsche Vorstellungen von deren Inhalt gemacht hat. Wer sich indes keine Vorstellung vom Inhalt der Erklärung gemacht hat, irrt nicht! Denn unter einem Irrtum ist nur das Auseinanderfallen von Vorstellung und Wirklichkeit zu verstehen.

Beispiel
Die Mitarbeiter eines Büros lassen eine Liste herumgehen, in der man sich eintragen soll, wenn man sich finanziell am Geburtstagsgeschenk für den Chef beteiligen will. A unterschreibt, weil er meint, es gehe lediglich um die Anwesenheit bei der Geburtstagsfeier.

Eine besondere Art des Inhaltsirrtums ist beim Identitätsirrtum gegeben. Dieser liegt vor, wenn der Erklärende den Erklärungsempfänger mit einer anderen Person oder eine Sache mit einer anderen verwechselt.

Beispiel
K möchte sich ein Smartphone kaufen, nachdem er sich im Internet über die aktuellen Modelle informiert hat. In einem Elektronikfachmarkt zeigt ihm Verkäufer V das Smartphone XYZ. K meint sich zu erinnern, dass dieses die Bestnote in einem online veröffentlichten Verbrauchertest erhalten hatte und gibt ein Angebot ab, das V annimmt. Tatsächlich war aber das Smartphone ABC empfohlen worden.

Gemäß § 119 Abs. 1, 2. Fall BGB ist die Anfechtung möglich, wenn der Erklärende „eine Erklärung dieses Inhalts überhaupt nicht abgeben wollte" (**ERKLÄRUNGSIRRTUM** → GLOSSAR). Er erklärt also nicht das, was er erklären will, z. B. weil er sich verschreibt, verspricht etc.

Beispiel
K möchte bei V 25 Flaschen Riesling des aktuellen Jahrgangs bestellen. Aus Versehen schreibt er jedoch, 250 Flaschen zu wollen.

§ 119 Abs. 2 BGB regelt die Anfechtung im Falle eines Irrtums über Eigenschaften einer Person oder Sache (**EIGENSCHAFTSIRRTUM** → GLOSSAR). Als Eigenschaften einer Sache gelten alle Merkmale, die auf deren natürlichen Beschaffenheit beruhen, aber auch alle sonstigen rechtlichen oder tatsächlichen Umstände, die für ihre Brauchbarkeit oder ihren Wert als wesentlich angesehen werden. Eigenschaften einer Person sind beispielsweise ihre Kenntnisse und Fähigkeiten, ihr Lebenswandel, Geschlecht etc. Die in Rede stehenden Eigenschaften müssen der Person oder Sache aber auf Dauer anhaften. Daher ist ein Irrtum über den Wert einer Sache (Marktpreis oder Kurswert) nicht als Eigenschaftsirrtum anzusehen, da dieser sich immer wieder ändern kann. Wer über den Wert einer Sache irrt, unterliegt daher lediglich einem unbeachtlichen Motivirrtum.

Beispiel

K kauft von V ein altes Buch, von dem er annimmt, es sei 100 € wert. Tatsächlich ist es aber nur 5 € wert. Der Irrtum über den Wert einer Sache stellt keinen Anfechtungsgrund nach § 119 Abs. 2 BGB dar.

Kauft K das Buch in der Annahme, dass es sich um eine Originalhandschrift von Martin Luther handelt, obwohl es tatsächlich nur eine Kopie ist, ist ein Eigenschaftsirrtum nach § 119 Abs. 2 BGB gegeben. Zwar wirkt sich diese Eigenschaft auf den Wert des Buches aus. Hier hat sich K aber keine Vorstellungen über den Wert des Buches gemacht, sondern es kam ihm darauf an, eine Originalhandschrift von Luther zu erwerben.

1.6.3.2 Anfechtbarkeit wegen Täuschung und Drohung

Gemäß § 123 BGB kann eine Willenserklärung angefochten werden, wenn der Erklärende durch **ARGLISTIGE TÄUSCHUNG** → GLOSSAR oder **WIDERRECHTLICHE DROHUNG** → GLOSSAR zu ihrer Abgabe veranlasst worden ist. In diesem Fall muss die Anfechtung binnen eines Jahres erklärt werden → vgl. § 124 BGB.

Unter einer Täuschung ist die wahrheitswidrige Behauptung von wichtigen Umständen zu verstehen. Sie muss nicht ausdrücklich erklärt werden, sondern kann auch durch Schweigen erfolgen, indem bestimmte Tatsachen verschwiegen werden. Die Täuschung ist arglistig, wenn der Täuschende weiß, dass seine Behauptung falsch ist und sein Gegenüber dadurch zur Abgabe einer Willenserklärung bewogen wird, die er anderenfalls nicht abgegeben hätte.

Beispiel

K kauft bei V einen Gebrauchtwagen. Dabei verschweigt ihm V, dass es sich um einen Unfallwagen handelt.

Bei der widerrechtlichen Drohung kündigt jemand einem anderen ein Übel an für den Fall, dass dieser eine gewünschte Willenserklärung nicht abgibt. Ob die Drohung widerrechtlich ist, hängt von dem angewandten Druckmittel, dem angestrebten Erfolg oder der Unangemessenheit des Druckmittels zur Herbeiführung des konkreten Erfolges ab.

Beispiel

Vermieter V verlangt von M, dass dieser einer Mieterhöhung um 100% zustimmt. Für den Fall, dass M sich widersetzt, kündigt V an, er werde M zusammenschlagen. M erklärt schließlich seine Zustimmung zu der Mieterhöhung. Die Drohung mit Schlägen hat M in eine psychische Zwangslage versetzt, ohne die er der Mieterhöhung nie zugestimmt hätte. § 123 ist daher erfüllt.

A hat B 1.000 € gestohlen. Als B dies erfährt, verlangt er von A, ihm das Geld zurückzugeben. Anderenfalls werde er ihn wegen Diebstahls bei der Polizei anzeigen. Hier ist es Bs gutes Recht, den Diebstahl zur Anzeige zu bringen. Seine Drohung ist also nicht widerrechtlich i. S. v. § 123 BGB.

1.6.3.3 Folge der wirksamen Anfechtung

Durch die Anfechtung wird die Willenserklärung nach § 142 Abs. 1 BGB nichtig, und zwar von Anfang an (ex tunc). Es wird also ein Zustand hergestellt, als wäre die Erklärung nie abgegeben worden.

Der Anfechtende ist seinem Vertragspartner jedoch gemäß § 122 Abs. 1 BGB zum Schadenersatz verpflichtet. Zu ersetzen ist der Schaden, der daraus entsteht, dass der Vertragspartner auf die Gültigkeit der Willenserklärung vertraut hat (**VERTRAUENSSCHADEN** → GLOSSAR oder **NEGATIVES INTERESSE** → GLOSSAR). Er ist also so zu stellen, als hätte er nie von dem Geschäft gehört.

Beispiel

V möchte ein Gemälde im Wert von 180 € verkaufen. K möchte für das Bild 200 € bezahlen, verspricht sich aber und bietet V 300 €. Als er seinen Irrtum bemerkt, ficht er seine Erklärung an. V verlangt nun von ihm den Ersatz der Portokosten für die Zusendung der Rechnung in Höhe von 1,45 €. Außerdem möchte er von K 250 € ersetzt bekommen, denn er hatte dem Kaufinteressenten X abgesagt, der ihm diese Summe bezahlt hätte. V hätte die Portokosten nicht aufgewendet, wenn er gewusst hätte, dass K seine Erklärung anfechten würde. K muss diese also ersetzen. Gleiches gilt für die 250 €, die V entgangen sind, weil er im Vertrauen auf die Gültigkeit des Vertrages dem X abgesagt hat. Jedoch muss er sich den Wert des Bildes anrechnen lassen: er kann nicht das Bild behalten und zugleich den vollen entgangenen Gewinn geltend machen. Sein Anspruch beläuft sich daher auf 71,45 €.

Die Schadenersatzpflicht gilt jedoch nur im Fall der Anfechtung wegen eines Irrtums → vgl. § 119 BGB, denn es wäre mehr als unbillig, würde man dem Täuschenden oder Drohenden noch einen Schadenersatzanspruch zugestehen, wenn das von ihm erzwungene Geschäft rückgängig gemacht wird.

Zusammenfassung

- Ist eine Willenserklärung mit einem so schweren Mangel behaftet, dass sie nicht wirksam werden kann, ist sie nichtig.
- Das Gesetz zählt die Gründe, die zur Nichtigkeit führen können, abschließend auf: Scheingeschäft, Verstoß gegen gesetzliche Formvorschriften, Verstoß gegen gesetzliche Verbote, Verstoß gegen die guten Sitten oder Wucher.
- Im Gegensatz zu nichtigen Rechtsgeschäften können die Mängel eines unwirksamen Rechtsgeschäfts noch geheilt werden.
- Unterliegt der Erklärende bei Abgabe der Willenserklärung einem Irrtum über den Inhalt seiner Erklärung, über bestimmte Eigenschaften einer Person oder Sache oder wollte er gar keine Erklärung dieses Inhalts abgeben, kann er seine Willenserklärung anfechten. Gleiches gilt für den Fall, dass er durch Täuschung oder Drohung zur Abgabe der Erklärung bestimmt worden ist.
- Infolge der Anfechtung gilt die Willenserklärung als von Anfang an nichtig.
- Wer wegen eines Irrtums die Anfechtung erklärt, schuldet seinem Vertragspartner den Ersatz des Schadens, den dieser durch das Vertrauen auf die Wirksamkeit des Geschäfts erlitten hat.

Kontrollfragen und Fälle

1. Wodurch unterscheiden sich nichtige und unwirksame Rechtsgeschäfte?
2. Welche Nichtigkeitsgründe kennen Sie?
3. K verhandelt mit dem Prokuristen P des Unternehmers V über den Ankauf einer teuren Maschine. Um einen möglichst günstigen Einkaufspreis zu erzielen, steckt K dem P diskret einen Briefumschlag mit 5.000 € zu. Bei der nächsten Verhandlungsrunde macht P dem K daraufhin im Namen des V ein sehr günstiges Angebot. Ist die Übereignung der 5.000 € wirksam?
4. Welche Irrtumsarten unterscheidet das Gesetz?
5. Was verstehen Sie unter einem Motivirrtum und wie ist er zu bewerten?
6. In welchen Fällen gilt eine Drohung als widerrechtlich?
7. Welche Rechtsfolgen zieht die Anfechtung einer Willenserklärung nach sich?
8. V verkauft ein Auto zum Preis von 50.000 € an K. Er nimmt an, dass K über genügend Geld verfügt. Tatsächlich ist K seit Jahren schwer verschuldet und erhält bei der Bank keinen Kredit mehr, da er auch frühere Verbindlichkeiten nie beglichen hat. Was kann V tun?

1.7 Stellvertretung

Zuweilen ist es notwendig, rechtsgeschäftliche Handlungen durch einen anderen vornehmen zu lassen – sei es, weil man nicht am Ort des Vertragsschlusses anwesend ist oder weil man nicht die nötige Sachkunde zur Vornahme des Rechtsgeschäfts besitzt. Das Gesetz räumt in den § 164 ff. BGB die Möglichkeit ein, sich eines Stellvertreters zu bedienen. Bei höchstpersönlichen Rechtsgeschäften ist jedoch keine **STELLVERTRETUNG** → GLOSSAR zulässig, beispielsweise bei der Eheschließung → vgl. § 1311 BGB oder bei der Errichtung eines Testaments → vgl. § 2064 BGB. Hier ordnet das Gesetz an, dass diese Rechtsgeschäfte nur durch persönliche Erklärung abgeschlossen werden können.

Beim Abschluss von Geschäften durch einen Stellvertreter sind drei Personen beteiligt: der Vertretene (auch: Geschäftsherr), der Stellvertreter und der Dritte, d. h. der Vertragspartner des Vetretenen. Das Verhältnis zwischen dem Vertretenen und dem Stellvertreter wird als Innenverhältnis bezeichnet. Es handelt sich dabei um ein Vertragsverhältnis, z. B. einen Auftrag → vgl. § 662 BGB, einen Arbeits- bzw. Dienstvertrag → vgl. § 611 BGB oder einen Geschäftsbesorgungsvertrag → vgl. § 675 BGB.

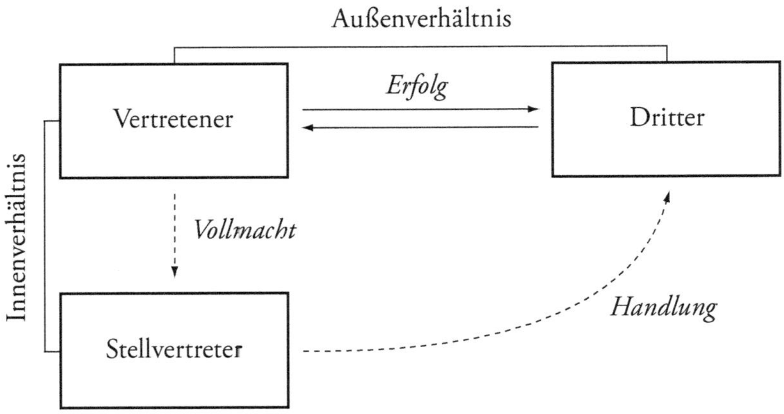

Der Vertretene kann die Vertretungsmacht im Innenverhältnis einschränken und damit die Grenzen des rechtlichen Dürfens des Vertreters bestimmen.

Beispiel

K erteilt S Vollmacht zum Kauf eines PKW bis zum Höchstpreis von 10.000 €.

Das Verhältnis zwischen dem Vertretenen und dem Dritten, also dem Vertragspartner, wird als Außenverhältnis bezeichnet. Die Vollmacht betrifft nur das Außenverhältnis. Innen- und Außenverhältnis müssen also nicht notwendig deckungsgleich sein.

1.7.1 Voraussetzungen der Stellvertretung → vgl. § 164 BGB

Nach § 164 Abs. 1 BGB gibt der Stellvertreter eine eigene Willenserklärung im Namen des Vertretenen ab, muss sich dabei aber im Rahmen der ihm eingeräumten Vertretungsmacht bewegen.

1.7.2 Eigene Willenserklärung des Stellvertreters

Der Stellvertreter gibt eine eigene Willenserklärung ab. Im Gegensatz zum Boten, der lediglich eine fremde Willenserklärung überbringt, hat er also einen eigenen Spielraum. Der Stellvertreter muss daher gemäß § 165 BGB zumindest beschränkt geschäftsfähig sein, nicht so der Bote.

Beispiel

V bittet seinen Freund B, ihm zur Vorbereitung auf eine Klausur bei Buchhändler D das Buch „Privatrecht" von Max Müller in der 6. Auflage zu kaufen. Hier soll B keinen Entscheidungsspielraum haben, sondern dem D lediglich den Willen des V übermitteln. Statt B einzuschalten, hätte V auch einen Brief an D schicken können. B ist Bote.

V bittet S, ihm zur Vorbereitung auf die Klausur ein gutes Lehrbuch über das Privatrecht zu kaufen. Hier kann S frei entscheiden, welches Buch er auswählt. Er soll also eine eigene Willenserklärung abgeben und ist daher Stellvertreter.

1.7.3 Handeln im Namen des Vertretenen (Offenkundigkeit)

Der Stellvertreter muss offen legen, dass er im Namen eines Dritten handelt. Die Offenkundigkeit dient dem Schutz des Vertragspartners, der wissen möchte, mit wem er ein Geschäft abschließt. Die Offenlegung muss nicht ausdrücklich erfolgen. Es genügt, dass sich das Vertretungsverhältnis aus den Umständen ergibt → vgl. § 164 Abs. 1 S. 2 BGB.

Beispiel

V geht in die Pizzeria des D und bestellt bei der Kellnerin S eine Pizza. Hier ergibt sich aus den Umständen – S ist bei D angestellt – dass sie nicht selbst Vertragspartnerin des V ist, sondern ein Geschäft für D abschließt.

Gibt der Stellvertreter nicht zu erkennen, dass er für einen anderen handeln will, schließt er das Geschäft für sich selbst ab („Eigengeschäft") – es sei denn, der Vertragspartner konnte das Vertretungsverhältnis erkennen. Erklärt der Vertreter versehentlich, dass er im eigenen Namen handelt, stellt dies eigentlich einen Erklärungsirrtum i. S. v. § 119 Abs. 1, 2. Fall BGB dar. Nach § 164 Abs. 2 BGB darf er seine Willenserklärung aus diesem Grund jedoch nicht anfechten.

Beim Handeln unter fremdem Namen liegt keine Stellvertretung vor. Denn der Erklärende verwendet hier lediglich einen anderen Namen als den eigenen. Bezüglich der Rechtsfolgen sind zwei verschiedene Konstellationen zu unterscheiden. Ist dem Geschäftspartner der Name des Vertretenen gleichgültig und versteht er den Erklärenden auch so, dass er das Geschäft für sich abschließen will, so wird der Erklärende selbst verpflichtet.

Beispiel

F, die sich von ihrem Mann M getrennt hat, mietet unter dem Namen „Helga Müller" ein Hotelzimmer, um zu verhindern, dass M sie aufspürt. Hier wird nicht eine Person namens „Helga Müller", sondern F selbst verpflichtet.

Kommt es dem Vertragspartner dagegen darauf an, dass er mit dem Inhaber des verwendeten Namens ein Geschäft abschließt, kommt kein Geschäft mit dem Erklärenden zustande. Vielmehr handelt es sich um ein Fremdgeschäft für den Namensträger. Die Rechtsfolgen bemessen sich nach den §§ 177 ff. BGB → vgl. Abschnitt 1.7.6., S. 63 ff. Der Namensträger wird nur dann Vertragspartner, wenn er dem Geschäft zustimmt.

Beispiel

S ist zahlungsunfähig. Er kauft bei D auf Kredit im Namen des V einen Sportwagen für 100.000 €. D hat mit dem vermögenden V bereits zahlreiche Geschäfte abgeschlossen und schätzt dessen Zuverlässigkeit. Hier kommt es D darauf an, den Vertrag mit V abzuschließen. Das Geschäft zwischen S und D kommt daher nicht zustande.

Auch bei der mittelbaren (auch: indirekten/verdeckten/stillen) Vertretung liegt keine Stellvertretung vor. Hier vertritt der Handelnde zwar die Interessen eines anderen, tritt aber (als Mittelsmann) im eigenen Namen auf. Er wird in diesem Fall selbst Vertragspartei, auch wenn die wirtschaftlichen Folgen des Vertrages den anderen treffen sollen.

Beispiel
Kunstsammler V beauftragt S, bei D ein Gemälde zu kaufen. Dabei soll S im eigenen Namen handeln, denn V befürchtet, dass D den Preis in die Höhe treiben würde, wenn er wüsste, dass V hinter dem Geschäft steckt. Der Vertrag kommt zwischen S und D zustande: S muss den Kaufpreis zahlen und bekommt im Gegenzug von D das Bild übereignet. Da S im Auftrag des V gehandelt hat → vgl. §§ 662 ff. BGB, muss er nach § 667 das Gemälde an V übereignen. Im Gegenzug ist V aus § 670 BGB verpflichtet, dem S seine Aufwendungen für den Kaufpreis zu erstatten.

Eine Ausnahme vom Offenkundigkeitsprinzip besteht beim so genannten Geschäft für den, den es angeht. Dabei handelt es sich um Bargeschäfte des täglichen Lebens, die sofort erfüllt werden. In diesem Fall ist der Vertragspartner nicht schutzbedürftig: da er die Gegenleistung sofort erhält, kann es ihm egal sein, wer sein Vertragspartner ist. Der Stellvertreter muss hier also nicht offen legen, dass er für einen anderen handelt.

Beispiel
V bittet ihren Enkel S, beim Bäcker D ein paar Stück Kuchen zu kaufen. S tut dies und bezahlt sogleich den Kaufpreis, ohne dem D mitzuteilen, dass er für V handelt. V wird trotz der fehlenden Offenlegung des Vertretungsverhältnisses selbst verpflichtet, da es dem D völlig egal ist, wem er den Kuchen verkauft.

1.7.4 Vertretungsmacht

Der Vertretene (= der Geschäftsherr) wird aus dem Geschäft nur verpflichtet, wenn der Stellvertreter im Rahmen der ihm zustehenden Vertretungsmacht gehandelt hat → vgl. § 164 Abs. 1 S. 1 BGB. Die Vertretungsmacht kann zum einen aus dem Gesetz folgen:

- Vertretungsmacht der Eltern für ihre Kinder → vgl. § 1629 Abs. 1 BGB
- Vertretungsmacht des Vormunds für sein Mündel (= Minderjähriger, der nicht unter elterlicher Sorge steht) → vgl. § 1773 BGB
- Vertretungsmacht des Betreuers für den Betreuten → vgl. §§ 1896, 1902 BGB
- Schlüsselgewalt der Ehegatten (= Berechtigung der Ehegatten, Geschäfte zur Deckung des Lebensbedarfs der Familie mit Wirkung für den anderen Ehegatten zu besorgen) → vgl. § 1357 BGB

1.7.4.1 Rechtsgeschäftlich erteilte Vertretungsmacht

Die Vertretungsmacht kann auch durch Rechtsgeschäft erteilt werden. In diesem Fall spricht man von einer **VOLLMACHT** → GLOSSAR. Die Vollmacht kann durch Erklärung gegenüber dem zu Bevollmächtigenden (Innenvollmacht → vgl. § 167

Abs. 1, 1. Fall BGB) oder gegenüber dem Dritten, demgegenüber die Vertretung stattfinden soll (Außenvollmacht → vgl. § 167 Abs. 1, 2. Fall BGB) erteilt werden.

Beispiel

Schreibt V an D „Hiermit erteile ich S Vollmacht, mir einen Gebrauchtwagen zu kaufen.", handelt es sich um eine Außenvollmacht. Schreibt V an D „Ich habe S Vollmacht erteilt, mir einen Gebrauchtwagen zu kaufen.", handelt es sich um eine kundgegebene Innenvollmacht.

Die Bevollmächtigung ist eine empfangsbedürftige Willenserklärung; sie bedarf keiner besonderen Form. Je nach dem Umfang der eingeräumten Vertretungsmacht werden verschiedene Arten der Vollmacht unterschieden. Mit der Spezialvollmacht wird der Vertreter zum Abschluss eines bestimmten Geschäfts ermächtigt.

Beispiel

V ermächtigt S, für ihn ein Auto zu kaufen.

Die Gattungsvollmacht räumt dem Vertreter für eine bestimmte Art von Geschäften Vertretungsmacht ein.

Beispiel

Autohändler V ermächtigt seinen Angestellten S, Gebrauchtwagen zum Weiterverkauf in seinem Geschäft anzukaufen.

Die Generalvollmacht erstreckt sich dagegen auf alle Arten von Geschäften. Einen Sonderfall bildet die Prokura nach § 49 HGB → vgl. Abschnitt 8, S. 163 ff.

Beispiel

Autohändler V ermächtigt seinen Angestellten S, alle mit dem Autohandel zusammenhängenden Geschäfte zu tätigen.

Ist der Bevollmächtigte allein zur Vertretung berechtigt, handelt es sich um eine Einzelvollmacht. Sollen demgegenüber nur mehrere Personen gemeinsam zur Vertretung berechtigt sein, spricht man von einer Gesamtvollmacht.

Kommt es dem Geschäftsherrn nicht entscheidend darauf an, dass der Bevollmächtigte persönlich das Geschäft abschließt, so kann dieser einem Dritten Untervollmacht erteilen, also seinerseits einen Stellvertreter zur Vornahme des Geschäfts ermächtigen. Die dem Bevollmächtigten vom Geschäftsherrn erteilte Vollmacht wird als Hauptvollmacht bezeichnet.

1.7.4.2 Erlöschen der Vollmacht

Die Dauer der Vollmacht richtet sich gemäß § 168 S. 1 BGB nach dem ihrer Erteilung zugrunde liegenden Rechtsverhältnis. Sie erlischt also, wenn sie nur für ein bestimmtes Geschäft erteilt und dieses abgewickelt worden ist oder mit Fristablauf, wenn sie nur für einen bestimmten Zeitraum erteilt worden ist.

Nach § 168 S. 2 BGB kann die Vollmacht auch durch Widerruf erlöschen. Der Widerruf folgt gemäß § 168 S. 3 BGB den gleichen Regeln wie die Erteilung der Vollmacht. Er kann also durch einseitige, formlose, empfangsbedürftige Willenserklärung gegenüber dem Bevollmächtigten oder gegenüber dem Dritten ausgeübt werden. Dabei ist es unerheblich, ob es sich um eine Innen- oder Außenvollmacht handelt. Eine Innenvollmacht kann also auch durch Widerruf gegenüber dem Dritten zum Erlöschen gebracht werden.

Mit dem Erlöschen der Vollmacht ist dem Stellvertreter die Vertretungsmacht entzogen, d. h. er kann keine Geschäfte mit Wirkung für und gegen den Geschäftsherrn mehr vornehmen. Das Gesetz hält einige Sonderregelungen bereit, um den Dritten, der nichts vom Erlöschen der Vollmacht weiß, zu schützen. In diesen vom Gesetz geregelten Fällen wird die Vollmacht trotz ihres Erlöschens dem gutgläubigen Dritten gegenüber so betrachtet, als würde sie noch gelten. So muss das Erlöschen der Außenvollmacht dem Dritten vom Vollmachtgeber angezeigt werden → vgl. § 170 BGB. Ist eine Innenvollmacht durch eine gesonderte Mitteilung an einen Dritten oder durch öffentliche Bekanntmachung kundgegeben worden (kundgegebene Innenvollmacht), muss die Kundgebung gemäß § 171 BGB in der gleichen Weise widerrufen werden, wie sie erfolgt ist. Ist dem Stellvertreter eine Vollmachtsurkunde ausgehändigt worden, muss die Urkunde gemäß § 172 BGB zurückgegeben → vgl. § 175 BGB oder für kraftlos erklärt → vgl. § 176 BGB werden.

1.7.4.3 Sonderfall: Rechtsscheinvollmacht

In bestimmten Fällen ist eine Vollmacht anzunehmen, auch wenn eine solche gar nicht erteilt worden ist. Dies ist der Fall, wenn der Dritte aufgrund der Umstände davon ausgehen musste und darauf vertrauen durfte, dass eine Vollmacht erteilt worden ist. Eine **DULDUNGSVOLLMACHT** → GLOSSAR liegt vor, wenn der Vertretene weiß, dass ein Dritter für ihn als Vertreter auftritt und dies duldet.

Beispiel

S ist im Modefachgeschäft der V angestellt. Da sie der Meinung ist, einen besseren Geschmack als V zu haben, hat sie seit geraumer Zeit selbst Bestellungen beim Lieferanten D vorgenommen, um die Kollektion durch einige gute Stücke aufzuwerten. V weiß dies, schreitet aber aus Nachlässigkeit nicht ein. V muss die von S abgeschlossenen Geschäfte gegen sich gelten lassen. D ist insoweit schutzwürdiger als V, die nur aus Nachlässigkeit nichts gegen das Tun der S unternommen und damit wesentlich dazu beigetragen hat, den Anschein einer Bevollmächtigung zu erwecken.

Eine **ANSCHEINSVOLLMACHT** → GLOSSAR ist gegeben, wenn der Vertretene zwar nicht weiß, dass ein Dritter für ihn als Vertreter auftritt, es aber bei sorgfältigem Verhalten hätte erkennen können.

Beispiel

Wie oben. V weiß jedoch nichts von den Aktivitäten der S, weil sie sich lieber in ihrem Ferienhaus in Südfrankreich aufhält und das Geschäft sich selbst überlässt, anstatt sich regelmäßig darum zu kümmern. Auch hier muss sich V so behandeln lassen, als hätte sie S bevollmächtigt. Denn hätte sie sich wie eine sorgfältige Geschäftsfrau um ihr Geschäft gekümmert und ihre Mitarbeiterin zuverlässig überwacht, wäre ihr das Verhalten der S aufgefallen und sie hätte dagegen vorgehen können.

1.7.5 Wirkungen der Stellvertretung

Hält sich der wirksam bevollmächtigte Vertreter an den Rahmen seiner Vertretungsmacht, wirkt seine Willenserklärung unmittelbar für bzw. gegen den Vertretenen → vgl. § 164 Abs. 1 S. 1 BGB. Das heißt, die rechtlichen Folgen seines Handelns treffen nicht ihn, sondern den Vertretenen so als wäre dieser selbst tätig geworden.

Unterliegt der Vertreter bei der Abgabe seiner Willenserklärung einem Irrtum, ist der Vertretene an die irrtümliche Erklärung gebunden. Soweit in der Person des Vertreters die Voraussetzungen der §§ 119 ff. BGB für die Anfechtung der Willenserklärung vorliegen, kann der Vertretene nach § 166 BGB die Anfechtung erklären.

Beispiel

S soll als Vertreter des V für diesen einen Gebrauchtwagen kaufen. Bei Händler D stößt er auf ein besonders gut erhaltenes Modell. S erklärt, er kaufe den Wagen für 3.000 €. Eigentlich will er nur 2.000 € bieten, hat sich jedoch bei der Abgabe des Angebots versprochen. S unterlag damit einem Erklärungsirrtum nach § 119 Abs. 1, 2. Fall BGB. Da in der Person des S die Voraussetzungen für eine Anfechtung vorliegen, kann V die Anfechtung gemäß § 166 BGB erklären.

Anders hingegen, wenn V den S ermächtigt hat, maximal 2.500 € für einen Gebrauchtwagen zu bieten und S irrtümlich 3.000 € bietet. In diesem Fall hat S seine Vertretungsmacht überschritten. V wird daher nach § 164 Abs. 1, S. 1 BGB nicht verpflichtet.

1.7.6 Überschreitung der Vertretungsmacht

1.7.6.1 Vertretung ohne Vertretungsmacht

Hat der Vertreter ohne Vertretungsmacht (**FALSUS PROCURATOR** → GLOSSAR) gehandelt, ist der von ihm im Namen des Vertretenen abgeschlossene Vertrag schwebend unwirksam → vgl. § 177 BGB. Die Vertretungsmacht fehlt beispielsweise, wenn die Vollmacht wirksam angefochten wurde oder der Vertretene bei Erteilung der Vollmacht geschäftsunfähig war. Der Vertretene kann das ohne Vertretungsmacht geschlossene Geschäft genehmigen und ihm so zur Wirksamkeit verhelfen. Dies gilt jedoch nicht für einseitige Rechtsgeschäfte, z. B. Kündigungserklärungen, die der Vertreter ohne entsprechende Vollmacht abgegeben hat → vgl. § 180 BGB.

So lange die Genehmigung nicht erfolgt ist, kann der Dritte nach § 178 BGB seine Willenserklärung widerrufen und so das Wirksamwerden des Geschäftes verhindern. Dies gilt indes nur, wenn der Dritte vom Mangel der Vertretungsmacht keine Kenntnis hatte. Gemäß §§ 182, 184 BGB kann der Vertretene die Genehmigung sowohl gegenüber dem Vertreter als auch gegenüber dem Dritten erklären. Fordert der Dritte den Vertretenen ausdrücklich zur Genehmigung auf, kann diese hingegen nur ihm gegenüber erklärt werden → vgl. § 177 Abs. 2 BGB. Äußert sich der Vertretene nicht binnen zwei Wochen auf die Aufforderung, gilt die Genehmigung als verweigert → vgl. § 177 Abs. 2, S. 2 BGB.

Verweigert der Vertretene die Genehmigung, wird das Geschäft endgültig unwirksam. In diesem Fall kommt § 179 BGB zum Tragen: der ohne Vertretungsmacht agierende Stellvertreter ist zur Erfüllung oder zum Schadenersatz wegen Nichterfüllung (auch **ERFÜLLUNGSSCHADEN** → GLOSSAR, **POSITIVES INTERESSE** → GLOSSAR) verpflichtet. Der Dritte hat insofern ein Wahlrecht. Entscheidet er sich für Erfüllung, so muss der Stellvertreter das Geschäft so erfüllen, als wäre er selbst Vertragspartner des Dritten geworden. Wählt er den Ersatz des positiven Interesses, muss ihn der Vertreter so stellen, als wäre das Geschäft erfüllt worden.

Beispiel

S kauft bei D ohne Vertretungsmacht im Namen des V einen Gebrauchtwagen zum Preis von 10.000 €. Das Fahrzeug ist jedoch nur 8.000 € wert. V verweigert die Genehmigung.

Nach § 179 Abs. 1 BGB kann D von S nun die Zahlung der 10.000 € gegen Abnahme des Wagens verlangen (= Erfüllung des Kaufvertrages → vgl. § 433 BGB). Wahlweise könnte D ihn auch auf Schadenersatz wegen Nichterfüllung in Anspruch nehmen. S muss den Schaden ersetzen, der dadurch entstanden ist, dass das Geschäft mit V nicht zustande gekommen ist. Wäre das Geschäft zustande gekommen, hätte D 10.000 € bekommen und das Fahrzeug im Wert von 8.000 € herausgeben müssen; er hätte also 2.000 € Gewinn gemacht. Diese Summe kann D von S verlangen.

Hat der Stellvertreter beim Abschluss des Geschäfts den Mangel seiner Vertretungsmacht nicht gekannt, so muss er dem Dritten gemäß § 179 Abs. 2 BGB lediglich den Schaden ersetzen, der diesem dadurch entstanden ist, dass er auf die Gültigkeit des Rechtsgeschäfts vertraut hat (Vertrauensschaden, negatives Interesse). Der Anspruch ist jedoch der Höhe nach durch die Höhe des Erfüllungsinteresses begrenzt. § 179 Abs. 2 BGB ist beispielsweise erfüllt, wenn der Vertretene bei Erteilung der Vollmacht unerkannt geschäftsunfähig und die Bevollmächtigung daher gemäß § 105 Abs. 1 BGB nichtig ist.

Beispiel

S verkauft D im Namen des V ein Kilo Äpfel für 3 €. Sie vereinbaren, dass D die Äpfel bei V abholt. D wendet 5 € für die Fahrt zu V auf, um dort zu erfahren, dass S keine Vertretungsmacht hatte, was dem S selbst auch nicht bekannt war.

Nach § 179 Abs. 2 BGB muss S dem D den Vertrauensschaden ersetzen. Hier hat D 5 € im Vertrauen auf die Gültigkeit des Geschäfts aufgewendet. Sein Erfüllungsinteresse beträgt indes lediglich 3 €: wäre das Geschäft zustande gekommen, hätte er 3 € bezahlt und Äpfel in diesem Wert erhalten. Da § 179 Abs. 2 BGB S nur zum Ersatz des Vertrauensschadens bis zur Höhe des Erfüllungsschadens verpflichtet, beläuft sich der Ersatzanspruch des D auf 3 €.

Gemäß § 179 Abs. 3 BGB sind die Schadenersatzansprüche gegen den Vertreter ohne Vertretungsmacht ausgeschlossen, wenn der Dritte wusste oder hätte wissen müssen, dass die Vertretungsmacht nicht besteht.

Die Vertretung ohne Vertretungsmacht ist strikt von der Verfügung eines Nichtberechtigten nach § 185 BGB zu unterscheiden. Der Vertreter ohne Vertretungsmacht handelt gemäß § 177 BGB **im fremden Namen**. Die Norm gilt für Verpflichtungs- und für Verfügungsgeschäfte. Der Nichtberechtigte verfügt demgegenüber **im eigenen Namen** über fremdes Recht. § 185 BGB gilt also nur für Verfügungsgeschäfte.

1.7.6.2 Missbrauch der Vertretungsmacht

Hat der Stellvertreter – gesetzlich oder durch Rechtsgeschäft – Vertretungsmacht, überschreitet er jedoch die im Innenverhältnis gesetzten Grenzen, ist dies grundsätzlich unbeachtlich. D.h. der Vertretene trägt das Risiko, dass der Stellvertreter die Grenzen seiner Vertretungsmacht nicht beachtet. Etwas anderes gilt nur, wenn es sich dem Geschäftspartner aufdrängen musste, dass der Stellvertreter ohne Vertretungsmacht handelt, wenn der Missbrauch also evident ist. In diesem Fall wird der Vertretene nicht nach § 164 Abs. 1 BGB durch die Erklärung seines Stellvertreters gebunden. Der Dritte kann die Rechte aus §§ 177, 179 BGB geltend machen.

Schließt der Vertreter ohne Vertretungsmacht einvernehmlich mit einem Dritten ein Rechtsgeschäft ab, um den Vertretenen zu schädigen (kollusives Zusammenwirken), ist ein Verstoß gegen die guten Sitten gegeben. Das Geschäft ist daher gemäß § 138 BGB nichtig. Der Vertretene wird dadurch also nicht verpflichtet.

Beispiel
S ist in der Kunsthandlung des V angestellt. Sie ärgert sich über dessen herablassendes Verhalten und klagt ihrem Freund D ihr Leid. Beide kommen überein, dass S dem D im Namen des V einige besonders teure Gemälde zu einem Viertel des vorgesehenen Preises verkauft, um es dem V heimzuzahlen. Da S und D den V schädigen wollen, ist der Kaufvertrag über die Gemälde nach § 138 BGB nichtig. D muss den Kaufpreis nicht zahlen, V die Bilder nicht übereignen.

1.7.7 Insichgeschäft

§ 181 BGB verbietet **INSICHGESCHÄFTE** → GLOSSAR des Vertreters. Dies sind Geschäfte, die der Vertreter mit sich selbst abschließt. Beim Selbstkontrahieren handelt der Vertreter auf der einen Seite des Vertrags im eigenen Namen, auf der anderen in fremdem Namen.

Beispiel
V ermächtigt S, sein Auto zu verkaufen. S, der selbst gerade einen Wagen benötigt, verkauft das Auto des V kurzerhand an sich selbst.

Bei der Mehrvertretung handelt der Vertreter auf beiden Seiten des Vertrags in fremdem Namen.

Beispiel
V bevollmächtigt S, sein Auto zu verkaufen. D bevollmächtigt S, ihm einen Gebrauchtwagen zu kaufen. Um Zeit und Mühe zu sparen, schließt S im Namen des V einen Kaufvertrag mit sich im Namen des D.

Das Verbot des Insichgeschäfts soll Interessenkollisionen vorbeugen. Ausnahmsweise gilt es jedoch nicht oder wenn der Vertretene/die Vertretenen das Insichgeschäft gestattet hat/haben, wenn das Geschäft in der Erfüllung einer Verbindlichkeit besteht. Über den Wortlaut des § 181 BGB hinaus bejaht die Rechtsprechung die Zulässigkeit des Insichgeschäfts, wenn es für den Vertretenen einen lediglich rechtlichen Vorteil bringt.

Beispiel
Die Eltern → vgl. § 1629 BGB des minderjährigen V schenken diesem ein Grundstück. Bei der Übereignung des Grundstücks handeln sie als Verkäufer im eigenen Namen und zugleich als

Erwerber im Namen des V. Die Übereignung des Grundstücks führt zu keinen persönlichen Belastungen für V, ist also rechtlich vorteilhaft und verstößt daher nicht gegen § 181 BGB.

Zusammenfassung

- Die Willenserklärungen eines Stellvertreters berechtigen und verpflichten den Geschäftsherrn, wenn sie in dessen Namen und im Rahmen der verliehenen Vertretungsmacht abgegeben worden sind.
- Im Gegensatz zum Boten, der lediglich eine fremde Willenserklärung überbringt, gibt der Stellvertreter eine eigene Erklärung ab.
- Die Vertretungsmacht kann durch Gesetz oder durch Rechtsgeschäft vermittelt werden. Im letzteren Fall spricht man von einer Vollmacht. Diese kann durch Erklärung gegenüber dem Vertreter oder gegenüber dem potenziellen Vertragspartner erteilt werden.
- Tritt jemand unberechtigt als Stellvertreter auf und wusste der Vertretene dies bzw. hätte es erkennen können, wird der gutgläubige Vertragspartner über das Institut der Rechtsscheinvollmacht geschützt.
- Handelt der Vertreter ohne Vertretungsmacht, wird das Geschäft nur wirksam, wenn der Vertretene es genehmigt. Der Vertreter macht sich in diesem Fall unter Umständen schadenersatzpflichtig.
- Überschreitet der Vertreter die Grenzen seiner Vertretungsmacht, geht dies zu Lasten des Vertretenen. Etwas anderes gilt nur, wenn der Missbrauch offensichtlich ist.
- Nicht gestattet sind Insichgeschäfte. Dies sind solche, die der Stellvertreter mit sich selbst abschließt.

Kontrollfragen und Fälle

1. Wie unterscheiden sich Stellvertreter und Bote?
2. Unter welchen Voraussetzungen wirkt die Willenserklärung eines Stellvertreters für und gegen den Vertretenen?
3. Welche Ausnahmen vom Offenkundigkeitsprinzip kennen Sie?
4. Beschreiben Sie den Unterschied zwischen Innenvollmacht, Außenvollmacht und nach außen kundgegebener Innenvollmacht!
5. Wie wird der gutgläubige Vertragspartner im Falle des Erlöschens der Vollmacht geschützt?
6. Welche Formen der Rechtsscheinsvollmacht kennen Sie?

7. Welche Rechte hat der Vertretene, wenn der Vertreter ohne Vertretungsmacht handelt?
8. V will von D einen gebrauchten Lkw kaufen. Er schreibt an D: „Hiermit bevollmächtige ich S zur Führung der Verhandlungen und zum Abschluss eines Kaufvertrages über Ihren Lkw.“ Als die Kaufverhandlungen nicht wunschgemäß laufen, widerruft V gegenüber S die Vollmacht. D erfährt von diesem Widerruf nichts und schließt mit S, der trotz des Widerrufs der Vollmacht weiter im Namen des V verhandelt hat, einen Kaufvertrag. Ist dieser Vertrag wirksam?
9. V bevollmächtigt den S, seinen Pkw zu einem möglichst hohen Preis zu verkaufen. Darf S diesen Pkw selbst kaufen?
10. Wie ist die Stellvertretung von der Verfügung eines Nichtberechtigten abzugrenzen?

1.8 Allgemeine Geschäftsbedingungen → vgl. §§ 305 ff. BGB

Unternehmer schließen häufig eine Vielzahl von Verträgen gleicher Art ab. Um den Vertragsschluss zu vereinfachen, verwenden sie in der Regel **ALLGEMEINE GESCHÄFTSBEDINGUNGEN** → GLOSSAR (AGB), welche beispielsweise die Liefer- und Zahlungsbedingungen pauschal und für alle Geschäfte gleich lautend festlegen. Um zu verhindern, dass Vertragspartner durch „das Kleingedruckte“ benachteiligt werden, stellt das BGB einige Regeln über die Zulässigkeit solcher AGB auf.

1.8.1 Begriff

Nach § 305 Abs. 1 BGB sind unter AGB alle für eine Vielzahl von Verträgen vorformulierten Vertragsbedingungen zu verstehen, welche eine Vertragspartei (Verwender) der anderen beim Abschluss des Vertrages vorgibt. Sie können in dem Vertrag selbst oder in einem gesonderten Schriftstück enthalten sein. Keine AGB liegen vor, wenn die Bedingungen Gegenstand von Verhandlungen zwischen den Vertragspartnern, also gerade nicht einseitig vorformuliert waren. Nach § 305b BGB haben solche Individualabreden Vorrang, wenn sie einer in den AGB enthaltenen Formulierung widersprechen.

1.8.2 Einbeziehung von AGB in den Vertrag

AGB werden gemäß § 305 Abs. 2 BGB nur Bestandteil des Vertrages, wenn

- der Verwender bei Vertragsschluss ausdrücklich **oder**

- durch deutlich sichtbaren Aushang am Ort des Vertragsschlusses darauf hinweist, wenn ein solcher ausdrücklicher Hinweis wegen der Art des Geschäfts nicht möglich ist **und**
- der Vertragspartner in zumutbarer Weise von ihrem Inhalt Kenntnis nehmen kann **und**
- der Vertragspartner mit der Geltung der AGB einverstanden ist.

Beispiele

Bei einem schriftlichen Vertragsangebot genügt es nicht, wenn die AGB auf der Rückseite des Schreibens abgedruckt werden. Hier ist ein ausdrücklicher Hinweis im Angebotstext erforderlich. Bei Gepäckschließfächern auf Bahnhöfen etc. ist es nicht möglich, den Kunden ausdrücklich durch einen Vertreter des Schließfachbetreibers auf die AGB hinzuweisen. Es genügt daher ein entsprechender Aushang an der Schließfachanlage.

§ 305c BGB verbietet überraschende und mehrdeutige Klauseln, mit denen der Vertragspartner nicht rechnen muss. Sie werden nicht Bestandteil des Vertrages. Im Übrigen bleibt der Vertrag aber wirksam.

Beispiele

M mietet von der Wohnungsgesellschaft V eine Wohnung. In den AGB findet sich die Klausel, dass V nur für eine maximale Raumtemperatur von 15° C sorgen muss.

K kauft bei Autohändler V einen PKW. Die AGB enthalten die Bestimmung, dass K verpflichtet ist, jeden Monat bei einer ebenfalls von V betriebenen Tankstelle eine bestimmte Menge Benzin zu kaufen.

Im Erb-, Familien- und Gesellschaftsrecht sowie in Tarifverträgen findet das Recht der AGB nach § 310 Abs. 4 BGB keine Anwendung. Gleichwohl können auch hier Formularverträge verwendet werden, was in der Praxis aber eher die Ausnahme ist. Für Arbeitsverträge sind gemäß § 310 Abs. 4 S. 2 BGB die Besonderheiten des Arbeitsrechts zu beachten.

1.8.3 Zulässiger Inhalt von AGB

Nach § 307 BGB sind solche AGB unwirksam, die den Vertragspartner unangemessen benachteiligen. Die §§ 308 und 309 BGB präzisieren diese Vorgabe. Diese Klauselverbote werden in umgekehrter Reihenfolge geprüft. § 309 BGB enthält unzulässige Vertragsbedingungen „ohne Wertungsmöglichkeit“, d. h. solche Klauseln sind in jedem Falle unwirksam. Bei den in § 308 BGB genannten Klauseln „mit Wertungsmöglichkeit“ hat der Richter im Streitfall einen Spielraum, ob die in Rede stehenden Bedingungen zulässig sind. Denn das Gesetz verwendet hier unbestimmte

Rechtsbegriffe, die der Auslegung bedürfen → vgl. § 308 Nr. 2 BGB „unangemessen lange". § 307 BGB enthält schließlich eine Generalklausel, die zum Tragen kommt, wenn keiner der in §§ 309, 308 BGB genannten Fälle gegeben ist. Den Klauselverboten ist gemeinsam, dass sie solche AGB für unwirksam erklären, die den essenziellen Wertungen des Gesetzes zuwiderlaufen oder die gesetzlich vorgesehenen Rechte und Pflichten der Parteien so ändern, dass der Vertragszweck gefährdet wird.

Beispiel

Eine Bank hat in ihre AGB die Klausel aufgenommen, dass der Kunde in vollem Umfang für die missbräuchliche Verwendung seiner ec-Karte haftet, selbst wenn ihn keinerlei Verschulden trifft. Diese Klausel beinhaltet eine unangemessene Benachteiligung i. S. v. § 307 BGB.

Die AGB bestimmen ferner, dass der Kunde ec-Karte und PIN getrennt aufbewahren und jeden Verlust unverzüglich melden muss. Es handelt sich nicht um eine unangemessene Benachteiligung der Bankkunden, da lediglich gewöhnliche Sorgfaltspflichten für den Umgang mit der Kundenkarte statuiert werden.

Zusammenfassung

- Schließt eine Person Geschäfte in großer Zahl ab, kann sie ihre Vertragsbedingungen in AGB vorformulieren.
- Diese werden Bestandteil des Vertrags, wenn bei Vertragsschluss ausdrücklich auf sie Bezug genommen wird, der Vertragspartner von ihrem Inhalt Kenntnis nehmen kann und mit ihrer Geltung einverstanden ist.
- Zulässig sind AGB nur, wenn sie den Vertragspartner nicht unangemessen benachteiligen.

Kontrollfragen und Fälle

1. Wie werden AGB in Verträge einbezogen?
2. V und K verhandeln über den Kauf eines PKW. Dabei weist V auf seine AGB hin, wonach die Kunden die erworbenen Wagen an der Niederlassung des V abholen müssen. Als K fragt, ob es möglich sei, den Wagen zu ihm nach Hause liefern zu lassen, ist V einverstanden. Welche Regelung gilt?
3. Nach welchen Kriterien wird die Wirksamkeit einzelner AGB beurteilt?
4. K bucht bei R eine Urlaubsreise nach Spanien. R weist auf die Geltung ihrer AGB hin. Vor Ort stellt K fest, dass er nach den AGB verpflichtet ist, in der Ferienanlage täglich drei Sportkurse zu besuchen, die mit je 100 € extra zu vergüten sind. Ist die Klausel wirksam?

2 Pflichtverletzungen und unerlaubte Handlungen

Orientierungsfragen

- Welche Rechte räumt das Gesetz dem Einzelnen ein, wenn sein Vertragspartner den Vereinbarungen zuwider handelt? → vgl. Abschnitt 2.2, S. 78 Bestehen solche Rechte schon vor Abschluss eines Vertrags? → vgl. Abschnitt 2.1.1, S. 72
- Was ist im rechtlichen Sinne unter einem Schaden zu verstehen? Wie wird er ermittelt und welche Schäden sind ersatzfähig? → vgl. Abschnitt 2.1.2, S. 74
- Was geschieht, wenn die in einem Vertrag versprochene Leistung unmöglich ist? → vgl. Abschnitt 2.2.1, S. 78
- Welche Rechte hat ein Gläubiger, wenn Leistungen zu spät oder in minderer Qualität erbracht werden? → vgl. Abschnitt 2.2.2, S. 83 und Abschnitt 2.2.3, S. 84
- Was geschieht, wenn der Schuldner zwar die versprochene Leistung erbringt, dabei aber andere Rechtsgüter des Gläubigers verletzt? → vgl. Abschnitt 2.2.4.1, S. 87
- Wie kann der Schuldner verfahren, wenn der Gläubiger die versprochene Leistung nicht annehmen will? → Abschnitt 2.2.4.2, S. 88
- Welche Besonderheiten gelten im Kaufvertragsrecht? → vgl. Abschnitt 2.3.1, S. 91 Wie werden insbesondere Verbraucher geschützt? → vgl. Abschnitt 2.3.1.3, S. 95
- Wie sind die Rechte und Pflichten der Parteien bei Miete und Leasing ausgestaltet? → vgl. Abschnitt 2.3.2, S. 97 und Abschnitt 2.3.4, S. 102
- Welche Folgen zieht es nach sich, wenn jemand ohne vertragliche Vereinbarung Leistungen zugunsten eines anderen erbringt? → vgl. Abschnitt 2.4, S. 109
- Wie können ungerechtfertigte Vermögensverschiebungen ausgeglichen werden? → vgl. Abschnitt 2.5, S. 111
- Welche Rechte kann der durch eine unerlaubte Handlung Geschädigte geltend machen? → vgl. Abschnitt 2.6.1, S.112 Welche Verletzungshandlungen sind gerechtfertigt? → vgl. Abschnitt 2.6.1.4, S. 114 Inwieweit ist man für das Fehlverhalten anderer Personen verantwortlich? → vgl. Abschnitt 2.6.1.5, S. 115
- In welchen Fällen haftet man für Schäden, auch ohne diese verschuldet zu haben? → vgl. Abschnitt 2.6.2, S. 116

2.1 Einführung

Zuweilen kommt es vor, dass die Vertragsparteien ihren Verpflichtungen nicht ordnungsgemäß nachkommen – sei es dass der Schuldner gar nicht, zu spät oder schlecht leistet oder dass der Gläubiger seinerseits die Annahme der ihm geschuldeten Leistung verweigert. Diese Fälle regelt das so genannte Leistungsstörungsrecht. Als Teil des Allgemeinen Schuldrechts gilt es für Leistungsstörungen in allen möglichen Vertragsverhältnissen. Teilweise sieht das Gesetz Sonderregelungen für bestimmte Vertragsverhältnisse vor, z. B. bei Kauf, Miete oder Werkvertrag.

2.1.1 Grundbegriffe des Schuldverhältnisses

An einem Vertragsverhältnis sind in der Regel zwei Personen beteiligt. Die Person, die aus dem Vertragsverhältnis etwas verlangen kann, wird als **Gläubiger** → Glossar bezeichnet. Die Person, die diesem Verlangen nachkommen muss, wird als **Schuldner** → Glossar bezeichnet.

Bezüglich der geschuldeten Leistung ist zwischen Stück- und Gattungsschulden zu unterscheiden. Bei der Stückschuld muss der Schuldner eine ganz bestimmte Sache leisten. Bei der **Gattungsschuld** → Glossar besteht die Leistung dagegen in einer lediglich ihrer Art nach bestimmten Leistung. Bei einer beschränkten Gattungsschuld (auch Vorratsschuld), ist ebenfalls ein nur der Gattung nach bestimmtes Stück geschuldet, dies allerdings aus einem begrenzten Vorrat heraus. Eine Gattungsschuld verpflichtet den Verkäufer gemäß BGB zur Leistung von Sachen „mittlerer Art und Güte".

Beispiel

K geht auf dem Markt zum Stand der V, nimmt drei Äpfel und sagt V, dass er diese drei Äpfel kaufen möchte. Es liegt eine Stückschuld vor, denn V muss – vorausgesetzt, sie nimmt das Angebot an – diese konkreten Äpfel an K leisten.

K sagt V, dass er drei (beliebige) Äpfel kaufen möchte. Nimmt V seinen Antrag an, liegt eine Gattungsschuld vor. Nach § 243 BGB muss V dem K nun drei beliebige Äpfel „mittlerer Art und Güte" leisten.

K bestellt bei V 10 kg Äpfel aus ihrem Lager. Es handelt sich um eine Vorratsschuld. V muss aus ihrem Lager Äpfel „mittlerer Art und Güte" leisten.

Bei den Vertragsverhältnissen ist zwischen einseitig und zweiseitig verpflichtenden Rechtsgeschäften zu unterscheiden. Bei ersteren wird nur eine Seite zur Leistung verpflichtet. Dies ist der Fall bei der Schenkung. Gemäß § 516 BGB verpflichtet sich der Schenker, dem Beschenkten etwas zuzuwenden; den Beschenkten treffen hingegen keine Pflichten. Zweiseitig verpflichtende Rechtsgeschäfte sind dadurch gekennzeichnet, dass sich beide Seiten etwas schulden. So ist beim Auftrag der Beauftragte nach § 662 BGB zur unentgeltlichen Besorgung eines Geschäfts für den Auftraggeber verpflichtet. Der Auftraggeber muss dem Beauftragten nach § 670 BGB erforderliche Aufwendungen ersetzen. Stehen die Rechte und Pflichten der Vertragsparteien in einem Austauschverhältnis (Synallagma), werden also die Pflichten der einen Partei als Gegenleistung für die Pflichten der anderen Partei verstanden (do ut des = ich gebe, damit Du gibst), liegt ein gegenseitiger Vertrag vor. So schuldet beim Kaufvertrag nach § 433 BGB der Verkäufer die Übereignung der Kaufsache, der Käufer dagegen die Kaufpreiszahlung und die Abnahme der Kaufsache.

Verletzt ein Schuldner die ihm obliegenden Verpflichtungen aus dem Schuldverhältnis, spricht man von einer Pflichtverletzung. Diese sind in § 280 BGB geregelt. Das Gesetz unterscheidet verschiedene Arten von Pflichtverletzungen: die Nichtleistung, die Schlechtleistung („nicht wie geschuldet"), die Spätleistung (**VERZUG** → GLOSSAR) sowie die Verletzung sonstiger Rechtsgüter des Gläubigers. Eine Pflichtverletzung setzt das Bestehen eines Schuldverhältnisses voraus. Ein solches kann auch kraft Gesetzes entstehen. Dies ist der Fall bei der Verletzung von Rechtsgütern nach § 241 Abs. 2 BGB. Gemäß § 311 Abs. 2 BGB wird ein Schuldverhältnis mit solchen Obhutspflichten für „sonstige Rechtsgüter" bereits durch die Aufnahme von Vertragsverhandlungen oder die Anbahnung eines Vertrages begründet.

Beispiel

K begibt sich in das Lebensmittelgeschäft des V, um dort einzukaufen. Weil V den Laden nachlässig gereinigt hat, rutscht K auf einer auf dem Boden liegenden Bananenschale aus. Da K das Geschäft des V als potenzielle Kundin aufgesucht hat, bahnte sich zwischen ihnen ein Vertrag – nämlich ein Kaufvertrag über Lebensmittel – an. Damit liegt aufgrund der gesetzlichen Anordnung nach § 311 Abs. 2 BGB bereits ein Schuldverhältnis vor.

Zu beachten ist, dass eine Pflichtverletzung nur dann Rechtsfolgen nach sich zieht, wenn diese verschuldet worden ist → vgl. § 280 Abs. 1 S. 2 BGB. Gemäß § 276 Abs. 1 BGB hat der Schuldner **VORSATZ** → GLOSSAR und **FAHRLÄSSIGKEIT** → GLOSSAR zu vertreten – es sei denn, die Parteien haben etwas anderes vereinbart. Vorsatz ist gegeben, wenn jemand wissentlich und willentlich eine bestimmte Folge herbeiführt. Fahrlässig handelt gemäß § 276 Abs. 2 BGB, wer die im Verkehr erforderliche Sorgfalt außer Acht lässt. Der Schuldner ist jedoch nicht nur für sein eigenes Verschulden verantwortlich. Gemäß § 278 BGB muss er auch für das Verhalten seiner **ERFÜLLUNGSGEHILFEN** → GLOSSAR einstehen. Ein Erfüllungsgehilfe ist eine Person, die mit dem Willen des Schuldners tätig wird, um ihn bei der Erfüllung seiner vertraglichen Pflichten zu unterstützen.

Beispiel
Im obigen Beispiel hat V eine Angestellte A, die neben dem Verkauf auch für die Reinigung des Ladengeschäfts zuständig ist. Unterlässt A die Reinigung aus Nachlässigkeit und rutscht K auf der Bananenschale aus, so haftet V gemäß § 278 BGB für das Verschulden der A so, als hätte er selbst die Reinigung versäumt.

Je nachdem, welche Pflichtverletzung der Schuldner begangen hat, gewährt das Gesetz dem Gläubiger unterschiedliche Möglichkeiten. Der Gläubiger kann weiterhin ein Interesse an der Leistung haben. In diesem Fall kann er weiter Erfüllung des Vertrages verlangen. Neben der Leistung hat er nach § 280 Abs. 1 BGB einen Anspruch auf Ersatz des Schadens, der ihm dadurch entsteht, dass der Schuldner eine vertragliche Pflicht nicht erfüllt hat. Ist die Leistung für den Gläubiger dagegen nicht mehr von Interesse, kann er nach § 280 Abs. 3 BGB Schadenersatz statt der Leistung verlangen, wenn die Voraussetzungen von § 281, § 282 oder § 283 BGB erfüllt sind. Zusätzlich kann er nach § 284 BGB den Ersatz vergeblich getätigter **AUFWENDUNGEN** → GLOSSAR verlangen. Stattdessen kann er aber auch vom Vertrag zurücktreten.

2.1.2 Der Schadenersatz

2.1.2.1 Begriff des Schadens

Ein **SCHADEN** → GLOSSAR ist eine unfreiwillige Einbuße an materiellen oder immateriellen Rechtsgütern. Unter materiellen Schäden sind Vermögenseinbußen jedweder Art zu verstehen, immaterielle Schäden beziehen sich dagegen auf ideelle Rechtsgüter, beispielsweise das Persönlichkeitsrecht. Letztere werden gemäß § 253 Abs. 1 BGB nur in den durch das Gesetz bestimmten Fällen in Geld ersetzt. So sieht § 651f Abs. 2 BGB im Falle von Reisemängeln Schadenersatz für nutzlos aufgewendete Urlaubszeit vor. Dieser Grundsatz wird in § 253 Abs. 2 BGB erweitert. Danach kann bei einer Verletzung des Körpers, der Gesundheit, der Freiheit oder der sexuellen Selbstbestimmung stets ein Schmerzensgeld verlangt werden.

Beim materiellen Schaden ist zwischen dem konkreten Schaden (z. B. Beule am Auto) und dem rechnerischen Schaden (z. B. Kosten der Reparatur, entgangener Gewinn) zu unterscheiden. Der rechnerische Schaden wird mit Hilfe der **DIFFERENZHYPOTHESE** → GLOSSAR ermittelt. Er beläuft sich auf die Differenz zwischen dem Vermögen, das der Geschädigte ohne das schädigende Ereignis hätte und dem durch den Schaden verminderten Vermögen. Es werden zwei Arten von rechnerischem Schaden unterschieden. Wird bei einem Rechtsgeschäft eine Leistungspflicht verletzt, so ist der Gläubiger so zu stellen, als hätte der Schuldner seine Pflicht ordnungsgemäß erfüllt. Diese Form des Schadens wird als Schadenersatz statt der Leistung oder Nichterfüllungsschaden bezeichnet und ersetzt das so genannte positive Interesse (auch: Erfüllungsschaden) des Gläubigers. In anderen Fällen (namentlich bei der Anfechtung → vgl. § 122 BGB der Vertretung ohne Vertretungsmacht → vgl. § 179 Abs. 2 BGB oder der Verletzung vorvertraglicher Pflichten → vgl. § 311 Abs. 2 BGB) ist dagegen das negative Interesse, der so genannte Vertrauensschaden zu ersetzen. Der Gläubiger ist so zu stellen, als hätte er nicht auf die Gültigkeit des Geschäfts vertraut – mit anderen Worten: als hätte er nie von dem Geschäft gehört.

2.1.2.2 Zurechnung des Schadens

Zum Schadenersatz verpflichtet ist nur, wem die Entstehung des Schadens zuzurechnen ist. Es ist zwischen der haftungsbegründenden und der haftungsausfüllenden Kausalität zu unterscheiden. Die haftungsbegründende Kausalität bezieht sich auf den ursächlichen Zusammenhang zwischen Verletzungshandlung und Rechtsgutsverletzung.

Beispiel

A wirft einen Stein auf B. Der Steinwurf verursacht eine Platzwunde.

Die haftungsausfüllende Kausalität beschreibt dagegen den ursächlichen Zusammenhang zwischen der Verletzung und den aus ihr folgenden weiteren Schäden.

Beispiel

A wirft einen Stein auf B und verursacht dadurch eine Platzwunde. Aufgrund der Behandlung der Platzwunde entstehen B Arztkosten.

Der notwendige ursächliche Zusammenhang besteht bei jedem Verhalten, das nicht hinweggedacht werden kann, ohne dass der Erfolg in seiner konkreten Gestalt entfiele (so genannte Äquivalenztheorie). Diese Kausalitätstheorie führt jedoch nicht immer zu sachgerechten Ergebnissen, da sie sehr weit gefasst ist. Nach ihr wären beispielsweise auch die Eltern des Schädigers mitverantwortlich für den Schaden, denn dieser wäre nicht verursacht worden, wenn sie den Schädiger nicht „in die Welt gesetzt" hätten. Die Äquivalenztheorie wird daher durch die so genannte Adäquanztheorie eingeschränkt. Danach ist ein Verhalten für den eingetretenen Erfolg nur kausal, wenn die Möglichkeit des eingetretenen Erfolges von vornherein nicht ganz unwahrscheinlich war. Die Kausalitätstheorien sind vor allem bei der haftungsausfüllenden Kausalität relevant.

Beispiel

Bei einer Operation unterläuft dem Chirurg C ein ärztlicher Behandlungsfehler. Patient A trägt dadurch schwere Schädigungen davon. Der Schaden ist von C adäquat verursacht, da ein ärztlicher Behandlungsfehler nicht von vornherein undenkbar ist.

A ist wegen eines von B verursachten Unfalls ins Koma gefallen. Als seine chronisch depressive Frau C davon erfährt, stürzt sie sich aus dem Fenster und erleidet dabei schwerste Verletzungen. Die Verletzungen der C sind nicht von B adäquat verursacht worden.

2.1.2.3 Umfang des Schadenersatzes

In § 249 Abs. 1 BGB ist der Grundsatz der Naturalrestitution aufgestellt. Grundsätzlich soll der Schädiger selbst den Zustand herstellen, der ohne die Schädigungshandlung bestehen würde. Bei der Verletzung einer Person oder der Beschädigung einer Sache kann der Gläubiger gemäß § 249 Abs. 2 BGB jedoch den zur Wiederherstellung erforderlichen Betrag in Geld verlangen. Gleiches gilt nach § 251 BGB, wenn die Naturalrestitution nicht möglich oder nicht ausreichend ist, um den Gläubiger hinreichend zu entschädigen. Dieser Schadenersatz umfasst auch den so genannten merkantilen Minderwert, also die Wertminderung einer beschädigten Sache, nachdem sie repariert worden ist.

Beispiel

A hat einen Unfall verschuldet, bei dem B schwer verletzt und sein Wagen beschädigt worden ist. Nach § 249 Abs. 1 BGB müsste A eigentlich selbst die Verletzungen des B behandeln und dessen Wagen reparieren. § 249 Abs. 2 BGB erlaubt es B jedoch, stattdessen Schadenersatz in Geld zu verlangen, also den Ersatz der Behandlungskosten sowie der Reparaturkosten für den Wagen. Wertersatz für die Wertminderung des beschädigten PKW („Unfallwagen“) kann B aus § 251 BGB verlangen. Zusätzlich gewährt § 253 Abs. 2 BGB dem A einen Schmerzensgeldanspruch.

Gemäß § 252 BGB umfasst der Schadenersatz auch evtl. entgangenen Gewinn. Dieser kann nach § 252 S. 2 BGB abstrakt – also ohne konkreten Nachweis über den tatsächlich entstandenen Schaden – berechnet werden. Er bemisst sich dann nach dem Schaden, der nach dem gewöhnlichen Lauf der Dinge eintreten würde.

Beispiel

Großhändler A versäumt eine Warenlieferung an den Einzelhändler B. B kann die Differenz zwischen dem vereinbarten Einkaufspreis und dem Marktpreis als Schaden geltend machen, ohne beweisen zu müssen, ob und zu welchem Preis er die Waren im Falle der Lieferung tatsächlich an seine Kunden verkauft hätte.

Der Umfang des Schadenersatzes mindert sich nach § 254 BGB, wenn der Geschädigte diesen mitverschuldet hat. Der Grad des Mitverschuldens ist nach den Umständen des Einzelfalls abzuwägen.

Beispiel

Fußgänger A überquert die Straße, ohne vorher zu schauen, ob diese frei ist. Er wird vom herannahenden Wagen des B erfasst und schwer verletzt. Hier hat A den Unfall zum großen Teil mitverschuldet, denn als Fußgänger muss er sich zunächst überzeugen, dass sich kein Fahrzeug nähert, wenn er eine Straße überqueren will. Er kann sich von B daher nur einen Teil seines Schadens ersetzen lassen.

Zusammenfassung

- Die Person, die Ansprüche aus einem Vertrag herleiten kann, wird als Gläubiger bezeichnet, die Person, die diese Ansprüche erfüllen muss, als Schuldner.
- Bezüglich des vereinbarten Leistungsinhalts ist zwischen Stückschulden und Gattungsschulden zu unterscheiden. Während sich Stückschulden auf eine konkrete Sache beziehen, ist der Gegenstand einer Gattungsschuld nur der Art nach bestimmt. In diesem Fall muss der Schuldner aus dieser Gattung Waren mittlerer Art und Güte leisten.
- Ein Schaden liegt vor, wenn eine Person unfreiwillig Vermögenseinbußen erleidet. Lassen sich diese in Geld bemessen, liegt ein materieller Schaden vor, anderenfalls ein immaterieller Schaden.
- Schäden sind grundsätzlich nach dem Prinzip der Naturalrestitution zu ersetzen, d. h. es ist der Zustand herzustellen, der ohne die schädigende Handlung vorgelegen hätte. Ist dies nicht möglich oder dem Geschädigten unzumutbar, ist Schadenersatz in Geld zu leisten.

Kontrollfragen und Fälle

1. Erläutern Sie die Begriffe Stückschuld und Gattungsschuld!
2. K hat bei V Spargel bestellt. Als dieser angeliefert wird, sind die Stangen dünn und krumm, ansonsten aber in Ordnung. K ist der Auffassung, als Stammkundin des V habe sie Anspruch darauf, dass er ihr ein paar besonders gute Exemplare liefert. Hat sie Recht?
3. Welche Pflichtverletzungen unterscheidet das Gesetz? Können Pflichtverletzungen auch schon vor Abschluss eines Vertrags begangen werden?

4. Taxiunternehmer T befördert einen Fahrgast F. Während der Fahrt telefoniert er ohne Freisprecheinrichtung mit seinem Handy. So abgelenkt, verursacht er einen Unfall, bei dem F verletzt wird. Hat T die Verletzungen zu vertreten? Wie wäre es, wenn sein Angestellter A die Fahrt durchgeführt hätte?
5. A verhandelt mit B über den Kauf eines Gemäldes. B spiegelt A vor, dass es sich um ein besonders wertvolles Bild aus der frühen Schaffensperiode Picassos handelt, so dass A dafür 500.000 € zahlt. In Wirklichkeit stammt das Gemälde jedoch von einem unbekannten Künstler und ist lediglich 500 € wert. In welcher Höhe ist A ein Schaden entstanden?
6. A hetzt seinen Hund auf B; der Hund verletzt B schwer. Für die Behandlung muss er 2.000 € aufwenden. Ist dieser Schaden dem A zuzurechnen?
7. Was verstehen Sie unter dem Grundsatz der Naturalrestitution? Welche Ausnahmen bestehen dazu?

2.2 Pflichtverletzungen in Vertragsverhältnissen

2.2.1 Unmöglichkeit der Leistung

Die **UNMÖGLICHKEIT** → GLOSSAR der Leistung ist in § 275 BGB geregelt. Diese Norm umfasst verschiedene Fälle der Unmöglichkeit. Bei der anfänglichen objektiven Unmöglichkeit kann die Leistung schon zum Zeitpunkt des Vertragsschlusses von niemandem erbracht werden.

Beispiel

V verkauft K seinen Computer. Während der Verkaufsverhandlungen brennt jedoch die Wohnung des V ab und der Computer wird völlig zerstört. Hier kann bereits im Zeitpunkt des Vertragsschlusses niemand den PC an K übereignen → vgl. § 433 Abs. 1 S. 1 BGB.

Die anfängliche subjektive Unmöglichkeit (auch: anfängliches Unvermögen) bezieht sich auf die Fälle, in denen nur der Schuldner zum Zeitpunkt des Vertragsschlusses zur Leistung nicht in der Lage ist.

Beispiel

V verkauft K einen Computer, der in Wirklichkeit D gehört. Hier kann im Zeitpunkt des Vertragsschlusses zwar D, aber nicht V den Computer an K übereignen.

Bei der nachträglichen objektiven Unmöglichkeit der Leistung kann die Leistung wegen eines erst nach Vertragsschluss eintretenden Ereignisses von niemandem mehr erbracht werden.

Beispiel

V verkauft K seinen Computer. Nach Abschluss der Verkaufsverhandlungen brennt die Wohnung des V ab und der PC wird völlig zerstört. Nach Abschluss des Vertrages kann niemand mehr den Computer an K übereignen.

Im Falle der nachträglichen subjektiven Unmöglichkeit (auch: nachträgliches Unvermögen) ist nur der Schuldner nach Vertragsschluss nicht mehr zur Leistung in der Lage.

Beispiel

V verkauft K seinen Computer. Bevor er den Kaufvertrag mit K erfüllt, übereignet V den PC jedoch an D. Hier konnte V bei Vertragsschluss noch seine Pflicht zur Übereignung des Computers an K erfüllen, später aber nicht mehr, da er sein Eigentum an D übertragen hat.

Unmöglichkeit meint nach § 275 Abs. 2 BGB auch die so genannte faktische Unmöglichkeit, d. h. Fälle in denen der Leistung solche Hindernisse entgegenstehen, deren Überwindung von niemandem erwartet wird.

Beispiel

V hat eine bronzene Statuette an K verkauft. Auf dem Weg zu K muss V mit einer Fähre einen Fluss passieren. Bei der Überfahrt fällt die Statuette ins Wasser, wo sie aufgrund der starken Strömung kaum noch auffindbar ist.

Die Norm erfasst indes nur extreme Ausnahmefälle. Grundsätzlich muss sich der Schuldner daher um die Wiederbeschaffung der Kaufsache kümmern. Nicht von § 275 Abs. 2 BGB erfasst sind hingegen die Fälle der wirtschaftlichen Unmöglichkeit, in denen die Leistungserbringung einen völlig unverhältnismäßigen Aufwand erfordert. Sie sind über die Vertragsanpassung nach den Grundsätzen des § 313 BGB → vgl. Abschnitt 2.2.5, S. 89 zu lösen.

Beispiel

Bauunternehmer U verspricht X den Bau einer Industrieanlage zu einem Festpreis. Wegen einer plötzlichen schweren Wirtschaftskrise, die von starker Inflation begleitet ist, steigen die Preise für Rohstoffe und Materialien ins Unermessliche, so dass U den Festpreis nur unter Inkaufnahme seines finanziellen Ruins einhalten könnte.

Liegt eine Gattungsschuld vor, ist Unmöglichkeit erst gegeben, wenn die gesamte Gattung untergegangen ist. § 243 Abs. 2 BGB enthält hierzu eine Ausnahme: Hat der Schuldner das zur Leistung einer Gattungssache Erforderliche getan, so schuldet er nur noch das ausgesonderte Stück. Die Aussonderung wird als **KONKRETISIERUNG** → GLOSSAR bezeichnet. Mit der Konkretisierung geht die Leistungsgefahr – also die Gefahr, dass der Schuldner seine Leistungshandlungen nochmals erbringen muss – auf den Gläubiger über. Denn geht das konkretisierte Stück unter, liegt Unmöglichkeit vor, selbst wenn die Gattung im Übrigen noch besteht.

Beispiel

K hat bei V 10 kg Äpfel aus dessen Lager bestellt. Kurz nach der Bestellung verdirbt ein Teil von Vs Vorräten, da die Klimaanlage seines Speichers ausgefallen ist. V muss weiterhin aus dem Rest seines Lagers leisten. Da K „aus dem Lager" des V bestellt hat, liegt eine auf beschränkte Gattungsschuld vor; die Leistung wird erst unmöglich, wenn das ganze Lager untergegangen ist. Die Leistungsgefahr liegt also weiterhin bei V.

Hat V hingegen bereits vor dem Ausfall der Klimaanlage die 10 kg Äpfel für K aussortiert und beiseite gelegt, schuldet V nach § 243 BGB nur noch diese 10 kg. Verdirbt nun die ausgesonderte Menge, liegt Unmöglichkeit vor. Der Schuldner hat alles getan, was er zur Erfüllung seiner Leistungspflicht tun musste; die Leistungsgefahr trifft ihn daher nicht mehr.

2.2.1.1 Anfängliche Unmöglichkeit

Bei anfänglicher – objektiver wie subjektiver – Unmöglichkeit wird der Schuldner gemäß § 275 Abs. 1 BGB von seiner Leistungspflicht frei. Er muss den Vertrag also nicht erfüllen. Dies bedeutet jedoch nicht, dass der Gläubiger nun völlig rechtlos ist. Denn mit der Aufnahme der Vertragsverhandlungen haben beide Parteien bereits ein Schuldverhältnis begründet, das den Schuldner zum Einstehen für seine Leistungsfähigkeit verpflichtet (Garantiehaftung des Schuldners). Der Gläubiger kann daher

- unter den Voraussetzungen der §§ 275 Abs. 4, 311a Abs. 2 BGB Schadenersatz statt der Leistung verlangen oder
- nach §§ 275 Abs. 4, 311a Abs. 2, 284 BGB Ersatz der **AUFWENDUNGEN** → GLOSSAR verlangen, die er im Vertrauen darauf getätigt hat, dass er die Leistung erhalten werde oder
- nach § 285 BGB Herausgabe des Surrogats (auch: stellvertretendes commodum) verlangen, das der Schuldner als Ersatz für die Zerstörung des Leistungsgegenstand erhalten hat (i.d.R. Ansprüche gegen ein Versicherungsunternehmen oder denjenigen, der die Sache beschädigt oder zerstört hat).

Wodurch die Unmöglichkeit verursacht worden ist, ist irrelevant. Der Gläubiger hat jedoch keine Schaden- und Aufwendungsersatzansprüche, wenn der Schuldner das Leistungshindernis nicht kannte und auch nicht kennen musste → vgl. § 311a Abs. 2 S. 2 BGB.

Bei gegenseitigen Verträgen muss der Gläubiger

- nach §§ 275 Abs. 4, 326 Abs. 1 BGB die geschuldete Gegenleistung nicht erbringen oder
- kann diese nach §§ 275 Abs. 4, 326 Abs. 4 i. V. m. §§ 346 ff. BGB zurückfordern, wenn er sie schon erbracht hat.

Dies gilt jedoch nicht, wenn der Gläubiger die Unmöglichkeit selbst verschuldet hat. In diesem Fall muss er gemäß § 326 Abs. 2 BGB die von ihm geschuldete Gegenleistung weiterhin erbringen.

Beispiel

V verkauft K sein Auto für 2.000 €. Vor Beginn der Verkaufsverhandlungen war jedoch die Garage des V abgebrannt, weil V – obwohl er ein handwerklicher Laie ist – in der Garage selbst die Elektrik installiert und dadurch einen Kurzschluss verursacht hatte. Der Wagen war bei dem Brand völlig zerstört worden, was V auch wusste. K hätte diesen mit 5.000 € Gewinn an D weiterveräußern können. Dies hatte er in einem Telefonat mit D besprochen, für das er 2 € aufgewendet hat.

Nach § 433 Abs. 1 BGB wäre V eigentlich zur Übereignung des Wagens an K verpflichtet. Da dies bereits bei Vertragsschluss wegen der Zerstörung des Wagens nicht möglich war, ist er jedoch nach § 275 Abs. 1 BGB von dieser Leistungspflicht befreit. Im Gegenzug ist K nach §§ 275 Abs. 4, 326 Abs. 1 BGB von seiner Pflicht zur Zahlung des Kaufpreises befreit. Zusätzlich kann K Schadenersatz aus §§ 275 Abs. 4, 311a Abs. 2 BGB verlangen, denn ihm ist der Gewinn in Höhe von 5.000 € aus dem Verkauf an D entgangen. Wahlweise könnte er auch Ersatz seiner nutzlosen Aufwendungen → vgl. §§ 275 Abs. 4, 311a Abs. 2, 284 BGB verlangen. Da K für das Telefonat mit D jedoch nur 2 € aufgewendet hat, wird er sich für den Schadenersatz entscheiden.

Der Gläubiger kann nach § 275 Abs. 4, 285 Abs. 1 BGB auch die Herausgabe des Ersatzes (Surrogat) verlangen, den der Schuldner dafür erhält, dass er gemäß § 275 Abs. 1 BGB von der Leistungspflicht freigeworden ist. Der Anspruch auf das Surrogat ist nach § 285 Abs. 2 BGB jedoch mit dem Wert des Anspruchs auf Schadenersatz statt der Leistung zu verrechnen. Denn sonst würde der Gläubiger im Falle der Unmöglichkeit doppelt belohnt. Macht er den Anspruch auf das Surrogat geltend, bleibt er gemäß § 326 Abs. 3 BGB zur Gegenleistung verpflichtet.

Beispiel

Wie oben. Der Wagen des V war versichert. Nachdem der Wagen abgebrannt ist, erhält V von der Versicherung 10.000 € ausgezahlt. K fordert nun von V die Herausgabe der Versicherungssumme.

Die Versicherungssumme ist ein typischer Fall des Surrogats nach § 285 BGB. K kann also von V die Herausgabe verlangen. Er muss sich jedoch gemäß § 285 Abs. 2 BGB den Wert seines Schadenersatzanspruchs anrechnen lassen, erhält also nur 5.000 € der Versicherungssumme. Außerdem muss er nach § 326 Abs. 3 BGB den vereinbarten Kaufpreis bezahlen, so dass sich das herauszugebende Surrogat um weitere 2.000 € vermindert. Im Ergebnis kann K also die 5.000 € Schadenersatz für den entgangenen Gewinn aus dem Weiterverkauf an D sowie 3.000 € von der Versicherungssumme von V fordern.

2.2.1.2 Nachträgliche Unmöglichkeit

Wird die Leistung aufgrund eines nach Vertragsschluss eintretenden Ereignisses unmöglich, ist der Schuldner ebenfalls nach § 275 Abs. 1 BGB von seiner Leistungspflicht befreit. Hat der Schuldner die Unmöglichkeit zu vertreten → vgl. §§ 283 S. 1, 280 Abs. 1, 276 BGB, kann der Gläubiger wiederum

- Schadenersatz statt der Leistung beanspruchen → vgl. §§ 275 Abs. 4, 283, 280 Abs. 1, 3 BGB oder
- Ersatz seiner vergeblichen Aufwendungen verlangen → vgl. §§ 275 Abs. 4, 284 BGB.

Bei gegenseitigen Verträgen muss der Gläubiger wiederum

- die geschuldete Gegenleistung nicht erbringen → vgl. §§ 275 Abs. 4, 326 Abs. 1 BGB oder
- kann diese zurückfordern, wenn er sie schon erbracht hat → vgl. §§ 275 Abs. 4, 326 Abs. 4 i. V. m. §§ 346 ff. BGB.

Hat dagegen der Gläubiger die Unmöglichkeit verschuldet oder tritt diese ein, während der Gläubiger im Annahmeverzug ist, so muss er gemäß § 326 Abs. 2 BGB die von ihm geschuldete Gegenleistung erbringen. Der Gläubiger kann ferner nach §§ 275 Abs. 4, 285 Abs. 1 BGB Herausgabe des Ersatzes verlangen, den der Schuldner dafür erhält, dass er gemäß § 275 Abs. 1 BGB von der Leistungspflicht freigeworden ist – und zwar unabhängig davon, wer die Unmöglichkeit verschuldet hat. Er muss sich wiederum nach § 285 Abs. 2 BGB den Wert des Anspruchs auf Schadenersatz statt der Leistung anrechnen lassen und bleibt gemäß § 326 Abs. 3 BGB zur Gegenleistung verpflichtet.

Beispiel

V verkauft sein Auto für 2.000 € an K. Als K den Wagen bei V abholen will, fährt er diesen fahrlässig auf dem Hof des V zu Schrott. K hätte das Fahrzeug mit 5.000 € Gewinn an D weiterveräußern können. Dies hatte er in einem Telefonat mit D besprochen, für das er 2 € aufgewendet hat. Der Wagen des V war versichert und V erhält von der Versicherung 10.000 € ausgezahlt.

V wird gemäß § 275 Abs. 1 BGB von seiner Pflicht zur Übereignung des Wagens befreit. K muss gemäß §§ 275 Abs. 4, 326 Abs. 2 BGB gleichwohl den Kaufpreis entrichten, da er die Zerstörung des Wagens verschuldet hat. V ist dem K weder zum Schadenersatz noch zum Aufwendungsersatz verpflichtet, da er die Unmöglichkeit nicht zu vertreten hat → vgl. § 280 Abs. 1 S. 1 BGB. Gemäß § 285 Abs. 1 BGB kann K jedoch von V die Herausgabe der Versicherungssumme verlangen.

Denn dieser Anspruch besteht unabhängig davon, wer die Unmöglichkeit verschuldet hat. Auf den ersten Blick scheint es zwar ungerecht, dass K, der den Wagen des V zu Schrott gefahren hat, nun auch noch mit der Versicherungssumme „belohnt" werden soll. Indes orientieren sich die Zahlungen der Versicherungen immer am Zeitwert des Wagens. K hat hier offenbar so gut mit V verhandelt, dass dieser ihm den Wagen, der 10.000 € wert war, für 2.000 € verkauft hat. Wäre die Leistung des V nicht unmöglich geworden, hätte K also auch einen Vermögenszuwachs in gleicher Höhe erzielt.

2.2.2 Nichtleistung oder Schlechtleistung des Schuldners

Erbringt der Schuldner seine Leistung gar nicht (**NICHTLEISTUNG** → GLOSSAR) oder nicht so, wie er sie schuldet (**SCHLECHTLEISTUNG** → GLOSSAR), kann der Gläubiger zunächst weiterhin die ordnungsgemäße Leistung vom Schuldner fordern.

Statt der Leistung kann der Gläubiger aber auch einen Schadenersatzanspruch geltend machen. Die Voraussetzungen sind in §§ 280 Abs. 1, 3, 281 BGB geregelt:

- Die Leistung muss fällig sein. **FÄLLIGKEIT** → GLOSSAR bezeichnet den Zeitpunkt, ab dem der Gläubiger die Leistung fordern darf. Ist nichts anderes vereinbart, so ist die Leistung gemäß § 271 BGB sofort fällig.
- Der Schuldner erbringt die Leistung nicht oder nicht so, wie er sie schuldet.
- Der Schuldner hat dies zu vertreten → vgl. §§ 280 Abs. 1 S. 2, 276 oder 278 BGB.
- Der Gläubiger hat dem Schuldner eine angemessene Frist gesetzt, innerhalb der dieser die Leistung nachholen sollte. Diese Frist hat der Schuldner ungenutzt verstreichen lassen → vgl. § 281 Abs. 1 S. 2 BGB. Nach § 281 Abs. 2 BGB bedarf es der Fristsetzung jedoch nicht, wenn der Schuldner die Leistung bereits endgültig verweigert hat.

Sind diese Voraussetzungen erfüllt, kann sich der Gläubiger nach § 280 Abs. 3 BGB den wegen der Pflichtverletzung entstandenen Schaden vom Schuldner ersetzen lassen. Die Leistung selbst kann er dann jedoch nicht mehr fordern → vgl. § 281 Abs. 4 BGB. Hat der Gläubiger im Vertrauen auf die ordnungsgemäße Leistung des Schuldners Aufwendungen gemacht, die sich nun als nutzlos erweisen, kann er diese nach § 284 BGB statt (!) des Schadenersatzes geltend machen.

Beispiel

V und sein Freund E schließen einen Leihvertrag → vgl. § 598 BGB über ein Auto. Sie kommen überein, dass V den Wagen am 1.11. zur Verfügung stellen soll. Am vereinbarten Termin ruft V bei E an und sagt ab, da er den Wagen selbst brauche. E, der das Auto dringend zum Transport einiger Kisten benötigt, muss sich nun bei einer gewerblichen Autovermietung für 100 € einen Wagen mieten.

Die Mietkosten für das Ersatzfahrzeug kann sich E nach § 280 Abs. 1, 3, 281 BGB von V ersetzen lassen. Er braucht V dazu keine Frist zur Leistung zu setzen, denn V hat bereits deutlich gemacht, dass er nicht zur Leistung bereit ist.

Variante: E wollte mit dem Auto einige Kisten zu D transportieren und hat mit diesem telefonisch einen Termin vereinbart. Für das Telefonat musste er 2,50 € aufwenden. Da V absagt, sieht E von dem Transport ab. Die Aufwendungen für das Telefonat kann E aus § 284 BGB verlangen. Das gleiche Ergebnis würde gelten, wenn V dem E zwar den Wagen zur Verfügung stellt, dieser aber kaputt ist (= Schlechtleistung), so dass E wiederum den Transport nicht vornehmen kann.

Leistet der Schuldner nicht oder nicht so wie geschuldet, kann der Gläubiger ferner gemäß § 323 BGB vom Vertrag zurücktreten. Dies setzt – ebenso wie der Schadenersatzanspruch – voraus, dass er dem Schuldner eine angemessene Frist zum Nachholen der Leistung gesetzt hat und diese ohne Ergebnis verstrichen ist → vgl. § 323 Abs. 1 BGB. Die Fristsetzung ist wiederum entbehrlich, wenn der Schuldner seine Leistung endgültig verweigert → vgl. § 323 Abs. 2 BGB. Übt der Gläubiger das Rücktrittsrecht aus, kommen die §§ 346 ff. BGB zur Anwendung. Danach müssen beide Parteien einander bereits gewährte Leistungen zurückerstatten. Der Gläubiger kann das Rücktrittsrecht neben seiner Schadenersatzforderung geltend machen → vgl. § 325 BGB.

2.2.3 Verzögerung der Leistung

Verzögert der Schuldner seine Leistung, spricht man vom Schuldnerverzug. Die Voraussetzungen des Verzugs ergeben sich aus § 286 Abs. 1 BGB.

- Die Leistung ist fällig → vgl. § 271 BGB.
- Der Gläubiger mahnt den Schuldner. Nach § 286 Abs. 2 BGB erübrigt sich die Mahnung unter anderem, wenn für die Leistung ein bestimmtes Datum vereinbart worden ist (Nr. 1) oder wenn der Schuldner die Leistung ernsthaft und endgültig verweigert (Nr. 3).
- Der Schuldner erbringt die Leistung gleichwohl nicht, obwohl er dazu in der Lage wäre und hat dies zu vertreten → vgl. § 286 Abs. 4 BGB.

Ist die Leistung von Geld geschuldet, kommt der Schuldner nach § 286 Abs. 3 BGB spätestens in Verzug, wenn er eine Rechnung erhalten hat und innerhalb von 30 Tagen nach Zugang der Rechnung nicht leistet. Ist der Schuldner ein Verbraucher → vgl. § 13 BGB, gilt dies nur, wenn in der Rechnung ausdrücklich auf diese Folgen hingewiesen worden ist.

Kein Verzug, sondern Unmöglichkeit liegt vor, wenn beim so genannten absoluten Fixgeschäft nicht geleistet wird. Bei diesem wird ein fester Termin für die Leistung vereinbart. Die Einhaltung der Leistungszeit ist für den Gläubiger derart wesentlich, dass eine verspätete Leistung nicht mehr als Erfüllung angesehen werden kann. In diesem Fall sind die §§ 275, 283, 326 BGB anzuwenden.

Beispiel

A bestellt beim Taxiunternehmen B ein Taxi für eine Fahrt zum Flughafen, da er einen wichtigen, nicht verschiebbaren Flug antreten möchte. Das Taxi kommt zu spät, so dass A den Flug verpassen würde. Die Leistung des B ist zwar im strengen Wortsinn nicht unmöglich, da B A noch immer zum Flughafen transportieren kann. Die Fahrt ist für A nun aber ohne jedes Interesse.

Beim relativen Fixgeschäft tritt infolge verzögerter Leistung dagegen keine Unmöglichkeit ein. Der Gläubiger ist aber berechtigt, vom Vertrag gemäß § 323 Abs. 2 Nr. 2 BGB zurückzutreten, wenn die Leistung infolge der Verzögerung für ihn ohne Interesse ist. Auch hier ist es aber erforderlich, dass nicht lediglich ein Termin für die Leistung vereinbart worden ist, sondern dass die Leistungszeit auch wesentlich für den Gläubiger ist.

Beispiel

Bestellung von Waren zum Verkauf im Weihnachtsgeschäft; Aktienoptionen; Devisen-Termingeschäfte

2.2.3.1 Ersatz des Verzugsschadens

Befindet sich der Schuldner in Verzug, kann der Gläubiger weiterhin die Erfüllung des Vertrages fordern. Liegen die Voraussetzungen für den Verzug nach § 286 BGB vor, so ist der Schuldner darüber hinaus gemäß § 280 Abs. 2 BGB zum Ersatz des Schadens verpflichtet, der dem Gläubiger aus der Leistungsverzögerung entsteht (Schadenersatz neben der Leistung).

Beispiel

Möbelspediteur M kauft bei V einen neuen LKW. Am vereinbarten Termin liefert V nicht. M muss daher einige Aufträge außer Haus geben, für die er den LKW benötigt hätte. Da V den Kaufvertrag → vgl. § 433 BGB noch nicht erfüllt hat, kann M nach wie vor Lieferung des LKW verlangen. Aus § 286 BGB steht ihm daneben Schadenersatz in Höhe des entgangenen Gewinns für die außer Haus gegebenen Aufträge zu.

2.2.3.2 Anspruch auf Verzugszinsen

Außerdem hat der Gläubiger einer Geldschuld einen Anspruch auf Verzugszinsen in Höhe von fünf Prozentpunkten über dem Basiszinssatz → vgl. § 288 Abs. 1 BGB

bzw. in Höhe von acht Prozentpunkten über dem Basiszinssatz, wenn kein Verbraucher → vgl. § 13 BGB an dem Rechtsgeschäft beteiligt ist → vgl. § 288 Abs. 2 BGB.
Hinweis: Den geschuldeten Zinssatz bei Verzug müssen Sie in der Falllösung regelmäßig nicht berechnen. Es genügt, wenn Sie wissen, dass der Gläubiger einen Anspruch auf höhere Verzugszinsen hat. Die Höhe des Basiszinssatzes ist in § 247 BGB geregelt. Er wird halbjährlich durch die Deutsche Bundesbank festgelegt und beträgt derzeit −0,88% (Stand 1.7.2018).

2.2.3.3 Schadenersatz statt der Leistung

Hat der Gläubiger aufgrund der Verzögerung kein Interesse mehr an der Leistung des Schuldners, kann er Schadenersatz statt der Leistung nach §§ 280 Abs. 1, 3, 281 BGB verlangen. Die Voraussetzungen entsprechend denen des Schadenersatzes im Falle der Nicht- oder Schlechtleistung. Das heißt, die Leistung muss fällig sein, der Schuldner erbringt sie nicht (rechtzeitig) und hat eine vom Gläubiger gesetzte Frist zur Nacherfüllung ungenutzt verstreichen lassen.

Beispiel

V und sein Freund E schließen einen Leihvertrag → vgl. § 598 BGB über ein Auto. Sie kommen überein, dass V den Wagen am 1.11. um 8.00 Uhr zu E bringen soll, damit E einige Kisten zu D transportieren kann, mit dem er um 8.30 Uhr verabredet ist. Am 1.11. verschläft V und fährt viel zu spät los, um den Wagen zu E zu bringen. E kann die Leistung des V ablehnen – denn sie ist für ihn wertlos – und sich woanders einen Wagen besorgen. Muss er dafür höhere Aufwendungen tätigen, kann er nach §§ 280 Abs. 1, 3, 281 BGB die Differenz von V verlangen.

Eine wichtige Sonderregel für das Vertretenmüssen während des Verzugs enthält § 287 BGB. Danach hat der Schuldner während des Verzugs jede Fahrlässigkeit zu vertreten. Darüber hinaus haftet er auch für Zufall – es sei denn, dass der Schaden auch bei rechtzeitiger Leistung eingetreten sein würde.

Beispiel

V verkauft seinen Computer an K. Am vereinbarten Termin liefert er nicht. Am selben Tag schlägt bei einem Gewitter der Blitz ins Haus des V ein und der PC wird völlig zerstört. K, der den Computer mit 500 € Gewinn hätte weiterverkaufen können, macht diese Summe als Schadenersatz gegenüber V geltend. Hätte sich V nicht in Verzug befunden, wäre er gemäß § 275 Abs. 1 BGB von der Leistung befreit worden und hätte mangels Verschulden → vgl. § 280 Abs. 1 S. 2 BGB keinen Schadenersatz leisten müssen. Denn im „Normalfall" haftet er nur für Vorsatz und Fahrlässigkeit → vgl. § 276 BGB. Da er aber in Verzug war, greift die Haftungsverschärfung aus § 287 BGB, so dass V auch den zufälligen Untergang der Sache – wie hier durch höhere Gewalt – vertreten muss.

2.2.3.4 Rücktritt vom Vertrag

Neben dem Schadenersatz statt der Leistung kann der Gläubiger bei einem gegenseitigen Vertrag nach § 323 BGB vom Vertrag zurücktreten. Nach erfolgtem Rücktritt greifen wiederum die §§ 346 ff. BGB und die Parteien müssen sich die empfangenen Leistungen zurückgewähren.

Beispiel

Autovermieter V vermietet einen Transporter an M → vgl. § 535 BGB. Sie kommen überein, dass V den Wagen am 1.11. um 8.00 Uhr zu M bringen soll, damit M einige Kisten zu D transportieren kann, mit dem er um 8.30 Uhr verabredet ist. Am 1.11. verschläft V und fährt viel zu spät los, um den Wagen zu M zu bringen. Den Mietzins in Höhe von 50 € hat M bereits entrichtet. M will den Transport nun nicht mehr durchführen.

M kann gemäß § 323 BGB den Rücktritt vom Vertrag erklären. Die Erklärung muss nach § 349 BGB gegenüber V erfolgen und führt dazu, dass die bereits einander gewährten Leistungen rückabzuwickeln sind. V muss daher gemäß § 346 Abs. 1 BGB den bereits entrichteten Mietzins an M zurückgewähren. M verliert aber seinen Anspruch auf die vereinbarte Leistung, kann also nicht mehr die Überlassung des Transporters verlangen. Etwaige Ansprüche des M auf Schadenersatz bleiben nach § 325 BGB trotz des Rücktritts bestehen.

2.2.4 Sonstige Pflichtverletzungen

2.2.4.1 Verletzung von Nebenpflichten

Nach § 241 Abs. 2 BGB sind die Parteien eines Schuldverhältnisses verpflichtet, auf die Rechte, Rechtsgüter und Interessen des anderen Teils Rücksicht zu nehmen. Dies umfasst alle Rechte, die nicht Bestandteil der vertraglich geschuldeten Leistung sind. § 241 Abs. 2 BGB greift also immer dann ein, wenn der Schuldner bei Erbringung seiner Leistung andere Rechte des Gläubigers verletzt. Verletzt der Schuldner derartige Rechte und Rechtsgüter ist er nach § 280 Abs. 1 BGB zum Ersatz der daraus resultierenden Schäden neben der Leistung verpflichtet.

Beispiel

U hat den Maler M beauftragt, seine Wohnung zu streichen. Die ihm übertragenen Arbeiten führt er ordentlich aus. Aus Unachtsamkeit stößt M jedoch eine Leiter um, wodurch U am Kopf verletzt wird.

Hier hat M Nebenpflichten verletzt. Seine Hauptleistungspflicht besteht darin, das Zimmer zu streichen. Die Verletzung des U hat damit nicht unmittelbar zu tun. M muss diesen Schaden nach § 280 Abs. 1 BGB ersetzen und bleibt daneben zur Leistung verpflichtet.

Verletzt der Schuldner eine Pflicht nach § 241 Abs. 2 BGB, kann der Gläubiger gemäß §§ 280 Abs. 3, 282 BGB Schadenersatz statt der Leistung verlangen, wenn ihm die Leistung durch den Schuldner nicht mehr zuzumuten ist. Auf ein Verschulden kommt es nicht an.

Beispiel

G hat den Maler S mit der Renovierung seiner Wohnung beauftragt. Während der Arbeit stößt S aus Unachtsamkeit immer wieder seinen Farbeimer um. Da er Möbel und Teppich des G nur ungenügend abgedeckt hat, werden diese mit Farbe bekleckert. G fordert S auf, besser aufzupassen. Gleichwohl verschmutzt er weitere Einrichtungsgegenstände. G hat nun endgültig genug. Er schickt S fort und beauftragt den Maler D, die Arbeiten zu beenden. Dafür muss er 500 € aufwenden. Die Beseitigung der Verschmutzungen kostet ihn 200 €. Kann sich G diese Ausgaben von S ersetzen lassen?

G hat einen Anspruch gegen S auf Schadenersatz statt der Leistung aus §§ 280 Abs. 1, 3, 282, 241 Abs. 2 BGB in Höhe von 700 €. S hat schuldhaft seine Obhutspflichten gegenüber G verletzt. Da er trotz Abmahnung wieder Schäden verursacht hat, ist es G auch nicht zumutbar, die Renovierung weiter durch ihn durchführen zu lassen. Der Anspruch richtet sich auf Ersatz des positiven Interesses. G ist daher so zu stellen, als hätte S ordnungsgemäß erfüllt.

2.2.4.2 Gläubigerverzug

Der **GLÄUBIGERVERZUG** → GLOSSAR oder **ANNAHMEVERZUG** → GLOSSAR bildet das Gegenstück zum Schuldnerverzug. Er tritt nach § 293 BGB ein, wenn der Gläubiger die ihm ordnungsgemäß angebotene Leistung nicht annimmt. Ein ordnungsgemäßes Angebot liegt gemäß § 294 BGB vor, wenn die Leistung so, wie sie geschuldet ist, tatsächlich angeboten wird, d. h. wenn der Gläubiger nur noch „zugreifen" muss, um sie anzunehmen. Wichtig ist in diesem Zusammenhang § 300 Abs. 1 BGB. Diese Norm mildert die Verantwortlichkeit des Schuldners während des Annahmeverzugs: im Gegensatz zu § 276 BGB haftet er lediglich für Vorsatz und grobe Fahrlässigkeit.

Beispiel

V verkauft K sein Auto für 2.000 €. Beide vereinbaren, dass V den Wagen am 1.11. um 9.00 Uhr bei K abliefert. Als V bei K erscheint, ist dieser nicht zu Hause und V muss unverrichteter Dinge wieder abfahren. Während der Rückfahrt verursacht V leicht fahrlässig einen Unfall, bei dem der Wagen völlig zerstört wird. K hätte den Wagen mit 5.000 € Gewinn an D weiterveräußern können. Er verlangt nun von V Schadenersatz statt der Leistung.

Nach § 433 Abs. 1 BGB ist V eigentlich zur Übereignung des Wagens an K verpflichtet. Da dies wegen der Zerstörung des Wagens nicht mehr möglich ist, ist er gemäß § 275 Abs. 1 BGB von seiner Leistungspflicht befreit. Da K im Verzug der Annahme → vgl. §§ 293 ff. BGB war, als der Wagen zerstört und die Leistung damit unmöglich wurde, muss er gemäß §§ 275 Abs. 4,

326 Abs. 2 BGB dennoch den Kaufpreis zahlen. Wäre K nicht im Annahmeverzug gewesen, hätte ihm V den Schaden durch den entgangenen Gewinn nach §§ 280 Abs. 1, 3, 281 BGB ersetzen müssen, da er den Unfall und damit die Unmöglichkeit seiner Leistung leicht fahrlässig verursacht hat. Während des Annahmeverzugs greift jedoch die Sonderregel des § 300 Abs. 1 BGB, so dass V nur Vorsatz und grobe Fahrlässigkeit vertreten muss. V ist dem K hier also nicht zum Schadenersatz verpflichtet.

Im Falle des Annahmeverzugs kann der Schuldner nach § 304 BGB vom Gläubiger Ersatz für die Mehraufwendungen verlangen, die ihm aufgrund des erfolglosen Angebots sowie für die Aufbewahrung und Erhaltung der geschuldeten Sache entstanden sind.

2.2.5 Störung der Geschäftsgrundlage → vgl. § 313 BGB

Keine Pflichtverletzung liegt vor, wenn sich die Umstände, die Grundlage des Vertragsschlusses waren, nach Vertragsschluss schwerwiegend verändert haben. Wäre diese Veränderung für die Parteien im Zeitpunkt des Vertragsschlusses vorhersehbar gewesen und hätten sie den Vertrag in diesem Fall nicht oder mit anderem Inhalt geschlossen, können sie den Vertrag nach § 313 BGB an die veränderten Umstände anpassen. Dies setzt voraus, dass ihnen das Festhalten am unveränderten Vertrag nicht zugemutet werden kann.

Ist eine Anpassung des Vertrags nicht möglich oder einem Teil nicht zumutbar, so kann der benachteiligte Teil vom Vertrag zurücktreten → vgl. § 313 Abs. 3 S. 1 i. V. m. §§ 346 ff. BGB. An die Stelle des Rücktrittsrechts tritt bei Dauerschuldverhältnissen das Recht zur Kündigung → vgl. §§ 313 Abs. 3 S. 2, 314 BGB. Bei einem **DAUERSCHULDVERHÄLTNIS** → GLOSSAR werden Leistungen nicht nur einmalig – wie z. B. beim Kauf – sondern über einen längeren Zeitraum ausgetauscht. Typische Beispiele sind der Mietvertrag → vgl. § 535 BGB und der Arbeitsvertrag → vgl. § 611a BGB.

Beispiel

V hat eine Tankstelle an P verpachtet. Im Pachtvertrag wird vereinbart, dass P Kraftstoffe zu einem Festpreis geliefert bekommen kann. Wegen der allgemeinen weltwirtschaftlichen Krise steigt der Ölpreis unvorhersehbar stark auf mehr als das Doppelte an. Hier können P und V den Vertrag nach § 313 Abs. 1 BGB anpassen und das von P zu entrichtende Entgelt für die Kraftstoffe erhöhen. Denn es ist davon auszugehen, dass sie den Festpreis nicht vereinbart hätten, wenn sie die starke Preissteigerung vorhergesehen hätten. Angenommen, der Ölpreis verzehnfacht sich, so dass P durch die Preisanpassung wirtschaftlich überfordert würde, kann er nach §§ 313 Abs. 3 S. 2, 314 BGB den Pachtvertrag kündigen.

Zusammenfassung

- Erfüllen Schuldner oder Gläubiger die versprochenen Leistungen nicht so wie vereinbart, liegt eine Pflichtverletzung vor. Das Gesetz nennt die Unmöglichkeit der Leistung, die Nichtleistung oder Schlechtleistung, die Verletzung von Nebenpflichten, den Schuldnerverzug und den Gläubigerverzug.
- Bei Unmöglichkeit entfällt die Leistungspflicht des Schuldners. Er ist dem Gläubiger jedoch zum Ersatz des aus der Unmöglichkeit resultierenden Schadens verpflichtet. Ggf. muss er dem Gläubiger auch Aufwendungen, die er im Vertrauen auf die Leistung getätigt hat, ersetzen. Erlangt der Schuldner selbst Ersatz für den untergegangenen Leistungsgegenstand (beispielsweise aus einer Versicherung), kann der Gläubiger auch dessen Herausgabe verlangen. In gegenseitigen Verträgen wird der Gläubiger von der Gegenleistungspflicht frei, sofern er die Unmöglichkeit nicht selbst verschuldet hat.
- Im Falle der Nicht- oder Schlechtleistung muss der Gläubiger dem Schuldner zunächst eine Frist zur (Nach-)Erfüllung setzen. Verstreicht diese ohne Ergebnis, kann er Schaden- oder Aufwendungsersatz verlangen oder vom Vertrag zurücktreten.
- Schuldnerverzug tritt ein, wenn der Schuldner einer fälligen Leistung trotz der Leistungsmöglichkeit nicht leistet. In bestimmten Fällen muss ihn der Gläubiger zuvor noch mahnen. Im Verzugsfall kann der Gläubiger Ersatz des Verzögerungsschadens fordern. Bei Geldschulden hat er zudem Anspruch auf Verzugszinsen. Ist die verspätete Leistung für ihn ohne Interesse, kann er auch Schadenersatz statt der Leistung fordern und vom Vertrag zurücktreten.
- Verletzt der Schuldner sonstige Rechte des Gläubigers, die nicht Gegenstand des zwischen ihnen geschlossenen Rechtsgeschäfts sind, kann der Gläubiger Schadenersatz neben oder – wenn ihm diese nicht mehr zuzumuten ist – statt der Leistung verlangen.
- Nimmt der Gläubiger eine ihm ordnungsgemäß angebotene, fällige Leistung nicht an, gerät er in Annahmeverzug und muss dem Schuldner die daraus resultierenden Mehraufwendungen ersetzen.

Kontrollfragen und Fälle

1. Welche Arten der Unmöglichkeit sind zu unterscheiden?
2. Wann tritt bei einer Gattungsschuld Unmöglichkeit ein?
3. Unter welchen Voraussetzungen kann der Gläubiger vom Vertrag zurücktreten?

4. Was verstehen Sie unter Aufwendungen? Wodurch unterscheiden sie sich vom Schaden?
5. S verkauft G ein Auto im Wert von 12.000 € zum Preis von 10.000 €. Beide vereinbaren, dass der Wagen am nächsten Tag zu G gebracht werden soll. S bittet seinen Chauffeur D, dies zu tun. Während der Fahrt verursacht D fahrlässig einen Unfall, bei dem das Auto vollständig zerstört wird. Hat G gegen S Anspruch auf Schadenersatz?
6. G kauft von S ein Auto zum Preis von 10.000 €. Kurz darauf bietet D dem S 15.000 € für den Wagen. S verkauft ihn daher an D und übereignet ihn sogleich. G ist empört und verlangt nun von S die Herausgabe der von D erhaltenen 15.000 €. Zu Recht?
7. Kaufmann A schickt Kaufmann B eine Rechnung über eine Reparatur. B zahlt auch nach sechs Wochen noch nicht. Ist B in Schuldnerverzug?
8. Was ist der Unterschied zwischen einem absoluten und einem relativen Fixgeschäft?
9. Wodurch gerät der Gläubiger in Annahmeverzug?
10. In welchen Fällen können die Parteien eine Vertragsanpassung vornehmen?

2.3 Ausgewählte Vertragstypen

2.3.1 Kaufvertrag → vgl. §§ 433 ff. BGB

Beim Kaufvertrag gibt es Sonderregeln, die das Vorliegen einer Pflichtverletzung konkretisieren. Gemäß § 433 Abs. 1 BGB verpflichtet sich der Verkäufer einer Sache, diese dem Käufer zu übergeben und das Eigentum daran frei von Sach- und Rechtsmängeln zu verschaffen. Der Käufer ist im Gegenzug nach § 433 Abs. 2 BGB verpflichtet, den Kaufpreis zu zahlen und die Sache abzunehmen. Der Kaufvertrag ist ein Verpflichtungsgeschäft, seine Erfüllung ein Verfügungsgeschäft.

2.3.1.1 Rechte des Käufers bei Rechts- und Sachmängeln

Nach § 434 BGB liegt ein Sachmangel vor, wenn die Kaufsache bei Gefahrübergang (= bei der Übergabe an den Käufer → vgl. § 446 BGB oder bei Versendung auf Verlangen des Käufers mit Übergabe an den Spediteur etc. → vgl. § 447 BGB)

- nicht die vereinbarte Beschaffenheit aufweist → vgl. § 434 Abs. 1 S. 1 BGB,
- sich nicht für die nach dem Vertrag vorausgesetzte Verwendung eignet → vgl. § 434 Abs. 1 S. 2 Nr. 1 BGB,

- sich für die gewöhnliche Verwendung nicht eignet, d. h. nicht die Eigenschaften aufweist, die bei derartigen Sachen üblich sind und die der Käufer erwarten darf → vgl. § 434 Abs. 1 S. 2 Nr. 2 BGB,
- wenn bei zur Montage bestimmten Kaufsachen die Montage unsachgemäß durchgeführt wird → vgl. § 434 Abs. 2 S. 1 BGB,
- wenn bei zur Montage bestimmten Kaufsachen die Montageanleitung fehlerhaft ist → vgl. § 434 Abs. 1 S. 2 BGB,
- wenn eine andere als die geschuldete Sache (aliud) geliefert wird → vgl. § 434 Abs. 3, 1. Fall BGB oder
- wenn eine geringere Menge als die geschuldete geliefert wird → vgl. § 434 Abs. 3, 2. Fall BGB.

Von einem Rechtsmangel ist gemäß § 435 BGB die Rede, wenn Dritte Rechte an der Kaufsache haben, die das Eigentum, den Besitz oder den Gebrauch der Sache durch den Käufer beeinträchtigen, beispielsweise Pfandrechte, Patentrechte oder Vorkaufsrechte.

Auf ein Verschulden des Verkäufers kommt es nicht an. Liegt ein Sach- oder Rechtsmangel vor, kann der Käufer Nacherfüllung, d. h. die Beseitigung des Mangels oder Lieferung einer mangelfreien Sache verlangen → vgl. §§ 437 Nr. 1, 439 BGB. Die Nacherfüllung erfolgt stets auf Kosten des Verkäufers → vgl. § 439 Abs. 2 BGB. Sind diese Kosten außergewöhnlich hoch, kann der Verkäufer nach § 439 Abs. 3 BGB die Nacherfüllung verweigern. Der Käufer kann ferner vom Kaufvertrag zurücktreten → vgl. §§ 437 Nr. 2, 440, 323 i. V. m. §§ 346 ff. BGB.

Beispiel

Kneipenbetreiber K kauft bei V eine neue Zapfanlage zum Preis von 5.000 €. Nach einigen Tagen stellt sich heraus, dass das aus der Anlage gezapfte Bier zu warm ist, weil V aus Unachtsamkeit beim Einbau das Kühlaggregat beschädigt hat. K fordert V auf, ihm eine neue Zapfanlage zu liefern. V entgegnet jedoch, es sei lediglich ein neues Kühlaggregat einzubauen, um den Fehler zu beheben. Nachdem V die Reparatur durchgeführt hat und die Anlage nun einwandfrei funktioniert, verlangt K von ihm Schadenersatz in Höhe von 600 € für den bis zur Reparatur entgangenen Umsatz. Zu Recht?

K hat einen Anspruch gegen V auf Schadenersatz neben der Leistung aus §§ 437 Nr. 3, 280 Abs. 1 BGB. Die von ihm gekaufte Zapfanlage wies bei Gefahrübergang = bei der Übergabe an K einen Mangel i.S.v. § 434 Abs. 2 S. 1 BGB (Montagefehler) auf. Diesen hat V fahrlässig verschuldet → vgl. § 276 BGB. Der entgangene Umsatz stellt einen Schaden dar, der durch die Reparatur der Anlage (= Nacherfüllung) nicht beseitigt werden kann. Er ist durch den Sachmangel verursacht worden: hätte V das Kühlaggregat nicht beschädigt, hätte die Anlage von Anfang an funktioniert.

Statt vom Kaufvertrag zurückzutreten, kann der Käufer auch den Kaufpreis mindern → vgl. §§ 437 Nr. 2, 441 BGB. Der geminderte Preis berechnet sich wie folgt → vgl. § 441

Abs. 3 BGB:

$$\frac{\text{Wert der mangelhaften Sache} \times \text{Kaufpreis}}{\text{Wert der mangelfreien Sache}}$$

Beispiel

K kauft bei V ein Auto zum Preis von 10.000 €. Das Auto weist einen Schaden am Motor auf und ist daher nur 5.000 € wert. Im mangelfreien Zustand wäre es 8.000 € wert gewesen. Der geminderte Kaufpreis beträgt also 6.250 €.

Zusätzlich kann der Käufer Schadenersatz neben der Leistung oder statt der Leistung oder Ersatz vergeblicher Aufwendungen verlangen → vgl. § 437 Nr. 3 BGB. Dabei ist nach den Grundsätzen des allgemeinen Leistungsstörungsrechts vorzugehen, auf die § 437 Nr. 3 BGB verweist.

Vor Rücktritt, Minderung und Schadenersatz muss der Käufer grundsätzlich als erstes die Nacherfüllung verlangen. Dies kann aber nach § 440 BGB unterbleiben, wenn der Verkäufer die Nacherfüllung verweigert oder wenn die Beseitigung des Mangels bereits zweimal erfolglos versucht worden ist. Die Mängelansprüche des Käufers verjähren gemäß § 438 Abs. 1 Nr. 3 BGB in zwei Jahren. Sie sind nach § 442 BGB ganz ausgeschlossen, wenn der Käufer den Mangel kannte oder hätte kennen müssen.

2.3.1.2 Besonderheiten beim Versendungskauf

Gemäß § 269 BGB ist eine Leistung grundsätzlich an dem Ort zu erbringen, an dem der Schuldner seinen Wohnsitz hat. Der Käufer muss die Kaufsache also in der Regel beim Verkäufer abholen (Holschuld). In bestimmten Fällen ist dies aufgrund der Natur der Sache nicht möglich, beispielsweise beim Kauf von Heizöl, das nur in die Öltanks des Käufers eingefüllt werden kann. Solche Sachen muss der Verkäufer beim Käufer abliefern (Bringschuld). Beim Kaufvertrag kommt es in der Praxis aber häufig vor, dass die Ware – obwohl eigentlich eine Holschuld besteht – an den Käufer geschickt wird (Versendungskauf). In diesem Fall wird eine Schickschuld vereinbart. Bei dieser liegt der Erfüllungsort wie in § 269 BGB beim Wohnsitz des Schuldners; hier muss dieser alle zur Leistung erforderlichen Handlungen vornehmen. Der Bestimmungsort liegt jedoch beim Gläubiger; der Erfolg der Leistung (= Verschaffung des Eigentums an der Kaufsache → vgl. § 433 Abs. 1 BGB) tritt also erst ein, wenn die Sache an ihrem Bestimmungsort eingetroffen ist.

Damit stellt sich die Frage, was geschieht, wenn die Sache zwischen Erfüllungs- und Bestimmungsort verloren geht oder beschädigt wird. § 447 BGB enthält hierzu eine Regelung: erfolgt die Versendung auf Verlangen des Käufers, geht die Gefahr mit der Übergabe der Kaufsache an den Spediteur oder sonstiges Transportpersonal auf den Käufer über. Das heißt, er trägt nunmehr das Risiko des zufälligen – d. h. von keiner Vertragspartei verschuldeten – Untergangs oder Beschädigung der Kaufsache und bleibt zur Kaufpreiszahlung verpflichtet, obwohl er die Sache nicht erhält (so genannte Preisgefahr). § 447 BGB stellt insofern eine Sonderregelung zu § 326 Abs. 1 BGB dar.

Beispiel

K kauft bei V ein Porzellanservice. Auf Wunsch des K übersendet V das Porzellan an den Wohnort des K. Beim Transport gehen die Waren zu Bruch, weil das Fahrzeug des Spediteurs ohne Verschulden in eine Massenkarambolage verwickelt wird.

V wird von der Leistungspflicht frei, weil die Übereignung des Porzellanservices an K nicht mehr möglich ist → § 275 Abs. 1 BGB. Da es sich um eine Stückschuld handelt, kann K auch nicht die Lieferung eines neuen Porzellanservices verlangen. Dennoch muss K gemäß § 433 Abs. 2 BGB den Kaufpreis zahlen, weil die Gefahr des zufälligen Untergangs der Sache nach § 447 BGB auf ihn übergegangen ist.

Beispiel

K kauft bei V eine Waschmaschine. Auf Wunsch des K übersendet V diese an den Wohnort des K. Beim Transport wird die Maschine beschädigt und funktioniert nicht mehr, weil das Fahrzeug des Spediteurs ohne Verschulden in eine Massenkarambolage verwickelt wird.

Die beschädigte Waschmaschine weist einen Sachmangel i. S. v. § 434 Abs. 1 S. 2 Nr. 2 BGB auf. Dennoch kann K sein Recht auf Nacherfüllung aus §§ 437 Nr. 1, 439 BGB nicht geltend machen, weil die Gefahr der zufälligen Verschlechterung (= Beschädigung) der Sache nach § 447 BGB auf ihn übergegangen ist. Er muss auch den vollen Kaufpreis zahlen, da sein Minderungsrecht aus §§ 437 Nr. 2, 441 BGB wegen § 447 BGB ebenfalls nicht zum Tragen kommt.

§ 447 BGB ist jedoch nicht anwendbar, wenn eine der Vertragsparteien den Untergang oder die Beschädigung der Kaufsache verschuldet hat. Stattdessen gelten die allgemeinen Regeln über Unmöglichkeit oder Schlechtleistung.

Beispiel

K kauft bei V ein Porzellanservice. Auf Wunsch des K übersendet V das Porzellan an den Wohnort des K. Beim Transport gehen die Waren zu Bruch, weil V diese nicht sorgfältig verpackt hat.

§ 447 BGB, der nur für den von keiner Partei verschuldeten Untergang der Kaufsache gilt, kommt nicht zur Anwendung. V wird gemäß § 275 Abs. 1 BGB von der Leistungspflicht frei, weil die Übereignung des Porzellanservices an K nicht mehr möglich ist. Er verliert gemäß § 326 Abs. 1 BGB den Anspruch auf die Kaufpreiszahlung durch K. Gegebenenfalls schuldet er K nach §§ 275 Abs. 4, 280 Abs. 3, 283 BGB Schadenersatz statt der Leistung.

Beispiel

K kauft bei V eine Waschmaschine. Auf Wunsch des K übersendet V diese an den Wohnort des K. Weil V das Gerät nicht ordnungsgemäß verpackt hat, wird es beim Transport beschädigt und funktioniert nicht mehr.

Die beschädigte Waschmaschine weist einen Sachmangel i. S. v. § 434 Abs. 1 S. 2 Nr. 2 BGB auf. K kann daher gemäß §§ 437 Nr. 1, 439 BGB Nacherfüllung verlangen. V muss also eine mangelfreie Waschmaschine liefern.

2.3.1.3 Rechte des Käufers beim Verbrauchsgüterkauf

Ergänzende Regeln bestehen für den Verbrauchsgüterkauf nach § 474 Abs. 1 S. 1 BGB. Dieser setzt voraus, dass der Käufer ein Verbraucher → vgl. § 13 BGB und der Verkäufer ein Unternehmer → vgl. § 14 BGB ist und dass es sich bei der Kaufsache um eine bewegliche Sache handelt.

§ 474 Abs. 2 BGB schließt § 447 BGB für den Verbrauchsgüterkauf aus. Beim Versendungskauf geht damit die Gefahr des zufälligen Untergangs der Sache nicht bereits mit Absendung auf den Käufer über, sondern wie nach § 446 BGB erst mit Übergabe an den Käufer oder mit Eintritt des Annahmeverzuges. Der Käufer muss die Sache also nur dann bezahlen, wenn er sie vollständig und unbeschädigt erhalten hat.

Zeigt sich innerhalb von sechs Monaten seit Gefahrübergang ein Sachmangel, so wird gemäß § 476 BGB vermutet, dass die Sache bereits bei Gefahrübergang mangelhaft war – es sei denn, diese Vermutung ist mit der Art der Sache oder des Mangels unvereinbar. Hier wird die Beweislast umgekehrt. Denn normalerweise muss der Käufer, wenn er Mängelrechte geltend macht, beweisen, dass der Mangel bei Gefahrübergang vorgelegen hat → vgl. § 434 Abs. 1 S. 1 BGB.

Beispiel

K ersteigert bei einem Online-Auktionshaus einen gebrauchten Laptop von V, der gewerblich einen Versand für Hard- und Software betreibt und das Auktionshaus als Plattform hierfür nutzt. V hatte in der Produktbeschreibung angegeben, dass er das Gerät mit einem „garantiert neuen" Akku ausgestattet hat. Um Geld zu sparen, hatte er aber tatsächlich einen alten Akku eingebaut. Zugleich wies V darauf hin, dass er jede Haftung wegen Mängeln ausschließe. Nach zwei Monaten zeigt sich, dass der Akku wegen eines Fehlers laufend Kurzschlüsse verursacht. K bittet um den Austausch des Akkus. V erwidert, K habe den Fehler selbst verursacht, können aber zumindest niemals beweisen, dass der Fehler schon bei der Versendung vorgelegen habe. Zudem habe er auch wegen des Haftungsausschlusses keinerlei Ansprüche. V sehe sich daher zu nichts verpflichtet. K möchte das Gerät nun zurückgeben und sich von V den Kaufpreis erstatten lassen. Zu Recht?

K hat zum einen ein Recht auf Rücktritt vom Vertrag aus §§ 437 Nr. 2, 440, 323 BGB. K ist Verbraucher, da er den Laptop zu rein privaten Zwecken gekauft hat → vgl. § 13 BGB. V ist Unternehmer, denn mit dem Verkauf hat er gewerbliche Zwecke verfolgt. Damit sind die

Voraussetzungen des Verbrauchsgüterkaufs erfüllt. § 474 Abs. 1 S. 2 BGB gilt nicht, da keine öffentliche Versteigerung vorliegt! Ob der Akku bereits bei Gefahrübergang mangelhaft war, wie es § 434 Abs. 1 S. 2 BGB fordert, lässt sich zwar nicht mehr feststellen. Zugunsten des K greift aber die Vermutung aus § 476 BGB, da sich der Mangel innerhalb von sechs Monaten gezeigt hat. Eine Frist zur Nacherfüllung musste K dem V angesichts seiner Weigerung, den Akku auszutauschen, gemäß § 323 Abs. 2 Nr. 1 BGB nicht setzen. Der Haftungsausschluss hat ebenfalls keine Auswirkungen auf den Schadenersatzanspruch des K. Denn mit der Behauptung, der Akku sei „garantiert neu" hat V eine Beschaffenheitsgarantie nach § 444 BGB übernommen. Nach Ausübung seines Rücktrittsrechts muss K den Laptop an V zurückgeben, kann dafür aber den Kaufpreis zurückverlangen → vgl. § 346 Abs. 1 BGB.

Musste der Verkäufer eine mangelhafte Sache wegen Rücktritts des Käufers zurücknehmen oder die Minderung des Kaufpreises hinnehmen, kann er seinerseits gegenüber seinem Lieferanten die Rechte aus § 437 BGB geltend machen. Dies setzt voraus, dass die Sache neu hergestellt (Die Regelung gilt also nicht für Gebrauchtwarenhandel!) und bei der Übergabe an den Verkäufer mangelhaft war. Nach § 478 BGB braucht sich der Verkäufer in diesem Fall nicht auf Nacherfüllung durch seinen Lieferanten verweisen lassen, sondern kann von diesem sogleich Schadenersatz oder den Ersatz vergeblicher Aufwendungen → vgl. § 437 Nr. 3 BGB verlangen. § 479 BGB bestimmt, dass die Ansprüche des Verkäufers gegen seinen Lieferanten erst zwei Monate nach Erfüllung der Ansprüche des Verbrauchers gegen den Unternehmer verjähren. Dies ist für den Verkäufer vorteilhaft, denn würde die Verjährungsfrist mit Übergabe der Sache vom Lieferanten an den Verkäufer beginnen, wären seine Ansprüche gegen den Lieferanten meistens nicht mehr durchsetzbar. Der Verkäufer eines Verbrauchsgüterverkaufs trägt also nicht allein die „Last" des Verbraucherschutzes.

2.3.1.4 Exkurs: Zusendung unbestellter Waren an einen Verbraucher

Zuweilen senden Verkäufer, ohne dass dies bestellt war, Waren an potenzielle Käufer, um diese zum Abschluss eines Kaufvertrags zu bewegen. Die Zusendung der Waren stellt also ein Angebot → vgl. § 145 BGB zum Abschluss eines Kaufvertrages dar. Dieses kann stillschweigend angenommen werden, indem der Käufer seinen Willen zum Erwerb der Sache nach außen kundtut, beispielsweise indem er seinen Namen in das ihm zugesandte Buch schreibt.

Sendet ein Unternehmer → vgl. § 14 BGB an einen Verbraucher → vgl. § 13 BGB unaufgefordert Waren, hält § 241a BGB eine Sonderregelung bereit. Diese Norm bestimmt, dass in diesem Fall keine Ansprüche entstehen – es sei denn, der Verbraucher bezahlt die Sache oder erklärt dem Unternehmer gegenüber ausdrücklich, dass er das Angebot annehme. Der Verbraucher kann mit der unverlangt zugesandten Sache also tun, was er will und haftet auch nicht für Beschädigungen oder Verlust. Er ist dem Übersender also weder zur Herausgabe noch zum Schadenersatz verpflichtet. Etwas anderes gilt nur, wenn die Ware nicht für den Empfänger, sondern eine andere Person bestimmt war, sowie wenn die Sache versandt worden ist, weil der Unternehmer glaubte, der Verbraucher habe die Sache bestellt.

2.3.2 Mietvertrag → vgl. §§ 535 ff. BGB

2.3.2.1 Pflichten der Vertragsparteien

Beim Mietvertrag verpflichtet sich der Vermieter, dem Mieter während der vereinbarten Mietzeit den Gebrauch einer Sache zu überlassen → vgl. § 535 Abs. 1 BGB. Gegenstand der Miete können nur körperliche Sachen sein, bewegliche sowie unbewegliche (Grundstücke, Räume). Der Mieter muss im Gegenzug den Mietzins entrichten → vgl. § 535 Abs. 2 BGB. Erfolgt die Gebrauchsüberlassung unentgeltlich, liegt eine Leihe vor → vgl. §§ 598 ff. BGB.

Die Wohnungsmieten sind in den letzten Jahren teilweise drastisch gestiegen. In einigen Regionen müssen Haushalte bis zu 1/3 ihres Einkommens zur Deckung der Mietkosten aufwenden. Aus diesem Grund hat der Gesetzgeber 2015 die sogenannte Mietpreisbremse eingeführt. Nach → § 556d BGB darf die Miete auf „angespannten Wohnungsmärkten" die ortsübliche Vergleichsmiete um maximal 10% übersteigen. Lag der vom Vormieter zu entrichtende Mietzins über diesem Betrag, darf bei der Neuvermietung lediglich die Vormiete verlangt werden → § 556e BGB. Die Gebiete mit angespannten Wohnungsmärkten werden gemäß § 556b Abs. 2 BGB durch Rechtsverordnungen der Landesregierungen ausgewiesen.

Der Mietvertrag bedarf grundsätzlich keiner besonderen Form. Etwas anderes gilt nur für die Miete von Wohnraum, sonstige Räume oder Grundstücke. Hier ist gemäß §§ 550 S. 1, 578 Abs. 1 BGB die Schriftform → vgl. § 126 BGB einzuhalten, sofern die Laufzeit mehr als ein Jahr betragen soll. Die Nichtbeachtung der Form führt nur zur Nichtigkeit der mündlichen Abrede über die Laufzeit, d. h. der Mietvertrag gilt als für unbestimmte Zeit geschlossen → vgl. § 550 S. 2 BGB.

Den Vermieter treffen folgende Pflichten:

- **Gebrauchsüberlassungspflicht** → vgl. § 535 Abs. 1 S. 1 BGB: die Sache ist in gebrauchsfähigem Zustand zu überlassen und der Mieter muss auch die Möglichkeit zum tatsächlichen Gebrauch haben (daher ist bei Wohnungen beispielsweise immer auch die Schlüsselübergabe erforderlich!).
- **Gebrauchserhaltungspflicht** → vgl. § 535 Abs. 1 S. 1 BGB: die Gebrauchsmöglichkeit muss während der gesamten Mietzeit gewährleistet werden.
- **Instandhaltungspflicht** → vgl. § 535 Abs. 1 S. 2 BGB: der Vermieter muss während der Mietzeit die notwendigen Erhaltungs- und Reparaturarbeiten vornehmen –

auch solche, die wegen Abnutzung der Sache durch den gewöhnlichen Gebrauch verursacht werden.

Die Instandhaltungspflicht kann durch Vertrag – was in der Praxis häufig geschieht – auf den Mieter übertragen werden. In diesem Fall muss der Mieter von Wohnraum oder Geschäftsräumen die Beseitigung von Substanzschäden sowie die so genannten Schönheitsreparaturen (Tapezieren, Streichen von Wänden, Fenstern, Türen) selbst durchführen, wenn diese erforderlich werden. Eine solche Vereinbarung kann auch in AGB getroffen werden. Der Mieter wird aber unangemessen benachteiligt → vgl. § 307 BGB, wenn die Schönheitsreparaturen unabhängig von deren Erforderlichkeit nach starren Fristen vorgenommen werden müssen oder wenn beim Auszug eine Endrenovierung erfolgen muss, egal wann die letzte Schönheitsreparatur vorgenommen worden ist.

Bei Sachmängeln – unabhängig davon, ob diese bereits bei Vertragsschluss vorliegen oder später entstehen – kann der Mieter wegen der Instandhaltungspflicht zunächst immer Nachbesserung vom Vermieter verlangen. Führt der Mangel dazu, dass die Tauglichkeit der Mietsache zum gewöhnlichen Gebrauch vermindert ist, muss der Mieter nach § 536 Abs. 1 BGB nur einen verminderten Mietzins entrichten. Die zulässige Höhe der Mietminderung richtet sich nach dem Einzelfall. Wird durch den Mangel der Gebrauch der Mietsache gänzlich unmöglich, entfällt die Pflicht zur Mietzahlung ganz. Die Rechte nach § 536 stehen dem Mieter auch dann zu, wenn der Vermieter den Mangel nicht verschuldet hat. Etwas anderes gilt, wenn der Mieter den Schaden verschuldet hat. Dann bleibt er zur Mietzahlung verpflichtet. Im Falle von Rechtsmängeln, d. h. wenn dem Mieter der Gebrauch der Sache aufgrund eines Rechts Dritter ganz oder teilweise unmöglich ist, muss er nach § 536 Abs. 3 BGB ebenfalls keine oder nur eine geminderte Miete zahlen.

Beispiel

V hat D ein Zimmer vermietet. Nach einiger Zeit vermietet er das gleiche Zimmer an M. Ist D bereits eingezogen, kann M das Zimmer nicht nutzen, da D aufgrund seines Mietvertrages ein Recht zur Nutzung des Zimmers hat. M muss daher gemäß § 536 BGB keine Miete zahlen.

Liegt ein Mangel bei Vertragsschluss vor oder entsteht dieser später durch ein Verschulden des Vermieters, so kann der Mieter von diesem nach § 536a Abs. 1 BGB zusätzlich Schadenersatz fordern. Der Anspruch erfasst alle Schäden, die der Mieter wegen des Mangels erlitten hat – auch solche, die über die Wertminderung der Mietsache hinausgehen. Der Vermieter ist also auch zum Ersatz der so genannten Mangelfolgeschäden verpflichtet, also der Schäden, die wegen der Mangelhaftigkeit der Mietsache am Eigentum oder Gesundheit des Mieters entstehen.

Beispiel

M hat von V eine Wohnung gemietet. Bereits bei Vertragsschluss war diese zum Teil mit Schimmel befallen. M erleidet hierdurch eine Atemwegserkrankung. Außerdem werden seine Möbel in Mitleidenschaft gezogen. M kann aus § 536a Abs. 1 BGB von V den Ersatz der Schäden an den Möbeln sowie wegen seiner Erkrankung verlangen.

Hat der Mieter den Vermieter zur Beseitigung des Mangels aufgefordert und gerät V damit in Verzug, so kann er den Mangel selbst beseitigen bzw. beseitigen lassen und vom Vermieter nach § 536a Abs. 2 BGB Ersatz seiner Aufwendungen verlangen. Dies gilt auch ohne dass der Vermieter in Verzug ist, wenn die umgehende Beseitigung des Mangels zur Erhaltung der Mietsache notwendig ist und wenn die Aufwendungen erforderlich waren. Letztlich kann der Mieter, wenn er den Vermieter vergeblich zur Beseitigung des Mangels aufgefordert hat, nach § 543 BGB ohne Einhaltung einer Kündigungsfrist den Mietvertrag kündigen. Die Rechte auf Mietminderung, Schadens- und Aufwendungsersatz stehen dem Mieter gemäß § 536b BGB jedoch nur zu, wenn er die Mängel bei Vertragsschluss oder Übergabe der Mietsache nicht gekannt hat.

Der Mieter darf die Sache nur entsprechend dem im Vertrag vorgesehenen Gebrauch benutzen. Der Gebrauchszweck darf ohne Zustimmung des Vermieters nicht verändert werden, beispielsweise darf der Mieter von Wohnraum diesen nicht als Büroraum umwidmen. Auch die Untervermietung ist nach § 540 BGB ohne Zustimmung des Vermieters nicht zulässig. Handelt es sich bei der Mietsache um Wohnraum, so hat der Mieter einen Anspruch auf Zustimmung des Vermieters, wenn er ein berechtigtes Interesse an der Untervermietung hat, beispielsweise wenn sein Einkommen gesunken ist, so dass er sich die Wohnung mit jemand anderem teilen muss. § 540 BGB gilt nicht für die Aufnahme von Familienangehörigen in die Wohnung; dies muss der Vermieter also dulden. Überschreitet der Mieter schuldhaft die Grenzen des vertragsmäßigen Gebrauchs, so kann der Vermieter aus § 280 Abs. 1 BGB den daraus entstehenden Schaden ersetzt verlangen. Der Mieter muss nach § 540 Abs. 2 BGB auch für das Verschulden eines unberechtigten Untermieters einstehen. Der Vermieter hat ferner einen Unterlassungsanspruch, wenn der vertragswidrige Gebrauch andauert → vgl. § 541 BGB und kann nach einer Abmahnung gemäß § 543 BGB sogar die fristlose Kündigung erklären, wenn der Mieter die Mietsache oder die Rechte des Vermieters in erheblichem Maße gefährdet.

Beispiel

M überlässt ohne Zustimmung des V seine Wohnung zur Untermiete an seine Freundin F. Als diese anlässlich ihres Einzugs eine Party gibt, gehen wegen einer Unachtsamkeit der F einige Fensterscheiben zu Bruch. Diesen Schaden muss M dem V aus § 280 Abs. 1 BGB ersetzen. Mahnt

V den M ab und lässt dieser die F gleichwohl weiter in der Wohnung wohnen, kann ihm V nach § 543 BGB kündigen.

Der Vermieter erlangt nach §§ 562, 578 BGB ein Pfandrecht → vgl. §§ 1204 ff. BGB an den Sachen des Mieters, die dieser in die Wohnung eingebracht hat. Dieses Pfandrecht gibt dem Vermieter eine Sicherheit für seine Forderungen aus dem Mietverhältnis. Er kann die Sachen nach den Regeln über den Pfandverkauf → vgl. Abschnitt 4.2, S. 134 verwerten und den Erlös zur Befriedigung einer Miet- oder auch Schadenersatzforderung verwenden. Ein gutgläubiger Erwerb des Pfandrechts ist nicht möglich, d. h. es besteht nur an den Sachen, die dem Mieter tatsächlich gehören.

2.3.2.2 Mieterhöhungen bei Wohnraum

Während des Mietverhältnisses über Wohnräume können beide Parteien nach § 557 BGB einvernehmlich Mieterhöhungen vereinbaren. War die Miete seit 15 Monaten unverändert, kann der Vermieter nach § 558 BGB vom Mieter die Zustimmung zur Erhöhung der Miete bis zur „ortüblichen Vergleichsmiete" verlangen. Die ortübliche Vergleichsmiete nimmt Bezug auf Wohnraum vergleichbarer Größe, Art und Ausstattung in derselben Gemeinde. Bei der Mieterhöhung ist jedoch die Kappungsgrenze aus § 558 Abs. 3 BGB zu beachten: innerhalb von drei Jahren darf die Miete um nicht mehr als 20% steigen. Dies gilt jedoch nicht bei Mieterhöhungen wegen Modernisierungsmaßnahmen → vgl. § 559 BGB oder wegen Erhöhung der Betriebskosten → vgl. § 560 BGB. Bei Modernisierungsmaßnahmen gilt eine gesonderte Kappungsgrenze nach § 559 Abs. 3a BGB. Die Miete darf sich aufgrund von Modernisierungsmaßnahmen innerhalb von sechs Jahren um nicht mehr als 3,00 € pro m^2 erhöhen.

Das Mieterhöhungsverlangen bedarf gemäß § 558a BGB der Textform → vgl. § 126b BGB und ist zu begründen. Zur Begründung kann der Vermieter auf einen einfachen oder einen qualifizierten Mietspiegel Bezug nehmen. Der einfache Mietspiegel → vgl. § 558c BGB enthält eine Übersicht über die ortsüblichen Vergleichsmieten; er muss von der Gemeinde oder von den Interessenverbänden der Mieter und Vermieter erstellt oder anerkannt werden. Gleiches gilt für den qualifizierten Mietspiegel → vgl. § 558d BGB, nur dass dieser nach anerkannten wissenschaftlichen (statistischen) Methoden erstellt wird und damit eine größere Gewähr für seine Richtigkeit und Aktualität bietet.

2.3.2.3 Beendigung des Mietverhältnisses

Hat der Vermieter ein berechtigtes Interesse an der Beendigung des Mietverhältnisses, kann er dies gemäß § 573 BGB unter Einhaltung einer Kündigungsfrist → vgl. § 573c BGB kündigen. Ein solches berechtigtes Interesse besteht, wenn

- der Mieter seine vertraglichen Pflichten schuldhaft verletzt,
- der Vermieter den Wohnraum für sich oder seine Familienangehörigen selbst benötigt,
- der Vermieter durch das Mietverhältnis an einer angemessenen wirtschaftlichen Verwertung des Grundstücks gehindert würde (Verwertung bedeutet Neubau oder Abriss, aber auch den Verkauf des Gebäudes).

Der Mieter hat jedoch nach § 574 BGB das Recht, Widerspruch gegen die Kündigung einzulegen, wenn diese für ihn und seine Familie eine unangemessene Härte bedeuten würde. In diesem Fall muss ihm die Fortsetzung des Mietverhältnisses gestattet werden, so lange dies unter Berücksichtigung aller Umstände angemessen ist → vgl. § 574a BGB. Diese so genannte Sozialklausel gilt jedoch nicht für Mietverhältnisse zum lediglich vorübergehenden Gebrauch, bei möblierten Einliegerwohnungen oder für öffentlich angemietete Wohnungen, die Personen mit dringendem Wohnbedarf überlassen werden, wie z. B. Haftentlassenen → vgl. § 549 BGB.

Zu beachten ist § 566 BGB: danach wird ein Mietvertrag über eine Wohnung nicht beendet, wenn der Vermieter den Wohnraum – sei es ein Grundstück, sei es Wohneigentum – veräußert!

2.3.3 Pachtvertrag → vgl. §§ 581 ff. BGB

Beim Pachtvertrag verpflichtet sich der Verpächter, dem Pächter den Gebrauch der Sache zu überlassen und ihm den Genuss der Früchte der Pachtsache zu gestatten. Der Pächter muss im Gegenzug den vereinbarten Pachtzins entrichten. Früchte sind alle Erzeugnisse der Sache oder die sonstige Ausbeute, die bei der bestimmungsgemäßen Nutzung der Sache gewonnen werden → vgl. § 99 BGB. Gegenstand einer Pacht können auch Rechte sein.

Beispiel

Hat V an P eine Obstbaumwiese verpachtet, darf P nicht nur die Wiese nutzen, sondern auch das Obst von den Bäumen ernten (Obst = Erzeugnis der Plantage).

Hat V sein Unternehmen an P verpachtet, so darf P die Erträge für sich behalten (Unternehmenserträge = Früchte des Unternehmens).

Wird ein Grundstück verpachtet, muss der Pächter nach § 582 BGB für die Erhaltung des Inventars sorgen; er trägt also auch die Kosten der Abnutzung des Inventars. Bei Pflichtverletzungen durch die Parteien kommen die allgemeinen Vorschriften der §§ 280 ff. BGB zur Anwendung.

2.3.4 Leasingvertrag

2.3.4.1 Grundstruktur

Eine besondere Form der Gebrauchsüberlassung bietet der Leasingvertrag. Er ist im Gesetz nicht geregelt und wird als atypischer Mietvertrag angesehen. Leasingverträge werden vor allem aufgrund ihrer wirtschaftlichen Vorteile abgeschlossen, denn Leasing-Raten können im Steuerrecht als Betriebsausgaben geltend gemacht werden und mindern daher den steuerpflichtigen Gewinn des Leasingnehmers.

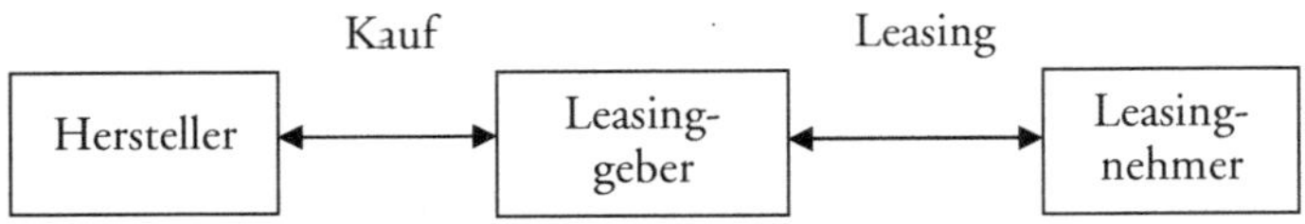

Der Leasinggeber erwirbt das Leasinggut durch Kaufvertrag von einem Hersteller oder Lieferanten (finanziert also die Anschaffung der Sache) und überlässt es dem Leasingnehmer zum Gebrauch. Der Leasingnehmer muss dafür im Gegenzug ein Entgelt in Raten zahlen. Die Verträge zwischen Hersteller und Leasinggeber (Kaufvertrag) und zwischen Leasinggeber und Leasingnehmer (Leasingvertrag) sind strikt voneinander zu trennen.

2.3.4.2 Operating-Leasing

Es werden mehrere Formen des Leasings unterschieden. Beim Operating-Leasing wird im Leasingvertrag entweder nur ein kurzfristiger Gebrauch des Leasingguts durch den Leasingnehmer vorgesehen oder dem Leasingnehmer wird das Recht zu kurzfristiger Kündigung des Vertrags eingeräumt.

Der Leasinggeber übernimmt beim Operating-Leasing regelmäßig die Instandhaltung des Leasinggutes. Auf diese Art des Leasingvertrags wird in der Regel das Mietvertragsrecht angewendet. Bei Mängeln der Leasingsache kann der Leasingnehmer also Nachbesserung fordern → vgl. § 535 Abs. 1 S. 2 BGB, die Leasingraten mindern → vgl. § 536 BGB oder – falls dies alles erfolglos ist – den Vertrag kündigen → vgl. § 543 BGB und ggf. Schaden- und Aufwendungsersatz vom Leasinggeber verlangen → vgl. § 536a BGB.

2.3.4.3 Finanzierungsleasing

Das Finanzierungs-Leasing (angesprochen als Finanzierungshilfe in §§ 495, 506 Abs. 2 BGB) stellt demgegenüber einen langfristigen Vertrag dar. Beide Parteien vereinbaren eine Grundlaufzeit, während der der Vertrag unkündbar ist. Die in dieser Zeit zu zahlenden Leasingraten entsprechen in der Regel den Kosten für die Anschaffung und Finanzierung des Leasinggutes, die dem Leasinggeber entstehen und enthalten darüber hinaus noch eine Gewinnspanne.

Abgesehen von der Pflicht zur Gebrauchserhaltung und Instandsetzung ist beim Finanzierungs-Leasing ebenfalls Mietrecht anwendbar. Denn beim Finanzierungsleasing vereinbaren die Parteien in der Regel, dass der Leasinggeber gegenüber dem Leasingnehmer von der Mängelhaftung freigestellt ist (Gewährleistungsausschluss, d. h. § 535 Abs. 1 S. 2 BGB gilt nicht). Die Lasten und Wartungskosten trägt also der Leasingnehmer; ebenso die Gefahr der Beschädigung, der Zerstörung oder des Diebstahls der Sache. Der Leasinggeber tritt ihm dafür aber seine Ansprüche auf Mängelgewährleistung aus dem mit dem Hersteller geschlossenen Kaufvertrag ab. Der Leasingnehmer kann also gegenüber dem Hersteller den Rücktritt vom Vertrag erklären, wenn die Sache bereits bei der Übergabe mangelhaft war und der Hersteller den Mangel nicht beseitigen will oder kann → vgl. §§ 437 Nr. 2, 323 BGB. Er muss ihm in diesem Fall die Leasingsache zurückgeben → vgl. § 346 BGB und muss keine weiteren Leasingraten bezahlen.

2.3.4.4 Andere Formen des Leasings

Hersteller und Leasinggeber können identisch sein. In diesem Fall spricht man vom Hersteller-Leasing. Auch auf diesen Vertragstyp ist das Mietrecht anzuwenden.

Ist dem Leasingnehmer im Vertrag das Recht eingeräumt, das Leasinggut zu kaufen, wobei die bis dahin gezahlten Leasingraten auf den Kaufpreis angerechnet werden, liegt ein Mietkauf vor. Sobald der Leasingnehmer die Kaufoption ausübt, wandelt sich der Leasing- in einen Kaufvertrag um, auf den dann die §§ 433 ff. BGB anzuwenden sind.

2.3.5 Darlehensvertrag → vgl. §§ 488 ff. und §§ 607 ff. BGB

2.3.5.1 Pflichten der Vertragsparteien

Beim Darlehensvertrag verpflichtet sich der Darlehensgeber, dem Darlehensnehmer Geld (Gelddarlehen → vgl. § 488 BGB) oder vertretbare Sachen (Sachdarlehen → vgl. § 607 BGB) zur zeitlich begrenzten Nutzung zu überlassen. Vertretbare Sachen sind gemäß § 91 BGB solche, die nach Zahl, Maß oder Gewicht bestimmt werden – also alle, die keine Einzelstücke sind. Der Darlehensnehmer ist im Gegenzug zur Rückerstattung von Sachen gleicher Art, Güte und Menge sowie zur Zahlung eines Entgelts (in der Regel Zinsen) verpflichtet. Die Parteien können jedoch auch ein zinsloses Darlehen vereinbaren → vgl. § 488 Abs. 3 S. 3 BGB. Von der Leihe oder der Miete unterscheidet sich das Darlehen dadurch, dass nicht die Sache selbst, sondern eine vergleichbare zurückzugeben ist, da der Darlehensnehmer die Sache verbrauchen darf. Der Darlehensgeber überträgt ihm also das Eigentum an der Sache.

Beim Vertragsschluss über Gelddarlehen, namentlich beim Ratenkredit, ist § 138 BGB zu beachten. Besteht ein auffälliges Missverhältnis zwischen dem Darlehenszins und dem üblichen Zinssatz und bestehen Anhaltspunkte dafür, dass der Darlehensgeber eine wirtschaftliche Zwangslage des Darlehensnehmers ausnutzt, um besonders hohe Zinsen durchzusetzen, ist der Vertrag wegen Wuchers sittenwidrig.

Die Fälligkeit der Rückerstattungspflicht des Darlehensnehmers richtet sich nach der Vereinbarung der Parteien. Haben diese keine Abrede über die Fälligkeit getroffen, wird die Rückerstattungspflicht gemäß § 488 Abs. 3 BGB ausgelöst, wenn eine der Parteien das Darlehen kündigt. Dabei muss eine Kündigungsfrist von drei Monaten eingehalten werden. Ist ein bestimmter Termin für die Rückzahlung vereinbart, ist nach § 489 BGB der Darlehensnehmer zur ordentlichen Kündigung berechtigt. Diese Norm statuiert eine Ausnahme von dem Grundsatz, dass eine ordentliche Kündigung nur bei unbefristeten Dauerschuldverhältnissen möglich ist. Die Ausnahme ist im Interesse des Verbraucherschutzes geboten. Ein Darlehen mit variablem Zinssatz kann jederzeit mit einer Kündigungsfrist von drei Monaten gekündigt werden → vgl. § 489 Abs. 2 BGB. Ist ein fester Zinssatz vereinbart, hängt die Kündigungsfrist von den näheren Umständen der Vereinbarung ab → vgl. § 489 Abs. 1 BGB. Die Kündigung gilt als nicht erfolgt, wenn der Darlehensnehmer den geschuldeten Betrag nicht binnen zwei Wochen zurückzahlt → vgl. § 489 Abs. 3 BGB. Verschlechtern sich die Vermögensverhältnisse des Darlehensnehmers oder der Wert der für das Darlehen zur Verfügung gestellten Sicherheit, hat der Darlehensgeber ein außerordentliches Kündigungsrecht nach § 490 BGB, wenn ansonsten die Rückerstattung des Darlehens oder die Verwertung der Sicherheit bedroht ist.

Bei Leistungsstörungen – Nichtleistung oder Verzug – gelten die Vorgaben des allgemeinen Schuldrechts nach § 280 BGB. Eine Schlechterfüllung bei der Rückerstattung des Darlehens kommt nur bei Sachdarlehen i.S.v. § 607 BGB in Betracht.

Beispiel

Obstbauer G hat der Mosterei S ein Sachdarlehen von 500 kg Äpfeln gewährt, damit diese einen Engpass überbrücken kann. Die Äpfel, die S dem G zurückgewährt, sind verdorben.

2.3.5.2 Verbraucherdarlehensvertrag

Wird das Darlehen von einem Unternehmer → vgl. § 14 BGB an einen Verbraucher → vgl. § 13 BGB gewährt (Verbraucherdarlehensvertrag), kommen die Sonderregeln aus §§ 491 bis 505 BGB zur Anwendung. Dieser bedarf der Schriftform und muss bestimmte Mindestangaben enthalten → vgl. § 492 BGB. Der Verbraucher hat binnen zwei Wochen nach Vertragsschluss ein Widerrufsrecht → vgl. §§ 495, 355 Abs. 2 BGB.

Gerät der Darlehensnehmer mit der Rückerstattung in Verzug, so belaufen sich die Verzugszinsen auf fünf Prozentpunkte über dem Basiszinssatz → vgl. § 497 BGB. Der Darlehensgeber hat in diesem Fall nur dann ein Kündigungsrecht, wenn der Darlehensnehmer mit mindestens zwei aufeinander folgenden Raten mit mindestens 10% der Darlehenssumme in Verzug gerät und der Darlehensgeber ihm erfolglos eine Frist zur Nachzahlung eingeräumt und ihm dabei angedroht hat, dass er nach Fristablauf die gesamte Restschuld auf einmal verlangt → vgl. § 498 BGB.

2.3.6 Dienstvertrag → vgl. §§ 611 ff. BGB

2.3.6.1 Pflichten der Vertragsparteien

Beim Dienstvertrag verpflichtet sich der Dienstverpflichtete gegenüber dem Dienstberechtigten zur Leistung von Diensten jeder Art. Es können einmalige oder auf Dauer angelegte, selbständige oder unselbständige Dienste vereinbart werden → vgl. § 611 Abs. 2 BGB. Nach dem Grad der Weisungsgebundenheit des Dienstverpflichteten werden zwei Arten unterschieden:

- **freier Dienstvertrag:** der Dienstverpflichtete handelt selbständig und eigenverantwortlich, z. B. Arzt, Anwalt
- **Arbeitsvertrag:** der Arbeitgeber hat ein Weisungsrecht, der Arbeitnehmer ist wirtschaftlich in den Betrieb des Arbeitgebers eingegliedert.

Der Dienstberechtigte muss im Gegenzug die vereinbarte Vergütung leisten. Haben die Parteien hierüber keine Abrede getroffen, gilt eine Vergütung nach § 612 BGB als stillschweigend vereinbart, wenn die Dienstleistung üblicherweise nur gegen Entgelt erbracht wird. Die Vergütung ist erst nach Leistung der Dienste fällig → vgl. § 614 BGB. So lange nicht erfüllt worden ist, darf der Dienstberechtigte also die Vergütung verweigern → vgl. § 320 BGB. Die Parteien können jedoch auch etwas anderes vereinbaren.

2.3.6.2 Folgen von Pflichtverletzungen

Verletzt der Leistungsverpflichtete seine Leistungspflicht, so kann der Leistungsberechtigte weiter Erfüllung verlangen. Bei schuldhafter Schlecht- oder Nichtleistung kann er statt der Leistung nach §§ 280 Abs. 3, 281 BGB Schadenersatz verlangen oder im Falle des Verzugs den Ersatz des Verzögerungsschadens nach §§ 280 Abs. 2, 286 BGB. Kommt der Dienstberechtigte in Annahmeverzug → vgl. § 293 BGB, wird der Dienstverpflichtete von seiner Leistungspflicht frei; er behält aber seinen Vergütungsanspruch → vgl. § 615 BGB. Gleiches gilt im Falle einer von keiner Partei zu vertretenden Betriebsstörung nach § 615 S. 3 BGB, beispielsweise wenn die Dienstleistung wegen eines Brandes nicht erbracht werden kann.

Für Arbeitnehmer existiert darüber hinaus die Sonderregel in § 616 BGB: sie haben Anspruch auf Lohn ohne Arbeit, wenn sie vorübergehend wegen persönlicher Gründe unverschuldet an der Erbringung ihrer Arbeitsleistung gehindert sind, z. B. bei einem Todesfall in der Familie des Arbeitsnehmers. Im Falle einer Erkrankung des Arbeitnehmers garantiert das Entgeltfortzahlungsgesetz (EFZG) die Fortzahlung des Arbeitsentgelts für bis zu sechs Wochen.

2.3.6.3 Ende des Dienstverhältnisses

Das Dienstverhältnis endet gemäß § 620 BGB mit Ablauf der Zeit, für die es eingegangen ist. Es kann auch durch ordentliche Kündigung beendet werden; die Kündigungsfrist richtet sich – sofern die Parteien nichts anderes vereinbart haben – nach §§ 621, 622, 624 BGB. Eine fristlose Kündigung kommt nach § 626 BGB in Betracht, wenn ein wichtiger Grund vorliegt, der für eine der beiden Parteien die Fortsetzung des Dienstverhältnisses unzumutbar macht.

Ein Dienstvertrag ist, wenn bereits mit der Erbringung der Dienstleistung begonnen worden ist, nur eingeschränkt anfechtbar. Denn die Leistungserbringung kann nur schwer rückabgewickelt werden. Im Gegensatz zu § 142 BGB wirkt die Anfechtung hier daher nur ab dem Zeitpunkt der Anfechtungserklärung, d. h. der Leistungsverpflichtete kann für bereits erbrachte Leistungen trotz Anfechtung noch die Vergütung verlangen. Das gleiche gilt, wenn eine Partei die Nichtigkeit des Dienstvertrages geltend machen will.

2.3.7 Werkvertrag → vgl. §§ 631 ff. BGB

Beim Werkvertrag verpflichtet sich der Unternehmer, ein mangelfreies Werk herzustellen. Der Besteller hat im Gegenzug den Werklohn zu zahlen. Der Unternehmer schuldet also einen Erfolg; am Ende soll ein konkretes, gegenständlich fassbares Arbeitsergebnis vorliegen. Der Dienstverpflichtete schuldet demgegenüber bloßes Tätigwerden.

Beispiel

A verpflichtet sich gegenüber B zum Bau eines Wohnhauses. Es liegt ein Werkvertrag vor, denn A soll nicht lediglich Bauarbeiten durchführen, sondern das Haus tatsächlich errichten.

A verpflichtet sich gegenüber B, ihm Nachhilfe für seine Klausur zu geben. Die beiden haben einen Dienstvertrag geschlossen, denn A schuldet nicht den Erfolg, dass B die Klausur besteht.

Wie beim Dienstvertrag gilt nach § 632 BGB eine Vergütung als stillschweigend vereinbart, wenn die Herstellung des Werkes üblicherweise nur gegen Vergütung zu erwarten ist. Die Höhe der Vergütung richtet sich in diesem Fall nach den üblichen

Vergütungen oder bestehenden Taxen (z. B. Gebührenordnungen der Ärzte für gutachterliche Leistungen des Arztes). Eine Sonderregel für Kostenanschläge enthält § 632 Abs. 3 BGB; diese sind im Zweifel nicht zu vergüten.

Der Unternehmer muss nach § 633 Abs. 1 BGB ein mangelfreies Werk herstellen. Ein Sachmangel liegt vor, wenn

- das Werk nicht die vereinbarte Beschaffenheit hat → vgl. § 633 Abs. 2 S. 1 BGB oder
- es sich nicht für die nach dem Vertrag vorausgesetzte oder üblicherweise zu erwartende Verwendung eignet → vgl. § 633 Abs. 2 S. 2 BGB oder
- der Unternehmer ein anderes als das bestellte Werk oder eine zu geringe Menge herstellt → vgl. § 633 Abs. 2 S. 3 BGB.

Ein Rechtsmangel ist gegeben, wenn Dritte in Bezug auf das Werk Rechte gegen den Besteller geltend machen können → vgl. § 633 Abs. 3 BGB, beispielsweise Urheber- oder Patentrechte.

Der Besteller muss das vertragsmäßig hergestellte Werk abnehmen, also es entweder körperlich in Empfang nehmen oder als vertragsgemäß billigen → vgl. § 640 BGB. Unterlässt er dies, gerät er in Annahmeverzug → vgl. § 293 BGB. Mit der Abnahme wird Werklohn fällig → vgl. § 641 BGB und die Verjährungsfrist für Mängelansprüche beginnt → vgl. § 634a Abs. 2 BGB. Ist das Werk mangelhaft, kann der Besteller Nacherfüllung – also die Beseitigung des Mangels oder die Herstellung eines neuen Werkes – verlangen → vgl. §§ 634 Nr. 1, 635 BGB. Er kann den Mangel jedoch auch selbst beseitigen und Ersatz der erforderlichen Aufwendungen verlangen, wenn er dem Unternehmer erfolglos eine Frist zur Nacherfüllung gesetzt hat → vgl. §§ 634 Nr. 2, 637 BGB. Zudem hat er das Recht, vom Vertrag zurücktreten → vgl. §§ 634 Nr. 3, 636 i. V. m. 323 und 326 Abs. 5 BGB. Anstelle des Rücktritts kann der Besteller auch die Vergütung mindern → vgl. §§ 634 Nr. 3, 638 BGB. Die geminderte Vergütung berechnet sich in Anlehnung an die beim Kaufvertrag übliche Formel wie folgt:

$$\frac{\text{Wert des mangelhaften Werkes} \times \text{vereinbarte Vergütung}}{\text{Wert des mangelfreien Werkes}}$$

Letztlich kann der Besteller Schadenersatz neben der Leistung oder statt der Leistung oder Ersatz vergeblicher Aufwendungen verlangen → vgl. §§ 634 Nr. 4, 636 BGB. Dabei ist nach den Grundsätzen des allgemeinen Leistungsstörungsrechts vorzugehen, auf die § 634 Nr. 4 BGB verweist. Kannte der Besteller den Mangel bereits bei der Abnahme des Werkes, kann er die Rechte – mit Ausnahme der Forderung von Schadenersatz – nur geltend machen, wenn er sich dies bei der Abnahme ausdrücklich vorbehalten hat, § 640 Abs. 3 BGB.

Für die Verjährung der Mängelansprüche gelten verschiedene Verjährungsfristen, je nachdem was für ein Werk geschuldet ist → vgl. § 634a BGB. Bei der Herstellung einer Sache beträgt sie zwei Jahre, bei Bauwerken fünf Jahre und im Übrigen drei Jahre.

Kein Werkvertragsrecht, sondern Kaufrecht ist gemäß § 650 BGB auf den so genannten Werklieferungsvertrag anzuwenden. Damit sind Verträge gemeint, welche die Lieferung herzustellender oder zu erzeugender beweglicher Sachen zum Gegenstand haben.

Beispiel

Lieferung und Montage einer individuell geplanten Einbauküche.

Damit gilt Werkvertragsrecht praktisch nur für die Herstellung von Bauwerken, Reparaturarbeiten und die Herstellung von unkörperlichen Werken (Gutachten, Beförderungen etc.).

Zusammenfassung

- Für Kaufverträge sind die Folgen von Schlechtleistung im Sachmängelgewährleistungsrecht präzisiert. Danach muss der Käufer vom Verkäufer zunächst Nacherfüllung verlangen. Schlägt diese fehl, kann der Käufer vom Vertrag zurücktreten, den Kaufpreis mindern oder ggf. Schadenersatzansprüche geltend machen.
- Beim Verbrauchsgüterkauf wird die Ausübung der Gewährleistungsrechte erleichtert. So wird die Mangelhaftigkeit der Kaufsache für den Zeitpunkt des Gefahrübergangs vermutet, wenn sich binnen sechs Monaten ein Mangel zeigt. Diese Vermutung führt zur Umkehr der Beweislast, denn der Unternehmer muss die Mangelfreiheit der Kaufsache nachweisen.
- Im Mietrecht führt die Gebrauchserhaltungspflicht des Vermieters dazu, dass der Mieter jederzeit von ihm die Beseitigung von Mängeln verlangen kann. So lange dies nicht geschieht, ist nur ein herabgesetzter Mietzins zu entrichten. Ggf. ist der Vermieter zum Schadenersatz verpflichtet.
- Beim Leasing handelt es sich um einen atypischen Vertrag, der nicht gesetzlich geregelt ist. Zwischen dem Hersteller der Sache und dem Leasinggeber gilt Kaufrecht, zwischen Leasinggeber und Leasingnehmer Mietrecht.
- Dienst- und Werkvertrag unterscheiden sich dadurch, dass bei ersterem nur eine Handlung, bei letzterem ein Erfolg geschuldet ist.

Kontrollfragen und Fälle

1. Wann gilt eine Kaufsache als mangelhaft?
2. Wie ist bei Sachmängeln der geminderte Kaufpreis zu berechnen?
3. Erläutern Sie die Begriffe Holschuld, Bringschuld und Schickschuld. Welche Auswirkungen hat die Vereinbarung einer Schickschuld auf den Gefahrübergang?
4. Welche besonderen Regeln zum Schutz des Verbrauchers im Fall von Mängeln gibt es?
5. Buchclub V sendet K unverlangt einige Bücher aus seinem Sortiment zu. K, der sich nicht für Literatur interessiert, wirft die Bücher in den Müll. Später möchte V die Bücher zurück oder zumindest Schadenersatz für den Verlust. Zu Recht?
6. Hat der Vermieter das Recht, die Instandhaltungspflicht auf den Mieter abzuwälzen?
7. M hat eine Wohnung des V gemietet. Als er mit der Zahlung der Miete in Verzug gerät und trotz Mahnung nicht leistet, verkauft V die Heimkinoanlage des M, um seine Forderung zu befriedigen. Darf er das?
8. Wie unterscheiden sich die verschiedenen Arten des Leasings?
9. Wann ist ein Arbeitsvertrag als Sonderfall des Dienstvertrages gegeben?
10. A leidet unter häufig wiederkehrenden Migräneanfällen. Sie lässt sich von Arzt B behandeln. Als keine Besserung eintritt, verweigert sie die Zahlung des Arzthonorars. Zu Recht?

2.4 Geschäftsführung ohne Auftrag → vgl. §§ 677 ff. BGB

Zuweilen kommt es vor, dass jemand (Geschäftsführer) für einen anderen (Geschäftsherr) ein Geschäft führt, ohne von diesem dazu beauftragt worden zu sein. Je nachdem, ob dieses Verhalten für den Geschäftsherrn wünschenswert ist oder nicht, werden verschiedene Arten der Geschäftsführung ohne Auftrag (GoA) unterschieden.

2.4.1 Berechtigte Geschäftsführung ohne Auftrag → vgl. § 683 BGB

Unter den Begriff der Geschäftsführung fallen nicht nur Rechtsgeschäfte, sondern auch tatsächliche Handlungen. Der Geschäftsführer nimmt diese Geschäfte im fremden Interesse wahr, d. h. er geht nicht lediglich eigennützigen Zwecken nach. Verfolgt der Geschäftsführer mit der Wahrnehmung fremder Interessen auch eigene Angelegenheiten, schadet dies nicht. Er muss jedoch den Willen und das Bewusstsein haben, für einen anderen tätig zu sein (Fremdgeschäftsführungswille). Schließlich setzt ein Anspruch aus GoA voraus, dass der Geschäftsführer nicht mit der Durchführung des Geschäfts beauftragt worden ist, d. h. zwischen beiden Parteien darf kein wirksames Rechtsverhältnis bestehen, aus dem der Geschäftsführer zur Vornahme der Handlung berechtigt ist.

Liegt die Übernahme des Geschäfts objektiv im Interesse des Geschäftsherrn, kann der Geschäftsführer nach § 683 BGB wie ein Beauftragter den Ersatz seiner Aufwendungen verlangen. Die Verweisung auf das Auftragsrecht → vgl. § 670 BGB stellt sicher, dass der Geschäftsherr nur solche Aufwendungen erstatten muss, die den Umständen nach erforderlich waren. Ferner hat der Geschäftsführer Anspruch auf Ersatz seiner Schäden, die aus dem typischen Risiko des Geschäfts resultieren.

Beispiel

Während A im Urlaub ist, bemerkt B einen Brand in dessen Haus. Als B den Brand löscht, erleidet er leichte Verbrennungen, die ärztlich behandelt werden müssen. Da das Löschen des Brandes in seinem Haus objektiv dem Interesse des A entsprach, hat er B nach § 683 BGB die Behandlungskosten zu ersetzen.

Entspricht die Geschäftsführung nicht dem Willen des Geschäftsherrn, kann der Geschäftsführer nach §§ 683 S. 2, 679 BGB gleichwohl Aufwendungs- und Schadenersatz verlangen, wenn durch die Geschäftsführung eine im öffentlichen Interesse liegende Pflicht oder eine Unterhaltsverpflichtung des Geschäftsherrn erfüllt wird.

Beispiel

Wie oben. A, der sein Haus ohnehin abreißen wollte, um auf seinem Grundstück einen Neubau zu errichten, verweigert den Ersatz der Behandlungskosten, weil das Haus seiner Meinung nach ruhig hätte abbrennen können. Der Einwand des A ist unerheblich, da die Löschung des Brandes im öffentlichen Interesse lag, z. B. um ein Übergreifen des Feuers auf benachbarte Grundstücke zu verhindern.

Der Geschäftsführer muss bei der Ausführung des Geschäfts sorgfältig handeln und das Geschäft so führen, wie es das Interesse des Geschäftsherrn mit Rücksicht auf dessen wirklichen oder mutmaßlichen Willen erfordert → vgl. § 677 BGB. Verursacht er schuldhaft einen Schaden, ist er dem Geschäftsherrn nach den allgemeinen Regeln → vgl. § 280 Abs. 1 BGB zum Schadenersatz verpflichtet. Zudem kann der Geschäftsherr nach §§ 681 S. 2, 667 BGB die Herausgabe dessen verlangen, was der Geschäftsführer durch die Geschäftsführung erlangt hat.

2.4.2 Eigengeschäftsführung → vgl. § 687 BGB

Die so genannte unechte Geschäftsführung liegt vor, wenn jemand ein fremdes Geschäft als eigenes führt, wenn ihm also der Fremdgeschäftsführungswille fehlt. Dies kann einerseits auf einem Irrtum beruhen – der Handelnde geht fälschlich davon aus, ein eigenes Geschäft wahrzunehmen → vgl. § 687 Abs. 1 BGB. In diesem Fall sind die Vorschriften über die GoA nicht anwendbar.

Wichtiger ist der Fall, in dem sich der Geschäftsherr die Führung eines fremden Geschäfts bewusst zu seinem eigenen Vorteil anmaßt → vgl. § 687 Abs. 2 BGB. Der Geschäftsherr hat dann die Möglichkeit, das Geschäft an sich zu ziehen und Ansprüche nach den Regeln der berechtigten GoA geltend zu machen. Namentlich kann er vom Geschäftsführer die Herausgabe des Erlangten fordern. Im Gegenzug ist er dann aber auch zum Ersatz der zur Geschäftsführung notwendigen Aufwendungen verpflichtet.

Beispiel

A betreibt an einem See einen „Tretbootverleih" (richtiger: Tretbootvermietung, da die Gebrauchsüberlassung gegen Geld erfolgt → vgl. § 535 BGB). Als das Geschäft wegen einer Erkrankung des A mehrere Tage geschlossen bleibt, betreibt sein Nachbar B den Verleih eigenmächtig weiter. A kann nach § 687 Abs. 2 S. 1, 681, 667 BGB von B die Herausgabe der unberechtigt kassierten Mietgebühren verlangen.

2.5 Ungerechtfertigte Bereicherung

Das Bereicherungsrecht soll nicht gerechtfertigte Vermögensverschiebungen ausgleichen oder fehlgeschlagene Leistungen rückgängig machen. Im Folgenden werden nur die beiden wichtigsten Arten dargestellt.

Die Leistungskondiktion nach § 812 Abs. 1 S. 1 BGB ist einschlägig, wenn jemand ohne rechtlichen Grund etwas an einen anderen geleistet hat. Unter einer **Leistung** → Glossar ist die bewusste und zweckgerichtete Mehrung fremden Vermögens zu verstehen. Der Empfänger ist in diesem Fall zur Herausgabe des durch die Leistung Erlangten verpflichtet.

Beispiel

V verkauft und übereignet einen PKW an K. Danach ficht er den Kaufvertrag wegen eines Irrtums an. Da der Kaufvertrag durch die Anfechtung nichtig geworden ist → vgl. § 142 BGB, besteht kein rechtlicher Grund mehr für die Übereignung des Wagens an K. K muss daher nach § 812 Abs. 1 S. 1 BGB das Eigentum an dem PKW auf V zurück übertragen.

Ein weiterer bedeutsamer kondiktionsrechtlicher Anspruch resultiert nach § 816 Abs. 1 S. 1 BGB aus der Verfügung eines Nichtberechtigten. Grundsätzlich kann nur der Eigentümer einer Sache diese an andere übereignen. Das Gesetz ermöglicht es jedoch, auch vom Nichteigentümer Eigentum an einer Sache zu erwerben, wenn der Erwerber den Veräußerer für den Eigentümer hält → vgl. § 932 BGB → vgl. Abschnitt 3.3.2, S. 126. Das Bereicherungsrecht gleicht in diesem Fall den Vermögensverlust des ursprünglichen Eigentümers aus. Denn der Nichtberechtigte muss ihm nach § 816 Abs. 1 BGB das, was er aus der Verfügung erlangt hat, herausgeben.

Beispiel

A hat dem B ein Buch geliehen. B verkauft und übereignet das Buch für 10 € an C, der ihn für den Eigentümer hält. Da C glaubte, B sei der Eigentümer des Buches, konnte er nach §§ 929, 932 BGB wirksam Eigentum an dem Buch erwerben. A kann aus § 816 Abs. 1 BGB von B Herausgabe des Kaufpreises in Höhe von 10 € verlangen.

Gemäß § 818 Abs. 3 BGB besteht die Herausgabepflicht nicht, wenn der Bereicherte nicht mehr bereichert ist, z. B. weil er das Erlangte verbraucht oder verloren hat. Er kann sich jedoch nicht auf den Wegfall der Bereicherung berufen, wenn er den Mangel des Rechtsgrundes gekannt hat → vgl. § 819 BGB.

Beispiel

V hat an K 5 kg Äpfel verkauft. Nachdem K diese gegessen hat, ficht V den Kaufvertrag wegen Irrtums an. Nach § 812 Abs. 1 S. 1 BGB muss K das Erlangte – die Äpfel – an V herausgeben. Da er diese bereits verbraucht hat, ist der Anspruch des V nach § 818 Abs. 3 BGB ausgeschlossen.

B verkauft an C das dem A gehörende Buch. Den Kaufpreis von 10 € verbraucht er sofort. B ist nach § 816 Abs. 1 BGB verpflichtet, dem A das Erlangte – den Kaufpreis – herauszugeben. Zwar hat er diesen bereits verbraucht. Er kann sich wegen § 819 BGB jedoch nicht auf den Entreicherungseinwand aus § 818 Abs. 3 BGB berufen und muss dem A daher die 10 € im Wege des Schadenersatzes ersetzen.

2.6 Unerlaubte Handlung und Gefährdungshaftung

2.6.1 Unerlaubte Handlung

Das Recht der unerlaubten Handlung sichert die Wiedergutmachung von schuldhaft zugefügten Schäden. Dies erfordert nicht, dass zwischen den Parteien ein Schuldverhältnis (Vertrag o.ä.) besteht, denn ein solches wird durch die unerlaubte Handlung selbst begründet. Gleichwohl ist Anspruchskonkurrenz zu vertraglichen Ansprüchen möglich, d. h. werden im Rahmen eines vertraglichen Schuldverhältnis Rechtsgüter verletzt, die in den §§ 823 ff. BGB geschützt sind, haftet der Schädiger sowohl aus Vertrag als auch aus Delikt.

Im Recht der unerlaubten Handlung werden drei Grundtatbestände unterschieden:

- die Verletzung von bestimmten Rechtsgütern → vgl. § 823 Abs. 1 BGB,
- der Verstoß gegen ein Schutzgesetz → vgl. § 823 Abs. 2 BGB sowie
- die sittenwidrige vorsätzliche Schädigung → vgl. § 826 BGB.

Zum Schadenersatz verpflichtet nur ein vom menschlichen Willen getragenes Tun oder Unterlassen. Im Schlaf oder bei Bewusstlosigkeit können daher keine unerlaubten Handlungen begangen werden.

2.6.1.1 Verletzung eines geschützten Rechtsguts → § 823 Abs. 1 BGB

Ein Schadenersatzanspruch aus § 823 Abs. 1 BGB ist gegeben, wenn jemand vorsätzlich oder fahrlässig eines der genannten Rechtsgüter verletzt. Unter Verletzung des Lebens ist die Tötung eines Menschen zu verstehen. Körper oder Gesundheit sind bei Eingriffen in die körperliche Unversehrtheit oder sonstigen Störungen der Lebensvorgänge beeinträchtigt. Die Freiheit wird durch Beeinträchtigungen der körperlichen Bewegungsfreiheit verletzt. Schließlich fällt unter die Verletzung des Eigentums die Beeinträchtigung der Eigentümerbefugnisse aus § 903 BGB.

Unter den Begriff „sonstiges Recht" fallen nur so genannte **ABSOLUTE RECHTE** → GLOSSAR. Dies sind solche Rechte, die von jedermann zu beachten sind, also namentlich

- beschränkt dingliche Rechte wie Pfandrecht, Nießbrauch, Hypothek, Grundschuld etc.
- so genannte Immaterialgüterrechte wie Firma, Marke, Patent, Urheberrecht
- das Recht am eingerichteten und ausgeübten Gewerbebetrieb; hier werden die Eigentümer von Unternehmen geschützt. Um eine Schadenersatzpflicht auszulösen, muss der Eingriff jedoch betriebsbezogen sein, also den Gewerbebetrieb als solchen unmittelbar beeinträchtigen und über eine bloße Belästigung hinausgehen. Dies ist nur der Fall bei Eingriffen in den „Organismus" des Betriebs oder die Beeinträchtigung der unternehmerischen Entscheidungsfreiheit. Mittelbare Eingriffe fallen ebenfalls nicht unter § 823 Abs. 1 BGB.

Beispiel

Der Geflügelhof X steht wegen der nicht artgerechten Haltung von Hühnern seit langem in der Kritik. Eine Gruppe von Tierschützern blockiert deshalb einen Tag lang die Zufahrt zu dem Unternehmen, so dass X keine Lieferungen entgegennehmen oder ausführen kann. Der Betrieb kann dadurch für einen Tag nicht fortgeführt werden.

- das allgemeine Persönlichkeitsrecht, d. h. das Recht des Einzelnen auf Achtung und Entfaltung seiner Persönlichkeit

Keine Rechte im Sinne des § 823 Abs. 1 BGB sind die **RELATIVEN RECHTE** → GLOSSAR. Dies sind solche, die dem Rechtsinhaber nur gegenüber einem bestimmten Personenkreis zustehen, z. B. Forderungen. Ebenfalls nicht geschützt ist auch das Vermögen als solches.

2.6.1.2 Verletzung eines Schutzgesetzes → § 823 Abs. 2 BGB

Nach § 823 Abs. 2 BGB ist zum Schadenersatz verpflichtet, wer gegen ein den Schutz des anderen bezweckendes Gesetz (**SCHUTZGESETZ** → GLOSSAR) verstößt. Das verletzte Gesetz muss nicht nur den Schutz der Allgemeinheit, sondern gerade auch den Schutz des Geschädigten vor einer Verletzung seiner Rechtsgüter bezwecken.

Beispiel

Delikte nach dem Strafgesetzbuch (StGB) wie Betrug, Unterschlagung, Körperverletzung

2.6.1.3 Sittenwidrige vorsätzliche Schädigung → vgl. § 826 BGB

Die Schadenersatzpflicht nach § 826 BGB tritt ein, wenn jemand in einer gegen die guten Sitten verstoßenden Weise einem anderen vorsätzlich einen Schaden zufügt. Sittenwidrigkeit erfordert einen moralischen Vorwurf, wobei auf die Anschauungen eines Durchschnittsmenschen abzustellen ist. Sie ist beispielsweise gegeben bei arglistigem Verhalten, um einen anderen zu einem Vertragsabschluss zu bewegen, beim wissentlichen Erteilen falscher Auskünfte oder beim Ausnutzen von Rechtspositionen in der Absicht, einen anderen zu schädigen.

2.6.1.4 Rechtswidrigkeit der Schädigung

Die Verletzung eines der in § 823 Abs. 1 BGB genannten Rechtsgüter indiziert die Rechtswidrigkeit der Tat. Keine Rechtswidrigkeit ist dagegen gegeben, wenn der Verletzte eingewilligt hat oder wenn sich der Schädiger auf einen Rechtfertigungsgrund berufen kann.

Beispiel

A lässt sich von Chirurg C eine Wucherung im Gewebe entfernen. Mit dem Skalpellschnitt begeht C eine Körperverletzung an A. Dies geschieht jedoch nicht rechtswidrig, da A in die Operation eingewilligt hat.

NOTWEHR → GLOSSAR nach § 227 BGB liegt vor, wenn die Schädigungshandlung notwendig ist, um einen Angriff von sich oder einem anderen abzuwehren.

Beispiel
A droht, den B zu erschießen. B kann A mit einem gezielten Schlag außer Gefecht setzen, verletzt diesen dabei aber schwer. A kann von B keinen Schadenersatz für die Körperverletzung verlangen, da diese notwendig war, damit B den Angriff des A abwehren konnte.

Der Tatbestand des Defensivnotstands nach § 228 BGB ist erfüllt, wenn man eine fremde Sache beschädigt oder zerstört, um eine von dieser Sache ausgehende Gefahr von sich oder einem anderen abzuwehren.

Beispiel
A wird vom Hund des B angefallen. Um den Angriff abzuwehren, tritt A den Hund, wobei dieser schwer verletzt wird. B kann von A keinen Schadenersatz für die Verletzung seines Hundes verlangen, da diese notwendig war, damit A die von dem Tier ausgehende Gefahr abwenden konnte.

Hätte A dagegen eine Latte aus dem Zaun des C gerissen, um den Hund durch einen gezielten Schlag damit außer Gefecht zu setzen, wäre die Beschädigung des Zauns nicht über § 228 BGB gerechtfertigt, da von diesem selbst keine Gefahr für A ausgegangen ist. Gemäß § 904 S. 1 BGB darf C aber den A nicht an der Beschädigung seines Zauns hindern, denn der Schlag mit der Holzlatte war notwendig, damit A die durch den Hund des B drohende Gefahr abwehren kann. Die Beschädigung des Zauns ist demgegenüber nicht unverhältnismäßig. Allerdings ist A nach § 904 S. 2 BGB verpflichtet, C den entstandenen Schaden zu ersetzen.

2.6.1.5 Verantwortlichkeit des Schädigers

Für die Feststellung der Verantwortlichkeit des Schädigers sind die §§ 827, 828 BGB zu berücksichtigen. Danach ist die Verschuldens- bzw. Deliktsfähigkeit ausgeschlossen, wenn die Schädigung im Zustand der Bewusstlosigkeit oder einer krankhaften Störung der Geistestätigkeit erfolgt ist. Minderjährige sind nur verantwortlich, wenn sie das siebente Lebensjahr vollendet haben und die nötige Einsicht haben, um das Unrecht ihrer Handlungen zu erkennen.

§ 830 BGB stellt klar, dass bei gemeinschaftlich begangenen unerlaubten Handlungen jeder Teilnehmer (= Mittäter, Anstifter, Gehilfe) gleichermaßen im vollen Umfang verantwortlich ist. Alle Verantwortlichen haften gemäß § 840 BGB als Gesamtschuldner. Der Geschädigte kann also seine Schadenersatzforderung nach Belieben gegen jeden Schädiger ganz oder zum Teil geltend machen → vgl. § 421 BGB. Insgesamt darf er sie freilich nur einmal fordern.

§ 831 BGB begründet die Haftung des Geschäftsherrn für Schäden, die ein VERRICHTUNGSGEHILFE → GLOSSAR durch eine unerlaubte Handlung verursacht hat. Verrichtungsgehilfe ist, wer von einem Geschäftsherrn in dessen Interesse mit einer Tätigkeit betraut worden und dabei den Weisungen des Geschäftsherrn unterworfen ist – sei es einmalig oder dauerhaft, entgeltlich oder unentgeltlich. Der Geschäftsherr kann sich jedoch von der Haftung für seinen Verrichtungsgehilfen entlasten, wenn er nachweist, dass er den Gehilfen sorgfältig ausgewählt und überwacht hat → vgl. § 831 Abs. 1 S. 2 BGB (so genannter Exkulpationsbeweis). Zu beachten ist, dass § 278 BGB im Deliktsrecht keine Rolle spielt. Diese Norm regelt die Haftung für den Erfüllungsgehilfen und setzt ein zum Zeitpunkt der Verletzungshandlung bestehendes Schuldverhältnis voraus. Während über § 278 BGB fremdes Verschulden zugerechnet wird, hat § 831 BGB die Haftung für eigenes Verschulden zum Gegenstand. Daher ist der Entlastungsbeweis nach § 831 BGB nicht im Rahmen von § 278 BGB anwendbar.

Beispiel

U betreibt ein Taxiunternehmen. Eines Tages verursacht der bei ihm angestellte Fahrer F wegen Trunkenheit am Steuer einen Unfall, wodurch Fahrgast G und Fußgänger X schwer verletzt werden. F war jahrelang unfallfrei gefahren und nie durch Fehlverhalten aufgefallen, weshalb U ihn auch eingestellt hatte.

Gelingt U im Prozess dieser Beweis, so haftet er gegenüber X gemäß § 831 Abs. 1 S. 2 BGB nicht für den von F verursachten Schaden. Vielmehr ist X gegenüber allein F aus § 823 Abs. 1 BGB zum Schadenersatz verpflichtet. Im Rahmen der vertraglichen Haftung gegenüber dem Fahrgast G – mit diesem besteht ein Beförderungsvertrag, so dass U wegen Nebenpflichtverletzung aus §§ 280 Abs. 1, 3, 282, 241 Abs. 2 BGB haftet – kann U sich demgegenüber nicht auf § 831 Abs. 1 S. 2 BGB berufen, da die Exkulpationsmöglichkeit allein im Rahmen von § 831 BGB gegeben ist.

2.6.2 Die Gefährdungshaftung

Die Haftung wegen unerlaubter Handlungen setzt grundsätzlich rechtswidriges, schuldhaftes Handeln des Schädigers voraus. Ausnahmsweise haftet man aber trotz rechtmäßigen und schuldlosen Verhaltens, wenn dies mit Gefahren für andere verbunden ist. Diese Tatbestände werden unter den Begriff der **GEFÄHRDUNGSHAFTUNG** → GLOSSAR gefasst.

Der Halter eines Tieres haftet gemäß § 833 BGB, wenn das Tier einen Menschen tötet oder verletzt. Nach § 833 S. 2 BGB sind hier nur so genannte Luxustiere erfasst, also solche Tiere, die nicht der Erwerbstätigkeit oder dem Unterhalt des Tierhalters dienen.

Nach § 7 StVG haftet der Halter eines Kraftfahrzeugs, wenn beim Betrieb des Fahrzeugs ein Mensch getötet oder verletzt oder eine Sache beschädigt wird. Kraftfahrzeughalter ist, wer das Fahrzeug für eigene Rechnung in Gebrauch hat und die für den Gebrauch erforderliche tatsächliche Verfügungsgewalt besitzt. Nach § 7 Abs. 2 StVG ist die Haftung jedoch ausgeschlossen, wenn der Unfall durch höhere Gewalt verursacht worden ist. Dies sind von außen durch Naturereignisse oder durch andere Personen herbeigeführte Ereignisse, die nach allgemeiner Erfahrung nicht vorhersehbar waren und daher auch durch äußerste Sorgfalt nicht hätten verhütet werden können. Ein Versagen der technischen Vorrichtungen erfüllt nie den Begriff der „höheren Gewalt", selbst wenn sie nicht vermeidbar war.

Der Hersteller eines Produktes haftet aus § 1 Abs. 4 ProdHaftG, wenn durch einen Fehler dieses Produktes jemand getötet oder verletzt oder eine Sache beschädigt worden ist. Als Hersteller gilt nicht nur der tatsächliche Hersteller, sondern auch der Importeur oder Lieferant sowie derjenige, der sich durch Aufbringen seines Markenzeichens als Hersteller ausgibt (Quasi-Hersteller). Als Produktfehler gelten nicht solche, die die Gebrauchstauglichkeit mindern, sondern Sicherheitsmängel. Schäden, die am Produkt selbst eintreten, sind daher nicht zu ersetzen. Das Gesetz legt eine Haftungsobergrenze von 85 Mio. € fest.

Beispiel

V hat eine Maschine hergestellt und an K verkauft. In die Maschine hat er eine brüchige Feder eingebaut. Beim Gebrauch zerreißt diese und K wird von einem daraufhin herausspringenden Maschinenteil tödlich getroffen.

§ 22 WHG statuiert die Haftung für Schäden durch nachteilige Veränderung des Wassers, oberirdischer Gewässer oder des Grundwassers, z. B. durch Einbringen oder Einleiten von schädlichen Stoffen (Handlungshaftung) sowie für schädliche Anlagen.

Wird durch eine Umwelteinwirkung, die von einer Anlage – welche Anlagen betroffen sind, ergibt sich aus Anhang 1 zu § 1 UmweltHG, z. B. Betriebsstätten und Lager – ausgeht, jemand getötet, sein Körper oder seine Gesundheit verletzt oder eine Sache beschädigt, so ist der Inhaber der Anlage aus § 1 UmweltHG verpflichtet, dem Geschädigten den daraus entstehenden Schaden zu ersetzen. Der Schaden muss durch Stoffe, Erschütterungen, Geräusche, Druck, Strahlen, Gase, Dämpfe, Wärme oder sonstige Erscheinungen über einen „Umweltpfad" (Boden, Luft, Wasser) verursacht sein → vgl. § 3 Abs. 1 UmweltHG.

Nach § 84 AMG haftet der Hersteller eines Arzneimittels, wenn durch die Anwendung eines für Menschen bestimmten Arzneimittels ein Mensch getötet, verletzt oder in seiner Gesundheit geschädigt wird. Die Ersatzpflicht besteht jedoch nur in zwei Fällen, nämlich wenn das Medikament bei bestimmungsgemäßem Gebrauch schädliche Wirkungen hat, die über ein nach den Erkenntnissen der medizinischen Wissenschaft vertretbares Maß hinausgehen und ihre Ursachen im Bereich der Entwicklung oder der Herstellung haben → vgl. § 84 S. 2 Nr. 1 AMG oder wenn der Schaden infolge einer nicht den Erkenntnissen der medizinischen Wissenschaft entsprechenden Kennzeichnung, Fachinformation oder Gebrauchsinformation eingetreten ist.

Zusammenfassung

- Das Recht der unerlaubten Handlungen sieht Schadenersatzansprüche bei der Verletzung des Lebens und der Gesundheit, der Freiheit, des Eigentums und sonstiger absoluter Rechte vor.
- Im Gegensatz zu den relativen Rechten, die nur von den Parteien eines Schuldverhältnisses zu achten sind, wirken absolute Rechte gegen jedermann.
- Die Haftung aus unerlaubter Handlung ist ausgeschlossen, wenn sich der Schädiger auf einen Rechtfertigungsgrund berufen kann. In Betracht kommen namentlich Notwehr oder Notstand.
- Die Pflicht zum Schadenersatz entsteht auch, wenn Dritte, die zur Ausführung einer Verrichtung bestellt worden sind, eine Rechtsgutsverletzung begehen. Der Schadenersatzpflichtige kann sich indes durch den Nachweis von der Haftung befreien, dass er den Dritten sorgfältig ausgewählt und ordnungsgemäß überwacht hat.
- Das Rechtsinstitut der Gefährdungshaftung begründet eine Haftung für gefährliches Tun, auch wenn der Schädiger weder rechtswidrig noch schuldhaft einen Schaden verursacht hat.

Kontrollfragen und Fälle

1. Was verstehen Sie unter absoluten Rechten? Nennen Sie Beispiele!
2. V und K haben einen Kaufvertrag über einen Computer geschlossen. Das von V gelieferte Gerät funktioniert nicht. Hat K gegen V einen Anspruch auf Schadenersatz nach § 823 Abs. 1 BGB?
3. Unter welchen Voraussetzungen entfällt die Widerrechtlichkeit einer Rechtsgutsverletzung?
4. A und B verabreden einen Überfall auf C. Während A Schmiere steht, schlägt B den C zusammen. Als C später den A auf Schadenersatz in Anspruch nehmen will, wendet dieser ein, dass er für die von B begangenen Handlungen wohl kaum verantwortlich sein könne. Hat er Recht?
5. Erläutern Sie den Unterschied zwischen § 278 BGB und § 831 BGB!
6. A ist im Hotel H als Putzfrau angestellt. Als sie das Zimmer des Gastes G putzt, sieht sie dessen volle Geldbörse auf dem Nachtschrank liegen und entwendet diese. Kann G das Hotel aus §§ 823 ff. BGB auf Schadenersatz in Anspruch nehmen?
7. Was verstehen Sie unter Gefährdungshaftung?
8. F ist mit seinem PKW unterwegs. Plötzlich läuft der 5-jährige K auf die Straße. F kann nicht mehr rechtzeitig bremsen und erfasst das Kind, wodurch es schwer verletzt wird. Haftet F für den entstandenen Schaden, auch wenn ihm kein Fehlverhalten vorzuwerfen ist?

3 Grundzüge des Sachenrechts

Orientierungsfragen

- Was ist Gegenstand des Sachenrechts? Welche Grundbegriffe gilt es zu beherrschen? → vgl. Abschnitt 3.1
- Auf welche Weise kann Besitz an Sachen erworben werden? Wie kann sich der Besitzer gegen die unberechtigte Entziehung seines Besitzes zur Wehr setzen? → vgl. Abschnitte 3.2.2, S. 121, und 3.2.3, S. 123
- Wie erwirbt man Eigentum an beweglichen Sachen? → vgl. Abschnitt 3.3.1, S. 125 Was ist zu beachten, wenn Eigentum von einer hierzu nicht berechtigten Person übertragen wird? → vgl. Abschnitt 3.3.2, S. 126
- Welche Auswirkung hat es auf die Eigentumsverhältnisse, wenn eine Sache mit einer anderen verbunden, vermischt oder verarbeitet wird? → vgl. Abschnitt 3.3.3, S. 127
- Was ist beim Erwerb von Eigentum an Immobilien zu beachten? → vgl. Abschnitt 3.4, S. 128

3.1 Grundbegriffe

Im Gegensatz zum Schuldrecht, welches die Rechtsbeziehungen zwischen Personen betrifft, regelt das Sachenrecht die Zuordnung von Sachen – dies sind körperlich abgegrenzte Gegenstände → vgl. § 90 BGB – zum Vermögen einer Person. Es bestimmt, wie man Eigentum oder Besitz an Sachen erlangen und wieder verlieren kann und welche Rechte Personen in Bezug auf Sachen zustehen.

Rechte, die auf eine bestimmte Sache bezogen sind und von jedermann, also nicht nur unter den Parteien eines Schuldverhältnisses, zu achten sind, werden als dingliche Rechte bezeichnet. Das umfassendste dingliche Recht ist das **Eigentum** → Glossar. Es umschreibt die gegenüber jedermann wirkende Herrschaft einer Person über eine Sache: der Eigentümer kann, soweit nicht das Gesetz oder Rechte Dritter entgegenstehen, nach Belieben mit der Sache verfahren und andere jederzeit von der Einwirkung auf diese ausschließen → vgl. § 903 BGB. Im BGB werden das Eigentum an beweglichen Sachen (Fahrniseigentum) und das Eigentum an Grundstücken (Grundeigentum) unterschieden, für deren Erwerb unterschiedliche Voraussetzungen gelten. Dabei ist zu beachten, dass Sachen, die so fest mit dem

Grund und Boden verbunden sind, dass sie nicht ohne substanzielle Beschädigungen an einen anderen Ort bewegt werden können, gemäß § 94 Abs. 1 BGB als Bestandteil des Grundstücks gelten. Daher stellen Gebäude für sich genommen keine Sachen dar; sie sind stets Bestandteil des Grundstücks, auf dem sie errichtet worden sind.

Das Eigentum steht nicht notwendig nur einer Person zu. Beim Miteigentum nach Bruchteilen nach §§ 1008 ff. BGB sind mehrere Personen zu einem rechnerischen Bruchteil Eigentümer einer Sache. Das Bruchteilseigentum bezieht sich nicht lediglich auf einen Teil der Sache, sondern auf die ganze Sache. Jeder Miteigentümer kann über seinen ideellen Anteil frei verfügen.

Beispiel

Die Eheleute E sind Miteigentümer ihres Familienheims je zur Hälfte. Ihr Miteigentum bezieht sich auf das gesamte Grundstück, sie sind also nicht jeweils Eigentümer verschiedener Räume in dem Haus.

Im Gegensatz zum Miteigentum erlaubt das so genannte Gesamthandeigentum nur die gemeinschaftliche Verfügung aller Gesamthandeigentümer. Das BGB kennt nur drei Arten von Gesamthandeigentum: die Gesellschaft bürgerlichen Rechts (GbR → vgl. § 719 BGB) → vgl. Abschnitt 14.1, S. 217, die eheliche Gütergemeinschaft → vgl. § 1416 BGB sowie die Erbengemeinschaft → vgl. § 2032 BGB. Gegen Verletzung, Beschädigung oder Entziehung wird das Eigentum in § 823 BGB geschützt. Zudem hat der Eigentümer gegen den Besitzer einen Anspruch auf Herausgabe der Sache nach § 985 BGB.

Hat der Inhaber eines dinglichen Rechts lediglich einzelne Befugnisse in Bezug auf die Sache, liegt ein so genanntes beschränkt dingliches Recht vor. Es werden dingliche Nutzungsrechte (z. B. Nießbrauch → vgl. § 1030 BGB: der Nießbraucher ist zur Fruchtziehung aus der Sache berechtigt), dingliche Verwertungsrechte (z. B. Hypothek → vgl. § 1113 BGB: der Inhaber kann das Grundstück ggf. durch Zwangsversteigerung verwerten) und dingliche Erwerbsrechte (z. B. Vorkaufsrecht → vgl. § 1094 BGB: der Inhaber ist zum Erwerb der Sache berechtigt) unterschieden.

Der **Besitz** → Glossar bezeichnet ein rein tatsächliches Verhältnis zu einer Sache, nämlich die bloße faktische Möglichkeit auf die Sache zuzugreifen → vgl. § 854 BGB. Diese tatsächliche Sachherrschaft besteht unabhängig davon, ob der Zugriff auf die Sache berechtigt geschieht oder nicht. Auch der Dieb hat also Besitz!

Merksatz

Im Gegensatz zur Umgangssprache, in der die Begriffe Eigentum und Besitz häufig synonym verwendet werden, muss im Sachenrecht streng zwischen beiden Rechtsinstituten unterschieden werden.

3.2 Der Besitz

3.2.1 Arten des Besitzes

Es werden verschiedene Besitzformen unterschieden. Der unmittelbare Besitz bezeichnet die tatsächliche Herrschaft über eine Sache, die direkt – ohne Vermittlung durch andere Personen – ausgeübt werden kann. Der mittelbare Besitzer kann demgegenüber nicht direkt auf die Sache zugreifen, da ihm ein unmittelbarer Besitzer, der so genannte Besitzmittler vorgeschaltet ist → vgl. § 868 BGB.

Eine weitere Unterscheidung bezieht sich auf den inneren Willen des Besitzers. Als Eigenbesitzer wird gemäß § 872 BGB derjenige bezeichnet, der eine Sache als ihm gehörend besitzt, wohingegen der Fremdbesitzer für einen anderen besitzt. Der Fremdbesitzer erkennt also einen anderen als Eigenbesitzer oder sonst besser Berechtigten an.

Beispiel

M, der einen von V gemieteten PKW in Gebrauch hat, ist unmittelbarer Besitzer, denn er kann tatsächlich auf den Wagen zugreifen. Zugleich ist er gegenüber V Besitzmittler. V ist mittelbarer Besitzer, da er nur über M auf das Fahrzeug zugreifen kann. M ist zudem Fremdbesitzer, da er das Fahrzeug nicht als sein eigenes besitzt, sondern V als Eigentümer anerkennt.

Üben mehrere Personen die Sachherrschaft aus, spricht man von Mitbesitz. Einfacher Mitbesitz liegt vor, wenn diese Personen unabhängig voneinander auf die Sache zugreifen können. Sind sie dafür aufeinander angewiesen, liegt qualifizierter Mitbesitz vor. Dies ist z. B. bei Bankschließfächern der Fall, die mit zwei Schlüsseln geöffnet werden können, von denen sich einer bei der Bank, der andere aber beim Schließfachinhaber befindet.

3.2.2 Erwerb und Verlust des unmittelbaren Besitzes

Der so genannte unmittelbare Besitz wird gemäß § 854 Abs. 1 BGB durch das Erlangen der tatsächlichen Gewalt über die Sache erworben. Dies ist der Fall, wenn man jederzeit ohne die Mitwirkung anderer Personen auf sie zugreifen kann. Es ist nicht zwingend erforderlich, dass man die Sache in den Händen hält. Vielmehr hat man auch an den Gegenständen Besitz, die sich im eigenen, räumlich nach außen abgegrenzten Herrschaftsbereich, beispielsweise auf dem eigenen Grundstück, befinden.

Besitzer ist jedoch nur, wer neben der Zugriffsmöglichkeit einen entsprechenden – nach außen erkennbaren – Willen, den so genannten Besitzbegründungswillen, hat.

Dieser ist natürlicher, nicht rechtsgeschäftlicher Natur, so dass auch ein Geschäftsunfähiger Besitzer sein kann. Von Bedeutung ist er vor allem bei Gegenständen, die zufällig in den räumlichen Herrschaftsbereich geraten. Der Besitzbegründungswille muss sich auch auf diese erstrecken, d. h. der Inhaber des Herrschaftsbereichs muss gewissermaßen mit diesen Gegenständen rechnen, anderenfalls entsteht keinen Besitz.

Beispiel
Der Inhaber eines Supermarktes will in der Regel die Sachherrschaft über die Gegenstände ausüben, welche die Kunden in seinen Geschäftsräumen verlieren. Er erwirbt daher Besitz an der von einer Kundin verlorenen Geldbörse.

Eine andere Variante des Besitzerwerbs regelt § 854 Abs. 2 BGB. Danach genügt es, wenn sich der Erwerber mit dem früheren Besitzer über den Besitzübergang einigt, sofern er in der Lage ist, die Herrschaftsgewalt über die Sache auszuüben.

Beispiel
Die Autovermietung V einigt sich mit M über den Besitzübergang, händigt ihm die Fahrzeugschlüssel aus und teilt ihm mit, wo der Mietwagen geparkt ist.

Beendet wird der unmittelbare Besitz durch die freiwillige Aufgabe von Sachherrschaft und Besitzwillen oder durch anderweitigen Verlust der tatsächlichen Gewalt über die Sache → vgl. § 856 Abs. 1 BGB. Wird der Besitzer lediglich vorübergehend daran gehindert, auf die Sache zuzugreifen, führt dies nach § 856 Abs. 2 BGB nicht zum Verlust des Besitzes.

Beispiel
Die Katze der B streunt jeden Tag mehrere Stunden durch die Gärten in der Nachbarschaft, kehrt aber am Abend nach Hause zurück. Auch wenn B nicht immer weiß, wo sich die Katze aufhält und somit nicht ständig auf das Tier zugreifen kann, bleibt sie Besitzerin.

Gegen Beeinträchtigungen seines Besitzes darf sich der Besitzer auf verschiedene Weise zur Wehr setzen. Wer den Besitz eines anderen gegen dessen Willen stört oder gar entzieht, ohne dass der Besitzer dies will oder das Gesetz dies gestattet, begeht **VERBOTENE EIGENMACHT** → GLOSSAR → vgl. § 858 BGB. § 859 BGB räumt dem Besitzer ein Selbsthilferecht ein und gestattet ihm in diesem Fall die Ausübung von Gewalt, um dem Täter die Sache wieder abzunehmen. Dieses Recht besteht indes nur, wenn der Täter „auf frischer Tat" ertappt wird. Anderenfalls kann der Besitzer die Besitzschutzrechte nach §§ 861, 862 BGB geltend machen. Im Fall der

Besitzentziehung kann er also die Wiedereinräumung seines Besitzes verlangen → vgl. § 861 BGB. Wird der Besitz anderweitig gestört, hat er einen Beseitigungsanspruch sowie – falls mit weiteren Störungen zu rechnen ist – einen Unterlassungsanspruch → vgl. § 862 BGB.

Beispiel

Die Nachbarn A und B sind seit langem verfeindet. Immer wieder wirft A Abfälle über den Zaun in den Garten des B. Um sich zu rächen, dringt B eines Nachts in den Garten des A ein und stiehlt dessen wertvolle Koi-Fische aus dem Gartenteich.

Mit dem Abladen des Mülls hat A verbotene Eigenmacht i. S. v. § 858 Abs. 1 BGB begangen, denn dadurch wird B in seinem Besitz am Garten gestört. Er kann von A daher aus § 862 Abs. 1 Alt. 1 BGB die Beseitigung der Abfälle verlangen. Außerdem kann er einen Unterlassungsanspruch aus § 862 Abs. 1 Alt. 2 BGB geltend machen: da A schon mehrfach Abfälle über den Zaun geworfen hat, steht zu befürchten, dass er dies auch in Zukunft weiter tun wird. Auch der Diebstahl der Fische durch B ist als verbotene Eigenmacht zu qualifizieren, denn er hat A damit den Besitz entzogen, ohne dass dieser dies gestattet hätte. Ertappt A den B bei der Tat, darf er ihm die Fische gemäß § 859 Abs. 2 BGB gewaltsam wieder abnehmen. Bemerkt er den Diebstahl hingegen erst am folgenden Tag, kann er sich die Tiere „nur“ von diesem herausgeben lassen → vgl. § 861 Abs. 1 BGB.

Diese Besitzschutzrechte erlöschen ein Jahr nachdem die verbotene Eigenmacht begangen worden ist → vgl. § 864 BGB. Darüber hinaus sind Besitzverletzungen aber auch über § 823 Abs. 1 BGB sanktioniert mit der zehn- bzw. 30-jährigen Verjährungsfrist aus § 852 BGB.

3.2.3 Erwerb und Verlust des mittelbaren Besitzes

Eine besondere Art des Besitzes ist der mittelbare Besitz nach § 868 BGB. Dieser entsteht, wenn man einem anderen – dem so genannten Besitzmittler – auf Zeit den unmittelbaren Besitz an einer Sache überlässt. Der mittelbare Besitzer kann nicht direkt auf die Sache zugreifen, sondern ist auf den Besitzmittler angewiesen. Das Rechtsverhältnis, aufgrund dessen dem Besitzmittler vorübergehend die Sachherrschaft eingeräumt ist, wird als **Besitzmittlungsverhältnis** → Glossar bezeichnet. Das Gesetz nennt beispielhaft Miete, Pacht, Verwahrung oder Nießbrauch. Jedoch können auch andere Vereinbarungen getroffen werden. In jedem Fall aber hat der mittelbare Besitzer einen Anspruch auf Herausgabe der Sache gegen den Besitzmittler.

Auch die Begründung des mittelbaren Besitzes erfordert eine subjektive Komponente: der Besitzmittler muss den Willen haben, den Besitz für den anderen zu vermitteln. Das heißt, er muss den mittelbaren Besitzer als „besser berechtigten“

Oberbesitzer anerkennen. Andererseits muss auch der Oberbesitzer das mittelbare Besitzverhältnis wollen.

Der mittelbare Besitz kann gemäß § 870 BGB auf einen anderen übertragen werden, indem der mittelbare Besitzer seinen Herausgabeanspruch gegen den Besitzmittler an den Erwerber abtritt. Er endet, wenn das Besitzmittlungsverhältnis beendet wird oder wenn der Besitzmittler nach außen erkennbar macht, dass er den Besitz nicht mehr vermitteln will. Damit begeht der Besitzmittler im Verhältnis zum mittelbaren Besitzer verbotene Eigenmacht nach § 858 BGB, entzieht er ihm doch dadurch ohne dessen Willen den Besitz.

Beispiel

A, der dem B ein Buch geliehen hat, verliert seinen mittelbaren Besitz, wenn B seinen Namen in das Buch schreibt. Denn damit macht B nach außen deutlich, dieses nur noch für sich besitzen zu wollen.

Der mittelbare Besitz ist gemäß § 869 BGB gleichermaßen geschützt wie der unmittelbare. Namentlich stehen dem mittelbaren Besitzer die Rechte aus den §§ 861, 862 BGB zu, jedoch mit dem Unterschied, dass er zunächst nur die Wiedereinräumung des Besitzes an den Besitzmittler verlangen kann. Nur wenn dieser kein Interesse mehr an der Sache hat, darf der mittelbare Besitzer die Herausgabe an sich verlangen. Ferner kann er deliktische Ansprüche aus § 823 Abs. 1 BGB geltend machen. Gegen den Besitzmittler stehen dem mittelbaren Besitzer überdies vertragliche Ansprüche zu, wenn dieser in den mittelbaren Besitz eingreift, in dem er beispielsweise die Sache unterschlägt.

3.2.4 Die Besitzdienerschaft

Übt eine Person zwar die unmittelbare tatsächliche Gewalt über eine Sache aus, ist dabei aber den Weisungen einer anderen Person unterworfen, so ist sie nach § 855 BGB Besitzdiener. Der Weisungsberechtigte, der als Besitzherr bezeichnet wird, ist unmittelbarer Besitzer der Sache, auch wenn er zeitweilig nicht direkt auf diese zugreifen kann. Sein Status folgt vielmehr aus seinem Weisungsrecht. Der Besitzdiener hat demgegenüber keinen Besitz → vgl. § 855 BGB.

Beispiel

Besitzdiener ist die Verkäuferin A bezüglich der im Laden des B befindlichen Waren, denn als Angestellte des B ist sie dessen Weisungen unterworfen. Verliert daher ein Kunde seine Geldbörse im Geschäft, erwirbt B und nicht A den unmittelbaren Besitz daran.

Missachtet der Besitzdiener die Weisungen des Besitzherrn, begeht er eine verbotene Eigenmacht i. S. v. § 858 BGB mit der Folge, dass der Besitzherr ihm gegenüber die Rechte aus den §§ 859 ff. BGB geltend machen kann. Greift eine andere Person unberechtigt in den Besitz ein, steht dem Besitzdiener gemäß § 860 BGB lediglich das Selbsthilferecht aus § 859 BGB zu; die Besitzschutzrechte darf er nicht geltend machen.

Beispiel

E ist Inhaber eines Zeitungsladens. Jede Nacht stellt der Lieferant L die Zeitungslieferungen für den kommenden Tag vor der Ladentür ab. Eines Morgens vor der Öffnung des Geschäfts beobachtet die Angestellte A, wie sich D an dem noch vor der Tür liegenden Paket zu schaffen macht, eine Zeitung entnimmt und davonlaufen will. Darf A den D verfolgen und ihm die Zeitung mit Gewalt wieder abnehmen?

A steht das Selbsthilferecht aus §§ 859 Abs. 2, 860 BGB zu. E ist unmittelbarer Besitzer der vor seinem Geschäft deponierten Zeitungen. Er kann die tatsächliche Sachherrschaft darüber ausüben; der Besitzbegründungswille kann unterstellt werden. D hat verbotene Eigenmacht ausgeübt, da er E widerrechtlich und ohne dessen Willen seinen Besitz entzogen hat. Als Angestellte ist A den Weisungen des E unterworfen und übt den Besitz an den Waren nur für diesen aus. Sie ist Besitzdienerin nach § 855 BGB. Sie darf daher die dem Besitzer aus § 859 Abs. 2 BGB zustehenden Selbsthilferechte gemäß § 860 ausüben und die Zeitung dem D mit Gewalt wieder abnehmen.

3.3 Erwerb und Verlust des Eigentums an beweglichen Sachen

3.3.1 Erwerb des Eigentums vom Berechtigten

→ vgl. §§ 929, 930, 931 BGB

Gemäß § 929 S. 1 BGB wird das Eigentum durch Einigung und Übergabe (Übereignung) übertragen. Dem Erwerber muss der unmittelbare Besitz an der Sache eingeräumt werden und beide Parteien müssen sich einig sein, dass das Eigentum auf den Erwerber übergehen soll.

Nach §§ 929, 930 BGB ist die Übergabe der Sache für den Eigentumsübergang nicht zwingend notwendig: Der Veräußerer kann unmittelbarer Besitzer bleiben, wenn er sich nach § 929 BGB mit dem Erwerber über den Eigentumsübergang einigt und als Übergabeersatz ein Besitzmittlungsverhältnis nach § 868 BGB (so genanntes **Besitzkonstitut** → Glossar) vereinbart. In der Praxis kommt dies vor allem zur Absicherung von Krediten als so genannte Sicherungsübereignung recht häufig vor.

Beispiel

Bauunternehmer A nimmt bei der B-Bank ein Darlehen in Höhe von 200.000 € auf. Um die Rückzahlung der Darlehensschuld abzusichern, lässt sich die B einen Baukran von A übereignen. Damit A weiterhin seine Bautätigkeiten ausüben kann, vereinbaren sie, dass der Kran bei ihm verbleiben soll. Die so genannte Sicherungsabrede (auch „Sicherungsvertrag") stellt in diesem Fall das Besitzkonstitut dar, also das Rechtsverhältnis, vermöge dessen B weiterhin zum Besitz des Krans berechtigt ist.

Ist ein Dritter in Besitz der Sache, kann das Eigentum gemäß §§ 929, 931 BGB auch dadurch übertragen werden, dass der Eigentümer dem Erwerber seinen Anspruch auf Herausgabe der Sache abtritt.

Beispiel

A hat B ein Buch geliehen. Später möchte er das Buch an C übereignen.

Die nach § 929 BGB erforderliche Übergabe des Buches können A und C gemäß § 931 BGB ersetzen, indem sie vereinbaren, dass nunmehr C anstelle von A die Herausgabe des Buches von B verlangen kann → **vgl. § 604 Abs. 1 BGB.**

3.3.2 Erwerb des Eigentums vom Nichtberechtigten

Im Grunde kann Eigentum wirksam nur vom Eigentümer übertragen werden. Hin und wieder kommt es jedoch vor, dass sich jemand als Eigentümer einer Sache geriert und diese an einen Dritten übereignet. In bestimmten Fällen ermöglicht es das BGB, auch von einem solchen Nichtberechtigten (= Nichteigentümer) wirksam Eigentum zu erwerben. Der ursprüngliche Eigentümer verliert also sein Eigentum, obwohl er nicht übereignen wollte.

Erfolgt die Übereignung nach den Modalitäten des § 929 BGB, also durch Einigung und Einräumung des unmittelbaren Besitzes, kann man gemäß § 932 BGB auch vom Nichteigentümer Eigentum erwerben, sofern man gutgläubig ist. Gutgläubigkeit ist nach § 932 Abs. 2 BGB nur dann nicht gegeben, wenn der Erwerber weiß oder wissen müsste, dass der Veräußerer nicht Eigentümer der Sache ist. Eine wichtige Regel hierzu enthält § 935 BGB: danach ist ein gutgläubiger Eigentumserwerb stets ausgeschlossen, wenn die Sache gestohlen oder sonst abhanden gekommen ist. Unter Abhandenkommen ist jeder unfreiwillige Verlust des unmittelbaren Besitzes durch den Eigentümer zu verstehen.

Beispiel

A hat dem B ein Buch geliehen. B übereignet und übergibt das Buch an C, der nicht weiß, dass das Buch nur geliehen war. C hat nach §§ 929, 932 BGB gutgläubig Eigentum erworben. § 935 BGB greift nicht ein, da A das Buch verliehen, dem B also freiwillig den Besitz daran übertragen hat. Hat B das Buch jedoch von A gestohlen, ist der gutgläubige Eigentumserwerb durch C wegen § 935 BGB ausgeschlossen, da A den Besitz am Buch unfreiwillig verloren hat. Dies gilt auch, wenn C von dem Diebstahl nichts wusste.

Auch bei einer Sicherungsübereignung durch den Nichteigentümer kann Eigentum übertragen werden. Das Eigentum wird gemäß § 933 BGB erst erworben, wenn die Sache in den unmittelbaren Besitz des Erwerbers gelangt und dieser zu diesem Zeitpunkt noch gutgläubig ist. § 935 BGB ist auch hier anwendbar.

Beispiel

Bauunternehmer A hat der B-Bank zur Sicherung einer Darlehensforderung einen Kran nach § 930 BGB übereignet. Der Kran gehörte jedoch nicht ihm, sondern war nur von C geliehen. Als A mit der Rückzahlung der Darlehensraten in Verzug gerät, lässt sich B den Kran herausgeben. Wusste die B nicht, dass der Kran nicht im Eigentum des A stand und hätte sie dies auch nicht erkennen können, so hat sie mit der Übergabe des Krans Eigentum erworben. Erfährt sie jedoch vor der Übergabe von den wahren Eigentumsverhältnissen, ist sie nicht mehr gutgläubig.

Wer infolge des gutgläubigen Erwerbs sein Eigentum verloren hat, kann vom Nichtberechtigten nach § 816 Abs. 1 S. 1 BGB die Herausgabe des Erlangten – in der Regel ist dies der Kaufpreis – verlangen. Hat der Nichtberechtigte unentgeltlich verfügt, also die ihm nicht gehörende Sache verschenkt, so muss der Neueigentümer nach § 816 Abs. 1 S. 2 BGB die Sache an den ursprünglichen Eigentümer zurück übereignen.

3.3.3 Verbindung, Vermischung, Verarbeitung

Das Eigentum kann nicht nur rechtsgeschäftlich durch Übereignung übertragen werden. Auch bei der Be- und Verarbeitung von Rohstoffen können neue Eigentumsverhältnisse entstehen. Das BGB unterscheidet den Eigentumsübergang durch Verbindung, Vermischung und Verarbeitung.

Wird eine bewegliche Sache mit einem Grundstück verbunden, so dass sie wesentlicher Bestandteil des Grundstücks wird, so erlangt der Grundstückseigentümer gemäß § 946 BGB das Eigentum an dieser Sache. Ein wesentlicher Bestandteil liegt vor, wenn dieser nicht von der Hauptsache getrennt werden kann, ohne dass diese zerstört oder in ihrem Wesen verändert wird → vgl. §§ 93, 94 BGB.

Beispiel
Handwerker H baut in das Haus des E neue Fenster ein. Diese werden wesentlicher Bestandteil des Gebäudes und damit nach § 946 BGB Eigentum des E.

Werden bewegliche Sachen untrennbar vermischt oder vermengt, so werden die bisherigen Eigentümer nach § 948 BGB Miteigentümer, und zwar im Verhältnis der ursprünglichen Mengen.

Beispiel
A lagert auf seinem Hof zwei Tonnen Getreide. Versehentlich schüttet er vier Tonnen Getreide von B hinzu. Da sich die Getreidekörner kaum noch entsprechend der ursprünglichen Eigentumsverhältnisse voneinander trennen lassen, erwerben A und B Miteigentum: A zu 1/3 und B zu 2/3.

Wer durch Verarbeitung von Rohstoffen eine neue Sache herstellt, erwirbt gemäß § 950 BGB das Eigentum an dieser neuen Sache, sofern der Wert der Arbeit nicht unter dem des Rohstoffes liegt.

Beispiel
Schuhmacher S verarbeitet das dem D gehörende Leder zu Schuhen. S wird Eigentümer der Schuhe, da sein Arbeitsaufwand erheblich mehr wert ist als das verarbeitete Leder.

Wer infolge Verarbeitung, Vermischung oder Verbindung das Eigentum an seinen Rohstoffen verliert, kann von demjenigen, der das Eigentum erwirbt, gemäß § 951 BGB eine Vergütung in Geld verlangen, deren Voraussetzungen sich nach Bereicherungsrecht richten.

3.4 Erwerb und Verlust des Eigentums an unbeweglichen Sachen

Zur Übereignung eines Grundstückes sind nach §§ 873, 925 BGB die so genannte **Auflassung** → Glossar und die Eintragung der Übereignung in das Grundbuch erforderlich. Die Auflassung bezeichnet die Einigung zwischen Veräußerer und Erwerber über den Eigentumsübergang an dem Grundstück, die gemäß § 925 BGB vor einem Notar zu erklären ist. Die Eintragung des Eigentumserwerbs im Grundbuch bedarf eines Antrags → vgl. § 13 GBO und einer Eintragungsbewilligung

→ vgl. § 19 GBO durch den ursprünglichen Eigentümer. Diese muss durch eine öffentlich beglaubigte Urkunde nachgewiesen werden → vgl. § 29 GBO.

Haben beide Parteien bereits das Verpflichtungsgeschäft – z. B. den Kaufvertrag über das Grundstück (§§ 311b, 125 BGB beachten, d. h. der Kaufvertrag ist notariell zu beurkunden.) – abgeschlossen, ist der Veräußerer verpflichtet, den Eigentumserwerb herbeizuführen. Gleichwohl kommt es vor, dass der Veräußerer in dieser Phase zwischen Abschluss des Verpflichtungsgeschäfts, Auflassung und Eintragung weiter über sein Grundstück verfügt. Um seinen Anspruch auf Übereignung abzusichern, kann der Erwerber nach § 883 BGB zu seinen Gunsten eine **VORMERKUNG** → GLOSSAR in das Grundbuch eintragen lassen. Diese verhindert, dass ein anderer Eigentum an dem Grundstück erwerben kann → vgl. § 883 Abs. 2 BGB.

Auch das Eigentum an Grundstücken kann gutgläubig erworben werden. Da alle grundstücksbezogenen Rechte in das Grundbuch einzutragen sind, richtet sich der gute Glaube nach dem Inhalt des Grundbuchs → vgl. § 892 BGB: Gemäß § 891 BGB kann sich der Erwerber eines Grundstücks darauf verlassen, dass der, der als Eigentümer im Grundbuch eingetragen ist, auch tatsächlich Eigentümer des Grundstücks ist. Der gute Glaube ist nur dann ausgeschlossen, wenn dem Erwerber die Unrichtigkeit des Grundbuchs positiv bekannt ist → vgl. § 892 Abs. 1 S. 1 BGB.

Beispiel

A ist Eigentümer eines Grundstücks und als solcher im Grundbuch eingetragen. Später verschenkt er das Grundstück an B und erklärt die Auflassung. Wegen eines Versehens unterbleibt die Eintragung des B als neuer Eigentümer. A, der die Schenkung inzwischen bereut, weil das Grundstück eine Wertsteigerung erfahren hat, lässt nunmehr an C auf, der von den wahren Eigentumsverhältnissen nichts weiß.

Da A noch immer als Eigentümer im Grundbuch eingetragen ist, kann C sich auf dessen Eigentümerstellung verlassen und gutgläubig das Eigentum erwerben.

Zusammenfassung

- Das Sachenrecht regelt die Zuordnung von Sachen zu Personen. Es ist strikt von schuldrechtlichen Vereinbarungen, welche nur die Parteien binden, zu unterscheiden. Dieser Grundsatz wird als Trennungsprinzip bezeichnet.
- Während das Eigentum die umfassende rechtliche Herrschaft einer Person über eine Sache bezeichnet, handelt es sich beim Besitz um eine rein tatsächliche Zugriffsmöglichkeit, unabhängig davon, ob diese zu Recht besteht.
- Der unmittelbare Besitzer hat die direkte Sachherrschaft inne. Der mittelbare Besitzer ist demgegenüber an den Besitzmittler gebunden, um auf die Sache

zugreifen zu können. Wer zwar die unmittelbare Sachherrschaft innehat, dabei aber den Weisungen eines anderen unterworfen ist, ist nicht Besitzer, sondern lediglich Besitzdiener.

- Wer den Besitz ohne den Willen des Besitzers und ohne gesetzliche Gestattung stört, begeht verbotene Eigenmacht. Das Gesetz räumt dem Besitzer in diesem Fall ein Selbsthilferecht sowie verschiedene Besitzschutzrechte ein.
- Das Eigentum als umfassendste rechtliche Herrschaft über eine Sache wird durch Übereignung erlangt. Veräußerer und Erwerber müssen sich über den Eigentumsübergang einigen und die Sache muss an den Erwerber übergeben werden. Die Übergabe kann durch die Vereinbarung eines so genannten Besitzkonstituts oder – falls ein Dritter in Besitz der Sache ist – durch Abtretung des Herausgabeanspruchs gegen diesen ersetzt werden. Ferner kann das Eigentum durch Verbindung, Vermischung oder Verarbeitung an einen anderen übergehen.
- Ist der Veräußerer nicht Eigentümer der Sache, kommt nur ein gutgläubiger Eigentumserwerb in Betracht. Das heißt, der Erwerber darf keine Kenntnis von den wahren Eigentumsverhältnissen haben. Bei abhanden gekommenen Sachen ist der gutgläubige Erwerb ausgeschlossen.
- Für die Übereignung von Immobilien bestehen Sonderregeln. Die Einigung über den Eigentumsübergang, die als Auflassung bezeichnet wird, ist notariell zu beurkunden und der Eigentümerwechsel ist ins Grundbuch einzutragen. Beim gutgläubigen Erwerb ist die aus dem Grundbuch ersichtliche Eigentumslage maßgeblich.

Kontrollfragen und Fälle

1. Erläutern Sie den Unterschied zwischen Eigentum und Besitz!
2. Dieb D übergibt seiner Freundin F diverse Schmuckstücke, die er dem E gestohlen hat. F soll diese verwahren und so vor dem Zugriff der Polizei schützen. Welche Besitzverhältnisse bestehen an dem Schmuck?
3. Welche Rechtsverhältnisse sind beim mittelbaren Besitz zu unterscheiden?
4. Dieb D entreißt A ihre Handtasche. Darf sich A die Tasche unter Anwendung von Gewalt wiederbeschaffen?
5. K verliert im Laden des U seine Geldbörse. Beim Aufräumen nach Ladenschluss findet die Angestellte A die Börse und steckt sie ein. Hat sie damit eine verbotene Eigenmacht → vgl. § 858 begangen?
6. Erläutern Sie das Rechtsinstitut der Sicherungsübereignung!

7. Wie kann man Eigentum vom Nichtberechtigten erwerben?
8. V übereignet E einen PKW, den er dem D gestohlen hat. Hat E das Eigentum erworben, wenn er glaubte, dass V Eigentümer des Wagens war?
9. V hat von D einen PKW geliehen. Als sich E für den Wagen interessiert, erklärt er ihm, dass D ihn gebeten habe, einen Käufer für das Fahrzeug zu suchen. Beide einigen sich über das Geschäft und V übereignet den Wagen sodann an E. Hat dieser Eigentum erworben?
10. Welche Besonderheiten sind beim Erwerb von Grundstückseigentum zu beachten?

4 Kredit und Kreditsicherung

Orientierungsfragen

- Wie kann der Gläubiger sicherstellen, dass sein Schuldner ein ihm gewährtes Darlehen zurück zahlt? → vgl. Abschnitt 4.1
- Welche verschiedenen Arten von Krediten werden unterschieden? → vgl. Abschnitt 4.1
- Wie können verpfändete Sachen verwertet werden? → vgl. Abschnitt 4.2, S. 134
- Wie kann sich der Verkäufer einer Sache bei einem Ratengeschäft absichern? → vgl. Abschnitt 4.4, S. 136
- Auf welche Weise können Grundstücke als Kreditsicherheit eingesetzt werden? → vgl. Abschnitt 4.5, S. 136
- Wie werden vermögenslose Bürgen geschützt? → vgl. Abschnitt 4.6, S. 137

4.1 Vorbemerkungen

Zuweilen ist es erforderlich, sich finanzielle Mittel im Wege eines Kredits – im Gesetz als Darlehen bezeichnet → vgl. §§ 488 ff. BGB – zu verschaffen. Es werden zwei Arten von Krediten unterschieden: der **Realkredit** → GLOSSAR, bei dem sich der Gläubiger die Rückzahlung des Darlehens durch einen Gegenstand sichert, und der **Personalkredit** → GLOSSAR, bei dem neben dem Schuldner eine weitere Person auf Rückzahlung des Darlehens haftet. Beim Realkredit wird das Ausfallrisiko des Schuldners also durch Sicherheiten an beweglichen Sachen, Forderungen oder Grundstücken abgefedert, beim Personalkredit durch die Bonität (= Kreditwürdigkeit) des Dritten. Um die Rückzahlung von Darlehen abzusichern, bietet das Gesetz dem Gläubiger verschiedene Möglichkeiten: Er kann sich ein Pfandrecht → vgl. Abschnitt 4.2 oder Grundpfandrecht → vgl. Abschnitt 4.5, S. 136 bestellen lassen, mit dem Schuldner eine Sicherungsübereignung → vgl. Abschnitt 4.3, S. 134 oder einen Eigentumsvorbehalt → vgl. Abschnitt 4.4, S. 136 vereinbaren oder die Bereitstellung einer Bürgschaft → vgl. Abschnitt 4.6, S. 137 verlangen.

4.2 Pfandrechte

Vertragliche Pfandrechte können an beweglichen Sachen → vgl. §§ 1204 ff. BGB oder an Rechten → vgl. §§ 1273 ff. BGB bestellt werden. Sie berechtigen ihren Inhaber, seine Forderungen aus der Pfandsache zu befriedigen.

Das **PFANDRECHT** → GLOSSAR an einer beweglichen Sache wird bestellt, indem der Eigentümer die Sache an seinen Gläubiger übergibt und beide sich einig sind, dass dem Gläubiger ein Pfandrecht eingeräumt werden soll → vgl. § 1205 BGB. Die Befriedigung erfolgt gemäß § 1228 BGB durch Verkauf der Pfandsache, d. h. der Gläubiger darf den Verkaufserlös für sich behalten. Mit der Veräußerung erlischt die gesicherte Forderung → vgl. § 1247 BGB und damit auch das Pfandrecht → vgl. § 1252 BGB.

Das Pfandrecht an einem Recht wird bestellt, indem das Recht (z. B. Aktien, GmbH-Anteile) an den Gläubiger abgetreten wird und beide Parteien sich einig sind, dass ein Pfandrecht entstehen soll → vgl. § 1274 BGB. Die Verwertung erfolgt gemäß § 1277 BGB durch Zwangsvollstreckung, d. h. durch Pfändung der Forderung nach den Regeln der ZPO.

Gesetzliche Pfandrechte entstehen mit dem Eingehen des Vertragsverhältnisses, für welches das Gesetz ein solches Pfandrecht vorgibt.

Beispiele

- Pfandrecht des Vermieters an den Sachen des Mieters, mit Hilfe dessen er seine Forderungen aus dem Mietvertrag befriedigen darf → vgl. §§ 562, 578 BGB
- Pfandrecht des Werkunternehmers an den von ihm hergestellten Sachen, mit Hilfe dessen er seine Forderungen aus dem Werkvertrag befriedigen kann → vgl. § 647 BGB

4.3 Sicherungsübereignung und Sicherungszession

Die Sicherungsübereignung wurde bereits im Rahmen des Eigentumserwerbs angesprochen. Der Sicherungsnehmer (= der Darlehensgeber) erhält über § 930 BGB Eigentum am Sicherungsgut. Dieses ist an den ursprünglichen Eigentümer zurück zu übertragen, sobald er die Darlehensschuld tilgt. Wird der Kredit dagegen nicht zurückgezahlt, darf der Sicherungsnehmer die Sache verwerten und sich aus dem Erlös befriedigen.

Einen Sonderfall bildet die Sicherungsübereignung von Warenlagern mit wechselndem Bestand. Bei der Gewährung eines Kredits an den Inhaber eines Warenlagers hat die Bank ein Interesse, die Rückzahlung der Darlehensschuld mit dem Warenbestand des Lagers abzusichern. Die Übereignung erfordert eigentlich eine Einigung und die Vereinbarung eines Besitzkonstituts → vgl. § 930 BGB an den konkreten Gegenständen, die als Sicherheit dienen sollen. Dies wäre bei einem Warenlager mit häufig wechselndem Bestand jedoch unpraktisch und zeitraubend. Bank und Kreditnehmer vereinbaren daher ein so genanntes antizipiertes (= vorweggenommenes) Besitzkonstitut. Die Einigung wird also vorweggenommen, bevor der Inhaber des Warenlagers überhaupt selbst Eigentum an den zur Sicherheit übereigneten Sachen erworben hat. Erwirbt er dann Eigentum, so hat er dies nur für „eine juristische Sekunde", da es im gleichen Moment auf die Bank übergeht.

Beispiel

Händler H nimmt bei der B-Bank ein Darlehen über 100.000 € auf. Zur Sicherung der Darlehensrückzahlung möchte sich die B das Warenlager des H durch Besitzkonstitut übereignen lassen. Beide treffen am 1.10. die Vereinbarung, dass B Eigentum an allen ab diesem Datum eingelagerten Waren des H erhalten soll. Am 10.10. erhält H eine Warenlieferung von X und bringt sie in das Lager ein.

H hat am 10.10. durch Einigung und Übergabe von X Eigentum an den Waren erlangt. In der gleichen Sekunde ist das Eigentum durch das zwischen H und B vereinbarte antizipierte Besitzkonstitut auf die B übergegangen.

Wird statt einer Sache eine Forderung zur Sicherung übertragen, so spricht man von Sicherungszession oder Sicherungsabtretung. Die **ABTRETUNG** → GLOSSAR als solche ist in §§ 398 ff. BGB geregelt. Danach kann der Inhaber einer Forderung diese durch Vertrag an einen anderen übertragen. Der Abtretung (= Erfüllungsgeschäft!) können verschiedene Kausalgeschäfte zugrunde liegen, beispielsweise Kauf oder Schenkung.

Wie das Eigentum bei der Sicherungsübereignung ist bei der Sicherungsabtretung die abgetretene Forderung an den ursprünglichen Inhaber zurück zu übertragen, wenn er den Kredit zurückzahlt; anderenfalls darf der Sicherungsnehmer die Forderung verwerten und sich aus dem Erlös befriedigen.

Beispiel

H handelt mit Zugmaschinen und Güterwaggons. Aus dem Verkauf eines Zuges an X hat er noch eine Kaufpreisforderung in Höhe von 200.000 €. Als er in Geldschwierigkeiten gerät, nimmt er einen Kredit in Höhe von 150.000 € bei der B-Bank auf. Zur Sicherung der Darlehensrückzahlung tritt der die Forderung gegen X an die Bank ab. Dadurch ist der Bank das Recht eingeräumt worden, die Kaufpreisforderung gegen X geltend zu machen, wenn H bei Fälligkeit seine Darlehensschuld nicht tilgt.

4.4 Der Eigentumsvorbehalt → vgl. § 449 Abs. 1 BGB

Eine Form der Kreditsicherung bei Ratenzahlungen bietet der **EIGENTUMSVORBEHALT** → GLOSSAR aus § 449 BGB. Dabei wird die Übereignung der Kaufsache unter der aufschiebenden Bedingung der vollständigen Zahlung des Kaufpreises erklärt → vgl. §§ 929 S. 1, 158 Abs. 1 BGB. Der Verkäufer behält also das Eigentum, bis der Käufer den Kaufpreis vollständig beglichen hat. Der Käufer hat in dieser Zeit aber bereits den Besitz, kann die Sache also nutzen. Mit Beginn der Ratenzahlung erwirbt der Käufer bereits ein so genanntes **ANWARTSCHAFTSRECHT** → GLOSSAR am Eigentum, d. h. das Recht, das Eigentum an der Sache zu erwerben. Das Anwartschaftsrecht ist ebenso geschützt wie das Eigentum; es wird daher auch als „wesensgleiches Minus" zum Eigentum bezeichnet.

Werden Waren unter Eigentumsvorbehalt in ein Warenlager geliefert, wird in der Regel ein so genannter verlängerter Eigentumsvorbehalt vereinbart. Dabei ermächtigt der Lieferant den Käufer zur Weiterveräußerung der Waren im eigenen Namen → vgl. §§ 929, 185 Abs. 1 BGB. Um den Anspruch des Lieferanten gegen den Käufer auf Zahlung des Kaufpreises zu sichern, tritt dieser im Voraus die künftigen Kaufpreisforderungen gegen seine Kunden an den Lieferanten ab → vgl. § 398 BGB.

4.5 Hypothek, Grundschuld, Rentenschuld

Hypothek, Grundschuld und Rentenschuld sind so genannte Grundpfandrechte. Der Schuldner einer Geldsumme räumt dem Berechtigten damit ein Verwertungsrecht an seinem Grundstück ein, falls er die geschuldete Geldsumme nicht aufbringen kann. Hypothek und Grundschuld folgen weitgehend den gleichen Regeln → vgl. § 1192 BGB.

Eine **HYPOTHEK** → GLOSSAR → vgl. §§ 1113 ff. BGB bietet dem Berechtigten das Recht, sich wegen einer nicht beglichenen Forderung des Sicherungsgebers aus dem Grundstück zu befriedigen. Die Hypothek ist also eng an das Bestehen einer Forderung geknüpft: ohne eine Forderung kann sie nicht entstehen und sie kann nur gemeinsam mit der Forderung übertragen werden → vgl. § 1154 BGB. Mit dem Untergang der Forderung wandelt sich die Hypothek gemäß §§ 1163 Abs. 1 S. 2, 1177 BGB in eine Eigentümergrundschuld um. Mit einer **GRUNDSCHULD** → GLOSSAR → vgl. §§ 1191 ff. BGB kann ein Grundstück demgegenüber auch ohne eine Forderung belastet werden. Der Berechtigte ist dann auch ohne Forderung befugt, eine bestimmte Geldsumme aus dem Grundstück zu verlangen. Bei der Rentenschuld → vgl. §§ 1199 ff. BGB ist diese Summe zu regelmäßig wiederkehrenden Terminen zu zahlen.

Bei der Bestellung von Hypothek oder Grundschuld werden zwei Arten unterschieden: bei der Buchgrundschuld/Buchhypothek wird die Einigung über die Bestellung des Pfandrechts in das Grundbuch eingetragen → vgl. §§ 1115, 873 BGB. Die Rechte im Grundbuch stehen in einer Rangordnung, die in der Zwangsvollstreckung die größte Bedeutung hat. Denn derjenige, dessen Recht als erstes im Grundbuch eingetragen worden ist, darf sich auch zuerst aus dem Grundstück befriedigen. Vereinbaren die Parteien eine Briefgrundschuld/Briefhypothek, ist zusätzlich zur Eintragung → vgl. §§ 1115, 873 BGB ein Hypotheken- oder Grundschuldbrief auszustellen → vgl. § 1116 BGB. Dieser Brief wird vom Grundbuchamt ausgestellt. Er stellt in weiterem Sinne ein Wertpapier dar und dokumentiert das in ihm verbriefte Recht. Eine Übertragung des Grundpfandrechts kann daher niemals ohne Übergabe des Briefes erfolgen → vgl. § 1117 BGB. Briefhypothek und Briefgrundschuld können außerhalb des Grundbuchs übertragen werden → vgl. §§ 1153, 1154 BGB. Dies ist vorteilhaft, da sich das Eintragungsverfahren häufig verzögern kann. Da die Briefgrundschuld/Briefhypothek durch Übergabe des Briefes übertragen werden kann, wird die Zirkulationsfähigkeit des Grundpfandrechts erhöht.

Die Verwertung von Hypothek oder Grundschuld erfolgt gemäß § 1147 BGB durch Zwangsvollstreckung. Sie führt zum Erlöschen des Grundpfandrechts → vgl. § 1181 BGB.

4.6 Bürgschaft → vgl. §§ 765 ff. BGB

Wichtigste Form des so genannten Personalkredits ist der Bürgschaftsvertrag. Nach § 765 BGB wird der Bürgschaftsvertrag zwischen dem Bürgen und dem Gläubiger eines Dritten geschlossen. Der Bürge verpflichtet sich, gegenüber dem Gläubiger für die Erfüllung der Schuld einzustehen.

Beispiel

S möchte bei der G-Bank ein Darlehen aufnehmen. Da die G der Bonität des S misstraut, verlangt sie die Bestellung einer Bürgschaft. Hierzu erklärt sich der Freund B des S bereit. Der Bürgschaftsvertrag wird zwischen G (Gläubiger) und B (Bürge) geschlossen. Damit wird die Schuld des S (Schuldner) gegenüber G gesichert.

Die Bürgschaftserklärung bedarf der Schriftform → vgl. § 766 BGB. Es gilt der Grundsatz der Akzessorietät, d. h. der Umfang der Schuld des Bürgen richtet sich immer nach dem Umfang der Schuld des Dritten gegenüber dem Gläubiger → vgl. § 767 BGB. Die Bürgschaft setzt daher stets eine wirksame Hauptverbindlichkeit voraus. Erlischt die Hauptverbindlichkeit, z. B. weil der Schuldner selbst den Gläubiger befriedigt, so führt dies zur Befreiung des Bürgen. Wandelt sich der Anspruch des Gläubigers (z. B. auf Lieferung aus Kaufvertrag → vgl. § 433 BGB) in einen Schadenersatzanspruch (z. B. wegen Unmöglichkeit der Leistung → vgl. §§ 275, 280, 283 BGB) um, so haftet der Bürge auch für diesen Anspruch → vgl. § 767 Abs. 1 S. 2 BGB.

Will der Gläubiger die Erfüllung seiner Forderung geltend machen, muss er sich zunächst an seinen Schuldner halten. Der Bürge kann die so genannte Einrede der Vorausklage erheben, also den Gläubiger an seinen Schuldner verweisen, bevor er selbst in Anspruch genommen wird → vgl. § 771 BGB. Etwas anderes gilt jedoch, wenn eine selbstschuldnerische Bürgschaft vereinbart ist. In diesem Fall hat der Bürge auf die Einrede der Vorausklage verzichtet → vgl. § 773 Abs. 1 Nr. 1 BGB. Er kann also in Anspruch genommen werden, bevor der Gläubiger seine Forderung gegenüber dem Schuldner erhebt.

Leistet der Bürge an den Gläubiger, erlischt der von ihm erfüllte Anspruch des Gläubigers gegen den Schuldner nicht! Stattdessen geht der Anspruch auf den Bürgen über, so dass jetzt der Bürge den Anspruch gegen den Schuldner geltend machen kann → vgl. § 774 BGB.

Beispiel

S hat bei der G-Bank ein Darlehen in Höhe von 10.000 € aufgenommen. B hat sich gegenüber G für die Schuld des S verbürgt. Als G die Rückzahlung des Darlehens verlangt → vgl. § 488 S. 2 BGB, begleicht B die Schuld. Wegen § 774 BGB kann nun B von S die Zahlung von 10.000 € verlangen. G hat jedoch keine Ansprüche mehr gegen S.

Zuweilen stellen völlig vermögenslose Personen Bürgschaften, um einem nahen Angehörigen zu einem Darlehen zu verhelfen. Übersteigt die Höhe der Bürgenschuld die Leistungsfähigkeit des Bürgen erheblich, ist der Vertrag sittenwidrig und daher nach § 138 BGB nichtig. Dies ist regelmäßig der Fall, wenn das Vermögen des Bürgen nicht einmal für die Tilgung der anfallenden Zinsen ausreicht.

Beispiel

S will bei der G-Bank ein Darlehen in Höhe von 1.000.000 € aufnehmen. G besteht zur Sicherung der Darlehensforderung auf einer Bürgschaft. Nach langem Zureden kann S seine Ehefrau B, die seit Jahren arbeitslos ist und über kein nennenswertes Vermögen verfügt, zum Abschluss des Bürgschaftsvertrags bewegen. B stimmt dem auch deshalb zu, weil sie Angst hat, anderenfalls von S verlassen zu werden. Als S mit der Rückzahlung des Darlehens in Verzug gerät, will die G-Bank B in Anspruch nehmen.

G hat nur dann einen Anspruch gegen B auf Zahlung von 1.000.000 € aus § 765 BGB, wenn der Bürgschaftsvertrag wirksam ist. Die Vereinbarung zwischen G und B ist indes nach § 138 BGB wegen Sittenwidrigkeit nichtig. Es besteht ein krasses Missverhältnis zwischen

Leistungsverpflichtung der Bürgin und ihrer Leistungsfähigkeit, da B vermögenslos ist und kein Einkommen hat. Die übernommene Bürgschaftsschuld in Höhe von 1.000.000 € kann sie nicht erbringen. Ein berechtigtes Interesse der G an der Bürgschaft ist nicht erkennbar, da in absehbarer Zeit kein Vermögenszuwachs bei B zu erwarten ist.

Zusammenfassung

- Darlehensgeber sichern ihre Forderungen auf Rückzahlung von Krediten üblicherweise ab. Beim Realkredit geschieht dies durch die Belastung einer Sache, beim Personalkredit durch Hinzuziehung einer weiteren Person, die neben dem Schuldner haftet.
- Pfandrechte können an beweglichen Sachen und an Forderungen bestellt werden. Sie berechtigen den Gläubiger zum Verkauf der gepfändeten Sache bzw. zur Pfändung der Forderung nach Zivilprozessrecht, um die eigenen Ansprüche zu befriedigen.
- Bei der Sicherungsübereignung wird dem Darlehensgeber über § 930 BGB Eigentum an einer Sache verschafft, die er verwerten darf, sofern seine Forderung nicht befriedigt wird. Einen Sonderfall bildet die Sicherungsübereignung von Warenlagern mit wechselndem Bestand. Hier wird ein antizipiertes Besitzkonstitut vereinbart, so dass neu gelieferte Waren, die in das Eigentum des Sicherungsgebers gelangen, in derselben juristischen Sekunde Eigentum des Sicherungsnehmers werden.
- Der Eigentumsvorbehalt dient der Absicherung der Kaufpreiszahlung bei Ratengeschäften. Danach geht das Eigentum erst mit vollständiger Kaufpreiszahlung an den Erwerber über. Dies ist der einzige Fall, in dem der Eigentumserwerb von der Erfüllung des zugrunde liegenden Verpflichtungsgeschäfts abhängt.
- Hypothek, Grund- und Rentenschuld berechtigen den Sicherungsnehmer zur Verwertung von Grundstücken im Wege der Zwangsversteigerung, um seine Forderungen zu befriedigen. Als Grundpfandrechte sind sie stets im Grundbuch einzutragen; zusätzlich kann ein Hypotheken- oder Grundschuldbrief ausgestellt werden.
- Bei der Bürgschaft verpflichtet sich der Bürge zur Erfüllung einer Schuld, sofern der Hauptschuldner diese nicht begleicht. Bürgschaftserklärungen sind schriftlich abzugeben. Sie sind sittenwidrig und daher nichtig, wenn sie den Bürgen angesichts seiner Leistungsfähigkeit krass überfordern.

Kontrollfragen und Fälle

1. Welche gesetzlichen Pfandrechte kennen Sie?
2. Was verstehen Sie unter einem verlängerten Eigentumsvorbehalt?
3. Was verstehen Sie unter einer Sicherungsübereignung?
4. V hat einen Computer unter Eigentumsvorbehalt an K verkauft. Bevor K alle Kaufpreisraten gezahlt hat, verschenkt er den PC an seinen Freund D und übereignet ihn sogleich. Ist D Eigentümer geworden, wenn er von dem Eigentumsvorbehalt nichts wusste?
5. K hat von V unter Eigentumsvorbehalt eine Hebebühne für seine Autowerkstatt gekauft. Noch vor Begleichung der letzten Kaufpreisrate übereignet er die Anlage zur Sicherung eines Darlehens an die Bank D. Nach kurzer Zeit erfährt D von dem Eigentumsvorbehalt. Sie lässt sich daraufhin von K die Hebebühne herausgeben und transportiert sie ab. Ist D Eigentümerin geworden?

Handelsrecht

5 Der Kaufmannsbegriff

Orientierungsfragen

- Für wen gelten die besonderen Regeln des Handelsrechts? Wer ist Kaufmann? → vgl. Abschnitte 5.2–5.5, S. 144 ff. Was ist ein Handelsgewerbe? → vgl. Abschnitt 5.1
- Unter welchen Voraussetzungen müssen sich Kaufleute ins Handelsregister eintragen lassen? → vgl. Abschnitt 5.2, S. 144
- Gibt es Sonderregelungen für die Betreiber kleiner Unternehmen? → vgl. Abschnitt 5.3, S. 145
- Können auch Gesellschaften Kaufmann sein? → vgl. Abschnitt 5.4, S. 146
- Wie wird der Rechtsverkehr vor Personen geschützt, die sich unberechtigt als Kaufleute gerieren? → vgl. Abschnitt 5.5, S. 146

5.1 Der handelsrechtliche Gewerbebegriff

KAUFMANN → GLOSSAR kann nur sein, wer ein **GEWERBE** → GLOSSAR betreibt → vgl. § 1 Abs. 1 HGB. Das HGB definiert jedoch nicht, was ein Gewerbe ist. Der handelsrechtliche Gewerbebegriff setzt sich aus folgenden Elementen zusammen:

- Planmäßigkeit und Dauerhaftigkeit der Tätigkeit: Eine einmalige Geschäftstätigkeit oder der Abschluss einiger weniger Geschäfte genügen also nicht.
- Gewinnerzielungsabsicht: Ausgeschlossen sind damit karitative Tätigkeiten. Ob ein Gewinn tatsächlich erzielt wird, ist unerheblich.
- Selbständige Tätigkeit: Beamte und Arbeitnehmer können nicht Kaufleute sein. Die freien Berufe betreiben ebenfalls kein Gewerbe.

Um den Betreiber des Gewerbes → vgl. § 1 Abs. 1 HGB: „wer ein Gewerbe betreibt ..." zu ermitteln, ist nicht entscheidend, wer das Gewerbe tatsächlich betreibt, sondern in wessen Namen dies geschieht. Der Kaufmann/die Kauffrau muss das Gewerbe im eigenen Namen betreiben. Pächter, Vertragshändler und Franchisenehmer können Kaufleute sein, nicht aber Prokuristen, Vorstandsmitglieder einer AG, Geschäftsführer einer GmbH und Insolvenzverwalter.

Nicht entscheidend ist die Geschäftsfähigkeit. Ein Geschäftsunfähiger kann Kaufmann sein; für ihn handelt dann der gesetzliche Vertreter, der seinerseits aber nicht Kaufmann sein muss. Ebenso kommt es nicht auf die Befugnis an, sein Vermögen verwalten und über es verfügen zu dürfen. Ein Schuldner verliert die Verfügungsbefugnis nach § 80 Abs. 1 InsO (Insolvenzordnung), wenn ein Insolvenzverfahren eröffnet wird. Er bleibt aber dennoch Kaufmann.

5.2 Der Ist-Kaufmann = Kaufmann kraft Gewerbes

Wer ein Gewerbe betreibt, ist gemäß § 1 HGB Kaufmann. Dies gilt jedoch nur, wenn das Unternehmen nach Art und Umfang einen in kaufmännischer Weise eingerichteten Gewerbebetrieb erfordert → vgl. § 1 Abs. 2 HGB. Ob ein solcher, in kaufmännischer Weise eingerichteter Gewerbebetrieb vorliegt, bemisst sich unter anderem nach folgenden Kriterien:

- Buchführung und Bilanzierung, die über eine gewöhnliche Einnahmen-Ausgaben-Abrechnung hinausgehen
- Höhe des Anlage- und Betriebskapitals
- Ordnung der Vertretung und Haftung
- Vielfalt der Erzeugnisse, Leistungen und Geschäftsverbindungen
- Höhe des Umsatzes
- Zahl der Mitarbeiter
- Größe und Organisation des Betriebs

Diese Indikatoren sind aber nicht schematisch zu handhaben und können jeweils für sich genommen keine klare Auskunft geben. Erforderlich ist vielmehr eine Gesamtschau. In der Praxis werden hierzu in der Regel Gutachten der IHK eingeholt.

Auch Personengesellschaften können Kaufleute sein. Die oHG → vgl. Abschnitt 14.2, S. 225 und die KG → vgl. Abschnitt 14.3, S. 231 betreiben per definitionem ein Handelsgewerbe → vgl. §§ 105, 161 HGB. Denn betreibt eine Personengesellschaft kein Handelsgewerbe, kann sie weder oHG noch KG sein, sondern lediglich eine GbR → vgl. § 705 BGB → vgl. Abschnitt 14.1, S. 217. Auf oHG und KG sind gemäß § 6 Abs. 1 HGB die für Kaufleute geltenden Vorschriften anzuwenden.

Der Ist-Kaufmann ist gemäß § 29 HGB verpflichtet, seine Firma und den Ort seiner Niederlassung zur Eintragung ins Handelsregister anzumelden. Die Eintragung in das Handelsregister hat indes nur deklaratorische – also rechtsbekundende, nicht aber rechtsbegründende – Bedeutung.

5.3 Der Kann-Kaufmann = Kaufmann kraft Eintragung

Unternehmer, deren Gewerbe keinen in kaufmännischer Weise eingerichteten Gewerbebetrieb bedarf (so genannte **KLEINGEWERBETREIBENDE** → GLOSSAR), können gleichwohl ihre Eintragung ins Handelsregister betreiben. Sie werden in diesem Fall durch die Eintragung zum Kaufmann → vgl. § 2 HGB. Die Eintragung ist konstitutiv – also Entstehungsvoraussetzung – für die Kaufmannseigenschaft. Kleingewerbetreibende sind „Kaufleute mit Rückfahrkarte": sie können die Eintragung der Firma ohne Angabe von Gründen wieder löschen lassen. Dies gilt jedoch nicht, wenn sich das Unternehmen in der Zwischenzeit so weit entwickelt hat, dass die Voraussetzungen des § 1 Abs. 2 HGB vorliegen, das Unternehmen also eine Größe erreicht hat, welche einen in kaufmännischer Weise eingerichteten Gewerbebetrieb erfordert → vgl. § 2 S. 3 HGB.

Auch Land- und Forstwirte sind keine Ist-Kaufleute. Sie können sich aber ebenfalls ins Handelsregister eintragen lassen, sofern ihr Unternehmen einen in kaufmännischer Weise eingerichteten Geschäftsbetrieb erfordert und werden dadurch zum Kaufmann. Land- und Forstwirte sind jedoch keine „Kaufleute mit Rückfahrkarte", denn ihre Firma können sie gemäß § 3 Abs. 2 HGB nur nach den allgemeinen Vorschriften löschen lassen, d. h. wenn der Betrieb eingestellt worden oder zum Kleinbetrieb geworden ist, der einen in kaufmännischer Weise eingerichteten Geschäftsbetrieb nicht mehr erfordert.

Beispiel

Imker I besitzt fünf Bienenvölker. Den Honig verkauft er in einem Hofladen, in dem vier Mitarbeiter angestellt sind und der einen monatlichen Gewinn von 2.000 € abwirft. I hatte sich freiwillig im Handelsregister als Kaufmann eintragen lassen. Nach einiger Zeit werden ihm aber die damit verbundenen Verpflichtungen, insbesondere Buchführung und Finanzierung, lästig. Er möchte seine Eintragung daher wieder löschen lassen. Ist das möglich?

I ist Inhaber eines landwirtschaftlichen Betriebs i. S. v. § 3 Abs. 1 HGB, da er planmäßig Tierhaltung (Bienen) zur Gewinnung tierischer Erzeugnisse (Honig) betreibt. Der Verkauf des Honigs im Hofladen stellt kein eigenständiges, sondern ein Nebengewerbe nach § 3 Abs. 3 HGB dar: die Imkerei ist ein selbständiges landwirtschaftliches Unternehmen, der Laden organisatorisch mit der Imkerei verbunden und von dieser abhängig; beide werden vom selben Unternehmer (I) betrieben. Das Geschäft des I erfordert nach Art und Umfang einen in kaufmännischer Weise eingerichteten Gewerbebetrieb, denn I hat mehrere Mitarbeiter eingestellt und erzielt vergleichsweise hohe Gewinne. Gemäß § 3 Abs. 2 HGB kann er seine Löschung daher nur nach Maßgabe der allgemeinen Vorschriften für die Löschung kaufmännischer Firmen betreiben, d. h. § 2 S. 3 HGB gilt nicht! Seine Eintragung wird nur gelöscht, wenn der Betrieb eingestellt oder der Umfang des § 1 Abs. 2 HGB nicht mehr erreicht wird. Dies ist nicht der Fall, so dass I seine Eintragung im Handelsregister nicht rückgängig machen kann.

5.4 Der Formkaufmann = Kaufmann kraft Rechtsform

Formkaufleute sind allein aufgrund ihrer Rechtsform Kaufleute. Der Gegenstand ihres Unternehmens spielt bei der Beurteilung der Kaufmannseigenschaft keine Rolle. Ebenso ist es unerheblich, ob die Voraussetzungen des § 1 Abs. 2 HGB erfüllt sind, ob das von ihnen betriebene Unternehmen also eines in kaufmännischer Weise eingerichteten Gewerbebetriebes bedarf. Dementsprechend statuiert § 6 Abs. 1 HGB, dass alle Handelsgesellschaften Kaufleute sind. Dies gilt namentlich für

- die Aktiengesellschaft → vgl. § 3 AktG
- die Kommanditgesellschaft auf Aktien → vgl. §§ 278 Abs. 3, 3 AktG
- die GmbH → vgl. § 13 Abs. 3 GmbHG
- die eingetragene Genossenschaft → vgl. § 17 Abs. 2 GenG.

Daher ist beispielsweise auch ein in der Form einer GmbH betriebener Kindergarten oder ein in Form einer eingetragenen Genossenschaft betriebener Bauernhof Kaufmann. Voraussetzung ist jedoch für alle Handelsgesellschaften deren Eintragung in das Handelsregister.

5.5 Der Schein- und Fiktivkaufmann

Der **Scheinkaufmann** → Glossar ist nicht im Handelsregister eingetragen, wird aber dennoch wie ein Kaufmann behandelt, weil er im Rechtsverkehr wie ein solcher auftritt. Dazu muss er in zurechenbarer Weise den Rechtsschein gesetzt haben, dass er Kaufmann ist, und dieser Rechtsschein muss für das Handeln des auf den Rechtsschein vertrauenden Dritten ursächlich sein.

Beispiele

- ausdrückliche wahrheitswidrige Behauptung in Vertragsverhandlungen, Kaufmann zu sein
- Gebrauch einer Firma auf einem Bestellschein, Briefkopf oder Lieferschein
- Bezeichnung eines Stellvertreters als Prokurist

Der Rechtsschein muss dem Scheinkaufmann zurechenbar sein, d. h. er selbst muss diesen zu verantworten haben. Hat eine andere Person den Rechtsschein gesetzt, wird der Scheinkaufmann nur dann als Kaufmann behandelt, wenn er das Handeln des Dritten gekannt oder fahrlässig nicht gekannt hat. Der Dritte muss letztlich gutgläubig hinsichtlich des Rechtsscheins gewesen sein. Sind alle diese Voraussetzungen erfüllt, wird der Scheinkaufmann jedem gutgläubigen Dritten gegenüber wie ein Kaufmann behandelt. Dies ist vor allem bei den von ihm abgeschlossenen Geschäften wichtig → vgl. Abschnitt 10, S. 179.

Ebenso wird als Kaufmann behandelt, wer mit einer Firma im Handelsregister eingetragen ist, ohne wirklich Kaufmann zu sein (Fiktivkaufmann). Denn nach § 5 HGB kann sich der Eingetragene nicht darauf berufen, dass das unter seiner Firma betriebene Gewerbe kein Handelsgewerbe sei. Sinkt beispielsweise ein Ist-Kaufmann zum Kleingewerbetreibenden herab und bleibt er gleichwohl unter seiner Firma im Handelsregister als Kaufmann eingetragen, so wird der Handelsverkehr durch § 5 HGB geschützt. Die Norm ist jedoch nicht anwendbar, wenn z. B. eine von Freiberuflern betriebene Gesellschaft fälschlich als oHG und damit als Kaufmann eingetragen wird. Denn § 5 HGB setzt voraus, dass ein Handelsgewerbe betrieben wird („... das unter der Firma betriebene Handelsgewerbe ..."). Da Freiberufler keine Gewerbetreibenden sind, kann keine oHG vorliegen und der Rechtsscheinstatbestand des § 5 HGB kann nicht zum Tragen kommen.

Zusammenfassung

- Kaufmann ist, wer ein Handelsgewerbe betreibt. Ein Gewerbe betreibt, wer planmäßig und dauerhaft mit Gewinnerzielungsabsicht selbständig tätig ist. Kaufleute müssen sich ins Handelsregister eintragen.
- Der Ist-Kaufmann betreibt ein Handelsgewerbe, das nach Art und Umfang einen in kaufmännischer Weise geführten Betrieb erfordert. Ob dies der Fall ist, bemisst sich unter anderem nach dem Umfang des Unternehmens, der Mitarbeiterzahl, den erzielten Umsätzen sowie danach, ob in dem Betrieb eine über die bloße Einnahmen- und Ausgabenrechnung hinausgehende Buchführung durchgeführt wird.
- Kann-Kaufleute sind die Kleingewerbetreibenden sowie Land- und Forstwirte. Sie können sich freiwillig ins Handelsregister eintragen lassen. Als „Kaufleute mit Rückfahrkarte" können Kleingewerbetreibende die Eintragung jederzeit rückgängig machen. Land- und Forstwirte können ihre Löschung dagegen nur betreiben, wenn sie ihren Betrieb einstellen oder im Umfang derart einschränken, dass ein in kaufmännischer Weise eingerichteter Betrieb nicht mehr notwendig ist.
- Die Kaufmannseigenschaft der Formkaufleute resultiert aus ihrer Rechtsform: alle Handelsgesellschaften sind Kaufmann.
- Ein Scheinkaufmann ist nicht ins Handelsregister eingetragen, tritt aber im Rechtsverkehr wie ein Kaufmann auf. Hat er diesen Rechtsschein in

zurechenbarer Weise gesetzt, muss er sich gegenüber gutgläubigen Dritten wie ein Kaufmann behandeln lassen.
- Wer als Kaufmann im Handelsregister eingetragen ist, kann sich nicht darauf berufen, dass er kein Kaufmann ist. Er gilt als Fiktivkaufmann, um den Rechtsverkehr zu schützen.

Kontrollfragen und Fälle

1. Welche Sachverhalte können die Kaufmannseigenschaft begründen?
2. Nennen Sie die Kriterien, die für einen in kaufmännischer Weise eingerichteten Geschäftsbetrieb sprechen!
3. Die städtische Arbeitsloseninitiative A nimmt gebrauchte Möbel entgegen, lässt diese durch ihre zwei Angestellten instandsetzen und gibt sie anschließend gegen ein geringes Entgelt an Bedürftige ab. Aus dem Erlös werden die laufenden Kosten der Einrichtung, die Angestellten sowie eine Schreibkraft bezahlt. Muss sich die Arbeitsloseninitiative im Handelsregister eintragen lassen?
4. K will während eines vierwöchigen Fußballturniers vor allen Austragungsstadien Thüringer Bratwürste verkaufen. Um den Arbeitsaufwand zu bewältigen, muss er 40 Mitarbeiter einstellen und einige 100.000 € investieren, um Arbeitsgerät und Würstchen einzukaufen. Wegen der erwarteten Besucherzahlen verspricht er sich gleichwohl hohe Gewinne. Ist er verpflichtet, sich zum Handelsregister anzumelden?
5. A und B betreiben einen kleinen Partyservice ohne weitere Angestellte, der auch kaum Umsätze abwirft. Sie lassen sich nicht ins Handelsregister eintragen. Im Geschäftsverkehr treten sie jedoch als „Partyservice A&B oHG“ auf, weil sie glauben, als solche seriöser zu wirken und dadurch mehr Aufträge erzielen zu können. Vier Wochen nach Lieferung mehrerer Paletten Einweggeschirr stellen sie fest, dass dieses kaputt und offensichtlich unbrauchbar ist. Sie machen gegenüber dem Lieferanten L-GmbH ihre Rechte auf Mängelgewährleistung geltend. L weist dies zurück, da A und B ihrer Rügepflicht aus § 377 HGB → vgl. Abschnitt 11.3, S. 193 nicht nachgekommen sind. Zu Recht?

6 Das Handelsregister

Orientierungsfragen

- Welche Bedeutung hat das Handelsregister für den kaufmännischen Geschäftsverkehr? Welche Tatsachen kommen zur Eintragung? → vgl. Abschnitt 6.1
- Welche Folgen haben unvollständige oder fehlerhafte Eintragungen? → vgl. Abschnitt 6.2, S. 150

6.1 Einführung

Bestimmte Tatsachen, die im Handelsverkehr von Bedeutung sind, müssen im **HANDELSREGISTER** → GLOSSAR öffentlich gemacht werden. Dadurch werden sowohl der Kaufmann als auch dessen potenzielle Geschäftspartner und die Öffentlichkeit geschützt. Das Handelsregister wird elektronisch bei dem Amtsgericht geführt, in dessen Bezirk die Niederlassung des Gewerbetreibenden liegt → vgl. §§ 8, 29 HGB. Es besteht aus zwei Abteilungen:

- Abteilung A : Einzelkaufleute, oHG, KG
- Abteilung B : Kapitalgesellschaften

Die Anmeldung zur Eintragung ins Register muss elektronisch in öffentlich beglaubigter Form erfolgen → vgl. § 12 Abs. 1 HGB. Die entsprechenden Unterlagen sind in einem elektronischen Dokument abzufassen und mit einer qualifizierten elektronischen Signatur nach dem Signaturgesetz zu versehen → vgl. § 126a BGB.

Zu unterscheiden sind eintragungspflichtige und eintragungsfähige Tatsachen. Eintragungspflichtig sind beispielsweise die Firma des Kaufmanns gemäß § 29 HGB sowie die Erteilung oder der Widerruf einer Prokura gemäß § 53 HGB. Sie sind zwingend in das Handelsregister einzutragen. Eintragungsfähige Tatsachen können demgegenüber freiwillig in das Register aufgenommen werden, beispielsweise der Ausschluss der Haftung des Erwerbers eines Handelsgewerbes nach § 25 HGB oder die Firma eines Kleingewerbetreibenden nach § 2 HGB.

Eingetragene Tatsachen muss das Registergericht gemäß § 10 HGB in einem elektronischen Informationssystem bekannt machen. Das Register ist öffentlich → vgl. § 9 HGB. Jedermann hat das Recht auf Einsicht in das Register sowie auf Abruf der zu ihm eingereichten Schriftstücke.

6.2 Die Publizität des Registers

In § 15 HGB enthält das Gesetz einige Regelungen für den Fall, dass bestimmte Tatsachen nicht oder fehlerhaft eingetragen werden. Es werden drei Fallgruppen unterschieden:

- eine eintragungspflichtige Tatsache ist nicht eingetragen und bekannt gemacht worden → vgl. § 15 Abs. 1 HGB
- eine eintragungspflichtige oder eintragungsfähige Tatsache ist richtig bekannt gemacht worden → vgl. § 15 Abs. 2 HGB
- eine eintragungspflichtige Tatsache ist falsch bekannt gemacht worden → vgl. § 15 Abs. 3 HGB

6.2.1 Nichteintragung → vgl. § 15 Abs. 1 HGB: negative Publizität

Ist eine eintragungspflichtige Tatsache nicht eingetragen worden, so darf ein Dritter davon ausgehen, dass diese Tatsache nicht besteht – es sei denn, er hat anderweitig Kenntnis von ihr erlangt. Diese Regel wird als negative Publizität bezeichnet. § 15 Abs. 1 HGB betrifft nur Tatsachen, die vom Register verschwiegen werden.

Beispiel

Unternehmer U hat P Prokura erteilt. Die Prokura wird in das Handelsregister eingetragen und bekannt gemacht. Später widerruft U die Prokura → vgl. § 52 Abs. 1 BGB. Die Eintragung des Widerrufs unterbleibt jedoch. P schließt nun im Namen des U mit D, der von dem Widerruf nichts wusste, einen Kaufvertrag über eine Maschine ab.

Mit dem Widerruf der Prokura erlischt die Vertretungsmacht des Prokuristen. Das Erlöschen der Prokura ist gemäß § 53 Abs. 3 HGB eine eintragungspflichtige Tatsache. Da die Eintragung aber unterblieben ist, durfte der gutgläubige D darauf vertrauen, dass die eingetragene Prokura des P weiterhin besteht. U muss das Geschäft also gegen sich gelten lassen.

Ein gutgläubiger Dritter wird ebenfalls geschützt, wenn eine eintragungspflichtige Tatsache zwar eingetragen, aber nicht bekannt gemacht worden ist. Von wem die unterlassene Eintragung bzw. Bekanntmachung zu vertreten ist, ist irrelevant. Für den Vertrauensschutz kommt es auch nicht darauf an, dass der Dritte Einsicht in das Register genommen hat. Allein die positive Kenntnis von der nicht eingetragenen Tatsache zerstört seinen guten Glauben.

6.2.2 Korrekte Eintragung → vgl. § 15 Abs. 2 HGB: positive Publizität

§ 15 Abs. 2 S. 1 HGB enthält keinen Rechtsscheintatbestand. Er stellt lediglich klar, dass jedermann richtige und bekannt gemachte Eintragungen gegen sich gelten lassen muss. Stimmt der Registereintrag mit der tatsächlichen Rechtslage überein, können sich Dritte also nicht darauf berufen, dass sie keine Kenntnis von der betreffenden Tatsache hatten.

Von diesem Grundsatz macht § 15 Abs. 2 S. 2 HGB jedoch eine wichtige Ausnahme: Dritte können sich nämlich dann auf ihre Unkenntnis in Bezug auf die eingetragene Tatsache berufen, wenn sie binnen 15 Tagen nach deren Bekanntmachung eine Rechtshandlung vornehmen.

Beispiel

U hat die dem P erteilte Prokura widerrufen. Der Widerruf ist korrekt im Handelsregister eingetragen und bekannt gemacht worden. Einen Monat später schließt P im Namen des U einen Kaufvertrag über eine Maschine mit D, der vom Erlöschen der Prokura nichts wusste.

Da die Eintragung mit der wahren Rechtslage übereinstimmt, muss D das Erlöschen der Prokura gegen sich gelten lassen, auch wenn es ihm nicht bekannt war. Es ist also kein Kaufvertrag zwischen D und U zustande gekommen. Etwas anderes würde gemäß § 15 Abs. 2 S. 2 HGB gelten, wenn P das Geschäft mit D eine Woche nach Bekanntmachung des Erlöschens seiner Prokura getätigt hätte. Wenn D der Beweis gelingt, dass er das Erlöschen nicht kannte und auch nicht kennen musste, dann ist ein Kaufvertrag zwischen D und U zustande gekommen. Der Beweis des Dritten, dass er die Eintragung nicht kennen musste, ist aber schwer zu führen, denn von einem Kaufmann verlangt man in der Regel die Lektüre der Bekanntmachungen der Eintragungen im Handelsregister.

6.2.3 Unrichtige Bekanntmachung → vgl. § 15 Abs. 3 HGB

Ist eine eintragungspflichtige Tatsache unrichtig bekannt gemacht worden, schützt § 15 Abs. 3 HGB den gutgläubigen Dritten im Vertrauen auf den Inhalt der Bekanntmachung. Es kommt hier also allein auf die Bekanntmachung an, d. h. § 15 Abs. 3 HGB kommt zur Anwendung, wenn die Eintragung korrekt und die Bekanntmachung unrichtig sind, aber auch wenn sowohl Eintragung als auch Bekanntmachung unrichtig ist. Kein Fall des § 15 Abs. 3 HGB ist dagegen gegeben, wenn die Bekanntmachung richtig ist oder gar keine Bekanntmachung vorliegt. Der gute Glaube des Dritten ist nur ausgeschlossen, wenn er die Unrichtigkeit der Bekanntmachung positiv kannte. Nicht erforderlich ist wiederum, dass der Dritte die Bekanntmachung gelesen hat.

Beispiel

Unternehmer U meldet zur Eintragung an, er habe P Prokura erteilt. P wird als Prokurist eingetragen. In der Bekanntmachung heißt es aber fälschlich, der X, ein weiterer Angestellter des U, habe Prokura erhalten. X schließt nun im Namen des U mit D einen Kaufvertrag über eine Maschine. D wusste nichts von der falschen Bekanntmachung.

Da die Verleihung der Prokura an P unrichtig bekannt gemacht worden ist und D diesbezüglich gutgläubig war, darf er gemäß § 15 Abs. 3 HGB auf den Inhalt der Bekanntmachung vertrauen. Es ist also ein Kaufvertrag zwischen D und U zustande gekommen.

Zusammenfassung

- Das Handelsregister gibt Auskunft über alle im kaufmännischen Verkehr wesentlichen Tatsachen. Eintragungspflichtige Tatsachen sind kraft Gesetzes zwingend ins Register einzutragen. Beispiele sind die Firma oder die Prokura. Tatsachen, die freiwillig zur Eintragung gebracht werden können, werden als eintragungsfähig bezeichnet.
- Unter dem Stichwort „Publizität des Handelsregisters" werden die Normen zusammengefasst, die den Rechtsverkehr bei falschen oder unvollständigen Eintragungen schützen.
- Ist eine eintragungspflichtige Tatsache nicht ins Handelsregister eingetragen oder nicht bekannt gemacht worden, gilt sie gegenüber einem gutgläubigen Dritten als nicht existent. Dies gilt unabhängig davon, ob der Dritte Einsicht in das Register genommen hat oder nicht.
- Korrekt eingetragene und bekannt gemachte Tatsachen muss jedermann gegen sich gelten lassen. Eine Ausnahme gilt nur, wenn eine Tatsache in dem Zeitpunkt, in dem sich ein gutgläubiger Dritter auf seine fehlende Kenntnis von dieser beruft, noch nicht länger als 15 Tage eingetragen ist.
- Sind eintragungspflichtige Tatsachen unrichtig bekannt gemacht worden, werden Dritte, die auf die Richtigkeit der Bekanntmachung vertrauen, geschützt. Auf die Kenntnisnahme von der Bekanntmachung kommt es wiederum nicht an. Ebenso spielt es keine Rolle, ob der Registereintrag selbst korrekt ist.

Kontrollfragen und Fälle

1. Welche Tatsachen sind eintragungspflichtig?
2. Grenzen Sie die Anwendungsbereiche des § 15 Abs. 1, 2, 3 HGB voneinander ab!
3. Bauer B hat zur Sicherung einer Forderung des Kaufmanns D gegen X eine Bürgschaft übernommen. Der Vertrag ist mündlich abgeschlossen worden. B war zu diesem Zeitpunkt zwar als Kaufmann im Handelsregister eingetragen. Die Eintragung war aber noch nicht bekannt gemacht. D kannte die Kaufmannseigenschaft des B nicht. Als B nun von D auf Begleichung der Bürgenschuld in Anspruch genommen wird, verweigert B die Zahlung unter Hinweis auf den Formmangel → vgl. § 766 BGB. Zu Recht?
4. Bauer B hat zur Sicherung einer Forderung des Kaufmanns D gegen X eine Bürgschaft übernommen. B war ursprünglich als Kann-Kaufmann im Handelsregister eingetragen gewesen. Zum Zeitpunkt des – formlosen – Vertragsschlusses war seine Firma aber auf seinen Antrag hin schon wieder gelöscht. Dies war zehn Tage zuvor bekannt gemacht worden. Ist die Bürgschaftserklärung wirksam?
5. U hat P Prokura erteilt. Er meldet dies zur Eintragung in das Handelsregister an. Das Registergericht vergisst die Eintragung, macht aber bekannt, dass U den X zum Prokuristen bestellt habe. X schließt im Namen des U eine Reihe von Verträgen. Sind diese wirksam, wenn die Vertragspartner davon ausgingen, dass X Prokurist des U sei?
6. U hat P Prokura erteilt. P wird ordnungsgemäß als Prokurist im Handelsregister eingetragen. In der Bekanntmachung heißt es dann unrichtig, dass X Prokurist geworden sei. Kann X wirksam Verträge im Namen des U abschließen?

7 Das Recht der Firma

Orientierungsfragen

- Welche rechtliche Bedeutung hat der Begriff der Firma? → vgl. Abschnitt 7.1
- Welche Regeln muss ein Kaufmann bei der Wahl seiner Firma beachten? → vgl. Abschnitt 7.2, S. 156
- Wie wird der Rechtsverkehr vor irreführenden Firmen geschützt? → vgl. Abschnitt 7.2.1, S. 156
- Darf der Erwerber eines Unternehmens die Firma weiterführen? → vgl. Abschnitt 7.2.4, S. 157 Welche Rechtsfolgen zieht dies nach sich? Was geschieht mit den Forderungen und Verbindlichkeiten des Geschäfts? → vgl. Abschnitt 7.3.1, S. 158
- Welche Besonderheiten gelten im Erbfall? → vgl. Abschnitt 7.3.2, S. 159
- Wie kann sich ein Kaufmann gegen die missbräuchliche Nutzung seiner Firma zur Wehr setzen? → vgl. Abschnitt 7.4, S. 160

7.1 Einführung

Die **FIRMA** → GLOSSAR ist der Name des Kaufmanns, unter dem er seine Geschäfte betreibt, die Unterschrift abgibt und unter dem er klagen oder verklagt werden kann → vgl. § 17 Abs. 2 HGB. Eine Firma im Sinne des handelsrechtlichen Firmenrechts führen nur Kaufleute, d. h. Einzelkaufleute, oHG und KG sowie Kapitalgesellschaften. Die §§ 17 ff. HGB sind also nicht anwendbar, wenn ein Unternehmen kein kaufmännisches Handelsgewerbe betreibt.

Merksatz
Die Firma ist – im Gegensatz zum umgangssprachlichen Gebrauch – nicht mit dem Unternehmen als solchen identisch, sondern sie identifiziert den Träger des Unternehmens.

Nach § 29 HGB ist die Firma beim Handelsregister anzumelden und einzutragen. Zudem ist sie auf allen Geschäftsbriefen des Kaufmanns anzugeben → vgl. § 37a Abs. 1 HGB.

Gemäß § 19 HGB muss die Firma eines Einzelkaufmanns einen entsprechenden Zusatz aufweisen, beispielsweise „eingetragener Kaufmann“, „e. Kfm.“ oder „e. K.“ Der Einzelkaufmann kann also zwei verschiedene Namen haben, seinen bürgerlichen Namen und seine Firma. Wenn die Firma aber „Manfred Meier e. Kfm.“ lautet und Manfred Meier auch der bürgerliche Name ist, so sind Firma und bürgerlicher Name identisch. Eine offene Handelsgesellschaft soll ihre Firma mit der allgemein verständlichen Abkürzung „oHG“ → vgl. § 19 Abs. 1 Nr. 2 HGB versehen. Eine Kommanditgesellschaft soll das Kürzel „KG“ in ihre Firma aufnehmen → vgl. § 19 Abs. 1 Nr. 3 HGB.

Die Firma ist von Geschäftsbezeichnungen (so genannten Etablissementnamen) zu unterscheiden. Diese weisen auf das Unternehmen hin („Bahnhofs-Buchhandlung“), nicht wie die Firma auf den Träger des Unternehmens. Kleingewerbetreibende, die sich nicht nach § 2 HGB als Kann-Kaufmann ins Handelsregister eintragen lassen, dürfen keine Firma, sondern nur eine solche Geschäftsbezeichnung führen (z. B. „Helgas Hemdendienst“ für einen kleinen Textilservice).

7.2 Die Prinzipien der Firmenbildung

7.2.1 Firmenwahrheit

Die für die Firma gewählte Bezeichnung muss zur Kennzeichnung geeignet sein und Unterscheidungskraft besitzen → vgl. § 18 Abs. 1 HGB. Sie darf ferner keine Angaben enthalten, die über die geschäftlichen Verhältnisse des Gewerbes irreführen können → vgl. § 18 Abs. 2 HGB (Irreführungsverbot). Zulässig ist sowohl eine Personenfirma („Manfred Meier e. Kfm.“), eine Sachfirma („Jenoptik“) als auch eine Fantasiefirma („Tropicana“).

Beispiel

Der Bauer B, der einen kleinen Hofladen betreibt, darf als Kann-Kaufmann nicht die Firma „Bio-Supermarkt“ wählen. Ebenso darf sich ein nicht als Kaufmann ins Handelsregister eingetragener Kleingewerbetreibender nicht mit dem Zusatz „e. Kfm.“ schmücken.

7.2.2 Firmeneinheit

Ein Kaufmann darf für ein und dasselbe Unternehmen nur eine einzige Firma führen. Dieser Grundsatz wird aus dem Grundsatz der Firmenwahrheit abgeleitet. Auch eine Personal- und eine Kapitalgesellschaft darf immer nur eine Firma führen –

selbst wenn sie mehrere organisatorisch selbständige Unternehmen betreibt. Denn bei mehreren Firmennamen würde der Eindruck entstehen, dass z. B. mehrere GmbHs mit eigenem Stammkapital bestünden.

Eine Ausnahme von diesem Grundsatz besteht bei Zweigniederlassungen. Diese dürfen unterschiedliche Firmen führen, was sich nicht zuletzt aus ihrer Zwischenstellung zwischen bloßer Abteilung und eigenständigem Unternehmen erklärt. Auch hier spielt jedoch der Grundsatz der Firmenwahrheit eine Rolle. Um die Identität des Unternehmens einwandfrei bestimmen zu können, soll entweder ein einheitlicher Firmenkern gewählt (Hauptniederlassung „Baustoffe-GmbH", Zweigniederlassung „Beton und Sand, Inhaber Baustoffe-GmbH") oder der Charakter als Zweigniederlassung durch einen Firmenzusatz kenntlich gemacht werden („Baustoffe-GmbH, Zweigstelle Jena").

7.2.3 Firmenausschließlichkeit

Die Firmen müssen sich gemäß § 30 Abs. 1 HGB von allen am selben Ort bestehenden und eingetragenen Formen deutlich unterscheiden lassen. Dies dient sowohl den Interessen des Geschäftsverkehrs, um Verwechslungsgefahren zu vermeiden, als auch dem Schutz von Konkurrenten vor dem Gebrauch ihrer Firma durch andere Gewerbetreibende.

Beispiel

Im Ort gibt es eine „Metzgerei Meier". Will ein weiterer Metzger mit diesem Namen firmieren, so könnte er „Traditionsmetzgerei Meier" wählen.

7.2.4 Firmenbeständigkeit

Dieser Grundsatz besagt, dass die Firma bestehen bleiben darf, obwohl z. B. der Inhaber des Gewerbes durch käuflichen Erwerb oder durch Erbfall gewechselt hat. Nach § 21 HGB darf eine Firma weitergeführt werden, wenn sich lediglich der Name des Geschäftsinhabers oder eines Gesellschafters, z. B. durch Heirat, geändert hat. Gemäß § 22 HGB darf der Erwerber oder Erbe eines Handelsgeschäfts die Firma des erworbenen Unternehmens fortführen, wenn der bisherige Inhaber oder dessen Erben in die Firmenfortführung einwilligen. Der Erwerber des Unternehmens kann aber auch einen das Nachfolgeverhältnis andeutenden Zusatz in die Firma aufnehmen.

Beispiel
„Manfred Meier, Inh. Max Meier" oder „Manfred Meier Nachf." oder „ Max Meier vorm. Manfred Meier"

§ 24 HGB erlaubt bei Änderungen im Gesellschafterbestand die Fortführung der Firma, wenn der ausscheidende Gesellschafter, dessen Name in der Firma enthalten ist, ausdrücklich in die Fortführung einwilligt. Ändert sich durch einen neuen Gesellschafter jedoch der Rechtscharakter des Unternehmens, darf die fortgeführte Firma nicht irreführend sein. Vielmehr muss dies durch einen Rechtsformzusatz kenntlich gemacht werden → vgl. § 19 Abs. 2 HGB. An dieser Stelle kommt also wieder der Grundsatz der Firmenwahrheit zum Tragen.

Beispiel
Wird die Firma eines Einzelkaufmanns von einer GmbH fortgeführt, muss sie den Zusatz „GmbH" enthalten, z. B. „Manfred Meier GmbH"

Tritt eine GmbH als alleinige persönlich haftende Gesellschafterin (Komplementärin) in eine KG ein, so muss die Firma neben dem Zusatz „KG" auch den Zusatz „GmbH" enthalten. Sie wird zur „GmbH & Co KG".

7.3 Die Haftung des Erwerbers

Führt der Erwerber eines Gewerbes dessen Firma fort, soll auch im übrigen Geschäftsverkehr Kontinuität gewahrt werden. Die §§ 25 bis 27 HGB enthalten daher Regeln über die Fortgeltung der vom früheren Inhaber begründeten Verbindlichkeiten. Grundsätzlich haftet der neue Unternehmensträger für die alten Verbindlichkeiten. Anknüpfungspunkt dafür ist aber stets die Firmenfortführung!

7.3.1 Haftung bei Firmenfortführung → vgl. §§ 25, 26 HGB

Wer ein Handelsgeschäft durch ein Rechtsgeschäft unter Lebenden erwirbt, haftet für alle geschäftlichen Verbindlichkeiten, die der frühere Inhaber begründet hat. Die Fortführung der Firma beinhaltet also einen so genannten gesetzlichen Schuldbeitritt. Der Erwerb kann auch durch Pacht erfolgen, es muss kein Unternehmenskauf vorliegen. Der Erwerber haftet mit seinem gesamten Vermögen, also sowohl mit dem Betriebs- als auch mit seinem Privatvermögen. Dies gilt unabhängig davon, ob die Firma einen Nachfolgezusatz enthält oder nicht. Hat der frühere

Inhaber in die Firmenfortführung eingewilligt, gehen aber auch alle Forderungen des Handelsgeschäfts auf den Erwerber über → vgl. § 25 Abs. 1 HGB.

Beispiel

V veräußert sein Lebensmittelgeschäft „Obst und Gemüse V e. Kfm." an K. Dieser führt mit Einwilligung des V die Firma als „Obst und Gemüse V e. Kfm., Inhaber K" fort. Vor der Veräußerung seines Geschäfts hatte V noch bei D eine neue Ladentheke gekauft. Den Kaufpreis in Höhe von 10.000 € hat er noch nicht beglichen. Außerdem hat die Stammkundin S bei ihm noch Außenstände in Höhe von 30 €.

Da K die Firma des Handelsgeschäfts fortführt, haftet er für die Verbindlichkeiten des V gegenüber D. D kann also von ihm die Zahlung des Kaufpreises für die Ladentheke verlangen. Da V in die Firmenfortführung eingewilligt hat, kann K aber gegenüber S die Zahlung der 30 € geltend machen.

Haben der Erwerber und der frühere Inhaber etwas anderes vereinbart, so ist dies einem Dritten gegenüber nur wirksam, wenn die Vereinbarung im Handelsregister eingetragen und bekannt gemacht oder dem Dritten ausdrücklich mitgeteilt worden ist → vgl. § 25 Abs. 2 HGB. Unter Umständen – wenn der Haftungsausschluss richtig eingetragen worden ist – kann aber auch die Sonderregel des § 15 Abs. 2 S. 2 HGB eingreifen. Aus § 26 HGB ergibt sich, dass neben dem Erwerber zugleich der ursprüngliche Inhaber für die vor dem Übergang des Unternehmens begründeten Verbindlichkeiten haftet. In den Fällen des § 25 Abs. 1 S. 1 und Abs. 3 HGB verjähren die Ansprüche gegen den ursprünglichen Inhaber jedoch binnen fünf Jahren → vgl. § 26 Abs. 1 HGB. Bis dahin können sich etwaige Gläubiger also aussuchen, wen sie in Anspruch nehmen wollen, um die Verbindlichkeiten zu begleichen. Sie werden sich in der Regel an die solventere Person halten.

Wird die Firma nicht fortgeführt, haftet der Erwerber für Verbindlichkeiten des früheren Inhabers nur, wenn hierfür ein besonderer Verpflichtungsgrund besteht → vgl. § 25 Abs. 3 HGB. Einen solchen enthält beispielsweise § 613a Abs. 1 BGB für die in dem Handelsgeschäft bestehenden Arbeitsverhältnisse.

7.3.2 Die Haftung bei einem Erbfall → vgl. § 27 HGB

Die Grundsätze des § 25 HGB – also Haftung des Erwerbers – finden gemäß § 27 HGB auch Anwendung, wenn dieser das Handelsgewerbe durch eine Erbschaft erworben hat. Die unbeschränkte Haftung kommt nach § 27 Abs. 3 HGB nur dann nicht zum Tragen, wenn das Geschäft binnen drei Monaten eingestellt wird.

7.3.3 Haftung bei Eintritt in das Geschäft eines Einzelkaufmanns

→ vgl. § 28 HGB

§ 28 HGB ordnet den Übergang der Verbindlichkeiten an, falls jemand als persönlich haftender Gesellschafter (in diesem Fall entsteht eine oHG → vgl. §§ 105 Abs. 1, 128 HGB → vgl. Abschnitt 14, S. 225 ff.) oder als Kommanditist → vgl. § 161 HGB in das Geschäft eines Einzelkaufmanns eintritt. Die Verbindlichkeiten und Forderungen des Einzelkaufmanns gehen in diesem Fall auf die neu entstandene Gesellschaft über – auch wenn die frühere Firma nicht fortgeführt wird. Der Umfang der Haftung richtet sich nach den für die entstandene Gesellschaft geltenden Vorschriften. Abweichende Vereinbarungen gelten Dritten gegenüber wiederum nur, wenn sie ins Handelsregister eingetragen und bekannt gemacht worden sind → vgl. § 28 Abs. 2 HGB.

7.4 Der Firmenschutz

Nach § 37 HGB muss das Registergericht eingreifen, wenn jemand eine ihm nicht zustehende Firma gebraucht. Das Gericht fordert den Betroffenen unter Androhung eines Ordnungsgeldes auf, das Führen der Firma zu unterlassen. Nach § 37 Abs. 2 HGB kann derjenige auf Unterlassung klagen, dessen Rechte dadurch verletzt werden, dass ein anderer unberechtigt eine Firma führt. Daneben ist die Firma auch durch § 823 Abs. 1 BGB – das Namensrecht gilt als Bestandteil des Persönlichkeitsrechts – sowie durch § 1004 BGB geschützt.

Beispiel

Manfred Meier betreibt einen Supermarkt unter der Firma „Manfred Meier e. Kfm.“. Nun eröffnet ein anderer Manfred Meier im selben Ort einen Supermarkt ebenfalls unter der Firma „Manfred Meier e. Kfm.“. Der zuerst ansässige Supermarktbetreiber kann von seinem Konkurrenten nach § 37 Abs. 2 HGB Unterlassung der Verwendung seiner Firma verlangen und aus § 823 Abs. 1 BGB Schadenersatz geltend machen, soweit ihm Schäden, z. B. durch Abwanderung von Kunden entstanden sind.

Zusammenfassung

- Die Firma ist der Name des Kaufmanns, unter dem er seine Geschäfte betreibt, die Unterschrift abgibt und unter dem er klagen oder verklagt werden kann. Sie ist ins Handelsregister einzutragen.
- Bei der Bildung der Firma ist zu berücksichtigen, dass diese zur Bezeichnung des Handelsgeschäfts geeignet ist und hinreichende Unterscheidungskraft besitzt. Sie darf auch keine irreführenden Angaben enthalten.
- Für ein und dasselbe Unternehmen ist die gleiche Firma zu wählen. Lediglich Zweigniederlassungen dürfen eine gesonderte Firma haben. Jedoch soll auch hier ein Bezug zum Hauptunternehmen bestehen, beispielsweise durch einen einheitlichen Firmenkern oder durch einen Firmenzusatz.
- Die Firma muss sich von den Namen der am gleichen Ort ansässigen Unternehmen deutlich unterscheiden.
- Bei einem Inhaberwechsel, sei es durch ein Rechtsgeschäft unter Lebenden oder durch einen Erbfall, kann die ursprüngliche Firma fortgeführt werden. Durch einen Zusatz kann kenntlich gemacht werden, dass ein Inhaberwechsel stattgefunden hat.
- Führt der Erwerber eines Unternehmens dessen Firma fort, gehen die Verbindlichkeiten auf ihn über. Der Erwerber haftet sowohl mit seinem Privat- als auch mit dem Betriebsvermögen. Willigt der frühere Inhaber in die Firmenfortführung ein, gehen auch die Forderungen auf den Erwerber über.

Kontrollfragen und Fälle

1. Definieren Sie den Begriff der Firma!
2. In das Unternehmen „Manfred Meier KG“ tritt eine GmbH als persönlich haftende Gesellschafterin ein. Wie muss die Firma lauten?
3. K kauft von V die Metzgerei „Manfred Meier e. Kfm.“. Er führt die Firma nicht fort. Gehen die Arbeitsverträge, die V mit seinen Angestellten eingegangen war, auf K über?
4. Hans Müller betreibt ein Café unter der Firma „Kaffeepause Hans Müller e. Kfm.“, das seit Jahren gute Umsätze abwirft. Der seit langem mit ihm verfeindete Heinz Müller will an diesem Erfolg teilhaben und eröffnet in der Nähe ebenfalls ein Café. Als Firma meldet er „Kaffeepause Heinz Müller e. Kfm.“ zum Handelsregister an. Hans Müller ist empört und überlegt, ob er Heinz Müller auf Unterlassung verklagen kann. Hätte dies Aussicht auf Erfolg?

5. K kauft von V dessen Autowerkstatt und führt mit Einwilligung des V die Firma „Autoreparatur V, Nachfolger K e. Kfm". Kurz vor seinem Ausscheiden hatte V den Wagen des X repariert, der jedoch die Reparaturkosten in Höhe von 1.500 € noch nicht beglichen hat. Außerdem hatte V noch eine neue Hebebühne für die Werkstatt zum Preis von 10.000 € von Y erworben. Kann K von X die Zahlung der 1.500 € verlangen? Kann Y von K die Abnahme der Hebebühne und Zahlung der 10.000 € verlangen?

8 Die handelsrechtliche Vertretungsmacht

Orientierungsfragen

- Inwieweit können sich Kaufleute beim Abschluss von Geschäften eines Stellvertreters bedienen? Gibt es Besonderheiten gegenüber den Vorgaben des BGB? → vgl. Abschnitte 8.1 und 8.2, S. 166 ff.
- Wie kann eine Prokura begründet werden? → vgl. Abschnitt 8.1.1
- Welche Geschäfte darf ein Prokurist abschließen? → vgl. Abschnitt 8.1.2, S. 164
  Wie ist der vertretene Kaufmann geschützt, wenn der Prokurist seine Befugnisse überschreitet? → vgl. Abschnitt 8.1.3, S. 164
- Wie unterscheidet sich die Prokura von der Handlungsvollmacht? → vgl. Abschnitt 8.2.1, S. 166
- Welche Geschäfte können Angestellte in einem Laden mit Wirkung für den Inhaber abschließen? → vgl. Abschnitt 8.3, S. 168

8.1 Prokura → vgl. §§ 48 ff. HGB

Bei der **PROKURA** → GLOSSAR handelt es sich um rechtsgeschäftlich eingeräumte Vertretungsmacht. Sie ist eine besondere Form der Vollmacht → vgl. § 167 Abs. 1 BGB. Während der Umfang der bürgerlich-rechtlichen Vollmacht vom Vollmachtgeber bestimmt wird, wird der Umfang der Prokura vom Gesetz vorgegeben → vgl. §§ 49, 50 HGB. Die §§ 164 ff. BGB → vgl. Abschnitt 1.7, S. 56 sind anwendbar, soweit die §§ 48–53 HGB nichts anderes vorschreiben.

Für Handlungen des Prokuristen gilt also zunächst § 164 Abs. 1 BGB. Der Prokurist muss daher im Namen des Prinzipals (= der Geschäftsherr) handeln und eine eigene Erklärung abgeben. Handelt er nicht im Namen des Prinzipals, sondern im eigenen Namen, wird er selbst berechtigt und verpflichtet.

8.1.1 Erteilung der Prokura

Nach § 48 Abs. 1 HGB kann die Prokura nur durch eine ausdrückliche empfangsbedürftige Willenserklärung erteilt werden, die der Prinzipal persönlich abgeben muss. Es gibt also weder eine konkludent erteilte Prokura noch eine „Duldungs-“

oder „Anscheinsprokura“. Die Prokura ist gemäß § 52 Abs. 2 HGB nicht auf Dritte übertragbar. Die Erteilung der Prokura muss nach § 53 Abs. 1 HGB zur Eintragung in das Handelsregister angemeldet werden. Die Eintragung ist nicht konstitutiv, also keine Wirksamkeitsvoraussetzung, sondern lediglich deklaratorisch.

8.1.2 Umfang der Vertretungsmacht des Prokuristen

Der Prokurist darf nach § 49 Abs. 1 HGB alle Geschäfte und Rechtshandlungen vornehmen, die der Betrieb eines (= irgendeines, nicht des konkreten!) Handelsgewerbes mit sich bringt. Beim Abschluss von Geschäften muss der Prokurist mit einem die Prokura andeutenden Namenszusatz zu unterzeichnen, beispielsweise „ppa.“ oder „per Prokura“.

§ 48 Abs. 2 HGB gestattet die Erteilung der Prokura an mehrere Personen gleichzeitig (Gesamtprokura). Die Gesamtprokuristen können den Prinzipal nur gemeinschaftlich vertreten. Handelt ein Gesamtprokurist ohne Mitwirkung des/der anderen Gesamtprokuristen, so handelt er als Vertreter ohne Vertretungsmacht → vgl. § 177 BGB. Der andere Gesamtprokurist kann die Erklärungen jedoch nachträglich genehmigen (so genannte unechte Gesamtvertretung, z. B. nach § 125 Abs. 3 HGB).

Gemäß § 49 Abs. 2 HGB (Immobiliarklausel) umfasst die Vertretungsmacht nicht die Veräußerung und Belastung von Grundstücken des Prinzipals. Hierzu muss der Prokurist eigens bevollmächtigt werden. Ohne Bevollmächtigung kann er auch nicht die diesen Verfügungen zugrunde liegenden Verpflichtungsgeschäfte vornehmen. Dagegen darf der Prokurist Grundstücke für den Prinzipal erwerben. Nicht von der Vertretungsmacht erfasst sind auch die so genannten Grundlagengeschäfte. Der Prokurist kann das Geschäft also nicht aufgeben, Insolvenz anmelden, das Geschäft veräußern oder seinen Gegenstand verändern.

8.1.3 Missbrauch der Vertretungsmacht

Im Außenverhältnis (Verhältnis zwischen dem durch den Prokuristen vertretenen Prinzipal und dem Dritten, also dem Vertragspartner) kann der Umfang der Prokura nicht beschränkt werden → vgl. § 50 Abs. 1 HGB. Eine Ausnahme gilt für die so genannte Filialprokura. Gemäß § 50 Abs. 3 HGB kann ein Kaufmann, der mehrere Handelsgewerbe unter verschiedenen Firmen oder eine Zweigniederlassung mit gesonderter Firma betreibt, die Prokura auf eines dieser Unternehmen bzw. die Zweigniederlassung begrenzen.

Im Innenverhältnis zwischen Prinzipal und Prokuristen (also in dem der Prokura zugrunde liegenden Vertrag – in der Regel ist dies ein Arbeitsvertrag nach § 611a

BGB) können demgegenüber Beschränkungen vereinbart werden. Hält sich der Prokurist nicht an diese auferlegten Grenzen, so macht er sich dem Prinzipal gegenüber gegebenenfalls schadenersatzpflichtig. Obwohl sich Beschränkungen des Umfangs der Vertretungsmacht des Prokuristen grundsätzlich nur im Innenverhältnis auswirken, gibt es Fälle, in denen sich der Dritte diese Beschränkungen entgegenhalten lassen muss. Dies ist der Fall, wenn

- der Prokurist eine Pflichtwidrigkeit begeht, indem er bei rechtsgeschäftlichem Handeln seine ihm im Innenverhältnis gesetzten Grenzen überschreitet und
- der Dritte entweder positive Kenntnis davon hat, dass der Prokurist zum Nachteil des Prinzipals handelt oder das nachteilige Handeln evident ist.

Sind diese Voraussetzungen erfüllt, wird der die im Innenverhältnis bestehenden Grenzen überschreitende Prokurist wie ein Vertreter ohne Vertretungsmacht behandelt. Der Prinzipal kann das Geschäft demnach genehmigen, § 177 BGB analog. Eine Eigenhaftung des Prokuristen ist jedoch gemäß § 179 Abs. 3 S. 1 BGB ausgeschlossen, da der Geschäftspartner den Missbrauch kannte oder kennen musste.

Beispiel

U erteilt dem P Prokura. Dabei vereinbaren sie, dass P nur Geschäfte bis 50.000 € abschließen soll. P schließt im Namen des U mit D, der von der Vereinbarung nichts weiß, einen Kaufvertrag über eine Maschine zum Preis von 100.000 €.

Mit Erteilung der Prokura hat U dem P Vertretungsmacht eingeräumt. Dass diese auf Geschäfte bis 50.000 € beschränkt war, braucht D gemäß § 50 Abs. 1 HGB nicht gegen sich gelten lassen, da er von der Beschränkung nichts wusste. Es ist also ein wirksamer Kaufvertrag zwischen U und D zustande gekommen. Hätte D die Beschränkung gekannt, so wäre das Geschäft bis zur Genehmigung des U nach § 177 Abs. 1 BGB analog schwebend unwirksam gewesen. D könnte von P jedoch weder Erfüllung noch Schadenersatz nach § 179 Abs. 1 BGB verlangen, da er bösgläubig war → vgl. § 179 Abs. 3 BGB.

8.1.4 Erlöschen der Prokura

Die Prokura erlischt mit Beendigung des Arbeitsvertrages des Prokuristen → vgl. § 168 S. 1 BGB. Ferner erlischt sie gemäß § 52 Abs. 1 HGB mit ihrem Widerruf durch den Prinzipal, auch wenn das ihrer Erteilung zugrunde liegende Arbeitsverhältnis nicht beendet wird. Der Tod des Prinzipals stellt dagegen keinen Erlöschensgrund dar → vgl. § 52 Abs. 3 HGB. In diesem Fall vertritt der Prokurist die Erben des Prinzipals. Wie die Erteilung ist auch das Erlöschen der Prokura zum Handelsregister anzumelden → vgl. § 53 Abs. 3 HGB. Dies ist von Bedeutung für die Anwendung von § 15 HGB.

8.2 Handlungsvollmacht → vgl. § 54 HGB

Wird jemandem ohne Erteilung einer Prokura die Vollmacht zur Vornahme bestimmter, zum Handelsgewerbe gehörender Geschäfte erteilt, liegt eine **HANDLUNGSVOLLMACHT** → GLOSSAR vor. Die §§ 164 ff. BGB sind anwendbar, soweit nicht § 54 HGB entgegensteht.

8.2.1 Unterschiede zwischen Prokura und Handlungsvollmacht

Die Prokura ist eine (rechtsgeschäftliche, keine gesetzliche) Vertretungsmacht, die zu Rechtsgeschäften ermächtigt, die der Betrieb (irgend-)eines Handelsgewerbes gewöhnlich mit sich bringt. Die Handlungsvollmacht ermächtigt dagegen zu Rechtsgeschäften, die der Betrieb eines derartigen → vgl. § 54 Abs. 1 HGB (d. h. des konkreten) Handelsgewerbes mit sich bringt. Der Handlungsbevollmächtigte darf also nur Geschäfte vornehmen, die zum Betrieb dessen gehören, der die Handlungsvollmacht erteilt hat. Der Umfang der Handlungsvollmacht wird vom Vollmachtgeber bestimmt. Der Umfang der Prokura ist durch das Gesetz festgelegt → vgl. § 49 HGB.

Die Prokura kann nur ausdrücklich erteilt werden, die Handlungsvollmacht auch konkludent. Daher gibt es auch eine Duldungs- und Anscheins-Handlungsvollmacht. Erteilung und Erlöschen der Prokura sind eintragungspflichtige Tatsachen → vgl. § 53 HGB. Die Handlungsvollmacht muss nicht in das Handelsregister eingetragen werden. § 15 HGB gilt daher nicht.

8.2.2 Arten und Umfang der Handlungsvollmacht

§ 54 Abs. 1 HGB kennt drei Arten der Handlungsvollmacht, die nach dem vom Vollmachtgeber bestimmten Umfang benannt sind: Die Generalhandlungsvollmacht beinhaltet die Ermächtigung zu allen Geschäften, die der Betrieb des Vollmachtgebers gewöhnlich mit sich bringt. Die Arthandlungsvollmacht ermächtigt ihren Inhaber zur Vornahme einer bestimmten Art von Rechtsgeschäften, die der Betrieb eines „derartigen" Handelsgewerbes gewöhnlich mit sich bringt.

Beispiel
Der Einkäufer in einem Unternehmen darf nur Einkäufe tätigen, der Verkäufer nur Verkäufe.

Die Spezialhandlungsvollmacht beinhaltet eine Ermächtigung zu einem bestimmten einzelnen Geschäft. Der Bevollmächtigte kann Verträge schließen und Willenserklärungen abgeben, die die Vornahme derartiger Geschäfte gewöhnlich mit sich bringt. Es handelt sich also nicht um die Vollmacht zu einem bestimmten Vertrag, sondern zu einem „Geschäft", zu dem mehrere Willenserklärungen und Verträge erforderlich sind.

Der Handlungsbevollmächtigte darf Grundstücke nur veräußern oder belasten, wenn ihm hierzu Befugnis erteilt worden ist → vgl. § 54 Abs. 2 HGB. Das gilt auch für die Eingehung von Wechselverbindlichkeiten, die Aufnahme von Darlehen oder das Führen von Prozessen für den Geschäftsherrn. Da die Bevollmächtigung wiederum nicht ausdrücklich geschehen muss, kommen die Grundsätze der Anscheins- und Duldungsvollmacht auch hier zum Tragen. Sonstige Beschränkungen braucht ein Dritter gemäß § 54 Abs. 3 HGB nur gegen sich gelten zu lassen, wenn er sie kannte oder kennen musste.

Beispiel

U erteilt H Generalhandlungsvollmacht für seinen Metallbearbeitungsbetrieb. H darf jedoch nur Verträge abschließen, die U zu Leistungen von nicht mehr als 50.000 € verpflichten. Gleichwohl schließt H im Namen des U einen Kaufvertrag über eine Drehmaschine zum Preis von 100.000 €. D kannte die im Innenverhältnis vereinbarte Beschränkung der Handlungsvollmacht nicht.

Der Kaufvertrag zwischen U und D ist wirksam. Der Kauf einer Drehmaschine für einen Metallbearbeitungsbetrieb stellt ein Geschäft dar, das dieser Betrieb gewöhnlich mit sich bringt. Da D die Beschränkung der Handlungsvollmacht nicht kannte, kann U sie ihm nach § 54 Abs. 3 HGB nicht entgegenhalten. Hätte H dagegen mit D ein Geschäft abgeschlossen, dass nicht zum gewöhnlichen Betrieb eines Metall bearbeitenden Unternehmens gehört, wäre dieses nach § 54 Abs. 1 HGB per se unwirksam. Es käme also gar nicht mehr darauf an, ob D von der Beschränkung wusste.

Im Rahmen seiner Tätigkeit darf der Handlungsbevollmächtigte keinerlei an eine Prokura erinnernde Namenszusätze verwenden → vgl. § 57 HGB.

8.2.3 Erteilung und Erlöschen der Handlungsvollmacht

Erteilt werden kann die Handlungsvollmacht vom Inhaber selbst, von einem Prokuristen oder einem dazu Bevollmächtigten. Ein Handlungsbevollmächtigter braucht zur Übertragung seiner Handlungsvollmacht die Zustimmung des Inhabers → vgl. § 58 HGB. Die Erteilung kann gegenüber dem zu Bevollmächtigenden als Innenvollmacht oder gegenüber dem Geschäftspartner als Außenvollmacht → vgl. § 167 Abs. 1 BGB erklärt werden.

Die Handlungsvollmacht erlischt gemäß § 168 S. 1 BGB mit Beendigung des ihrer Erteilung zugrunde liegenden Arbeitsvertrages oder nach § 168 S. 2, 3 BGB durch Widerruf. Die §§ 170 bis 173 BGB gelten auch für die Handlungsvollmacht.

8.3 Angestellte in Laden oder Warenlager → vgl. § 56 HGB

Wer in einem Laden oder offenen Warenlager angestellt ist, gilt nach § 56 HGB zu Verkäufen und Empfangnahmen als bevollmächtigt, die in einem derartigen Laden oder Warenlager gewöhnlich vorkommen. „Angestellt" bedeutet nicht, dass ein Arbeitsvertrag bestehen muss. Es genügt, dass diese Personen mit Wissen und Wollen des Inhabers in dem Laden oder Warenlager tätig sind. Daher kann beispielsweise auch eine Aushilfe von § 56 HGB erfasst sein, wenn für den Kunden nicht erkennbar ist, dass sie nicht für Verkaufstätigkeiten im Geschäft angestellt worden ist. Unter einem „Laden" oder „Warenlager" ist jedes der Kundschaft zugängliche Verkaufslokal, also beispielsweise auch Verkaufsflächen im Freien, zu verstehen.

Das Anstellungsverhältnis begründet eine Vermutung für eine Innenvollmacht. § 56 HGB eröffnet also eine Rechtsscheinsvollmacht. Auch wenn ein Laden- oder Lagerangestellter nicht bevollmächtigt ist, kann er den Inhaber rechtgeschäftlich verpflichten (und berechtigen). Dies gilt jedoch nur, wenn die Vertragspartner gutgläubig sind, also nicht wissen, dass der Angestellte keine Vollmacht hat.

Beispiel

A arbeitet als Aushilfe im Bekleidungsgeschäft des U. Sie hat dort die Aufgabe, Kleidungsstücke aus der Anprobe wieder in die Regale zu legen. Eines Tages verkauft sie an K einen Pullover und gewährt ihr 3% Barzahlungsrabatt.

Obwohl A nicht zum Verkauf von Kleidungsstücken bevollmächtigt ist, ist gemäß § 56 HGB ein Kaufvertrag zwischen K und U über den Pullover zustande gekommen. Auch die Gewährung des Rabattes ist von der vermuteten Bevollmächtigung umfasst, wenn U solche Rabatte in seinem Geschäft üblicherweise gewährt.

Zusammenfassung

- Auch Kaufleute können sich bei der Führung ihrer Geschäfte eines Stellvertreters bedienen. Die umfangreichste Vertretungsmacht hat der Prokurist.
- Die Prokura muss vom Inhaber des Unternehmens ausdrücklich erteilt werden. Die Erteilung wie auch der Widerruf sind eintragungspflichtige Tatsachen. Der Prokurist ist kraft Gesetzes ermächtigt, alle Geschäfte abzuschließen, die der Betrieb irgendeines Handelsgewerbes mit sich bringt. Einschränkungen der Prokura sind im Außenverhältnis unwirksam. Überschreitet der Prokurist jedoch etwaige im Innenverhältnis gesetzte Grenzen, macht er sich unter Umständen schadenersatzpflichtig.

- Wer ohne Erteilung einer Prokura zum Abschluss von Geschäften für ein Handelsgewerbe bevollmächtigt worden ist, hat Handlungsvollmacht. Im Unterschied zur Prokura kann diese auch konkludent erteilt werden oder aus einem Rechtsscheintatbestand resultieren. Ihre Erteilung und ihr Widerruf sind nicht eintragungspflichtig. Die Handlungsvollmacht ermächtigt jedoch nur zur Vornahme solcher Geschäfte, die der Betrieb des konkreten Gewerbes gewöhnlich mit sich bringt. Beschränkungen müssen Dritte nur gegen sich gelten lassen, wenn sie sie kennen.
- Wer in einem Ladengeschäft oder Warenlager mit Wissen des Inhabers tätig ist, gilt als ermächtigt, die in diesem Geschäft üblichen Verkäufe und Empfangnahmen vorzunehmen. Dies gilt jedoch nur gegenüber Gutgläubigen, die nicht wissen, dass tatsächlich keine Vollmacht besteht.

Kontrollfragen und Fälle

1. Kaufmann A erteilt P am 1.2. Prokura. Am 15.2. schließt P im Namen des A einen Kaufvertrag mit C. Am 28.2. wird P als Prokurist in das Handelsregister eingetragen. Ist der Kaufvertrag zwischen A und C zustande gekommen?
2. Kaufmann K betreibt ein Hotel. Er hat dem P wirksam Prokura erteilt. P kauft bei X „p.pa." mehrere Gabelstapler und einen Baukran. Außerdem nimmt er bei der B-Bank ein Darlehen auf und bestellt zur Sicherung der Darlehensschuld eine Hypothek auf das Hotelgrundstück. Als K davon erfährt, ist er empört. Er fragt, ob die von P abgeschlossenen Geschäfte wirksam sind.
3. Hotelbetreiber K hat P Prokura eingeräumt. Im Dienstvertrag zwischen K und P ist vereinbart, dass P für Geschäfte im Wert von über 25.000 € die Genehmigung des K braucht. Dies wusste X, mit dem P im Namen des K einen Vertrag über den Ausbau des hoteleigenen Schwimmbads zum Preis von 150.000 € abschließt. K lehnt die Genehmigung des Geschäfts ab. Kommt der Vertrag zwischen K und X gleichwohl zustande?
4. H ist Leiter eines Kaufhauses, das dem E gehört. Die Einnahmen aus dem Weihnachtsgeschäft spendet H (= Schenkung → vgl. § 516 BGB) dem städtischen Tierheim. Ist die Schenkung wirksam?
5. K will sich im Geschäft des V eine Stereoanlage kaufen. Er lässt sich von der Aushilfe A bedienen, die ihm eine Anlage zum Preis von 500 € verkauft. Auf Bitten des K räumt sie ihm die Möglichkeit der Ratenzahlung ein. Ist zwischen V und K ein Kaufvertrag zustande gekommen?

9 Der Kaufmann als Absatzmittler

Orientierungsfragen

- Wie können sich Hersteller von Waren beim Vertrieb an die Endkunden durch Absatzmittler unterstützen lassen?
- Welche Rechte und Pflichten hat ein Handelsvertreter? Wie kann er seinen Provisionsanspruch geltend machen? → vgl. Abschnitt 9.1
- Wodurch unterscheiden sich Handelsvertreter und Handelsmakler? → vgl. Abschnitt 9.2, S. 174
- Was ist unter einem Vertragshändler zu verstehen? → vgl. Abschnitt 9.3.1, S. 176
- Welche Rechtsbeziehungen bestehen beim Franchising? → vgl. Abschnitt 9.3.2, S. 176

9.1 Der Handelsvertreter → vgl. § 84 HGB

9.1.1 Begriff und Arten der Handelsvertretung

HANDELSVERTRETER → GLOSSAR ist, wer als selbständiger Gewerbetreibender ständig damit betraut ist, für einen anderen Unternehmer Geschäfte zu vermitteln oder in dessen Namen abzuschließen → vgl. § 84 Abs. 1 S. 1 HGB. Der Handelsvertreter ist je nach Größe seines Betriebs Ist- oder Kann-Kaufmann → vgl. § 84 Abs. 4 HGB. § 91 Abs. 1 HGB verdeutlicht, dass der Unternehmer, für den der Handelsvertreter tätig ist, nicht Kaufmann zu sein braucht. Den Begriff der Selbständigkeit des Handelsvertreters definiert § 84 Abs. 1 S. 2 HGB. Diese liegt vor, wenn er seine Tätigkeit frei gestalten und namentlich seine Arbeitszeit frei einteilen kann. Das Merkmal der Selbständigkeit grenzt den Handelsvertreter vom Angestellten ab → vgl. § 84 Abs. 2 HGB. Auf das Vertragsverhältnis des Angestellten ist nicht das Recht der Handelsvertreter, sondern das Arbeitsrecht → vgl. §§ 611 ff. BGB anwendbar.

Nach § 84 Abs. 1 HGB muss der Handelsvertreter ständig damit betraut sein, Geschäfte für einen anderen zu vermitteln oder abzuschließen. „Ständig" bedeutet, dass der Handelsvertretervertrag auf eine unbestimmte Vielzahl von Vertragsabschlüssen gerichtet ist. Wer nicht ständig betraut ist, ist Handelsmakler nach § 93 Abs. 1 HGB. Der Handelsvertretervertrag ist formlos gültig. Zwar ist in § 85 HGB vorgesehen, dass jede Partei verlangen kann, dass der Inhalt des Vertrages in eine

Urkunde aufgenommen wird. Die Schriftform ist jedoch nicht konstitutiv, d. h. keine Voraussetzung für die Wirksamkeit des Vertrages.

Je nach Art ihrer Tätigkeit werden Vermittlungs- und Abschlussvertreter unterschieden. Vermittlungsvertreter vermitteln Geschäfte, d. h. sie erschließen für den Unternehmer potenzielle Kunden und veranlassen diese zur Abgabe eines Angebotes an den Unternehmer. Bei Vermittlungsvertretung ist der Handelsvertreter Empfangsbote oder Empfangsvertreter → vgl. § 164 Abs. 3 BGB hinsichtlich der Willenserklärungen des Dritten und Übermittlungsbote hinsichtlich der Erklärungen des Unternehmers. Er ist nicht befugt, Geschäfte im Namen des Prinzipals abzuschließen. Tut er dies dennoch, handelt er als Vertreter ohne Vertretungsmacht i. S. v. § 177 BGB → vgl. Abschnitt 1.7.6.1, S. 63 ff.

Abschlussvertreter sind demgegenüber gewöhnliche Stellvertreter nach § 164 ff. BGB → vgl. Abschnitt 1.7, S. 56. Sie schließen mit Vollmacht des Unternehmers → vgl. § 167 BGB in dessen Namen Geschäfte für diesen ab. Wer im eigenen Namen Geschäfte für andere abschließt, ist nicht Handelsvertreter, sondern Kommissionär nach §§ 383 ff. HGB. Gemäß §§ 91, 54 HGB finden die für den Handlungsbevollmächtigten geltenden Normen zur Beschränkung der Vertretungsmacht → vgl. § 54 HGB → vgl. Abschnitt 8.2.2, S. 166 auch auf den Abschlussvertreter Anwendung.

Auch nach dem Umfang der Tätigkeit werden verschiedene Arten von Handelsvertretern unterschieden. Der Einfirmenvertreter wird nur für einen Unternehmer tätig → vgl. § 92a HGB. Sie sind besonders schutzbedürftig, da sie von einem einzigen Unternehmer abhängig sind. Der Einfirmenvertreter, der während der letzten sechs Monate durchschnittlich nicht mehr als 1.000 € bezogen hat, wird im Prozessrecht nicht als Selbständiger sondern als Arbeitnehmer betrachtet, so dass für Streitigkeiten zwischen ihm und dem Unternehmer die Arbeitsgerichte zuständig sind.

Dem Bezirksvertreter ist ein bestimmter Bezirk oder Kundenkreis zugewiesen. Der Unternehmer kann in diesem Bezirk oder mit den Kunden dieses Kundenkreises Geschäfte abschließen. Jedoch kann auch ein Dritter hier Geschäfte vermitteln oder als Vertreter abschließen. Nach § 87 Abs. 2 HGB hat der Bezirksvertreter dann gleichwohl einen Provisionsanspruch, auch wenn er am Zustandekommen des Geschäfts nicht beteiligt war.

Im Gegensatz zum Bezirksvertreter hat der Alleinvertreter einen Anspruch darauf, dass weder der Unternehmer selbst noch von ihm Bevollmächtigte in dem betreffenden Bezirk Geschäfte abschließen. Die Alleinvertretung muss ausdrücklich im Vertrag vereinbart werden.

Generalvertreter kommen vor allem bei größeren Unternehmen mit mehrstufiger/hierarchischer Vertriebsorganisation zum Einsatz. Sie stehen zwischen dem Unternehmen und den Untervertretern.

9.1.2 Pflichten des Handelsvertreters

Der Handelsvertreter ist gemäß § 86 Abs. 1 HGB verpflichtet, sich um die Vermittlung oder den Abschluss von Geschäften zu bemühen. Dabei hat er die Interessen des Unternehmers zu wahren und ist an seine Weisungen gebunden. Die ihm anvertrauten Gegenstände hat er sorgfältig zu behandeln. § 86 Abs. 2 HGB legt ihm verschiedene Mitteilungs- und Berichterstattungspflichten auf. Ferner ist er verpflichtet, Geschäfts- und Betriebsgeheimnisse des Unternehmers zu bewahren (Verschwiegenheitspflicht → vgl. § 90 HGB). Täuscht der Handelsvertreter den Kunden arglistig, so kann der Kunde den zustande gekommenen Vertrag anfechten, auch wenn der Unternehmer von der Täuschung nichts wusste bzw. wissen musste. Denn der Handelsvertreter ist nicht Dritter i. S. v. § 123 Abs. 2 BGB → vgl. Abschnitt 1.6.3.2, S. 53.

Ein Wettbewerbsverbot ist im Gesetz nicht vorgeschrieben. Es kann aber vertraglich vereinbart werden. In diesem Fall ist es dem Handelsvertreter untersagt, ohne Einwilligung des Unternehmers eigene Geschäfte abzuschließen. Nach § 90a HGB kann auch für die Zeit nach Beendigung des Handelsvertretervertrags eine Wettbewerbsabrede getroffen werden. Diese ist schriftlich festzuhalten und in ihrer Gültigkeit auf maximal zwei Jahre begrenzt.

9.1.3 Rechte des Handelsvertreters

Im Gegenzug für seine Tätigkeit hat der Handelsvertreter einen Provisionsanspruch. Die Provision wird berechnet nach einem bestimmten Prozentsatz des Wertes des einzelnen getätigten Geschäfts.

Der wichtigste Fall ist die Abschlussprovision nach § 87 Abs. 1 HGB. Beim Abschlussvertreter ist erforderlich, dass der Handelsvertreter im Rahmen seiner Vertretungsmacht den Vertrag im Namen des Unternehmers mit dem Kunden abschließt. Für die Bemühungen allein steht dem Handelsvertreter keine **Provision** → Glossar zu. Wird ein Handelsvertreter als Vermittlungsvertreter tätig, so muss seine Vermittlung zum Abschluss des Vertrags durch den Unternehmer und den Kunden führen. Weigert sich der Unternehmer, den angebahnten Vertrag abzuschließen, so entsteht kein Provisionsanspruch. Der Abschluss des Geschäfts muss auf die Tätigkeit des Handelsvertreters zurückzuführen sein. Beim Bezirks- und Kundenkreisvertreter kommt es nach § 87 Abs. 2 HGB dagegen auf eine Mitursächlichkeit der Tätigkeit des Handelsvertreters nicht an: er hat einen Provisionsanspruch für alle Geschäfte, die während seines Vertretungsverhältnisses in dem ihm zugewiesenen Bezirk bzw. mit dem ihm zugewiesenen Kundenkreis zustande kommen. Ein Provisionsanspruch besteht aber nicht, wenn der Dritte seine Verpflichtung aus dem Vertrag nicht erfüllt → vgl. § 87a Abs. 2 HGB. Das gilt selbst dann, wenn der Unternehmer schon geleistet hat. Umgekehrt entsteht ein Provisionsanspruch, wenn der Dritte leistungsbereit ist, der Unternehmer aber das Geschäft nicht oder anders als vereinbart ausführt → vgl. § 87a Abs. 3 HGB. Beruht die Nichtleistung des Unternehmers jedoch auf Umständen, die er nicht zu vertreten hat, so entfällt wiederum der Provisionsanspruch.

Weitere Arten sind die Inkassoprovision nach § 87 Abs. 4 HGB für auftraggemäß vom Handelsvertreter eingezogene Geldbeträge, sowie die Delkredereprovision nach § 86b HGB, die immer dann zu gewähren ist, wenn sich der Handelsvertreter bereit erklärt hat, für die Erfüllung der Verbindlichkeiten aus den von ihm abgeschlossenen oder vermittelten Geschäften einzustehen.

9.1.4 Ende des Vertretungsverhältnisses

Das Handelsvertretungsverhältnis endet mit dem Ablauf der Zeit, für die es eingegangen ist → vgl. § 620 BGB. Ist der Vertrag auf unbestimmte Zeit geschlossen worden, kann er nach § 89 HGB ordentlich gekündigt werden. § 89a HGB räumt die Möglichkeit der außerordentlichen Kündigung ein, wenn hierfür ein wichtiger Grund besteht, der die weitere Zusammenarbeit zwischen Vertreter und Unternehmer unzumutbar macht.

Nach Beendigung des Vertreterverhältnisses hat der Handelsvertreter gemäß § 89b HGB einen Ausgleichsanspruch gegen den Unternehmer. Voraussetzung ist, dass der Unternehmer auch nach Beendigung des Vertragsverhältnisses noch erhebliche Vorteile aus der Geschäftsverbindung mit den vom Handelsvertreter geworbenen Kunden hat (Nr. 1), dass der Handelsvertreter infolge der Beendigung des Vertragsverhältnisses Provisionsansprüche verliert, die er ohne Beendigung gehabt hätte (Nr. 2) und dass die Zahlung eines Ausgleichs der Billigkeit entspricht (Nr. 3).

9.2 Der Handelsmakler → vgl. § 93 Abs. 1 HGB

HANDELSMAKLER → GLOSSAR ist, wer gewerbsmäßig für andere, ohne von ihnen ständig damit betraut zu sein, die Vermittlung von Verträgen über Gegenstände des Handelsverkehrs übernimmt → vgl. § 93 Abs. 1 HGB. Das Gesetz nennt als Beispiele die Vermittlung von Verträgen über die Anschaffung oder die Veräußerung von Waren (Warenmakler), über Wertpapiere (Effektenmakler, Börsenmakler), Versicherungen (Versicherungsmakler) oder Güterbeförderungen. So ist der Grundstücks- und Wohnungsmakler nicht Handelsmakler → vgl. § 93 Abs. 2 HGB. Gleiches gilt für

Leasingvermittler, Dienstleistungsmakler oder Vermittler von Künstlern und Artisten. Für diese Makler gelten die §§ 652 ff. BGB, da ihre Tätigkeit nicht spezifisch für den Handelsverkehr ist.

Der Handelsmakler schließt keine Geschäfte im Namen des Auftraggebers ab, sondern vermittelt nur. Vermittlung beinhaltet die Vorbereitung von Vertragsschlüssen, verlangt aber mehr als den bloßen Nachweis der Gelegenheit zum Abschluss von Verträgen (Abgrenzung zum Nachweismakler nach § 652 Abs. 1 BGB).

Der Handelsmakler muss gemäß § 93 Abs. 1 HGB gewerbsmäßig handeln → vgl. Abschnitt 5.1, S. 143. Er muss die Vermittlung „übernommen" haben. Dies geschieht in der Regel durch einen Vertrag zwischen Makler und Auftraggeber oder durch Auslobung nach § 657 BGB. Bei der Auslobung handelt es sich um ein einseitiges Rechtsgeschäft, bei dem der Auslobende eine Belohnung für die Vornahme einer bestimmten Handlung bzw. die Herbeiführung eines bestimmten Erfolges aussetzt. Der Handelsmakler kann entweder von einer oder von beiden Parteien des zu vermittelnden Vertrags beauftragt werden. Im letzteren Falle besteht mit jeder Partei ein Handelsmaklervertrag. Aber auch wenn nur eine künftige Vertragspartei den Maklervertrag abschließt, steht sie kraft Gesetzes in einem vertragsähnlichen Verhältnis zur anderen Partei → vgl. §§ 94, 96, 98, 99 HGB.

Der Handelsmakler ist nicht zum Tätigwerden verpflichtet – es sei denn, eine solche Pflicht zum Tätigwerden ist vereinbart. Aus dem Abschluss eines Handelsmaklervertrages allein ergibt sich die Verpflichtung aber nicht.

Haben die Parteien nicht vereinbart, wer den Maklerlohn (auch Provision oder Courtage genannt) zahlen soll, ist er von jeder Partei zur Hälfte zu entrichten → vgl. § 99 HGB. Dieser Regelung liegt das gesetzgeberische Modell zugrunde, dass der Handelsmakler für beide Seiten tätig wird, auch wenn nur eine Seite mit dem Makler einen Vertrag geschlossen hat. Der Handelsmakler soll „ehrlicher Makler" sein: er hat nicht nur die Interessen seines Auftraggebers, sondern auch diejenigen des Vertragspartners seines Auftraggebers wahrzunehmen. Auch vor diesem Hintergrund ist die Regelung des § 99 HGB zu erklären. Nach dem Recht des BGB verliert der Makler dagegen seinen Anspruch auf den Lohn, wenn er für beide Seiten tätig wird → vgl. § 654 BGB.

Der Anspruch auf den Maklerlohn entsteht nur, wenn der vermittelte Vertrag wirksam zustande gekommen ist. Die Tätigkeit des Handelsmaklers muss dafür zumindest mitursächlich gewesen sein → vgl. § 652 BGB. Die von beiden Vertragsparteien nach § 94 HGB zu unterzeichnende Schlussnote hat eine mit dem kaufmännischen Bestätigungsschreiben → vgl. Abschnitt 10.2.2, S. 181 verwandte Wirkung. Sie liefert den Beweis für den Inhalt des vom Handelsmakler vermittelten Geschäfts. Anders als beim Handelsvertreter → vgl. § 87a HGB und beim Kommissionär → vgl. § 396 Abs. 1 HGB ist aber nicht erforderlich, dass der Vertrag auch ausgeführt wird.

Verletzt der Handelsmakler schuldhaft seine Sorgfaltspflicht, so haftet er jeder der beiden Parteien für den dadurch entstehenden Schaden → vgl. § 98 HGB.

9.3 Andere Absatzmittlungsverhältnisse

9.3.1 Der Vertragshändler

Zum Vertragshändler finden sich im Gesetz keine Regelungen. Dieser kauft und verkauft Waren eines bestimmten Herstellers im eigenen Namen auf eigene Rechnung. Dazu schließen Hersteller und Vertragshändler einen Vertrag, in dem sich der Händler verpflichtet, die Vertragsware im Vertragsgebiet ständig zu vertreiben sowie Absatz und Kundenkontakt durch fachkundige Beratung, spezielle Werbung und Kundendienst zu fördern. Es besteht eine gewisse rechtliche Ähnlichkeit zum Handelsvertreter.

9.3.2 Das Franchising

Auch das Franchising ist im Gesetz nicht geregelt. Dabei handelt es sich um ein Vertriebskonzept, bei dem ein Unternehmen (= Franchisegeber) sein Erzeugnis oder seinen Service einer großen Zahl von anderen Unternehmen (= Franchisenehmer) unter Verwendung eines gemeinsamen Vertriebssystems, Namens, Auftretens nach außen durch Symbole oder Markenzeichen sowie einer einheitlichen Ausstattung zum Vertrieb überlässt. Das Franchisesystem ermöglicht die Ausdehnung des Vertragshändlerprinzips über den Warenhandel hinaus, beispielsweise auf Hotels oder Fastfood-Ketten.

Der Franchisenehmer wird im eigenen Namen und auf eigene Rechnung tätig. Er zahlt jedoch Gebühren für die Verwendung des gewerblichen Know-how und des Vertriebskonzepts des Franchisegebers. Oftmals findet auch eine gemeinsame Buchhaltung statt. Anders als der Vertragshändler ist der Franchisenehmer also an ein bis ins Einzelne geregeltes Organisations- und Marketingkonzept des Franchisegebers gebunden und dessen Überwachungs- und Weisungsrecht unterworfen.

Zusammenfassung

- Personen, die den Hersteller einer Ware bei deren Vertrieb an den Endkunden unterstützen, werden als Absatzmittler bezeichnet.
- Der Handelsvertreter ist ständig damit betraut, für einen anderen Unternehmer Geschäfte zu vermitteln oder in dessen Namen abzuschließen. Als Vermittlungsvertreter erschließt er potenzielle Kunden für den Unternehmer, als Abschlussvertreter schließt er im Namen des Unternehmers Verträge ab. Als Gegenleistung für seine Tätigkeit erhält er einen Provisionsanspruch.
- Handelsmakler übernehmen, ohne ständig damit betraut zu sein, die Vermittlung von Verträgen für einen Unternehmer. Sie schließen jedoch keine Verträge in dessen Namen ab. Den Maklerlohn entrichten der Unternehmer sowie der vermittelte Kunde je zur Hälfte.
- Vertragshändler kaufen und verkaufen auf eigene Rechnung Waren eines bestimmten Herstellers. Überdies fördern sie den Absatz des Herstellers durch umfassende Kundenbetreuung.
- Beim Franchising handelt es sich um ein Vertriebskonzept, bei dem der Franchisegeber gegen Gebühr dem Franchisenehmer sein Produkt oder seine Dienstleistung sowie sein Know-how und Markenzeichen überlässt.

Kontrollfragen und Fälle

1. Welche Arten von Handelsvertretern werden unterschieden?
2. V ist als Bezirksvertreter für den Autohersteller S tätig. Als S ohne Zutun des V einen Vertrag mit dem im Bezirk des V ansässigen D schließt, verlangt V eine Provision. S verweigert dies unter Hinweis auf die fehlende Mitwirkung des V an dem Geschäft. Zu Recht?
3. Welche Voraussetzungen hat der Ausgleichanspruch des Handelsvertreters gegen den Unternehmer?
4. Wie unterscheiden sich Handelsvertreter und Handelsmakler?
5. Gegen wen richtet sich der Anspruch auf den Maklerlohn?
6. Was verstehen Sie unter Franchising?

10 Allgemeine Vorschriften für Handelsgeschäfte

Orientierungsfragen

- Gelten für die von Kaufleuten abgeschlossenen Geschäfte besondere Regeln, die von denen des BGB abweichen? → vgl. Abschnitt 10.2, S. 180 Welche Geschäfte fallen unter das Sonderprivatrecht für Kaufleute? → vgl. Abschnitt 10.1
- Welche Bedeutung hat das Schweigen im kaufmännischen Rechtsverkehr? → vgl. Abschnitt 10.2.1, S. 180
- Was gilt, wenn die Parteien eines Handelsgeschäfts einander widersprechende AGB verwenden? → vgl. Abschnitt 10.2.3, S. 181
- Finden hergebrachte Handelsbräuche im Handelsrecht Berücksichtigung? → vgl. Abschnitt 10.2.4, S. 182
- Welche Besonderheiten gelten namentlich im Hinblick auf schuld- und sachenrechtliche Normen? → vgl. Abschnitte 10.3, S. 183 und 10.4, S. 187

10.1 Begriff des Handelsgeschäfts

Schließen Kaufleute Rechtsgeschäfte ab, gelten auch für diese die Regelungen des BGB. Das HGB hält darüber hinaus einige Sonderregelungen bereit, die den Besonderheiten des gewerblichen Verkehrs Rechnung tragen.

Gemäß § 343 HGB sind **HANDELSGESCHÄFTE** → GLOSSAR alle Geschäfte eines Kaufmanns, die zum Betrieb seines Handelsgewerbes gehören. Ein Handelsgeschäft liegt also nur vor, wenn zumindest auf einer Seite ein Kaufmann beteiligt ist. Nach § 344 Abs. 1 HGB wird vermutet, dass die von einem Kaufmann getätigten Geschäfte Handelsgeschäfte sind. Diese Vermutung ist von Bedeutung im Prozess: nicht der Vertragspartner des Kaufmanns muss beweisen, dass das Geschäft ein Handelsgeschäft ist, sondern der Kaufmann muss beweisen, dass das Geschäft kein Handelsgeschäft ist.

Beispiel
Hat der Kaufmann K ein Auto von V gekauft und beruft er sich – etwa im Rahmen der Sachmängelhaftung – darauf, dass er diesen Wagen nicht für den Betrieb seines Handelsgewerbes, sondern für den privaten Gebrauch durch seine Ehefrau gekauft hat, muss K dies beweisen.

Ein einseitiges Handelsgeschäft liegt vor, wenn nur eine Partei Kaufmann ist und das Geschäft zu dessen Handelsgewerbe gehört. Es kann aber auch gegeben sein, wenn beide Vertragspartner Kaufleute sind, das Geschäft aber für eine Vertragspartei ein Privatgeschäft ist. Nach § 345 HGB kommen beim einseitigen Handelsgeschäft für beide Parteien (also auch für den Nicht-Kaufmann) die Vorschriften über Handelsgeschäfte zur Anwendung, wenn sich aus dem Gesetz nichts anderes ergibt.

Beispiele
Die Vorschriften über den Fracht- und Speditionsvertrag → vgl. §§ 407, 453 BGB → vgl. Abschnitt 12.2, S. 199 finden auch dann Anwendung, wenn der Kunde nicht Kaufmann ist. Anders beim Handelskauf → vgl. Abschnitt 11, S. 191, denn § 377 HGB verlangt, dass der Kauf für beide Seiten ein Handelsgeschäft ist.

10.2 Sonderregeln für Abschluss und Inhalt von Handelsgeschäften

Die Regelungen des HGB statuieren für bestimmte Fälle Ausnahmen oder Ergänzungen zu den Regeln des BGB.

10.2.1 Schweigen auf ein Angebot zur Geschäftsbesorgung

Eine wichtige Ausnahmeregelung zum BGB beinhaltet § 362 HGB. Nach den Grundsätzen des BGB hat Schweigen im Rechtsverkehr keinerlei Bedeutung → vgl. Abschnitt 1.5.4.1, S. 45. Bei einem Kaufmann gilt das Schweigen nach § 362 HGB jedoch unter Umständen als Annahmeerklärung. Dies ist der Fall, wenn der Kaufmann ein Gewerbe betreibt, welches die Besorgung von fremden Geschäften mit sich bringt. Unter Geschäftsbesorgung ist eine selbständige wirtschaftliche Tätigkeit im Interesse eines anderen zu verstehen, beispielsweise die Tätigkeit des Handelsvertreters, eines Spediteurs, einer Bank usw. Die Geschäftsbesorgung liegt also regelmäßig im Dienstleistungsbereich; für den Warenkaufmann gilt § 362 HGB also nicht. Geht dem Geschäftsbesorgungskaufmann nun ein Angebot über die Besorgung eines Geschäfts von jemandem zu, mit dem er in einer auf eine gewisse Dauer angelegten Geschäftsverbindung steht, gilt sein Schweigen darauf als Annahme. Will er das Angebot ablehnen, muss er dies unverzüglich → vgl. die Definition in § 122 BGB: ohne schuldhaftes Zögern erklären. In diesem Fall ist er nach § 362 Abs. 2 HGB gleichwohl verpflichtet, mit dem Angebot übersandte Waren vor Schäden zu bewahren – dies ist ein wichtiger Unterschied zu § 241a BGB.

10.2.2 Das kaufmännische Bestätigungsschreiben

Auch beim kaufmännischen Bestätigungsschreiben wird Schweigen als Zustimmung gewertet. Das Bestätigungsschreiben ist ein im kaufmännischen Verkehr übliches und verbreitetes Verfahren, bei dem mündliche Absprachen schriftlich bestätigt werden. Es wird regelmäßig von einer der Parteien ausgestellt und gibt Auskunft über den Inhalt des Vertrages.

Unproblematisch ist das Bestätigungsschreiben, wenn es den tatsächlichen Inhalt der Abrede richtig wiedergibt (deklaratorisches Bestätigungsschreiben). Ihm kann aber auch konstitutive Wirkung zukommen, wenn es in einzelnen Punkten von der Vereinbarung abweicht. Wer hier nicht unverzüglich widerspricht, muss den Inhalt gegen sich gelten lassen. Die Regeln über das kaufmännische Bestätigungsschreiben gelten nur für Kaufleute. Voraussetzung ist ferner, dass dem Bestätigungsschreiben unmittelbar mündliche oder telefonische Vertragsverhandlungen vorausgegangen sind, die in dem Papier unter Wiedergabe des Vertragsinhalts endgültig und eindeutig bestätigt werden. Der Absender muss redlich sein. Er ist also nur dann schutzwürdig, wenn er das Schweigen als Einverständnis auffassen darf. Das Bestätigungsschreiben darf daher nur solche Abweichungen von den Vereinbarungen enthalten, bei denen der Absender noch mit der Zustimmung des Empfängers rechnen darf. Liegen diese Voraussetzungen vor, so gilt der Vertrag als mit dem Inhalt zustande gekommen, der in dem Bestätigungsschreiben steht.

Zu unterscheiden ist das kaufmännische Bestätigungsschreiben von der in der Praxis häufig vorkommenden Auftragsbestätigung. Diese beinhaltet eine Annahmeerklärung, mit der ein Vertrag erst zustande kommt.

10.2.3 Verwendung von AGB

Gemäß § 310 Abs. 1 BGB unterliegen die gegenüber einem Unternehmer – dies ist jeder Gewerbetreibende, nicht notwendigerweise aber ein Kaufmann – verwendeten AGB nicht der strengen Inhaltskontrolle nach §§ 309 und 308 BGB. Auch ihre Einbeziehung ist erleichtert, da die Anwendung des § 305 Abs. 1, 2 BGB ausgeschlossen ist.

Beim Vertragsschluss unter mehreren Gewerbetreibenden kann es vorkommen, dass diese ihren Willenserklärungen jeweils ihre eigenen AGB beifügen, die sich unter Umständen widersprechen. Diese Problematik kann mit Hilfe der allgemeinen Regeln über Willenserklärungen gelöst werden, denn die AGB sind lediglich ein Bestandteil der Willenserklärungen. Divergieren sie, kommt § 150 Abs. 2 BGB zur Anwendung. Die Annahmeerklärung eines Kaufmanns mit AGB, die von denen des antragenden Kaufmanns abweichen, gilt daher als neues Angebot. Einigen sich die Parteien darüber nicht und führen sie den Vertrag dennoch aus, gelten die jeweiligen AGB nur, soweit sie übereinstimmen. Im Übrigen bleiben sie unbeachtlich.

10.2.4 Handelsbräuche

Gemäß § 346 HGB ist unter Kaufleuten auf die im Handelsverkehr geltenden Gewohnheiten und Gebräuche Rücksicht zu nehmen. Bei diesen **HANDELSBRÄUCHEN** → **GLOSSAR** handelt es sich um Auslegungsmaximen und damit nichts anderes als die handelsrechtliche Verkehrssitte → **vgl. §§ 157, 242 BGB.**

Beispiel

Nach den Tegernseer Gebräuchen haftet ein Handelsmakler bei Auskünften über die Zahlungsfähigkeit eines Absatzkunden nur für Vorsatz, wenn sich die Auskunft als falsch erweist [BGH, NJW-RR 1987, S. 94].

Einen besonders wichtigen Handelsbrauch bilden die Incoterms (= international commercial terms) [www.iccwbo.org/incoterms]. Diese enthalten internationale Regeln zur Auslegung der hauptsächlich verwendeten Vertragsklauseln, um eine einheitliche Basis für den globalisierten Handel zu gewährleisten. Sie werden durch Bezugnahme Vertragsbestandteile mit der Folge, dass sich die Auslegung der von der ICC (International Chamber of Commerce) erläuterten Klauseln nach dieser Erläuterung zu richten hat. Die Incoterms regeln die Rechte und Pflichten der Vertragsparteien in Bezug auf die Lieferung von Waren. Die wichtigsten Klauseln sind:

- EXW = ex works – ab Werk: Der Verkäufer ist verpflichtet, die Ware an einem vereinbarten Ort zur Abholung bereitzustellen. Der Käufer trägt die Kosten für Transport und Versicherung und trägt die Gefahr von Verlust und Beschädigung der Sachen, sobald sie an den vereinbarten Ort verbracht worden sind.
- FOB = free on board: Im Seehandel wird der Verkäufer durch diese Klausel verpflichtet, die Ware an Bord eines bestimmten Schiffes zu bringen. Danach geht die Transportgefahr auf den Käufer über.

- CIF = cost, insurance, freight: Der Verkäufer trägt bis zur Lieferung alle Kosten für Versicherung und Fracht.
- DDP = delivered duty paid: Der Verkäufer trägt alle Kosten und Gefahren des Transports bis zum Bestimmungsort, einschließlich etwaiger Zölle.
- DDU = delivered duty unpaid: Der Verkäufer trägt grundsätzlich alle Kosten und Gefahren des Transports. Die Zahlung von Zöllen und aller damit verbundenen Formalitäten obliegt dagegen dem Käufer.

10.2.5 Formvorschriften

Kaufleute gelten als geschäftserfahren. Die Warnfunktion, in der sich einige Formvorschriften des BGB → vgl. Abschnitt 1.5.3.4, S. 44 erschöpfen, ist demgemäß bei Kaufleuten überflüssig. Deshalb spricht § 350 HGB für einige Geschäfte – Bürgschaft, Schuldversprechen, Anerkenntnis – die Formlosigkeit aus.

10.3 Schuldrechtliche Ergänzungen

10.3.1 Zinsbestimmungen

Nach § 246 BGB beträgt der gesetzliche Zinssatz 4% → vgl. Abschnitt 2.2.3.2, S. 85. Das gilt in allen Fällen, in denen das Gesetz eine Verzinsung vorschreibt – so § 256 BGB für den Aufwendungsersatz, z. B. nach § 670 BGB (Auftrag) – oder wenn in einem Rechtsgeschäft eine Verzinsung vereinbart ist, ohne dass deren Höhe bestimmt wäre. § 352 Abs. 1 S. 1 HGB erhöht diesen Zinssatz für beiderseitige Handelsgeschäfte auf 5%, sofern es sich nicht um Verzugszinsen handelt. Für diese gilt stets § 288 Abs. 2 BGB, also 9% über dem Basiszinssatz.

Im BGB gibt es eine gesetzliche Pflicht zur Verzinsung grundsätzlich erst ab dem Schuldnerverzug → vgl. § 288 Abs. 1 S. 1 BGB oder ab Rechtshängigkeit, d. h. ab Einreichen einer Klage bei Gericht → vgl. § 291 S. 1 BGB. § 353 HGB verlegt dagegen den Beginn der Zinspflicht nach vorn: Zinsen können danach bereits ab dem Tag der Fälligkeit gefordert werden.

10.3.2 Kontokorrent → vgl. § 355 HGB

In auf Dauer angelegten Geschäftsbeziehungen, vor allem im Bankverkehr, werden die Aktiv- und Passivposten beider Parteien häufig derart verrechnet, dass in regelmäßigen Zeitabschnitten lediglich der Saldo für eine der beiden Parteien festgestellt wird. Die gegenseitigen Ansprüche werden damit zu bloßen Rechnungsposten und auf eine einzige Geldschuld zurückgeführt. Diese laufende Verrechnung wird als **KONTOKORRENT** → GLOSSAR bezeichnet → vgl. § 355 HGB. Es genügt, wenn eine der beiden Parteien Kaufmann ist.

Das Kontokorrent dient zum einen der Vereinfachung. Bei laufender Geschäftsverbindung wird nur nach bestimmten Zeitabschnitten saldiert und dann von einer Partei geleistet. Ohne Kontokorrentabrede müssten in diesem Zeitraum viele Geldtransaktionen vorgenommen werden. Zum anderen führt es zur Vereinheitlichung der Forderungen in einer Geschäftsbeziehung: in das Kontokorrent werden Forderungen aus den verschiedensten Rechtsgründen eingestellt. Sie können hinsichtlich Erfüllungsort, Verjährung etc. ein verschiedenes Schicksal haben. Wird jedoch der Saldo anerkannt, so gilt nur noch dieser. Letztlich werden durch das Kontokorrent die Forderungen gesichert. Die Beteiligten sind nicht darauf angewiesen, dass der Geschäftspartner jede einzelne Schuld bezahlt; er muss nur den Saldo leisten.

Es werden zwei Arten von Kontokorrentabreden unterschieden. Beim Periodenkontokorrent → vgl. § 355 Abs. 2 HGB wird die Saldierung in regelmäßigen Zeitabschnitten durchgeführt. Beim Staffelkontokorrent vereinbaren die Parteien dagegen, dass nicht periodisch, sondern laufend verrechnet wird.

Mit der Einstellung in das Kontokorrent verliert die Forderung ihre Selbständigkeit; sie ist praktisch „gelähmt". Der Gläubiger kann die Forderung für sich genommen nicht mehr geltend machen. Er kann ferner nicht mehr über sie verfügen – also die Forderung weder abtreten noch verpfänden. Möglich ist jedoch gemäß § 357 HGB die Pfändung des Saldos, der zum Zeitpunkt der Zustellung des Pfändungsbeschlusses besteht. Ebenso wenig kann der Schuldner die Einzelforderung erfüllen, so dass er aber auch nicht in Verzug kommen kann.

Die am Ende der Periode automatisch eintretende Verrechnung führt zum Erlöschen der Einzelforderungen und zum Entstehen eines Saldoanspruchs. Erkennt der Vertragspartner den übermittelten Saldo an, so stellt dies ein abstraktes Schuldanerkenntnis dar → vgl. § 781 BGB. Wird eine gesicherte Einzelforderung in das Kontokorrent eingestellt, so erlischt die Sicherheit gemäß § 356 Abs. 1 HGB trotz Anerkennung des Saldos nicht.

10.3.3 Erfüllung von Handelsgeschäften

Nach § 243 Abs. 1 BGB sind bei einer Gattungsschuld Sachen mittlerer Art und Güte zu leisten → vgl. Abschnitt 2.1.1, S. 72. Für handelsrechtliche Gattungsschulden bestimmt § 360 HGB, dass ein Handelsgut mittlerer Art und Güte zu leisten ist, d. h. Ware, wie sie im redlichen Handelsverkehr am Erfüllungsort üblich ist. Das kann mehr oder weniger sein als eine Ware mittlerer Art und Güte nach § 243 Abs. 1 BGB.

Bezüglich der Leistungszeit ergänzt § 358 HGB die Vorschrift des § 271 BGB. Leistungen können danach nur während der gewöhnlichen Geschäftszeiten bewirkt oder gefordert werden.

Ein Kaufmann, der in Ausübung seines Handelsgewerbes für einen anderen tätig wird, hat gemäß § 354 Abs. 1 HGB auch ohne ausdrückliche Abrede einen Vergütungsanspruch. Die Höhe der Vergütung richtet sich nach den ortsüblichen Sätzen.

Gemäß § 347 Abs. 1 HGB trifft den Kaufmann eine besondere Sorgfaltspflicht. Diese Norm beinhaltet eine Klarstellung zu § 276 BGB: die von einem Kaufmann zu beachtende Sorgfalt bemisst sich nicht nach den für jedermann geltenden Maßstäben, sondern nach den typischen Fähigkeiten und Kenntnissen eines Kaufmanns. Dieser Haftungsmaßstab findet auch dann Anwendung, wenn sich der Kaufmann eines Erfüllungsgehilfen nach § 278 BGB bedient. Von Bedeutung ist die Sorgfaltspflicht bei Vertragsverhandlungen → vgl. § 311 Abs. 2, 3 BGB, Vertragsverletzungen und unerlaubten Handlungen.

Bei beiderseitigen Handelsgeschäften ordnet § 354a HGB die Unwirksamkeit vertraglicher Abtretungsverbote nach § 399 BGB an. Solche Abtretungsverbote finden sich regelmäßig in den AGB mächtiger Großkunden. Diese Regelung dient dem Schutz des Gläubigers, der in die Lage versetzt werden soll, ihm zustehende Forderungen zu verwerten. So kann er z. B. Forderungen trotz eines vereinbarten Abtretungsverbotes zur Sicherheit an eine Bank abtreten, um einen Kredit zu bekommen. Auch Forderungen aus einem verlängerten Eigentumsvorbehalt werden durch § 354a HGB verwertbar.

Haben beide Parteien unangemessen hohe Vertragsstrafen vereinbart, können diese nach § 343 Abs. 1 S. 1 BGB auf Antrag des Schuldners durch das Gericht herabgesetzt werden. Diese Möglichkeit schließt § 348 HGB für Vertragsstrafen aus, die ein Kaufmann im Rahmen seines Handelsgewerbes versprochen hat.

10.3.4 Das kaufmännische Zurückbehaltungsrecht → vgl. § 369 HGB

Nach § 273 BGB hat der Schuldner ein **ZURÜCKBEHALTUNGSRECHT** → GLOSSAR. Er kann seine Leistung solange verweigern, bis der Gläubiger die dem Schuldner gebührende Gegenleistung – gleich welcher Art – erbracht hat. Der Anspruch des Schuldners muss fällig sein und aus demselben rechtlichen Verhältnis stammen, auf dem seine Verpflichtung beruht (Konnexität). „Aus demselben rechtlichen Verhältnis" ist nicht gleichzusetzen mit „demselben Vertrag". Für die Konnexität genügt ein einheitlicher Lebensvorgang. Macht der Schuldner in einem Prozess sein

Zurückbehaltungsrecht geltend, führt dies nach § 274 BGB zu einer Verurteilung Zug um Zug.

Beispiel

An der Garderobe haben A und B ihre beiden Mäntel vertauscht. Sie verlangen jeweils vom anderen Herausgabe ihres Mantels → vgl. § 985 BGB. Wegen §§ 273, 274 BGB muss A den Mantel des B nur gegen Herausgabe seines eigenen Mantels durch B herausgeben.

Das kaufmännische Zurückbehaltungsrecht nach § 369 HGB geht über die Anforderungen des BGB hinaus. Gegenstand des Zurückbehaltungsrechts sind bewegliche Sachen und Wertpapiere. Diese müssen grundsätzlich im Eigentum des Schuldners stehen; zumindest aber muss der Schuldner eine Anwartschaft oder einen Anspruch auf Rückübereignung dieser Sachen haben. Die durch das Zurückbehaltungsrecht gesicherte Forderung muss eine Geldforderung sein oder zumindest eine Forderung, die in eine Geldforderung übergehen kann. Wie bei § 273 BGB muss diese fällig sein. Die sich gegenüberstehenden Forderungen müssen aus den zwischen den beiden Parteien geschlossenen beiderseitigen Handelsgeschäften entstanden sein. Im Gegensatz zum Zurückbehaltungsrecht des BGB ist also keine Konnexität erforderlich.

Verwirrend sind die verschiedenen Personenbezeichnungen in § 273 BGB und in § 369 HGB. In § 273 BGB spricht das Gesetz vom Schuldner, der ein Zurückbehaltungsrecht geltend macht; in § 369 HGB ist es der Gläubiger. Daher nochmals zusammenfassend die von § 369 HGB erfasste Konstellation: Gläubiger G hat eine Geldforderung gegen Schuldner S. S verlangt von G bewegliche Sachen oder Wertpapiere heraus, die ihm (S) gehören und die mit seinem Willen aufgrund eines Handelsgeschäfts in den Besitz des G gelangt sind. G hält diese Gegenstände solange zurück, bis der S zahlt.

Das Zurückbehaltungsrecht gibt eine Einrede. Es muss also im Prozess geltend gemacht werden, d. h. das Gericht berücksichtigt es nicht von Amts wegen. Ebenso wie in den §§ 273, 274 BGB führt das kaufmännische Zurückbehaltungsrecht zu einer Verurteilung Zug um Zug.

Beispiel

Kaufmann V hat aufgrund eines Kaufvertrags eine Maschine an Kaufmann K übereignet. K ist berechtigterweise vom Kaufvertrag zurückgetreten → vgl. § 346 BGB. V verlangt nun, dass K ihm die Maschine zurück übereignet, weigert sich aber seinerseits, K den Kaufpreis zu erstatten. Nachdem sich beide nicht einig werden, verklagt V den K auf Rückübereignung der Maschine. Wegen § 369 HGB durfte K diese so lange verweigern, bis V ihm den Kaufpreis zurückerstattet.

Das Gericht wird K daher verurteilen, die Maschine Zug um Zug gegen Rückerstattung des Kaufpreises an V zu übereignen.

§ 371 HGB gibt dem Gläubiger neben dem Zurückbehaltungsrecht auch ein Befriedigungsrecht. Der Gläubiger kann den Gegenstand, der dem Schuldner gehört, also versteigern und sich aus dem Erlös befriedigen. Im Unterschied zum Pfandrecht benötigt er hierzu aber einen vollstreckbaren Titel (beispielsweise ein Urteil).

10.4 Sachenrechtliche Ergänzungen

Auch unter Kaufleuten ist der gutgläubige Eigentumserwerb vom Nichtberechtigten → vgl. Abschnitt 3.3.2, S. 126 möglich. § 366 Abs. 1 HGB erleichtert diesen aber im Vergleich zu § 932 BGB wesentlich. Während § 932 Abs. 2 BGB nur den guten Glauben an das Eigentum des Verfügenden schützt, genügt es nach § 366 HGB, wenn der Erwerber an die Verfügungsmacht des Veräußerers glaubt. Der gute Glaube ist ausgeschlossen, wenn der Erwerber weiß oder wissen musste, dass der Eigentümer den Veräußerer nicht nach § 185 Abs. 1 BGB zur Eigentumsübertragung ermächtigt hat. Gegenstand des gutgläubigen Erwerbs können nur bewegliche Sachen sein, also keine Grundstücke und keine Forderungen. Der Verfügende – nicht der Eigentümer – muss gemäß § 366 Abs. 1 S. 1 HGB Kaufmann sein und die Sache im Betrieb seines Handelsgewerbes verkaufen. Im Übrigen müssen alle Voraussetzungen der §§ 929 ff. BGB erfüllt sein, d. h. beide Parteien müssen sich über den Eigentumsübergang einig sein und die Sache muss übergeben bzw. ein Besitzkonstitut → vgl. Abschnitt 3.2.3, S. 123 vereinbart werden. Außerdem darf die Sache nicht abhanden gekommen sein – es sei denn, es handelt sich um Geld, Inhaberpapiere oder durch öffentliche Versteigerung erworbene Sachen → vgl. § 935 BGB.

§ 366 Abs. 1 HGB schützt ferner den guten Glauben an die Befugnis, an einer fremden Sache ein Pfandrecht zu bestellen („Veräußert oder verpfändet …") Der gutgläubige Erwerb eines Pfandrechts ist möglich, wenn der Erwerber glaubt, dass der Verpfändende ermächtigt ist, an einer ihm nicht gehörenden Sache ein Pfandrecht zu bestellen.

Beispiel

Kaufmann K hat von E unter Eigentumsvorbehalt eine Hebebühne erworben. Später verhandelt K mit der B-Bank in seinen Geschäftsräumen über ein Darlehen. B ist bereit, ihm dieses gegen Sicherungsübereignung der Hebebühne zu gewähren. K gibt zu, dass er noch nicht alle Raten dafür bezahlt hat, erklärt der B aber wahrheitswidrig, dass er mit E einen verlängerten Eigentumsvorbehalt vereinbart habe. Hat B gutgläubig Sicherheitseigentum erworben?

B wusste, dass K nicht Eigentümer der Hebebühne war, ging aber aufgrund des behaupteten verlängerten Eigentumsvorbehalts davon aus, dass K zur Veräußerung der Hebebühne befugt war. Der nach § 366 HGB erforderliche gute Glaube an die Verfügungsbefugnis liegt also vor. Gleichwohl konnte die B nicht gutgläubig Sicherheitseigentum erwerben, da es an der nach §§ 930, 933 BGB zur Vollendung des Erwerbs erforderlichen Übergabe der Hebebühne fehlte.

Zusammenfassung

- Handelsgeschäfte sind alle Geschäfte eines Kaufmanns, die zum Betrieb seines Handelsgewerbes gehören. Es muss also zumindest auf einer Seite eines Rechtsgeschäfts ein Kaufmann beteiligt sein. Die Regelungen des BGB gelten für Handelsgeschäfte gleichermaßen. Sie werden jedoch durch das HGB ergänzt und teilweise modifiziert.
- Im kaufmännischen Verkehr gilt das Schweigen auf ein Vertragsangebot als Annahme. Gleiches gilt beim kaufmännischen Bestätigungsschreiben: widerspricht der Empfänger nicht, kommt der Vertrag zu den in dem Schreiben niedergelegten Bedingungen zustande, auch wenn diese von den Vertragsverhandlungen abweichen.
- Unter Kaufleuten sind die Handelsbräuche zu beachten. Dabei handelt es sich um die überlieferte, traditionelle Verkehrssitte im kaufmännischen Verkehr.
- Da Kaufleute als geschäftserfahren gelten, bedürfen sie nicht des Schutzes vor übereilten Geschäftsabschlüssen wie andere Rechtssubjekte. Bestimmte Formvorschriften gelten für sie daher nicht.
- Unter Kaufleuten gilt ein erhöhter Zinssatz von 5%.
- Kaufleute können ihre gegenseitigen Forderungen in den Kontokorrent, i.e. eine laufende Rechnung einstellen. Geschuldet wird dann nur noch der Saldo. Die einzelnen Forderungen verlieren dadurch indes ihre Selbständigkeit.
- Auch bei der Erfüllung von Rechtsgeschäften gelten Besonderheiten. So sind Kaufleute zur Leistung von Handelsgütern mittlerer Art und Güte verpflichtet. Leistungen können nur während der gewöhnlichen Geschäftszeiten bewirkt oder gefordert werden. Der Kaufmann hat auch ohne ausdrückliche Abrede einen Vergütungsanspruch. Ihn trifft eine Sorgfaltspflicht ausgehend von den typischen Fähigkeiten und Kenntnissen eines Kaufmanns.
- Werden Sachen unter Kaufleuten im Betrieb eines Handelsgewerbes veräußert, kommt ein gutgläubiger Erwerb vom Nichtberechtigten auch dann in Betracht,

wenn der Erwerber weiß, dass der Veräußerer nicht Eigentümer ist, aber an dessen Verfügungsmacht glaubt.

Kontrollfragen und Fälle

1. Was verstehen Sie unter einem Handelsgeschäft? Welche Arten werden unterschieden?
2. Wie muss sich ein Kaufmann verhalten, der ein den Vertragsverhandlungen widersprechendes Bestätigungsschreiben erhält, um dessen Geltung zu verhindern?
3. Zwischen den Kaufleuten A und B besteht eine Kontokorrentabrede. A liefert dem B einen großen Posten Computer. Der Rechnungsbetrag wird in das Kontokorrent eingestellt. Danach tritt A diese Forderung gegen B an Z ab. Ist dies wirksam?
4. Nennen Sie einige Beispiele für handelsrechtliche Sonderregelungen bei der Erfüllung von Verträgen!
5. Kaufmann K betreibt eine Schneiderei, in der er auch Änderungsarbeiten vornimmt. X hatte ihm ein teures Ballkleid aus Seide mit Diamantenbesatz zum Kürzen vorbeigebracht. Als Y in den Laden kommt, gefällt ihr das Kleid so gut, dass K es ihr verkauft und sogleich übereignet. Ist Y Eigentümerin geworden, wenn K ihr gegenüber zwar eingeräumt hat, dass das Kleid zwar der X gehört, diese ihn aber zum Verkauf ermächtigt hat?

11 Der Handelskauf

Orientierungsfragen

- Welche Besonderheiten gelten für Kaufverträge, die im handelsrechtlichen Verkehr zustande kommen?
- Wie werden die Rechte des Verkäufers im Falle des Annahmeverzugs erweitert? → vgl. Abschnitt 11.1
- Welche Folgen haben Leistungsverzögerungen beim relativen Fixgeschäft unter Kaufleuten? → vgl. Abschnitt 11.2, S. 192
- Wie müssen Kaufleute bei mangelhaften Lieferungen reagieren, um ihre kaufrechtlichen Gewährleistungsrechte zu erhalten? → vgl. Abschnitt 11.3, S. 193

11.1 Annahmeverzug des Käufers → vgl. §§ 373, 374 HGB

Schließen Kaufleute Kaufverträge ab, gelten für diese grundsätzlich die Regeln des Schuldrechts → vgl. Abschnitte 2.2, S. 78 und 2.3.1, S. 91. Die §§ 373 ff. HGB enthalten darüber hinaus einige Sonderregeln für den beiderseitigen Handelskauf, um eine raschere Abwicklung im gewerblichen Verkehr zu ermöglichen.

Gerät der Käufer in Annahmeverzug, gelten nach § 374 HGB zunächst die Regeln der §§ 293 ff. BGB → vgl. Abschnitt 2.2.4.2, S. 88. Der Verkäufer haftet also bei Annahmeverzug des Käufers nur für Vorsatz und grobe Fahrlässigkeit → vgl. § 300 Abs. 1 BGB. Wird dem Verkäufer nach Abschluss des Kaufvertrags die Leistung aufgrund leichter Fahrlässigkeit unmöglich, so wird er von seiner Leistungspflicht frei → vgl. § 275 Abs. 1 BGB. Er braucht wegen § 300 Abs. 1 BGB keinen Schadenersatz zu leisten → vgl. §§ 280 Abs. 1, 3, 283, 276 BGB und behält den Anspruch auf den Kaufpreis → vgl. § 326 Abs. 2 BGB. § 373 HGB erweitert die Rechte des Verkäufers und ermächtigt ihn zur Hinterlegung und zum Selbsthilfeverkauf. Der Verkäufer hat diesbezüglich ein Wahlrecht. Im Gegensatz zu § 372 Abs. 1 BGB, wonach nur Geld, Wertpapiere und sonstige Urkunden sowie Kostbarkeiten hinterlegungsfähig sind, kann nach § 373 Abs. 1 HGB jede Ware hinterlegt werden. Hinterlegungsstelle nach § 374 Abs. 1 BGB ist das Amtsgericht; nach § 373 Abs. 1 HGB ein öffentliches Lagerhaus oder eine sonstige sichere Einrichtung. Gemäß § 373 Abs. 1 HGB trägt der Käufer die Kosten und Gefahr der Hinterlegung. Werden die Waren in einem sorgfältig ausgesuchten Lagerhaus gestohlen, so muss der Käufer also dennoch bezahlen.

Hat die Ware einen Börsen- oder Marktpreis, kann der Verkäufer sie nach vorheriger Androhung freihändig durch einen hierzu ermächtigten Handelsmakler verkaufen lassen → vgl. § 373 Abs. 2 S. 1 HGB. Die Regel ist jedoch die öffentliche Versteigerung, bei der Käufer und Verkäufer mitbieten können → vgl. § 373 Abs. 4 HGB. Nach § 373 Abs. 2 HGB muss die Versteigerung zuvor angedroht werden – es sei denn, die Ware ist dem schnellen Verderb ausgesetzt. Ferner muss der Verkäufer den Käufer nach § 373 Abs. 5 HGB über Zeit und Ort der Versteigerung benachrichtigen. Durch den ordnungsgemäßen Selbsthilfeverkauf wird der Verkäufer von seiner Leistungspflicht frei; er hat seine Pflicht aus § 433 Abs. 1 BGB erfüllt und kann weiterhin vom Käufer den Kaufpreis verlangen. Der Verkauf erfolgt „auf Rechnung" des säumigen Käufers → vgl. § 373 Abs. 3 HGB. Dies bedeutet, dass nach Auftragsrecht abgerechnet wird. Der Verkäufer kann also nach § 670 BGB Aufwendungsersatz verlangen, muss aber nach § 667 BGB das Erlangte – also den Versteigerungserlös – an den Käufer herausgeben, wobei natürlich eine **AUFRECHNUNG** → GLOSSAR der beiderseitigen Ansprüche erfolgt. Hat der Versteigerungserlös die Höhe des Kaufpreises nicht erreicht, muss der Käufer noch die Differenz an den Verkäufer zahlen. Umgekehrt muss der Verkäufer einen höheren Erlös in Höhe der Differenz herausgeben.

11.2 Relatives Fixgeschäft → vgl. § 376 HGB

Unter einem relativen Fixgeschäft ist ein Handelskauf zu verstehen, bei dem vereinbarungsgemäß mindestens ein Vertragspartner zu einer genau fest bestimmten Zeit oder innerhalb eines fest bestimmten Zeitraums leisten soll. Es handelt sich insoweit um einen Spezialfall des Fixgeschäfts nach § 323 Abs. 2 Nr. 2 BGB → vgl. Abschnitt 2.2.3, S. 84. Ein Fixhandelskauf ist nicht schon dann anzunehmen, wenn für die Leistung ein bestimmter Termin vereinbart ist. Die vereinbarte Leistungszeit muss vielmehr so wesentlich sein, dass mit ihrer Einhaltung oder Versäumung der Vertrag steht oder fällt (erkennbar anhand vertraglicher Klauseln, beispielsweise „fix", „exakt", „genau").

Gemäß § 323 Abs. 2 Nr. 2 BGB kann der Gläubiger bei Verzögerungen zurücktreten → vgl. §§ 346 ff. BGB. Er muss dies aber nicht tun, sondern kann auch weiterhin auf der Leistung des Schuldners bestehen. Anders jedoch § 376 Abs. 1 S. 2 HGB: hier kann der Gläubiger Erfüllung nur verlangen, wenn er dem Schuldner sofort nach dem Ablauf der Zeit oder der Frist anzeigt, dass er auf Erfüllung besteht.

Statt der Leistung kann er gemäß § 376 Abs. 1, 2 HGB nach den Grundsätzen der §§ 280 Abs. 1, 3, 281 BGB Schadenersatz verlangen. Hat die Ware einen Börsen- oder Marktpreis, beläuft sich dieser regelmäßig auf den Unterschied zwischen dem Marktpreis im geschuldeten Zeitpunkt und dem tatsächlichen Kaufpreis.

Beispiel

T betreibt eine freie Tankstelle. Er beauftragt Handelsmakler H für ihn sofort bei der X-AG Kraftstoffe einzukaufen. H unternimmt zunächst nichts. Als er den Auftrag auf Mahnung des T schließlich ausführt, ist der Ölpreis um 10% gestiegen.

Hier lag ein Fixgeschäft vor, denn T kam es darauf an, dass H sofort, also in einem fest bestimmten Zeitpunkt die Kraftstoffe kauft, um sich einen günstigen Einkaufspreis zu sichern. H haftet also nach § 376 HGB i. V. m. §§ 280, 281 BGB für die Differenz zwischen dem bei rechtzeitiger Ausführung des Geschäfts erzielbaren und dem tatsächlichen Preis.

11.3 Sachmängel und Falschlieferung → vgl. § 377 HGB

Die Ansprüche für Schlechtlieferung (Sachmangel), Falschlieferung (aliud) oder aus einem Mengenfehler (gelieferte Menge weicht von der gekauften ab) bestimmen sich nach den §§ 437 ff. BGB → vgl. Abschnitt 2.3.1.1, S. 91. Beim Handelskauf ist jedoch eine rechtzeitige Mängelrüge nach § 377 HGB erforderlich. Rügt der Käufer nicht rechtzeitig, verliert er seine Ansprüche. Die Rügepflicht gilt nur für Sach-, nicht aber für Rechtsmängel.

Voraussetzung ist, dass ein beiderseitiges Handelsgeschäft → vgl. §§ 343 ff. HGB abgeschlossen ist. Beide Parteien müssen also Kaufleute sein. Wann ein Sachmangel vorliegt, richtet sich nach § 434 BGB. Offensichtliche Mängel – dies sind solche, die entweder offen zu Tage liegen oder durch eine Untersuchung festzustellen sind – sind unverzüglich zu rügen. Verborgene Mängel sind solche, die bei einer ordnungsgemäßen Untersuchung nicht entdeckt worden sind oder mit Sicherheit nicht zu entdecken gewesen wären, wenn eine ordentliche Untersuchung stattgefunden hätte. Sie sind unverzüglich nach Entdeckung zu rügen → vgl. § 377 Abs. 3 HGB. Treten sie erst nach der Verjährungsfrist des § 438 BGB auf, so hat der Käufer keine Mängelrechte mehr. Die Mängel sind konkret anzugeben; ein allgemeiner Hinweis auf die Mangelhaftigkeit der Lieferung genügt nicht. Die Rügepflicht kommt gemäß § 377 Abs. 5 HGB nicht zum Tragen, wenn der Verkäufer die Mängel arglistig verschwiegen hat.

Versäumt der Käufer die Rüge, gilt die Ware nach § 377 Abs. 2 HGB als genehmigt. Bei einer Schlechtlieferung muss der Käufer die schlechte Ware also behalten und bezahlen. Dies gilt auch im Falle einer Falschlieferung. Ist die gelieferte Sache weniger wert als die gekaufte, so muss er dennoch den vollen Kaufpreis bezahlen. Ist sie mehr wert, schuldet er dem Verkäufer einen Aufpreis. Bei Mengenfehlern ist zu unterscheiden: ist zu wenig geliefert, muss der Käufer den vollen Kaufpreis bezahlen. Ist zuviel geliefert, besteht keine Rügeobliegenheit. Der Käufer muss die zuviel gelieferten Waren jedoch nach § 812 BGB zurückgeben.

Beispiel

Einzelhändler H hat bei der „Südfrüchte oHG" 20 Kisten mit Ananas-Konserven bestellt. Diese werden am 1.2. geliefert. Am 10.3. beschwert sich eine Kundin bei H darüber, dass die Früchte verschimmelt sind. H überprüft sogleich die noch im Lager befindlichen Konserven und stellt fest, dass diese allesamt verdorben sind. Er zeigt dies umgehend der oHG an. Kann er von dieser Lieferung neuer, einwandfreier Ware verlangen?

H kann die oHG aus §§ 433, 437, 439 BGB auf Nachlieferung in Anspruch nehmen. Es liegt ein beiderseitiges Handelsgeschäft vor: H → vgl. § 1 Abs. 1 HGB und die oHG → vgl. § 6 HGB sind Kaufleute und der Kaufvertrag über die Konserven gehört zu ihrem Handelsgewerbe → vgl. § 343 HGB. Die gekauften Ananas sind mangelhaft nach § 434 Abs. 1 S. 2 Nr. 2 BGB, da sich verschimmeltes Obst nicht zum Verzehr eignet. Zwar hat H den Mangel nicht unmittelbar nach Ablieferung gerügt. Der Schimmel war jedoch von außen nicht erkennbar und es wäre „untunlich", von H bei Lieferung das Öffnen aller Konserven zu verlangen. Daher lag ein verdeckter Mangel nach § 377 Abs. 3 HGB vor. H hat diesen unverzüglich → vgl. § 121 BGB nach Entdeckung gerügt. Dies war rechtzeitig, um die Gewährleistungsrechte aufrechtzuerhalten.

Zusammenfassung

- Ein Handelskauf liegt vor, wenn auf beiden Seiten eines Kaufvertrags Kaufleute beteiligt sind. Für ihn gelten grundsätzlich die Regeln des BGB.
- Im Falle des Annahmeverzugs ist der Verkäufer berechtigt, die Kaufsache in einem öffentlichen Lagerhaus zu hinterlegen. Hat die Ware einen Marktpreis, darf er sie nach vorheriger Androhung versteigern oder durch einen Handelsmakler freihändig verkaufen lassen. Die Androhung ist bei verderblicher Ware entbehrlich.
- Bei einem Fixgeschäft muss der Schuldner zu einer genau fest bestimmten Zeit seine Leistung erbringen. Ist dieser Zeitpunkt verstrichen, kann der Gläubiger die Leistung nur noch fordern, wenn er dies sofort nach Fristablauf ausdrücklich anzeigt. Statt der Leistung kann er Schadenersatz fordern – in der Regel die Differenz zwischen dem Börsen- oder Marktpreis und dem tatsächlich erzielten Preis.
- Im Falle von Sachmängeln oder Falschlieferungen haben auch Kaufleute die Gewährleistungsrechte aus dem BGB. Um diese zu erhalten, müssen sie indes

sofort nach Lieferung die Ware auf Mangelhaftigkeit hin prüfen und Mängel unverzüglich rügen. Bei verdeckten Mängeln, die im Zeitpunkt der Lieferung nicht erkennbar sind, ist dieser Pflicht Genüge getan, wenn die Rüge sofort nach Entdeckung des Mangels erfolgt.

Kontrollfragen und Fälle

1. Welche Rechte hat der Verkäufer in einem beiderseitigen Handelsgeschäft im Falle des Annahmeverzugs?
2. Einzelhändler H hat bei der „Südfrüchte oHG" 50 Kisten Ananas zum Preis von 500 € bestellt. Als X die Ware im Namen der oHG bei H abliefern will, verweigert dieser ohne jeden Grund die Annahme. Da die Früchte zu verderben drohen, lässt die oHG diese versteigern, kann dabei aber lediglich 250 € erzielen. Die Differenz verlangt sie von H. H lehnt die Forderung mit der Begründung ab, mangels Lieferung müsse er auch nicht zahlen. Besteht der Anspruch der oHG?
3. Kaufmann K führt bei der B-Bank AG sein Firmenkonto. Er erteilt der B den Auftrag, für ihn sofort 500 Aktien der X-AG zu kaufen. Als er nach einem halben Jahr wegen der immensen Kurssteigerungen die Aktien wieder verkaufen will, um den Gewinn abzuschöpfen, stellt er fest, dass die Bank den Auftrag nicht ausgeführt hat. Er verlangt Schadenersatz nach §§ 280 Abs. 1, 3, 281 BGB. B lehnt dies ab, da mangels Annahmeerklärung kein Vertrag zustande gekommen sei. Wer hat Recht?
4. In welchem Zeitpunkt muss ein Kaufmann festgestellte Mängel an den von ihm gekauften Sachen rügen?
5. Schmuckhändler A verkauft Juwelier B eine Halskette. B stellt sofort bei der Lieferung fest, dass der Verschluss der Kette beschädigt ist. Er teilt dies A aber erst vier Wochen später mit und verlangt Minderung des Kaufpreises. A wendet ein, B hätte als Kaufmann aufgrund von § 377 HGB unverzüglich rügen müssen. B erwidert, er habe die Kette für seine Ehefrau gekauft, was A bestreitet. Welche Rechte hat B gegenüber A?

12 Sonstige Handelsgeschäfte

Orientierungsfragen

- Welche Regelungen gibt es für den gewerbsmäßigen An- und Verkauf von Waren? → vgl. Abschnitt 12.1
- Welche Rechte und Pflichten hat ein Spediteur? → vgl. Abschnitt 12.2.1, S. 199
- Welche Rechtsbeziehungen bestehen beim gewerbsmäßigen Transport von Waren? → vgl. Abschnitt 12.2.2, S. 199
- Was ist bei der Einlagerung von Waren zu beachten? → vgl. Abschnitt 12.3, S. 199

12.1 Das Kommissionsgeschäft

Das **KOMMISSIONSGESCHÄFT** → GLOSSAR ist in §§ 383 ff. HGB geregelt. Kommissionär ist danach, wer es gewerbsmäßig übernimmt, für Rechnung eines anderen – des Kommittenten – Waren oder Wertpapiere zu kaufen oder zu verkaufen. Wesentliches Merkmal ist, dass der Kommissionär im eigenen Namen, aber auf Rechnung des Kommittenten handelt. Der Kommissionsvertrag kommt zwischen Kommittent und Kommissionär zustande. Der Vertrag zwischen dem Kommissionär und einem Käufer wird als Ausführungsgeschäft bezeichnet. Es werden zwei Arten unterschieden: bei der Einkaufskommission kauft der Kommissionär Waren oder Wertpapiere für den Kommittenten. Der Kommissionär wird zunächst Eigentümer und überträgt dieses Eigentum an den Kommittenten. Bei der Verkaufskommission verkauft er die Waren dagegen.

Die Rechte und Pflichten der Parteien ergeben sich aus §§ 384 ff. HGB. Der Kommissionär ist nach § 384 HGB verpflichtet, das Geschäft mit der Sorgfalt eines ordentlichen Kaufmanns auszuführen. Das aus der Geschäftsführung Erlangte hat er nach § 384 Abs. 2 HGB dem Kommittenten herauszugeben. Bei der Verkaufskommission ist er daher verpflichtet, die gekauften Waren an den Kommittenten zu übereignen, während er bei der Verkaufskommission den erhaltenen Kaufpreis übereignen bzw. die Kaufpreisforderung an ihn abtreten → vgl. § 398 BGB muss. Für sein Tätigwerden schuldet ihm der Kommittent nach § 396 HGB eine Provision, deren Höhe entweder vertraglich vereinbart oder gemäß § 354 HGB nach den ortsüblichen Sätzen zu bemessen ist. Diese ist fällig, wenn nicht nur der Kommissionär, sondern auch der Dritte das Geschäft ausgeführt hat.

Zur Sicherung seines Provisionsanspruchs räumt das Gesetz den Kommissionär für die Verkaufskommission in § 397 HGB ein gesetzliches Pfandrecht am Kommissionsgut ein, d. h. er kann dieses versteigern und sich aus dem Erlös befriedigen. Da der Kommissionär bei der Einkaufskommission zunächst selbst Eigentümer der Waren wird, kann ihm an diesen kein Pfandrecht zustehen. In diesem Fall steht ihm jedoch nach § 398 HGB ein Befriedigungsrecht zu.

Einkauf und Verkauf bedeuten in den §§ 383 ff. HGB sowohl Kauf (= Verpflichtungsgeschäft) als auch Übereignung (= Verfügungsgeschäft). Der Kommissionär handelt bei der Übereignung von Waren im Rahmen des Ausführungsgeschäfts als Nichtberechtigter nach §§ 929, 185 Abs. 1 BGB mit Genehmigung des Kommittenten. Zahlt der Dritte den Kaufpreis, so wird der Kommissionär Eigentümer des Geldes. Das Eigentum am Kommissionsgut geht aber direkt vom Kommittenten an den Käufer über.

Gemäß § 392 Abs. 1 HGB kann der Kommittent Forderungen aus dem Ausführungsgeschäft nur dann selbst gegen den Dritten geltend machen, wenn der Kommissionär ihm diese abgetreten hat. Bei der Verkaufskommission kann also nur der Kommissionär den Kaufpreis vom Käufer verlangen, solange keine Abtretung erfolgt ist. Juristisch stehen die Forderungen aus dem Ausführungsgeschäft also dem Kommissionär zu. Dessen Gläubiger können daher auf die Forderungen im Wege der Zwangsvollstreckung zugreifen. Wirtschaftlich gesehen handelt es sich jedoch um Forderungen des Kommittenten. Deshalb ordnet sie das Gesetz in § 392 Abs. 2 HGB dem Kommittenten zu, der dann gegen Zwangsvollstreckungsmaßnahmen von Gläubigern des Kommissionärs vorgehen kann.

Im Falle von Mängeln am Kommissionsgut kommt bei der Einkaufskommission § 391 HGB zum Tragen. Der Kommittent kann danach Ansprüche gegen den Kommissionär durch verspätete Rüge verlieren, wenn das Kommissionsgeschäft für beide Teile ein Handelsgeschäft ist.

Beispiel

Einkaufskommissionär E hat eine Maschine von D auf Rechnung des Kaufmanns K gekauft. Die Maschine ist mangelhaft.

E hat nur Ansprüche wegen Sachmängeln gegen D, wenn er nach § 377 HGB rechtzeitig gerügt hat. Hat E die Rüge gegenüber D versäumt und liefert er nun die Maschine an K ab, so muss K nach § 391 Abs. 1 S. 1 HGB gegenüber E unverzüglich rügen, wenn er Ansprüche gegen E aus Verletzung des Kommissionsvertrags → vgl. §§ 384 Abs. 1, 2, 388, 391 HGB herleiten will. Die Verletzung des Kommissionsvertrags durch E besteht in der unterlassenen rechtzeitigen Rüge gegenüber D.

12.2 Transportgeschäfte

12.2.1 Der Speditionsvertrag → vgl. § 453 HGB

Spediteur ist, wer es gewerbsmäßig übernimmt, Güterversendungen für Rechnung eines andern (Versender) im eigenen Namen zu besorgen. Der Vertrag zwischen Spediteur und Versender wird als Speditionsvertrag bezeichnet. Auf diesen finden die §§ 407 ff. HGB Anwendung, sowie ergänzend das Recht des Kommissionsvertrages.

Unter „Besorgung der Versendung" ist zu verstehen, dass der Spediteur im eigenen Namen und auf Rechnung des Versenders einen oder mehrere Frachtführer auswählt und beauftragt. Mit diesen schließt er Frachtverträge ab. Im Unterschied zum alltäglichen Sprachgebrauch ist der Spediteur also nicht derjenige, der den Transport durchführt!

12.2.2 Der Frachtvertrag → vgl. § 407 HGB

Frachtführer ist, wer es gewerbsmäßig übernimmt, Güter zu Lande oder auf Binnengewässern an ihren Bestimmungsort zu befördern und sie dort an den Empfänger abzuliefern → vgl. § 407 HGB. Wird kein Spediteur zwischengeschaltet, schließen der Versender und der Frachtführer den Frachtvertrag ab. Der Empfänger ist zwar selbst nicht Vertragspartei. Er darf dem Frachtführer aber gemäß § 434 HGB bis zum Eintreffen der Ware Weisungen erteilen.

Wird ein Spediteur zwischengeschaltet, ergeben sich folgende Vertragsverhältnisse: Zwischen Versender und Empfänger besteht regelmäßig ein Kaufvertrag, zwischen Versender und Spediteur ein Speditionsvertrag, zwischen Spediteur und Frachtführer ein Frachtvertrag. Keine Beziehungen bestehen zwischen Versender und Frachtführer sowie zwischen Spediteur und Empfänger.

12.3 Das Lagergeschäft → vgl. § 467 HGB

Im Rahmen von Kommissions- und Transportgeschäften sind des Öfteren Waren einzulagern. Übernimmt jemand gewerbsmäßig die Einlagerung von Gütern (= Lagerhalter), so liegt nach § 467 HGB ein Lagervertrag vor. Als Lagergut kommen nur bewegliche Sachen in Betracht. Erfolgt die Einlagerung nicht gewerbsmäßig, liegt ein gewöhnlicher Verwahrungsvertrag nach § 688 BGB vor.

Gesetzlicher Regelfall ist die so genannte Einzellagerung (auch Sonderlagerung genannt). Bei dieser bleibt der Einlagernde Eigentümer des Lagerguts. Er ist mittelbarer Besitzer, der Lagerhalter unmittelbarer Besitzer. Handelt es sich um vertretbare Sachen → vgl. § 91 BGB, kann der Einlagernde dem Lagerhalter gestatten, diese mit anderen Sachen gleicher Art und gleicher Güte zu vermischen, beispielsweise eine Ladung Kies in ein großes Kieslager einzubringen. In diesem Fall liegt eine Sammellagerung nach § 469 HGB vor. Die verschiedenen Einlagerer werden dadurch Miteigentümer nach Bruchteilen → vgl. § 469 Abs. 2 HGB und können nach §§ 948, 947 BGB jederzeit die Herausgabe ihres Anteils verlangen. Nach § 475c HGB kann ein Lagerschein ausgestellt werden, welcher Auskunft über die Verpflichtung des Lagerhalters zur Herausgabe des eingelagerten Gutes gibt.

Kein Lagergeschäft, sondern ein Hinterlegungsdarlehen nach § 700 HGB liegt bei der so genannten Summenlagerung vor. Dabei wird das Lagergut in der Weise hinterlegt, dass das Eigentum auf dem Lagerhalter übertragen und dieser verpflichtet wird, Sachen gleicher Art, Güte und Menge zurückzugewähren. Welche Art der Einlagerung die Parteien gewollt haben, ist durch Auslegung ihres Vertrags zu ermitteln.

Zusammenfassung

- Beim Kommissionsgeschäft übernimmt es der Kommissionär gewerbsmäßig für Rechnung eines anderen Waren und Wertpapiere zu veräußern oder zu erwerben. Der Kommissionär muss das Geschäft mit der Sorgfalt eines ordentlichen Kaufmanns ausführen. Er hat das aus der Geschäftsführung Erlangte an den Kommittenten herauszugeben. Im Gegenzug erhält er einen Provisionsanspruch.
- Im Gegensatz zum umgangssprachlichen Gebrauch übernimmt es ein Spediteur gewerbsmäßig, Güterversendungen für Rechnung eines andern im eigenen Namen zu besorgen. Er vermittelt also lediglich den Vertrag zum Transport der Ware, transportiert aber nicht selbst.
- Die gewerbsmäßige Beförderung von Gütern zu Lande oder auf Binnengewässern und ihre Ablieferung am Bestimmungsort ist Gegenstand des Frachtvertrags.
- Die Einlagerung von Waren, beispielsweise anlässlich von Kommissions- oder Transportgeschäften ist Gegenstand des Lagergeschäfts. Als Lagergut kommen nur bewegliche Sachen in Betracht.

Kontrollfragen und Fälle

1. Welche Rechtsverhältnisse sind bei der Kommission zu unterscheiden?
2. Was verstehen Sie unter Einkaufs-, was unter Verkaufskommission?
3. A gibt dem Antiquitätenhändler B ein wertvolles Gemälde in Kommission. Wie wird E, der das Bild von B gekauft hat, Eigentümer?
4. Der Kommissionär K, der e. Kfm. ist, kauft für A bei der X-GmbH eine gebrauchte Maschine. Nachdem die Maschine von der X-GmbH an K geliefert wurde, versäumt es dieser, die Maschine zu untersuchen und die vorhandenen Mängel zu rügen. Als K die Maschine an A liefert, versäumt dieser ebenfalls die Untersuchung und Rüge des Mangels. Hat A einen Anspruch gegen K?
5. Was ist der Unterschied zwischen Speditions- und Frachtvertrag?

Gesellschaftsrecht

13 Einführung ins Gesellschaftsrecht

Orientierungsfragen

- Welche Verbände behandelt das Gesellschaftsrecht? Wodurch unterscheiden sie sich von anderen Verbänden? → vgl. Abschnitt 13.1.1, S. 206
- Welche grundlegenden Strukturunterschiede weisen Personengesellschaften einerseits und Körperschaften andererseits auf? → vgl. Abschnitt 13.1.2, S. 209
- Aus welchen Rechtsquellen speist es sich und was regeln diese inhaltlich? → vgl. Abschnitt 13.2, S. 213

13.1 Begriff und Gegenstand des Gesellschaftsrechts

Unser gesamtes Leben, vor allem der Austausch von Wirtschaftsgütern, wird heute maßgeblich durch Personenverbände geprägt. Der Einzelkaufmann, den das Handelsgesetzbuch noch als Leitfigur des Handelsrechtes und des Wirtschaftslebens vor Augen hatte, ist in der Realität längst von Verbänden wie der Gesellschaft bürgerlichen Rechts (GbR), der Offenen Handelsgesellschaft (OHG) und Kommanditgesellschaft (KG), vor allem aber der Gesellschaft mit beschränkter Haftung (GmbH) und der Aktiengesellschaft (AG) abgelöst worden. Schon beim täglichen Lebensmitteleinkauf ist der Vertragspartner meist ein solcher Verband. Gleiches gilt bei gewichtigeren Verträgen, etwa dem Kauf eines Autos oder dem Bau eines Hauses. Auch im lange Zeit von Einzelpersonen geprägten Bereich der freien Berufe trifft man zunehmend solche Verbände als Vertragspartner an, etwa bei Rechtsanwaltskanzleien oder ärztlichen Gemeinschaftspraxen.

Mit welchem Verband man es als Verbraucher zu tun hat wird meist erst dann relevant, wenn es Störungen bei der Vertragsabwicklung gibt.

Beispiel

Patient P lässt sich in der chirurgischen Gemeinschaftspraxis von Dr. A und Dr. B eine lästige Warze am Finger entfernen. Das Vorgespräch und die OP selbst wird dabei von Dr. A ausgeführt. Aufgrund eines Kunstfehlers wird eine aufwändige und sehr schmerzhafte Nachbehandlung erforderlich. P begehrt deswegen Schmerzensgeld.

Für die Frage, von wem er dieses verlangen kann, kommt es nun auf die konkrete rechtliche Konstitution seines Vertragspartners an.

Arbeiten Dr. A und Dr. B jeweils auf eigene Rechnung und nutzen sie lediglich die gleichen Praxisräume, so läge eine **GEMEINSCHAFT** → GLOSSAR nach den §§ 741 ff. BGB vor und damit kein gesellschaftsrechtlicher Verband. P könnte seine Ansprüche allein gegen Dr. A geltend machen.

Bilden die beiden Ärzte eine Partnerschaftsgesellschaft → vgl. Abschnitt 14.5, S. 238, dann haftet neben Dr. A persönlich auch das Vermögen der Partnerschaft, nicht aber Dr. B mit seinem Privatvermögen.

Wären Dr. A und Dr. B hingegen als Gesellschaft bürgerlichen Rechts → vgl. Abschnitt 14.1, S. 217 verbunden, könnte P sowohl auf das Gesellschaftsvermögen wie auch auf beide Ärzte persönlich zugreifen.

Aus Sicht der Personen, die einen solchen Verband gründen wollen, um damit z. B. ein Produkt oder eine Dienstleistung zu vermarkten, stellen sich bei der Auswahl der richtigen Verbandsform vor allem folgende Fragen: Wie hoch ist der Gründungsaufwand für die konkrete Form? Haften die Mitglieder bzw. Gesellschafter persönlich für die Verbindlichkeiten des Verbandes?

Beispiel

A und B wollen gemeinsam einen Autohandel aufbauen und suchen hierfür eine geeignete Gesellschaftsform. Beiden ist wichtig, dass sie auf keinen Fall persönlich für Verbindlichkeiten des Autohandels in Haftung genommen werden können.

Für A und B kommt hier nur eine **KÖRPERSCHAFT** → GLOSSAR, z. B. die GmbH, in Frage, da diese durch eine persönliche Haftungsbefreiung gekennzeichnet ist → vgl. Abschnitt 13.1.2.2, S. 211. Allerdings ist hier ein nicht unerhebliches Startkapital erforderlich. Eine **PERSONENGESELLSCHAFT** → GLOSSAR wie die OHG wäre hingegen untauglich, da sie gerade durch die persönliche Haftung der Gesellschafter für die Gesellschaftsverbindlichkeiten gekennzeichnet ist; allerdings brauchten A und B hier kein besonderes Startkapital → vgl. Abschnitt 13.1.2.1, S. 209.

13.1.1 Der Begriff des privaten Personenverbandes und seine Abgrenzungen

Neben den bereits erwähnten und weiteren Verbänden, die vom Gesellschaftsrecht erfasst werden, gibt es noch eine Vielzahl von Personenzusammenschlüssen, die nicht hierher gehören.

Beispiele

Wohneigentümergemeinschaft, Kammern für bestimmte Berufe (Rechtsanwälte, Steuerberater, Ärzte usw.), Universität, Bund, Länder, Gemeinden, Abwasserzweckverbände, Ehe.

Es bedarf daher einer klaren Abgrenzung der Verbände, die gegenständlich zum Gesellschaftsrecht zählen; das Gesellschaftsrecht befasst sich insoweit nur mit den **PRIVATEN PERSONENVERBÄNDEN** → GLOSSAR.

Dieser von der Wissenschaft entwickelte Begriff hat vier Voraussetzungen, die die privaten Personenverbände von anderen Verbänden abgrenzen. Es handelt sich um privatrechtliche, auf freiwilliger Basis gegründete Personenvereinigungen zur Verfolgung eines gemeinsamen Zwecks.

Vom Gesellschaftsrecht werden alle Verbände erfasst, die diese Voraussetzungen erfüllen, unabhängig davon, welchen Namen sie tragen oder wo sie geregelt sind.

Privatrechtlich bezieht sich dabei auf den Gründungsakt und dessen Rechtsgrundlage, der dem Privatrecht zu entnehmen sein muss. Grundsätzlich geschieht die Gründung aufgrund eines bürgerlich-rechtlichen Vertrages; eine Ausnahme gibt es insoweit nur bei den so genannten **EINPERSONENGESELLSCHAFTEN** → GLOSSAR, → vgl. Abschnitt 15.1.5, S. 250, bei denen eine einseitige Gründungserklärung an die Stelle des mehrseitigen Vertrages tritt. Abgegrenzt werden durch dieses Merkmal alle öffentlich-rechtlichen Verbände, deren Gründung auf öffentlich-rechtlicher Grundlage (meist Gesetz) erfolgt; beispielsweise: alle öffentlichen Gebietskörperschaften (Bund, Länder, Gemeinden), Personalkörperschaften wie Kammern und Universitäten, sowie Anstalten.

Auf freiwilliger Basis gegründet heißt lediglich, dass der privatrechtliche Gründungsakt durch alle Beteiligten freiwillig erfolgen muss, was angesichts des Grundsatzes der Vertragsfreiheit bei Verträgen freilich immer der Fall ist. Dennoch gibt es auch im Privatrecht – wenngleich selten – Zwangsgemeinschaften, etwa die **ERBENGEMEINSCHAFT** → GLOSSAR → vgl. §§ 2032 ff. BGB, die beim Vorhandensein mehrerer Erben im Erbfall kraft Gesetzes entsteht.

Dass eine Personenvereinigung vorliegen muss, scheint eine Selbstverständlichkeit auszudrücken, und dennoch gibt es auch einen Verband, dem keine Mitglieder angehören: die bürgerlich-rechtliche Stiftung → vgl. §§ 80 ff. BGB. Bei dieser handelt es sich um eine reine, verselbständigte Vermögensmasse. Zwar haben auch mit einer Stiftung Menschen zu tun, jedoch sind dies keine Mitglieder, sondern für sie handelnde Organe (Vorstand, Beirat, Kuratorium u.ä.) bzw. von ihr begünstigte Personen (sog. Destinatäre).

Die Verfolgung eines gemeinsamen Zweckes muss Ziel des Verbandes sein. Hierbei handelt es sich um das schwierigste Abgrenzungsmerkmal. Die Besonderheit besteht darin, dass damit nicht die bloße Bündelung der Individualinteressen der einzelnen Mitglieder gemeint ist, sondern dieser Zweck hierüber hinaus eine überindividuelle Verselbständigung als eigenständiger Verbandszweck erfahren muss.

Als Faustformel gilt dabei, dass der gemeinsame Zweck über das gemeinsame Haben, Verwalten und Erhalten von Rechtszuständigkeiten (z. B. Vermögensmassen) hinausgehen muss.

Damit grenzen sich die privaten Personenverbände v.a. von schlichten Rechtsgemeinschaften wie der **GEMEINSCHAFT** → GLOSSAR ab → vgl. §§ 741 ff. BGB.

Beispiel

Schaffen sich mehrere Bauern aus Kostengründen zusammen einen Mähdrescher an, damit diesen dann jeder für sich bei der Ernte einsetzt, liegt nur eine Gemeinschaft vor, da jeder mit der gemeinsamen Anschaffung nur sein Individualinteresse verfolgt und die rechtlichen Beziehungen über das gemeinsame Haben, Erhalten und Verwalten nicht hinausgehen. Nehmen sie den Kauf aber zum Anlass, ihre Felder nunmehr gemeinschaftlich zu bewirtschaften, den Mähdrescher weiterzuvermieten oder das Abernten von Feldern anderer Bauern gegen Entgelt anzubieten, liegt ein gemeinsamer Zweck und damit ein privater Personenverband (hier eine Gesellschaft bürgerlichen Rechts nach § 705 BGB) vor.

Des Weiteren liegt im gemeinsamen Zweck eine zweite Abgrenzung zur **ERBENGEMEINSCHAFT** → GLOSSAR, die keinen überindividuellen, sondern einen reinen Selbstzweck – nämlich ihre Auflösung, d. h. die konkrete Vermögenszuordnung zu den einzelnen Erben – verfolgt. Allerdings kann in einer Erbengemeinschaft die „Keimzelle" für einen privaten Personenverband liegen.

Beispiel

Die drei Kinder des Gastwirts G als seine Erben beschließen, die ererbte Gastwirtschaft gemeinschaftlich weiter zu betreiben. Hierin ist der Gründungsvertrag eines – nunmehr auch freiwilligen – Personenverbandes (je nach Größe GbR oder OHG) zu sehen, der seine Wurzel in der Erbengemeinschaft hat.

Schließlich fehlt es auch allen familienrechtlichen Verbänden (Ehe, eingetragene Lebenspartnerschaft, nichteheliche Lebensgemeinschaft) am überindividuellen Zweck. Allerdings können auch solche Gemeinschaften darüber hinaus private Personenverbände bilden (typisch etwa bei Familienhandwerksbetrieben).

Beispiele

Die Eheleute B und F betreiben gemeinschaftlich eine Bäckerei als GbR; B stellt als Bäckermeister die Backwaren her, die F im angeschlossenen Laden verkauft.

A und sein Lebensgefährte B betreiben gemeinsam ein Café in der Form einer OHG.

13.1.2 Einteilung der privaten Personenverbände nach der Verbandsstruktur

Die eben erläuterte Definition des **PRIVATEN PERSONENVERBANDES** → GLOSSAR wird von einer ganzen Reihe von Verbänden erfüllt. Sie sind sehr verschieden ausgestaltet und haben ein sehr unterschiedliches historisches Herkommen. Sie sind deshalb auch nicht in einem Gesetzbuch geregelt, sondern über verschiedene Gesetze verstreut. So finden sich Verbände in spezifischen Gesetzen geregelt – wie etwa die GmbH im GmbH-Gesetz – andere wiederum in größeren Gesetzeswerken – wie die OHG im Handelsgesetzbuch (HGB). Dennoch kann man diese Verbände nach ihrer Struktur in zwei Typen unterteilen, die elementar voneinander abgegrenzt werden, wenngleich es in der Praxis natürlich jeweils Ausnahmegestaltungen gibt, die diese Grenzen etwas verwischen können. Nach der typischen Verbandsstruktur unterscheidet man dabei Personengesellschaften und Körperschaften.

13.1.2.1 Personengesellschaften

Die **PERSONENGESELLSCHAFT** → GLOSSAR wird ganz entscheidend von der engen Beziehung jedes einzelnen Mitglieds zum Verband und zu den Mitgesellschaftern geprägt: Die Person der Gesellschafter, nicht der Verband, stehen im Vordergrund.

Das äußert sich etwa in folgenden, typischen Erscheinungen: Personengesellschaften haben nur eine kleine, überschaubare Mitgliederzahl. Dabei steht und fällt die Existenz des Verbandes im Grundsatz mit der Person eines jeden einzelnen Mitgliedes.

Beispiel

Eine Gesellschaft bürgerlichen Rechts (GbR) löst sich im gesetzlichen Regelfall, d. h. wenn die Gesellschafter nichts Abweichendes im Gesellschaftsvertrag vereinbart haben, durch den Tod eines Gesellschafters auf → vgl. § 727 Abs. 1 BGB; ebenso kann ein Gesellschafter nur durch Kündigung der Gesellschaft – d. h. ihre Auflösung – seine Mitgliedschaft beenden.

Die Personengesellschaften sind weiterhin durch die persönliche Mitarbeit der Mitglieder geprägt. Das Gesetz geht insofern davon aus, dass die Gesellschafter einer Personengesellschaft in dieser selbst mitarbeiten und sich nicht nur mit einer finanziellen Einlage beteiligen. Unterlegt wird dies durch das Prinzip der **SELBSTORGANSCHAFT** → GLOSSAR. Da die Personengesellschaft als juristisches Kunstgebilde nicht selbst handlungsfähig ist, bedarf sie hierzu natürlicher Personen, die insoweit als Organe für sie tätig werden. Selbstorganschaft bedeutet in diesem Zusammenhang, dass Gesellschaftsorgane, die die Aufgaben der Geschäftsführung sowie der Vertretung des Verbandes nach außen wahrnehmen, allein Gesellschafter sein können, nicht aber gesellschaftsfremde Dritte → vgl. für die GbR: §§ 709 ff. BGB.

Des Weiteren herrscht bei diesen Gesellschaften im Bereich der Willensbildung bezüglich grundlegender Entscheidungen für die Gesellschaft – z. B. Änderung des Gesellschaftszweckes, Aufnahme neuer Mitglieder, Fragen der Gewinnverteilung – das Prinzip der Einstimmigkeit. Das unterstreicht die Bedeutung des Einzelnen im Verband: kein Gesellschafter soll sich in grundlegenden Fragen einem fremden Willen – auch keinem Mehrheitswillen – unterwerfen müssen. Das Einstimmigkeitsprinzip stellt sich aus Sicht des Gesellschafters insoweit als Vetorecht dar. Von diesem Grundsatz stellt es übrigens keine Ausnahme dar, wenn der Gesellschaftsvertrag abweichend bestimmte Fragen einer bloßen Mehrheitsentscheidung unterwirft. Dies ist nämlich nur durch einstimmige Entscheidung aller Gesellschafter möglich, die sich damit freiwillig einer zukünftigen Mehrheitsentscheidung unterwerfen.

Gewissermaßen das Gegenstück zur starken Stellung des Gesellschafters in der Personengesellschaft ist ihre strenge Haftungsverfassung: danach haftet jeder Gesellschafter unbegrenzt auch persönlich mit seinem Privatvermögen für Verbindlichkeiten des Verbandes → vgl. exemplarisch § 128 HGB für die OHG.

Beispiel

Die Gesellschafter A und B betreiben ein Bauunternehmen in Form einer OHG. Aufgrund von Baumängeln an einem von ihnen errichteten Haus hat der Bauherr einen hohen Schadenersatzanspruch gegen die OHG. Für diesen haften ihm nicht nur das Vermögen der Gesellschaft, sondern auch die beiden Gesellschafter persönlich. Sie müssen für die Forderung gegenüber der OHG auch mit ihrem gesamten Privatvermögen – Geld, Wertpapiere, auch dem selbst genutzten Wohngrundstück – einstehen.

Besonders deutlich wird der Zusammenhang zwischen der Stellung des Gesellschafters als „geborenem" organschaftlichem Geschäftsführer und Vertreter einerseits und der persönlichen Haftung andererseits bei der Kommanditgesellschaft → vgl. Abschnitt 14.3, S. 231: der besondere Gesellschaftertyp des Kommanditisten ist dort von der persönlichen Haftung befreit, im Gegenzug jedoch von der Geschäftsführung und Vertretung ausgeschlossen. Diese Aufgaben gebühren allein dem Komplementär, der wiederum persönlich für die Verbindlichkeiten der KG haftet.

Zusammenfassend zeigt sich die gesellschafterbetonte Struktur der Personengesellschaft schließlich in der fehlenden bzw. eingeschränkten Rechtsfähigkeit des Verbandes. Der Verband leitet seine nur teilweise vom Gesetzgeber und der Rechtsprechung zuerkannte Rechtsfähigkeit allein aus der Rechtsfähigkeit der ihn tragenden Personen, also der Gesellschafter ab. Er ist dabei aber noch so stark mit den Mitgliedern verknüpft, dass eine völlige Verselbständigung des Verbandes im

Sinne einer eigenen, mitgliederunabhängigen Rechtssubjektivität nicht gegeben ist.

Beispiel

Da eine Personengesellschaft damit kein von seinen Mitgliedern losgelöstes Rechtssubjekt ist, ist eine Einmannpersonengesellschaft nicht denkbar. Dies ist bei den verselbständigten Körperschaften sehr wohl möglich → vgl. Abschnitt 15.1.5, S. 250.

Tritt etwa bei einer OHG einer von zwei Gesellschaftern aus, so löst sich damit die OHG auf; der verbleibende Gesellschafter kann das Unternehmen allenfalls als Einzelkaufmann weiterführen.

Das gesetzliche Grundmodell der Personengesellschaft ist die Gesellschaft; sie ist in den §§ 705 ff. BGB geregelt. Um Verwechslungen mit anderen Formen auszuschließen wird sie nach ihrem Regelungsort zumeist als Gesellschaft bürgerlichen Rechts (GbR) oder auch als BGB-Gesellschaft bezeichnet → vgl. Abschnitt 14.1, S. 217. Weitere Personengesellschaften sind die in den §§ 105 ff. HGB geregelte Offene Handelsgesellschaft (OHG) → vgl. Abschnitt 14.2, S. 225, die in den §§ 161 ff. HGB geregelte Kommanditgesellschaft (KG) → vgl. Abschnitt 14.3, S. 231, die Stille Gesellschaft → vgl. §§ 230 ff. HGB → vgl. Abschnitt 14.4, S. 237 und die erst 1994 eingeführte, in einem eigenen Gesetz geregelte Partnerschaftsgesellschaft → vgl. Abschnitt 14.5, S. 238.

13.1.2.2 Körperschaften

Das strukturelle Gegenstück zu den Personengesellschaften stellen die **KÖRPERSCHAFTEN** → GLOSSAR dar. Diese werden von einer starken Verselbständigung des Verbandes und seiner weitgehenden Loslösung vom einzelnen Mitglied geprägt. Der Verband, nicht das einzelne Mitglied, steht im Vordergrund.

Dies äußert sich hier in folgenden typischen Erscheinungen: Die Körperschaften weisen häufig eine große Mitgliederzahl auf, von deren Wechsel die Existenz des Verbandes völlig losgelöst ist. Der Tod von Mitgliedern, ihr Ein- oder Austritt tangieren den Verband daher nicht. Die Körperschaften werden – mit einigen formabhängigen Unterschieden – auch nicht durch die persönliche Mitarbeit der Mitglieder geprägt. Die Mitgliedschaft wird häufig nur über einen Mitgliedsbeitrag oder eine Kapitaleinlage vermittelt.

Beispiel

Ein Aktionär beteiligt sich an seiner AG regelmäßig nur über seinen in der oder den Aktien verbrieften Kapitalanteil → vgl. Abschnitt 15.1.1, S. 243, ohne darüber hinaus in der Gesellschaft tätig zu werden.

Diese Loslösung des Verbandes von den Mitgliedern zeigt sich auch bei der Frage der Organbesetzung. Zwar können auch bei den Körperschaften die Geschäftsführungs- und Vertretungsorgane aus dem Kreis der Mitglieder gewählt werden (in der Praxis häufig etwa bei Vereinen und bei der GmbH), aber es kommen auch verbandsfremde Personen in Betracht (typisch etwa bei Aktiengesellschaften). Man spricht insoweit vom Prinzip der **DRITTORGANSCHAFT** → GLOSSAR.

Die meist auf eine Beitragsleistung oder Kapitaleinlage reduzierte Mitgliedschaft spiegelt sich auch im Bereich der Willensbildung der Mitglieder des Verbandes wieder: hier herrscht grundsätzlich kein Einstimmigkeits- sondern ein – nach Bedeutung der Sache abgestuftes – Mehrheitsprinzip.

Beispiel

Die Mitglieder des Sportvereins „Grün-Weiß 90 e.V." wählen in ihrer Mitgliederversammlung einen neuen Vorstand und sollen des Weiteren über eine Satzungsänderung befinden, mit der der Mitgliedsbeitrag erhöht werden soll. Während für die Vorstandswahl die einfache Mehrheit der erschienenen Mitglieder ausreicht → vgl. § 27 Abs. 1 i.V.m. § 32 Abs. 1 S. 3 BGB, ist für die Beitragserhöhung – da Satzungsänderung – die Mehrheit von drei Vierteln der erschienen Mitglieder erforderlich → vgl. § 33 Abs. 1 S. 1 BGB.

Auch bei den Körperschaften ist die Haftungsverfassung das Gegenstück zur – im Vergleich zu den Personengesellschaften – nur schwachen Stellung des einzelnen Mitgliedes: grundsätzlich sind diese von einer persönlichen Haftung für die Verbindlichkeiten des Verbandes befreit → vgl. exemplarisch § 13 Abs. 2 GmbHG: „Für die Verbindlichkeiten der Gesellschaft haftet den Gläubigern derselben nur das Gesellschaftsvermögen.".

Beispiel

A und B betreiben in einer Kleinstadt ein Fachgeschäft für exquisite kubanische Zigarren in Form einer GmbH, an der beide als Gesellschafter beteiligt sind. Schon nach kurzer Zeit können sie aufgrund zu geringen Umsatzes die Verbindlichkeiten der Gesellschaft (z. B. Kaufpreis für eingekaufte Ware, Ladenmiete, Löhne der Angestellten) nicht mehr bedienen und müssen Insolvenzantrag stellen. Im anschließenden Insolvenzverfahren gehen die Gläubiger mangels verwertbarer Masse leer aus.

Hier haben A und B wirtschaftlich zwar ihr als Stammeinlagen in die Gesellschaft investiertes Kapital verloren, für die weiter bestehenden Verbindlichkeiten der Gesellschaft haften sie jedoch darüber hinaus nicht mit ihrem Privatvermögen.

Zusammenfassend zeigt sich die verbandsbetonte Struktur der Körperschaften darin, dass sie – mit Ausnahme des nicht eingetragenen Vereins – rechtsfähig sind, das heißt eine von den Mitgliedern losgelöste und verselbständigte Rechtssubjektivität besitzen. Man nennt sie daher in Anlehnung an die **„NATÜRLICHE PERSON"** → GLOSSAR Mensch, der kraft seines Daseins eine unbeschränkte Rechtssubjektivität innehat → vgl. § 1 BGB, auch **„JURISTISCHE PERSONEN"** → GLOSSAR, da auch sie eine uneingeschränkte Rechtsfähigkeit besitzen.

Das gesetzliche Grundmodell der Körperschaft ist der eingetragene Verein („e.V.") → vgl. §§ 21 ff. BGB. Er weist alle typischen Merkmale der Körperschaft auf und ist historisch betrachtet die Körperschaft, aus der sich die anderen im Wesentlichen herausgebildet haben – so etwa die Aktiengesellschaft über den historischen Vorläufer des „Aktienvereins" – bzw. für die der Verein in den wesentlichen Strukturmerkmalen Pate gestanden hat. Im Wirtschaftsleben kommt der Verein als so genannter „wirtschaftlicher Verein" → vgl. § 22 BGB aufgrund der spezielleren Formen wie AG und GmbH heute kaum noch vor; nur in exotischen Ausnahmefällen ist diese Rechtsform noch zu finden (z. B. als Verbandsform von Waldbesitzern nach den Waldgesetzen des Bundes und der Länder). Sein praktisches Vorkommen beschränkt sich deshalb im Wesentlichen auf den ideellen, sportlichen, kulturellen und gemeinnützigen Bereich.

Weitere Körperschaften sind die Aktiengesellschaft (AG) und die Gesellschaft mit beschränkter Haftung (GmbH) → vgl. Kapitel 15, S. 243.

Zu den Körperschaften gehören auch die Kommanditgesellschaft auf Aktien (KGaA) → vgl. §§ 278 ff. AktG, eine heute nur noch selten anzutreffende Gesellschaftsform, die Elemente der Kommanditgesellschaft mit denen der Aktiengesellschaft verbindet; des Weiteren die im Genossenschaftsgesetz (GenG) geregelte eingetragene Genossenschaft (e.G.), die sich durch ihren altruistischen Zweck auszeichnet, da der gemeinschaftliche Geschäftsbetrieb allein auf die Förderung und den selbständigen Erwerb ihrer Mitglieder bzw. die gemeinschaftliche Bewirtschaftung von Wohnraum gerichtet ist → vgl. § 1 Abs. 1 Nr. 1 – 7 GenG; sowie der Versicherungsverein auf Gegenseitigkeit (VVaG), eine speziell im Versicherungsbereich angesiedelte, im Versicherungsaufsichtsgesetz (VAG) geregelte Form.

13.2 Rechtsquellen des Gesellschaftsrechts

Das Gesellschaftsrecht speist sich hinsichtlich seiner Rechtsquellen nicht nur aus spezifischen, die einzelnen Gesellschaftsformen betreffenden Gesetzen, sondern aus vielen anderen Quellen. Hierarchisch betrachtet spielt für das Gesellschaftsrecht zunächst das Europäische Recht eine gewichtige Rolle, vor allem im Bereich der Kapitalgesellschaften AG und GmbH. Das Ziel ist in diesem wirtschaftlich wichtigen Bereich eine immer weiter gehende Anpassung des Rechts der einzelnen Mitgliedsstaaten als ein Element der Gestaltung eines einheitlichen europäischen

Wirtschaftsraumes. Rechtstechnisch wird dies vor allem durch den Erlass von EU-Richtlinien erreicht. Diese stellen kein unmittelbar in den Mitgliedsstaaten geltendes Recht dar, sondern machen den Mitgliedstaaten als Adressaten rechtliche Vorgaben, die diese sodann in eigenes, nationales Recht umzusetzen haben. Auf diese Weise umgesetztes europäisches Recht kommt deshalb im Ergebnis als nationales Recht daher, dem man seinen europäischen Ursprung auf den ersten Blick gar nicht mehr ansieht.

Beispiel

Das deutsche Recht sah lange Zeit keine Möglichkeit für Gesellschaften vor, sich zu spalten, etwa ein in Form einer AG geführtes Unternehmen in zwei selbständige Gesellschaften aufzuspalten. Durch eine europäische Richtlinie, die so genannte Spaltungsrichtlinie [RL 82/891/EWG], wurden die Mitgliedsstaaten jedoch verpflichtet, für die Aktiengesellschaft die Möglichkeit von Auf- und Abspaltungen zu schaffen. Der deutsche Gesetzgeber ist dem mit dem 1994 erlassenen (über die europäischen Vorgaben noch hinausgehenden, z. B. auch die GmbH und andere Verbandsformen erfassenden) Umwandlungsgesetz (UmwG) nachgekommen, das seit dem 1.1.1995 in Deutschland gilt.

Neben den Richtlinien ergänzen auch zunehmend europäische Verordnungen das nationale Gesellschaftsrecht, also Normen, die unmittelbar in den Mitgliedsstaaten gelten und keiner nationalen Umsetzung bedürfen. Als Beispiel sei hier nur die Verordnung über die europäische Aktiengesellschaft (SE-VO) genannt, die es grenzüberschreitenden Unternehmen oder Gesellschaften ermöglicht, eine solche, europäische Gesellschaftsform zu bilden.

Einen wesentlichen Rahmen für das Gesellschaftsrecht steckt auch das Grundgesetz ab. Zu nennen ist hier zunächst die Vereinigungsfreiheit (Art. 9 GG), die allen Deutschen den grundrechtlichen Anspruch verbürgt, Vereine und Gesellschaften gründen zu dürfen. Wesentlich ist des Weiteren die Eigentumsgarantie (Art 14 GG), die auch die Mitgliedschaft in einem Personenverband erfasst und z. B. sichert, dass ein ausscheidender Gesellschafter entsprechend seines Anteils abgefunden werden muss.

Wesentliche Rechtsquelle ist freilich das einfache Gesetzesrecht. Für jede Gesellschaftsform finden sich darin Regelungen über Wesen und Rechtsnatur, Entstehungsprozess, Innen- und Außenverhältnisse, Gesellschafterwechsel sowie die Beendigung der Gesellschaft. Ergänzt werden die speziell gesellschaftsrechtlichen Normen durch ergänzende Regelungen, wie z. B. das schon genannte Umwandlungsrecht, das Kapitalmarktrecht oder das Steuerrecht.

Eine wesentliche Rechtsquelle des Gesellschaftsrechtes bildet auch das Richterrecht, d. h. die Auslegung der gesetzlichen Normen sowie das Schließen von

Regelungslücken in den Gesetzen durch die Rechtsprechung. Letzte und maßgebliche Instanz ist dabei der Bundesgerichtshof (BGH) in Karlsruhe, dessen II. Zivilsenat sich fast ausschließlich mit Fragen des Gesellschaftsrechts befasst. Wichtige Entscheidungen kommen insoweit aber auch von den Land- und Oberlandesgerichten. Nicht zu vergessen ist schließlich der Europäische Gerichtshof, der etwa anzurufen ist, wenn es um Fragen der richtigen Umsetzung europäischer Vorgaben in nationales Recht geht.

Zusammenfassung

- Das Gesellschaftsrecht behandelt das Recht der privaten Personenverbände. Darunter sind alle privatrechtlichen, auf freiwilliger Basis gegründeten Personenvereinigungen zur Verfolgung eines gemeinsamen Zweckes zu verstehen.
- Nach der Verbandsstruktur unterscheidet man dabei Personengesellschaften und Körperschaften.
- Bei den Personengesellschaften steht die Person der Mitglieder bzw. Gesellschafter noch ganz im Vordergrund. Sie sind typisiert durch eine überschaubare Mitgliederzahl, persönliche Mitarbeit der Gesellschafter, Selbstorganschaft, Einstimmigkeit bei der Willensbildung der Gesellschafter und deren persönliche Haftung für die Verbindlichkeiten der Gesellschaft. Personengesellschaften besitzen keine bzw. nur eine eingeschränkte Rechtsfähigkeit.
- Die Grundform der Personengesellschaften ist die Gesellschaft bürgerlichen Rechts (GbR); hinzu kommt die Offene Handelsgesellschaft (OHG), die Kommanditgesellschaft (KG), die Stille Gesellschaft und die Partnerschaftsgesellschaft (Partnerschaft).
- Bei den Körperschaften steht der von den Mitgliedern weitgehend abgehobene, verselbständigte Verband im Vordergrund. Sie sind daher typisiert durch eine große Mitgliederzahl, von deren Wechsel der Bestand des Verbandes unberührt bleibt. Typisch ist die fehlende Mitarbeit der Mitglieder, die meist nur durch Beiträge oder eine Kapitaleinlage mit der Körperschaft verbunden sind. Weiterhin gelten das Prinzip der Drittorganschaft und ein abgestuftes Mehrheitsprinzip bei der Willensbildung der Mitglieder; diese sind von der persönlichen Haftung für Verbindlichkeiten des Verbandes befreit. Die weitgehende Loslösung der Körperschaften von ihren Mitgliedern zeigt sich schließlich in ihrer völlig verselbständigten Rechtssubjektivität als juristische Personen.
- Die Grundform der Körperschaft ist der eingetragene Verein (e.G.). Des Weiteren gehören die Aktiengesellschaft (AG), die Gesellschaft mit beschränk-

ter Haftung (GmbH), die Kommanditgesellschaft auf Aktien (KGaA), die eingetragene Genossenschaft (e.G.) sowie der Versicherungsverein auf Gegenseitigkeit (VVaG) zu den Körperschaften.
- Das Gesellschaftsrecht wird hinsichtlich seiner Rechtsquellen vom einfachen Gesetzesrecht geprägt. Wichtige Vorgaben bekommt dieses vom europäischen Recht in Form von Richtlinien. Wesentliche Grenzen für den Gesetzgeber steckt das Grundgesetz ab; eine große Bedeutung im Sinne der Auslegung des Rechts und seiner Lückenfüllung hat schließlich das Richterrecht.

Kontrollfragen

1. Definieren Sie den Begriff des privaten Personenverbandes!
2. Aus welchen Gründen zählt die Erbengemeinschaft → vgl. § 2032 ff. BGB nicht zu den privaten Personenverbänden?
3. Was unterscheidet private Personenverbände von einer Gemeinschaft → vgl. § 741 ff. BGB?
4. Nach ihrer Verbandsstruktur unterteilt man die privaten Personenverbände in Personengesellschaften und Körperschaften. Zeigen Sie an fünf typischen Merkmalen die Unterschiede zwischen beiden Gruppen auf!
5. Nennen Sie für die Personengesellschaften und Körperschaften jeweils die Grundform sowie drei weitere Formen!
6. Welche Rechtsquellen hat das Gesellschaftsrecht?
7. Wie wirkt das europäische Recht in das deutsche Gesellschaftsrecht hinein?

14 Personengesellschaften

Orientierungsfragen

- Wie werden die Personengesellschaften GbR und OHG gegründet und welche Zwecke kann man mit ihnen verfolgen? → vgl. Abschnitte 14.1.1 und 14.2.1, S. 225
- Welche Innenverhältnisse gelten bei ihnen und wie stellen sie sich im Außenverhältnis bezüglich Rechtsfähigkeit, Vertretung und Haftung dar? → vgl. Abschnitte 14.1.2, S. 219, 14.1.3, S. 222, 14.2.2, S. 226 und 14.2.3, S. 228
- Was charakterisiert die Kommanditgesellschaft (KG); welche Gesellschaftertypen gibt es bei ihr und worin unterscheiden sie sich? → vgl. Abschnitt 14.3.1, S. 231
- Wie stellen sich die Innen- und Außenverhältnisse bei der KG dar? → vgl. Abschnitt 14.3.2, S. 231
- Was verbirgt sich hinter der häufig vorkommenden „GmbH & Co. KG"? → vgl. Abschnitt 14.3.3, S. 235
- Was versteht man unter einer Stillen Gesellschaft? → vgl. Abschnitt 14.4, S. 237
- Was charakterisiert die Partnerschaftsgesellschaft? → vgl. Abschnitt 14.5, S. 238

14.1 Gesellschaft bürgerlichen Rechts

14.1.1 Zweck, Vorkommen, Gründung

Die Gesellschaft bürgerlichen Rechts (GbR) oder auch BGB-Gesellschaft genannt ist die Grundform der Personengesellschaften und in den §§ 705 ff. BGB geregelt. Mit ihr kann jeder gesetzliche Zweck verfolgt werden, außer der Betrieb eines **Handelsgewerbes** → Glossar i.S.d. §§ 1 ff. HGB. Das ergibt sich aus § 105 Abs. 1 HGB, der insoweit zwingend vorschreibt, dass eine Gesellschaft, deren Zweck auf den Betrieb eines Handelsgewerbes gerichtet ist, eine Offene Handelsgesellschaft (OHG) ist. Die GbR und die OHG sind daher zwar eng verwandt, sie schließen sich jedoch hinsichtlich ihres Zweckes aus.

Die GbR hat praktisch immer noch eine große Bedeutung, obwohl sie in verschiedenen Bereichen heute zunehmend Konkurrenz von anderen Verbandsformen bekommen hat. Ihr Vorkommen ist dabei vielfältig. Immer noch zu finden ist sie im

Bereich von **KLEINGEWERBETREIBENDEN** → GLOSSAR, die nicht im Handelsregister eingetragen sind (Achtung: bei Eintragung im Handelsregister handelt es sich auch hier um eine OHG → vgl. § 105 Abs. 2 HGB → vgl. Abschnitt 14.2.1, S. 225). Ein geradezu klassischer Anwendungsbereich der GbR sind des Weiteren die Freiberufler (z. B. Rechtsanwälte, Architekten, Ärzte), denen mangels Gewerbeausübung die Handelsgesellschaften OHG und KG versperrt sind und denen aus standesrechtlichen Gründen historisch vielfach auch die Wahl der GmbH und AG nicht erlaubt war. Zwar hat sich diese Situation seit den 1990er Jahren verändert, da für Freiberufler die besondere Rechtsform der Partnerschaftsgesellschaft → vgl. Abschnitt 14.5, S. 238 geschaffen wurde und ihnen zunehmend auch die Kapitalgesellschaften offen stehen (z. B. gibt es neuerdings auch Rechtsanwalts-GmbH); dennoch hat sich die GbR in diesem Bereich einen hohen Verbreitungsgrad erhalten. Häufig anzutreffen sind GbR auch in Fällen, in denen mehrere Unternehmen gemeinsam die Durchführung eines bestimmten Projektes (z. B. große Bauprojekte wie eine Brücke oder ein Stadion) betreiben. Hier sind zwar auch rein schuldrechtliche Gestaltungen – etwa über einen Generalauftragnehmer und nachgeschaltete Subunternehmer – üblich; häufig ist jedoch eine GbR – meist als ARGE (Abkürzung für Arbeitsgemeinschaft) bezeichnet – anzutreffen. Auch so genannte Bankenkonsortien – ein Zusammenschluss von Banken etwa zum Zweck der Aktienplatzierung beim Börsengang einer AG oder zur Finanzierung eines Großprojektes – stellen meist eine GbR dar. Und schließlich werden auch Fonds, d. h. Anlagefonds, nicht selten in Form einer GbR organisiert.

Die Gründung einer GbR ist denkbar einfach: im Innenverhältnis der Gesellschafter genügt der Abschluss des Gesellschaftsvertrages. Nach § 705 BGB muss er die gegenseitige Verpflichtung der Gründergesellschafter enthalten, den im Vertrag bestimmten gemeinsamen Zweck zu verfolgen, wobei jeder der Gründer sich verpflichtet, seine hierzu versprochenen Beiträge zu leisten. Welche Beiträge dies sind, können die Gründer selbst frei bestimmen.

Beispiel

A, B und C wollen gemeinsam eine Kneipe eröffnen und diese in Form einer GbR betreiben. A soll dazu den ehemaligen Laden in dem ihm gehörenden Haus zur Verfügung stellen, B soll 10.000 € als Startkapital einbringen und C soll die Buchhaltung für die Gesellschaft übernehmen.

Der Gesellschaftsvertrag stellt neben dem Verpflichtungsgeschäft für die Einlageleistung der Gesellschafter sogleich die organisationsrechtliche Grundlage der Gesellschaft dar, da er darauf abzielt, die Gesellschaft als privatrechtliche Personenvereinigung zu begründen. Der Vertrag kann daher auch Regelungen zur Organisationsstruktur der Gesellschaft – etwa zur Geschäftsführung – enthalten, soweit das Gesetz hierzu abweichende Regelungen zulässt → vgl. Abschnitt 14.1.2, S. 219.

Der Gesellschaftsvertrag bedarf regelmäßig keiner bestimmten Form, kann also auch mündlich wirksam abgeschlossen werden. Ein Formbedürfnis kann sich jedoch mittelbar aus dem Inhalt des Vertrages ergeben.

Beispiel

Verpflichtet sich ein Gesellschafter bei der Gründung einer GbR dazu, dieser für den gemeinsamen Geschäftsbetrieb ein ihm gehörendes Grundstück zu Eigentum zu übertragen, so handelt es sich um ein formbedürftiges – nämlich eine notarielle Beurkundung erforderndes – Rechtsgeschäft → vgl. § 311b Abs. 1 BGB → vgl. Abschnitte 1.5.3.4, S. 44 und 3.4, S. 128, so dass der gesamte Vertrag notariell beurkundet werden muss.

Mit Abschluss des Gesellschaftsvertrages entsteht die Gesellschaft und entfaltet sofort rechtliche Wirkungen, zunächst freilich nur zwischen den vertragsschließenden Gesellschaftern. Man spricht insofern auch von einer Innengesellschaft. Nach außen wird sie sodann wirksam, sobald sie rechtliche Beziehungen zu Dritten knüpft, für sie z. B. ein Konto eingerichtet wird oder andere Rechtsgeschäfte geschlossen werden. Die GbR ist dann auch eine so genannte Außengesellschaft. Typischerweise führt die GbR dabei einen Namen – häufig, aber keineswegs zwingend – auch mit dem Zusatz „GbR“. Dabei handelt es sich nicht um eine **FIRMA** → GLOSSAR, da die GbR mangels Betrieb eines Handelsgewerbes nicht firmenfähig ist.

Beispiel

Treten A und B im Rechtsverkehr als „Baugeschäft A + B“ auf, so liegt eine GbR vor, auch wenn dies dem Namen auf den ersten Blick nicht zu entnehmen ist. Dies folgt daraus, dass alle anderen Gesellschaftsformen verpflichtet sind, in ihrer Firma (etwa bei OHG oder GmbH) oder ihrem Namen (bei der Partnerschaftsgesellschaft) einen Rechtsformzusatz zu führen → vgl. Abschnitt 7.1, S. 155.

Weitere Voraussetzungen für die Wirksamkeit der Gesellschaft gibt es nicht; vor allem bedarf es keiner Eintragung in ein öffentliches Register, da die GbR – etwa in Bezug auf das **HANDELSREGISTER** → GLOSSAR – nicht eintragungsfähig ist.

14.1.2 Innenverhältnisse

Die Innenverhältnisse der GbR, also die rechtlichen Beziehungen der Gesellschafter gegenüber der Gesellschaft sowie untereinander sind weitgehend **DISPOSITIVES RECHT** → GLOSSAR. Das bedeutet, dass die Gesellschafter von den Regelungen des Gesetzes im Gesellschaftsvertrag abweichen können. Die gesetzlichen Regelungen gelten daher nur, wenn die Gesellschafter im Gesellschaftsvertrag keine solchen abweichenden Regelungen getroffen haben.

Beispiel

Die Gesellschafter einer GbR haben im Gesellschaftsvertrag vereinbart: „Für den Fall des Todes eines Gesellschafters wird die Gesellschaft von den überlebenden Gesellschaftern fortgeführt." Dies weicht von der gesetzlichen Regelung des § 727 Abs. 1 BGB ab, wonach die Gesellschaft sich in diesem Falle auflöst.

Stirbt nun ein Gesellschafter, gilt das vertraglich Vereinbarte; die gesetzliche Regel wurde – da sie disponibel ist – wirksam abbedungen.

Das Innenverhältnis betrifft inhaltlich zunächst die Frage der **GESCHÄFTSFÜHRUNG** → GLOSSAR. Darunter ist jedes Tätigwerden im Sinne des Gesellschaftszweckes zu verstehen, seine Beförderung und Verfolgung. Das ist vielfach auch mit der **VERTRETUNG** → GLOSSAR der Gesellschaft nach außen verbunden, also mit rechtsgeschäftlichem Handeln.

Beispiel

Betreiben A und B einen Laden in Form einer GbR, so gehen typische Tätigkeiten wie der Ankauf und Verkauf von Waren zugleich mit Vertretungshandlungen einher, da diese über den Abschluss von Kaufverträgen mit Lieferanten und Kunden realisiert werden. Aber auch rein interne Tätigkeiten – wie die Gestaltung des Ladens oder die Festlegung der Öffnungszeiten – zählen zur Geschäftsführung.

Da die Geschäftsführung zwar oft, aber nicht immer mit Vertretungsgeschäften zusammenfällt, wird sie bei der GbR (wie auch bei allen anderen Gesellschaften) rechtlich getrennt geregelt. Grund dafür ist auch, dass die Geschäftsführung das Innen-, die Vertretung indes nur das Außenverhältnis der Gesellschaft berührt.

Haben die Gesellschafter keine Regelung zur Geschäftsführung im Gesellschaftsvertrag getroffen, so gilt nach dem dann eingreifenden § 709 Abs. 1 BGB gemeinschaftliche Geschäftsführung; für jedes Geschäft ist daher die Zustimmung aller Gesellschafter erforderlich.

Hieran knüpft – wie § 714 BGB zu entnehmen ist – im Regelfall das Vertretungsrecht an. Im gesetzlichen Falle gilt danach, dass der internen Gesamtgeschäftsführung eine Gesamtvertretung nach außen entspricht. Das heißt, dass ein wirksames Rechtsgeschäft seitens der Gesellschaft nur dann abgeschlossen werden kann, wenn alle Gesellschafter hieran mitwirken, denn nur sie gemeinsam haben die **VERTRETUNGSMACHT** → GLOSSAR i.S.d. § 164 BGB für die Gesellschaft.

Beispiel

A, B, C und D betreiben einen Laden als GbR. Im Gesellschaftsvertrag haben sie sich nur auf den Zweck und ihre Beiträge verständigt. Für den Laden wollen sie nun eine Registrierkasse kaufen. Aufgrund der fehlenden Geschäftsführungsregelung greift die gesetzliche Gesamtgeschäftsführung und -vertretung ein. Eine wirksame Bestellung beim Hersteller setzt daher nicht nur die Einigung aller über die Anschaffung voraus, sondern auch eine gemeinsame **WILLENSERKLÄRUNG** → GLOSSAR (Angebot) gegenüber dem Vertragspartner. Bestellen sie die Kasse zum Beispiel schriftlich, müssen alle vier Gesellschafter unterschreiben.

Diese gesetzliche Regelung mag bei seltenen **RECHTSGESCHÄFTEN** → GLOSSAR – etwa der Anmietung eines Ladenlokals oder der Einstellung eines Angestellten – unproblematisch sein; bei der Abwicklung alltäglicher Geschäfte – wie dem Verkauf von Waren in einem Laden – erweist sie sich jedoch als hinderlich. Die Gesellschafter können dies dadurch beheben, dass sie einzelnen unter sich für bestimmte Geschäfte eine rechtsgeschäftliche **VOLLMACHT** → GLOSSAR i.S.d. § 164 BGB erteilen oder die Geschäftsführung abweichend vom Gesetz im Gesellschaftsvertrag regeln. Hierbei sind sie weitgehend frei, müssen aber den Grundsatz der **SELBSTORGANSCHAFT** → GLOSSAR beachten → vgl. Abschnitt 13.1.2.1, S. 209. In Betracht kommt dabei vor allem die Vereinbarung der Alleingeschäftsführung. In diesem Falle ist dann jeder einzelne Gesellschafter allein zur Geschäftsführung berechtigt und zugleich – gemäß § 714 BGB – auch im Außenverhältnis vertretungsbefugt. Die Schutzinteressen der Mitgesellschafter vor negativem oder risikoreichem Handeln werden dabei dadurch gewahrt, dass jeder von ihnen dem Geschäft widersprechen kann und dieses dann unterbleiben muss → vgl. § 711 BGB.

Nicht zu den Geschäftsführungsaufgaben gehören Fragen grundsätzlicher Bedeutung, die den Zweck der Gesellschaft bzw. die Stellung der Gesellschafter in dieser oder zueinander berühren. Man spricht insoweit von „Grundlagengeschäften". Für diese ist die Gesamtheit der Gesellschafter zuständig, wobei die Willensbildung grundsätzlich einstimmig zu erfolgen hat. Allerdings kann im Gesellschaftsvertrag auch die Willensbildung nach einem Mehrheitsprinzip vereinbart werden → vgl. § 709 Abs. 2 BGB.

Beispiel

A, B und C betreiben gemeinsam die „Fahrradhandel & Service GbR A, B, C". Im Gesellschaftsvertrag haben sie Alleingeschäftsführung aller Gesellschafter und für Grundlagengeschäfte das Mehrheitsprinzip vereinbart. Nun möchte A auch Mofas in das Handelssortiment nehmen. B widerspricht und C meint, dass hierzu ein Gesellschafterbeschluss nötig wäre.

Wenn es sich um eine Geschäftsführungsmaßnahme handelte, hätte A mit seiner Idee keinen Erfolg, weil – unabhängig von der Meinung des C – B dieser wirksam widersprochen hat und die Maßnahme daher unterbleiben müsste → vgl. § 711 BGB.

Es liegt jedoch ein Grundlagengeschäft vor, da der bisherige Gesellschaftszweck – Vertrieb und Reparatur von Fahrrädern – um den Handel mit Mofas erweitert werden soll. Es ist daher ein Gesellschafterbeschluss nötig. A kann also auf keinen Fall allein entscheiden; gewinnt er jedoch den C für sich, kann er aufgrund des Mehrheitsprinzips seine Idee realisieren. Der Widerspruch des B ist insoweit unbeachtlich, da er nur Geschäftsführungsmaßnahmen erfasst, nicht aber Grundlagengeschäfte.

Zum Innenverhältnis gehören schließlich Fragen der Gewinn- und Verlustverteilung unter den Gesellschaftern → vgl. §§ 721 f. BGB, Regeln für die Beendigung der Gesellschaft → vgl. §§ 723 ff. BGB sowie zum Ausscheiden einzelner Gesellschafter, sofern die Gesellschaft in diesem Falle nicht aufgelöst sein soll → vgl. §§ 736 ff. BGB.

14.1.3 Außenverhältnisse

Um die Außenverhältnisse der GbR – also ihre rechtlichen Beziehungen zur Umwelt – näher beleuchten zu können, ist zunächst zu klären, welchen Charakter sie gegenüber den Gesellschaftern und gegenüber Gläubigern hat. Der einzige Ansatzpunkt im Gesetz hierzu ist dabei, dass es sich in Bezug auf das Gesellschaftsvermögen um eine so genannte **Gesamthand** → Glossar handelt: Das Gesellschaftsvermögen ist gemeinschaftliches Vermögen der Gesellschafter und gehört ihnen in ihrer gesamthänderischen Verbundenheit, d. h. sie können nur gemeinsam über das Vermögen und seine Einzelbestandteile verfügen → vgl. §§ 718 f. BGB. Hieraus lassen sich keine sicheren Schlüsse zur Rechtsnatur ziehen außer dem, dass die GbR keine von den Gesellschaftern verselbständigte **juristische Person** → Glossar ist. Die wichtige Frage, inwieweit die GbR dennoch teilrechtsfähig ist, war deshalb lange Zeit in Wissenschaft und Rechtsprechung umstritten. Mittlerweile ist anerkannt, dass die GbR eine, weitgehend an § 124 Abs. 1 HGB angelehnte Teilrechtsfähigkeit besitzt [grundlegend: BGHZ 146, S. 341]. Damit ist vor allem geklärt, dass die GbR selbst Inhaber von Rechten (Forderungen, Eigentum) sein kann, Verbindlichkeiten eingehen und vor Gericht unter ihrem Namen klagen und verklagt werden kann.

Beispiel

In der „Autowerkstatt A, B & C GbR" wurde der PKW des X repariert und diesem wieder übergeben. Trotz mehrfacher Mahnungen zahlt der X den Werklohn hierfür nicht.

Nach alter Auffassung wäre die Werklohnforderung den drei Gesellschaftern auch im Außenverhältnis in ihrer gesamthänderischen Verbundenheit zuzuordnen gewesen, mangels (Teil-) Rechtsfähigkeit nicht der GbR selbst. Dementsprechend hätten auch alle drei Gesellschafter gemeinsam als Klägerpartei einen Rechtsstreit um die Bezahlung des Werklohnes gegen X führen müssen.

Nach nunmehriger Auffassung steht der teilrechtsfähigen GbR selbst die Forderung gegenüber dem X zu; die Frage der gesamthänderischen Bindung des Gesellschaftsvermögens hat insoweit nur noch Bedeutung für das Verhältnis der Gesellschafter A, B und C untereinander. Als Rechtsinhaberin kann die GbR die Forderung auch unter ihrem eigenen Namen als Partei vor Gericht gegen X geltend machen, dabei von den Gesellschaftern vertreten gemäß der konkreten Vertretungsregelung in der GbR.

Die Anerkennung der Teilrechtsfähigkeit der GbR wirkt sich auch auf die Fragen der **VERTRETUNG** → GLOSSAR und der Haftung aus.

Hinsichtlich der Vertretung wurde bereits dargelegt, dass diese personell der internen Geschäftsführungsregelung folgt → vgl. Abschnitt 14.1.2, S. 219. Damit ist aber noch nichts darüber gesagt, wer konkret z. B. bei einem Vertragsschluss vertreten wird. Früher nahm die Rechtsprechung an, der oder die Handelnden würden durch ihr Vertreterhandeln das Gesellschaftsvermögen sowie alle Gesellschafter persönlich verpflichten (sog. Doppelverpflichtungstheorie). Die Teilrechtsfähigkeit der GbR führt heute indes zwanglos dazu, dass durch das Vertreterhandeln die Gesellschaft selbst verpflichtet wird, der oder die Vertreter also allein die Gesellschaft, nicht die einzelnen Gesellschafter vertreten.

Der Umfang der Vertretungsmacht der Gesellschafter ist dabei nicht nur bezüglich der Personen im Gesellschaftsvertrag regelbar, sondern auch inhaltlich mit Wirkung gegenüber Dritten beschränkbar.

Beispiel

A und B betreiben ein kleines Antiquariat in Form einer GbR. Sie haben Alleingeschäftsführung vereinbart, bei Verträgen allerdings soll jeder nur bis zu einem Volumen von 1.000 € allein handeln dürfen. Eines Tages kauft B für die GbR vom X eine alte Bibel für 2.000 €. Als A davon erfährt, verweigert er dem X die Vertragserfüllung.

X hat einen Anspruch auf Erfüllung des Kaufvertrages gegen die GbR nur, wenn ein solcher wirksam mit dieser geschlossen wurde. Das ist vorliegend nicht gegeben, da B keine Geschäftsführungsbefugnis und daraus folgend auch keine Vertretungsmacht für einen Ankauf zu diesem Preis hatte. B hat die GbR also nicht wirksam vertreten; er haftet dem X aber ggf. als Vertreter ohne Vertretungsmacht (**FALSUS PROCURATOR** → GLOSSAR) → vgl. Abschnitt 1.7.6.1, S. 63.

Ein wesentliches Element des Außenverhältnisses ist weiter die Frage der persönlichen Haftung der Gesellschafter für Verbindlichkeiten der Gesellschaft. Dass die Gesellschafter bei der GbR insoweit einer persönlichen (Mit-)Haftung neben dem Gesellschaftsvermögen unterliegen, war seit jeher unstrittig. Probleme bereitete insoweit wieder lange Zeit die Begründung, bei der die Rechtsprechung auf die Doppelverpflichtungstheorie abstellte. Nach Anerkennung der Teilrechtsfähigkeit in Anlehnung an § 124 Abs. 1 HGB folgert man dieses Ergebnis heute aus einer konsequenten, entsprechenden Anwendung des § 128 HGB, der eine solche persönliche Haftung der Gesellschafter für die Verbindlichkeiten der Gesellschaft ausdrücklich anordnet (sog. Akzessorietätstheorie).

Trotz einiger Irritationen in der Vergangenheit besteht insoweit heute auch Einigkeit darüber, dass die Gesellschafter sich dieser Haftung nicht durch eine gesellschaftsvertragliche Vertretungsbeschränkung entziehen können, selbst wenn dies nach außen allgemein dokumentiert wird.

Beispiel

A, B und C haben vertraglich Alleingeschäftsführung vereinbart mit der Maßgabe, dass jeder Gesellschafter bei Verträgen nur das Gesellschaftsvermögen, nicht aber die Gesellschafter persönlich verpflichten darf. Nach außen dokumentieren sie das mit dem Namenszusatz „GbR mit beschränkter Haftung". Als ein Gläubiger von A persönlich die Zahlung einer Gesellschaftsverbindlichkeit verlangt, verweigert A dies unter Hinweis auf die Haftungsbeschränkung.

Eine solche allgemeine Haftungsbeschränkung ist nicht möglich, da sie dem Wesen des Personengesellschaftsrechtes widerspricht → vgl. § 128 S. 2 HGB. Das Privileg beschränkter persönlicher Haftung ist im deutschen Gesellschaftsrecht allein Körperschaften vorbehalten, bei deren Gründung sich die Gesellschafter dieses Privileg durch gesetzlich vorgeschriebene Mindestkapitaleinlagen „erkaufen" müssen → vgl. Abschnitt 15.5, S. 285. Der A muss deshalb die Gesellschaftsverbindlichkeit gegenüber dem Gläubiger aus seinem privaten Vermögen begleichen; diese Aufwendung kann er allerdings von der Gesellschaft → vgl. § 713 BGB bzw. anteilig von seinen Mitgesellschaftern als Gesamtschuldnern → vgl. § 426 BGB → vgl. Abschnitt 14.2.3 (Beispiel), S. 230 ersetzt verlangen.

Hinzuweisen ist in diesem Zusammenhang darauf, dass nur eine allgemeine, gesellschaftsvertraglich fundierte Haftungsbeschränkung ausgeschlossen ist. Möglich ist dagegen, dass mit einem Vertragspartner individuell vereinbart wird, dass für die Verbindlichkeiten der GbR aus dem konkreten Vertrag nur das Gesellschaftsvermögen haften soll. In der Praxis lässt sich auf so eine Beschränkung freilich kaum ein Gläubiger ein.

Seit einiger Zeit besteht jedoch in anderer Form die Möglichkeit Gesellschaften zu bilden, die den Gesellschaftern eine Haftungsbeschränkung bieten, ohne dass hierzu eine Kapitaleinlage in dem Umfang wie bei der Aktiengesellschaft oder GmbH aufgebracht werden muss. In Betracht kommt insofern die Gründung einer **LIMITED (LTD.)** → GLOSSAR → vgl. Abschnitte 15.1.4, S. 248 oder einer **UNTERNEHMERGESELLSCHAFT (UG)** → GLOSSAR → vgl. Abschnitte 15.5.2.1, S. 287.

14.2 Offene Handelsgesellschaft

14.2.1 Zweck und Gründung

Die Offene Handelsgesellschaft (OHG) ist die in den §§ 105 ff. HGB geregelte handelsrechtliche „Schwester" der GbR. Sie ist vom Gesetzgeber zum ausschließlichen Zweck des Betriebes eines **HANDELSGEWERBES** → GLOSSAR geschaffen worden. Die Regelungen zur OHG weichen daher vielfach von denen der GbR ab, da sie dem Zweck entsprechend auf die Bedürfnisse des Handelsverkehrs zugeschnitten sind. Die Frage, wann eine Gesellschaft ein Handelsgewerbe betreibt und damit eine OHG darstellt, richtet sich in erster Linie nach § 1 Abs. 2 HGB. Liegt also ein Unternehmen in einer Größe vor, dass einen einzelnen Betreiber als **IST-KAUFMANN** → GLOSSAR → vgl. Abschnitt 5.2, S. 144 i.S.d. § 1 HGB qualifizieren würde, so liegt beim gemeinschaftlichen Betrieb durch mehrere Personen eine OHG vor. Wie beim Einzelkaufmann ist diese Einordnung unabhängig von der Eintragung ins **HANDELSREGISTER** → GLOSSAR. Zwar ist auch die ist-kaufmännische OHG zur Eintragung ins Handelsregister verpflichtet → vgl. § 106 HGB, jedoch hat diese – wie § 123 Abs. 2 HGB zeigt – nur deklaratorische Wirkung. Die Parallele zu den Einzelkaufleuten besteht auch hinsichtlich der beiden Formen des **KANN-KAUFMANNES** → GLOSSAR → vgl. Abschnitt 5.3, S. 145 → vgl. §§ 2, 3 HGB. Wie bei diesen kann eine Gesellschaft, die nicht schon nach § 1 Abs. 2 HGB ein Handelsgewerbe betreibt, die Qualität einer OHG dadurch erwerben, dass die Gesellschafter sie als solche ins Handelsregister eintragen lassen. Die Eintragung ist dabei – anders als bei ist-kaufmännischen Handelsgewerben – konstitutiver Natur → vgl. § 123 Abs. 1 HGB.

Beispiel

A, B und C wollen gemeinschaftlich eine kleine Buchhandlung eröffnen. Der geplante Geschäftsumfang erfordert keinen in kaufmännischer Weise eingerichteten Geschäftsbetrieb. Hinsichtlich der Rechtsform haben sie daher die Wahl: verzichten sie auf eine Eintragung ins Handelsregister, so liegt eine GbR vor, da das beabsichtigte Gewerbe angesichts des Umfangs kein Handelsgewerbe nach § 1 Abs. 2 HGB darstellt. Sie können sich jedoch auch gemäß § 105 Abs. 2 i.V.m. § 2 HGB ins Handelsregister eintragen lassen und erreichen damit die Qualität einer OHG.

Die Abgrenzung von GbR und OHG ist damit kaum problematisch, da bei einer Eintragung ins Handelsregister immer eine OHG vorliegt und sich nur bei fehlender Eintragung die Frage stellt, ob ein einen kaufmännischen Geschäftsbetrieb erforderndes Handelsgewerbe betrieben wird (dann OHG) oder nicht (dann GbR).

Die Gründung der OHG erfolgt wie bei der GbR durch den Abschluss eines auch hier regelmäßig formfreien Gesellschaftsvertrages. In der Praxis dominiert jedoch die Schriftform, da wesentliche Vertragsinhalte Gegenstand der vorgeschriebenen Anmeldung zum Handelsregister sind → vgl. § 106 Abs. 2 HGB und deshalb ohnehin schriftlich niedergelegt werden müssen. Inhaltlich muss der Zweck auf den gemeinschaftlichen Betrieb eines (ist- oder kann-kaufmännischen) Handelsgewerbes unter gemeinsamer Firma ohne Haftungsbeschränkung aller Gesellschafter gerichtet sein → vgl. § 105 Abs. 1 HGB und die Verpflichtung der Gesellschafter zur Leistung ihrer individuellen Beiträge enthalten → vgl. § 105 Abs. 3 HGB i.V.m. § 705 BGB. Da der Gesellschaftsvertrag die organisationsrechtliche Grundlage der Gesellschaft bildet, können des Weiteren auch Regelungen vor allem zu den Innenverhältnissen der Gesellschaft enthalten sein, da deren gesetzliche Ausgestaltung auch bei der OHG **DISPOSITIVES RECHT** → GLOSSAR darstellt, wie § 109 HGB ausdrücklich klarstellt.

Mit dem Abschluss des Gesellschaftsvertrages entsteht die OHG zunächst – wie schon bei der GbR gesehen – als Innengesellschaft. Wirksamkeit nach außen erlangt sie grundsätzlich mit der Eintragung ins **HANDELSREGISTER** → GLOSSAR → vgl. § 123 Abs. 1 HGB; im Falle eines ist-kaufmännischen Handelsgewerbes jedoch schon mit Geschäftsaufnahme → vgl. § 123 Abs. 2 HGB, z. B. der Anmietung eines Ladengeschäftes, der Eröffnung eines Kontos oder dem Beginn der gewerbetypischen Tätigkeit.

14.2.2 Innenverhältnisse

Zu den Innenverhältnissen in der OHG bestimmt zunächst § 109 HGB: „Das Rechtsverhältnis der Gesellschafter untereinander richtet sich zunächst nach dem Gesellschaftsvertrage; die [gesetzlichen] Vorschriften [...] finden nur insoweit Anwendung, als nicht durch den Gesellschaftsvertrag ein anderes bestimmt ist.“ Ist also fraglich, wem in der Gesellschaft die Geschäftsführungsbefugnis zukommt oder welche Gegenstände einer – einheitlichen oder mehrheitlichen – Willensbildung aller Gesellschafter unterliegen, so ist zunächst zu prüfen, ob und ggf. welche Regelung hierzu der Gesellschaftsvertrag enthält. Nur wenn dort keine Regelung enthalten ist, greifen die gesetzlichen Normen ein.

Zentraler Bereich des Innenverhältnisses ist auch bei der OHG die Frage der Befugnis zur **GESCHÄFTSFÜHRUNG** → GLOSSAR. Diese weicht auch nach der gesetzlichen Regelung von derjenigen in der GbR ab. Ursache dafür ist, dass die OHG schon vom gesetzlichen Grundmodell her auf die Besonderheiten des Handelsverkehrs zugeschnitten wurde. Dessen Bedürfnissen würde eine Gesamtgeschäftsführung wie bei der GbR ersichtlich widersprechen. Die gesetzliche Geschäftsführungsregel ordnet daher eine Alleingeschäftsführung mit Widerspruchsrecht der anderen geschäftsführungsberechtigten Gesellschafter an → vgl. §§ 114 Abs. 1, 115 Abs. 1 HGB.

Das Gesetz enthält des Weiteren Regelungen für typische vertragliche Abweichungen: ist vereinbart, dass nur einzelne oder mehrere Gesellschafter Geschäftsführer sein sollen, sind die übrigen von der Geschäftsführung ausgeschlossen → vgl. § 114 Abs. 2 HGB; sollen die vertraglich bestimmten Geschäftsführer nur gemeinsam handeln können, bedarf jedes Geschäft deren Zustimmung → vgl. § 115 Abs. 2 HGB.

Anders als bei der GbR knüpft bei der OHG die Regelung der rechtsgeschäftlichen Vertretung der Gesellschaft nach außen nicht an die interne Geschäftsführungsregelung an. Zwar entspricht die gesetzliche Vertretungsregel – Einzelvertretung → vgl. § 125 Abs. 1 HGB – der gesetzlichen Einzelgeschäftsführung; das ändert indes nichts an ihrer Selbständigkeit.

Beispiel

A und B betreiben ein Ladengeschäft für Schuhe. Im Gesellschaftsvertrag ist Alleingeschäftsführung des A unter Ausschluss von B vereinbart; eine Regelung zur Vertretung enthält der Vertrag nicht. Nun kauft B bei einer Schuhfabrik Schuhe für den Laden ein.

Handelt es sich bei der Gesellschaft von A und B um eine GbR, wäre der Kauf durch B unwirksam. Da B von der Geschäftsführung ausgeschlossen ist, fehlt ihm nämlich zugleich die daran anknüpfende Vertretungsbefugnis für die GbR → vgl. § 714 BGB.

Bilden A und B hingegen eine OHG, wäre der von B geschlossene Vertrag wirksam, denn für die Vertretungsmacht des B ist es hier unbeachtlich, dass ihm die Geschäftsführungsbefugnis fehlt. Um B auch von der Vertretung auszuschließen, hätte es einer gesonderten Regelung im Gesellschaftsvertrag bedurft → vgl. § 125 Abs. 1 HGB.

Zu den Innenverhältnissen der OHG gehört auch der Bereich der über die Geschäftsführungsaufgaben hinausgehenden Entscheidungen über grundlegende Fragen. Grundsätzlich haben die Gesellschafter zunächst die Möglichkeit, im Gesellschaftsvertrag die Gegenstände genau zu bezeichnen, die der Geschäftsführung einerseits sowie der Willensbildung aller Gesellschafter andererseits unterliegen sollen. Unterlassen sie eine solche Regelung, gilt § 116 Abs. 1, 2 HGB: danach gehören zur Geschäftsführung nur die Handlungen, die der gewöhnliche Geschäftsbetrieb der Gesellschaft mit sich bringt; alle darüber hinausgehenden Handlungen unterfallen der Willensbildung aller Gesellschafter.

Beispiel

Betreiben A und B ein Ladengeschäft als OHG, so gehört der Ankauf von Waren zur Geschäftsführung, die mangels abweichender Regelung jeder Gesellschafter allein vornehmen kann. Die Einstellung einer Verkäuferin oder die Anmietung eines neuen Ladenlokales gehören indes nicht zum üblichen Geschäftsbetrieb und bedürfen daher eines Beschlusses der Gesellschafter.

Grundsätzlich gilt bei der Willensbildung das Einstimmigkeitsprinzip → vgl. § 119 Abs. 1 HGB; allerdings können die Gesellschafter – wie sich aus § 119 Abs. 2 HGB ergibt – im Gesellschaftsvertrag ein Mehrheitsprinzip verankern. Dabei kann das Stimmrecht in seiner Gewichtung (z. B. nach „Köpfen" oder nach Beteiligung) geregelt werden sowie – ggf. unterschiedlich für einzelne Beschlussgegenstände – die konkret erforderliche Mehrheit (einfache Mehrheit, 3/4-Mehrheit usw.).

Zum Innenverhältnis zählen bei der OHG – wie schon bei der GbR gesehen – weiter Regelungen zur Gewinn- und Verlustverteilung unter den Gesellschaftern → vgl. §§ 120 f. HGB, zur Auflösung und Liquidation der Gesellschaft → vgl. §§ 131 ff., 145 ff. HGB sowie zum Ausscheiden einzelner Gesellschafter → vgl. §§ 131 Abs. 3, 140 HGB. Eine Besonderheit weist schließlich § 112 HGB auf, der den Gesellschaftern einer OHG ohne Zustimmung der Mitgesellschafter ein Wettbewerbsverbot auferlegt, d. h. ihnen verbietet, im Handelszweig der Gesellschaft auf eigene Rechnung Geschäfte zu machen bzw. sich als persönlich haftender Gesellschafter an einer anderen, gleichartigen Gesellschaft zu beteiligen.

14.2.3 Außenverhältnisse

Hinsichtlich der Außenverhältnisse enthält das Gesetz zunächst grundlegende Regelungen zur Rechtsnatur der Gesellschaft. Nach § 124 Abs. 1 HGB ist die OHG teilrechtsfähig. Es handelt sich zwar nicht um eine von den Gesellschaftern völlig verselbständigte **JURISTISCHE PERSON** → GLOSSAR; die OHG kann aber „... unter ihrer Firma Rechte erwerben und Verbindlichkeiten eingehen, Eigentum und andere dingliche Rechte an Grundstücken erwerben, vor Gericht klagen und verklagt werden." Hinsichtlich der internen Vermögenszuordnung handelt es sich – wie bei der GbR auch – um eine **GESAMTHAND** → GLOSSAR.

Die für die Außenbeziehungen der OHG wichtige Frage der **VERTRETUNG** → GLOSSAR ist – wie bereits ausgeführt – nicht nur formal von der Geschäftsführung getrennt, sondern ohne eine inhaltliche Anknüpfung an diese geregelt. Sofern der Gesellschaftsvertrag nichts anderes vorsieht, steht dabei gemäß § 125 Abs. 1 HGB jedem Gesellschafter **VERTRETUNGSMACHT** → GLOSSAR für die Gesellschaft zu. Abweichend davon können im Vertrag einzelne Gesellschafter gänzlich von der Vertretung ausgeschlossen werden → vgl. § 125 Abs. 1 HGB; andererseits kann der Vertrag auch gemeinschaftliche Vertretung anordnen. Diese Anordnung kann dahin gehen, dass alle berechtigten Gesellschafter die Gesellschaft nur zusammen vertreten können; denkbar ist aber auch eine Regelung, dass z. B. immer zwei aus dem (größeren) Kreis der Vertretungsberechtigten gemeinsam handeln müssen, bzw. ein Gesellschafter zusammen mit einem Prokuristen → vgl. § 125 Abs. 2, 3 HGB → vgl. Abschnitt 8.1, S. 163.

Beispiel

A, B und C betreiben eine OHG, in der sie dem P **PROKURA** → GLOSSAR erteilt haben. Im Gesellschaftsvertrag ist vereinbart, dass je nur zwei Gesellschafter zusammen bzw. ein Gesellschafter gemeinsam mit dem Prokuristen die Gesellschaft vertreten können. Handlungsfähig im Außenverhältnis sind danach A und B, A und C, B und C sowie jeder Gesellschafter zusammen mit P.

Damit Vertragspartner sicher sein können, dass die OHG personell ordnungsgemäß vertreten ist, sind die Regelung der **VERTRETUNGSMACHT** → GLOSSAR der Gesellschafter sowie Änderungen hieran zum Handelsregister anzumelden und für den Rechtsverkehr dort einsehbar → vgl. §§ 106 Abs. 2 Nr. 4, 107 HGB.

Inhaltlich umfasst die Vertretungsmacht alle gerichtlichen und außergerichtlichen Geschäfte und Handlungen einschließlich Grundstücksgeschäfte und die Prokuraerteilung → vgl. § 126 Abs. 1 HGB. Abweichend von der Rechtslage bei der GbR kann dieser umfassende Inhalt der Vertretungsmacht auch nicht mit Wirkung gegenüber Dritten eingeschränkt werden → vgl. § 126 Abs. 2 HGB: die Vertragspartner sollen sich ohne nähere Prüfung bei Abschluss eines Vertrages mit einem personell befugten Vertreter einer OHG sicher sein, dass dieser auch mit hinreichender Vertretungsmacht gehandelt hat.

Beispiel

A und B sind Gesellschafter der „Baustoffgroßhandels OHG". Im Gesellschaftsvertrag ist vereinbart, dass jeder Gesellschafter nur zum Abschluss von Geschäften bis 10.000 € allein befugt ist; bei Geschäften darüber hinaus sollen nur beide gemeinsam handeln dürfen. Dennoch kauft B eines Tages Baustoffe für 15.000 € ein.

Der Kaufvertrag ist wirksam zu Stande gekommen; B hat die OHG wirksam vertreten. Die Beschränkung der Vertretung entfaltet nämlich nur im Innenverhältnis eine Wirkung, nicht aber im Außenverhältnis zu dem Verkäufer der Baustoffe. Dieser kann – da B im Rahmen der ihm zustehenden, nach außen unbeschränkbaren Vertretungsmacht gehandelt hat – Erfüllung des wirksam geschlossenen Kaufvertrages von der OHG verlangen.

Die Pflichtverletzung durch B hat daher allenfalls im Innenverhältnis Konsequenzen; ggf. muss er der OHG einen ihr entstandenen Schaden ersetzen.

Das Außenverhältnis der OHG erfasst schließlich noch die Frage der Haftung der Gesellschafter. § 128 HGB ordnet insoweit eine persönliche und gesamtschuldnerische Haftung aller Gesellschafter für die Verbindlichkeiten der Gesellschaft an, die – wie Satz 2 ausdrücklich anordnet – Dritten gegenüber auch nicht ausgeschlossen werden kann. Das bedeutet, dass den Gläubigern neben dem Gesellschaftsvermögen immer auch das Privatvermögen aller Gesellschafter zur Befriedigung ihrer Ansprüche zur Verfügung steht. Die gesamtschuldnerische Haftung bedeutet dabei auch, dass die Gesellschafter nicht subsidiär haften – also erst, wenn bei der OHG „nichts zu holen ist" – sondern unmittelbar und primär für jede Gesellschaftsschuld.

Beispiel
Der Großhändler G hat eine offene Forderung gegenüber der „AB OHG". Trotz mehrerer Mahnungen zahlt die OHG nicht. G will nun Klage erheben.

G ist dabei nicht darauf beschränkt, erst allein die OHG zu verklagen und sodann bei dieser eine Vollstreckung des Urteils zu versuchen. Er kann vielmehr sogleich die OHG und die Gesellschafter A und B persönlich als Gesamtschuldner verklagen und dann in das Vermögen der Gesellschaft sowie in das der Gesellschafter vollstrecken.

Bei der persönlichen Haftung nach § 128 HGB handelt es sich um eine akzessorische Haftung, d. h. sie hängt bezüglich des Umfanges vom Bestand der Gesellschaftsverbindlichkeit ab und der Gesellschafter kann auch alle Einwendungen gegen die Forderung, die die Gesellschaft geltend machen könnte, für sich in Anspruch nehmen → vgl. § 129 Abs. 1 – 3 HGB.

Beispiel
Hat der Gläubiger einer OHG dieser für eine Forderung eine Ratenzahlung gewährt, so können sich auch die persönlich haftenden Gesellschafter hierauf gegenüber dem Gläubiger berufen.

Erfüllt der Gesellschafter aus seinem Privatvermögen eine Gesellschaftsschuld, so kann er diese Leistung – die wirtschaftlich ja im Interesse der OHG erfolgte – von der Gesellschaft ersetzt verlangen → vgl. § 110 HGB. Reicht das Vermögen der Gesellschaft hierzu nicht aus, kann er zudem von den Mitgesellschaftern, mit denen er gesamtschuldnerisch verbunden ist → vgl. § 128 HGB, einen Gesamtschuldnerausgleich – nach Beteiligung oder, im Zweifel, nach Anzahl – verlangen → vgl. § 426 BGB.

Beispiel
A, B und C sind in einer OHG verbunden. Eine Verbindlichkeit der Gesellschaft in Höhe von 100.000 € zahlt C persönlich an deren Gläubiger. Von der OHG bekommt er dafür mangels weiterer verfügbarer Mittel nur 40.000 € erstattet.

Hinsichtlich der restlichen 60.000 € kann C im Wege des Gesamtschuldnerausgleiches auf A und B persönlich zugreifen. Allerdings haftet jeder Gesellschafter im Gesamtschuldnerausgleich mangels abweichender Regelung nur nach gleichen Teilen; d. h. C kann von A und B jeweils nur 20.000 € verlangen, für die verbleibenden 20.000 € muss er selbst einstehen.

14.3 Kommanditgesellschaft

14.3.1 Charakteristik

Bei der Kommanditgesellschaft (KG) handelt es sich ebenfalls um eine „Schwester" der OHG. Sie ist direkt im Anschluss an diese in den §§ 161 ff. HGB geregelt. Die sie mit der OHG verbindende Gemeinsamkeit ist, dass auch die KG nur den Zweck des Betriebes eines **HANDELSGEWERBES** → GLOSSAR nach den Vorgaben der §§ 1 – 3 HGB haben kann. Die Besonderheit besteht darin, dass sie im Gegensatz zur OHG zwei Gesellschaftertypen aufweist. Der bzw. die persönlich haftenden Gesellschafter – die so genannten **KOMPLEMENTÄRE** → GLOSSAR – entsprechen dabei den Gesellschaftern der OHG. Hiervon zu unterscheiden sind die **KOMMANDITISTEN** → GLOSSAR. Diese Gesellschafter haften nur bis zur Höhe einer vertraglich vereinbarten Einlage persönlich, was weitergehende Auswirkungen auf ihre Rechtsstellung in der Gesellschaft hat. Die KG enthält damit Ansätze einer kapitalistischen Gesellschaft; der Kommanditist ist zugleich der historische Prototyp des Kapitalanlegers.

Dennoch ist die KG als Personengesellschaft einzuordnen, da bei ihr zwingend mindestens ein persönlich haftender Komplementär vorhanden sein muss.

14.3.2 Innen- und Außenverhältnisse

Keine Besonderheiten weist die KG gegenüber der OHG auf, soweit die Rechtsstellung der **KOMPLEMENTÄRE** → GLOSSAR betroffen ist. Wie bei der OHG haben diese Gesellschafter – sofern der Gesellschaftsvertrag keine andere Regelung vorsieht – Alleingeschäftsführungsbefugnis und Alleinvertretungsmacht und haften dafür im Gegenzug persönlich für die Verbindlichkeiten der Gesellschaft. Die Verweisung in § 161 Abs. 2 HGB auf das Recht der OHG betrifft damit im Wesentlichen diesen Gesellschaftertyp.

Abweichungen bezüglich des Innen- und Außenverhältnisses ergeben sich hingegen für den Typ des **KOMMANDITISTEN** → GLOSSAR. Die Ursache hierfür liegt in dessen nur beschränkter persönlicher Haftung, deren Ausgestaltung deshalb zunächst etwas näher zu betrachten ist. Anders als der Komplementär verpflichtet sich der Kommanditist bei der Gründung der Gesellschaft oder seinem späteren Eintritt nur, eine wertmäßig genau bestimmte Einlage an die Gesellschaft zu leisten, auf die seine persönliche Haftung beschränkt sein soll. Die Einlageleistung selbst muss dabei nicht in Geld erfolgen; erforderlich ist jedoch, dass der KG tatsächlich ein Vermögenswert zufließt, der dem dafür angenommenen Einlagewert entspricht.

Beispiel

A und B wollen ein Transportgeschäft in Form einer KG betreiben. B soll Kommanditist mit einer Einlage von 100.000 € werden; die Einlage soll dabei in Form eines dem B gehörenden Betriebsgrundstückes erbracht werden. Erreicht der objektive Wert des Grundstückes nur 80.000 €, so erfüllt der B seine Einlagepflicht mit der Übertragung auf die KG nur unvollständig: die Differenz von 20.000 € bleibt bestehen und muss von B anderweitig – im Zweifel in Geld – erfüllt werden.

Die Einlagepflicht wird der Höhe nach ins **HANDELSREGISTER** → GLOSSAR eingetragen und so dem Handelsverkehr publik gemacht. Die Eintragung ist dabei grundsätzliche Voraussetzung für die Haftungsbeschränkung: hat der Kommanditist nämlich der Geschäftsaufnahme bzw. – bei einem späteren Eintritt in die KG – der Geschäftsfortführung zugestimmt und ist dem Gläubiger seine Beteiligung als Kommanditist nicht bekannt, so haftet er für die bis zur Eintragung entstehenden Verbindlichkeiten wie ein Komplementär persönlich unbeschränkt → vgl. § 176 HGB. Die allgemein erst mit der Registereintragung eintretende Haftungsbeschränkung des Kommanditisten stellt sich dann im Wesentlichen so dar: hat er die Einlage vollständig an die KG geleistet, so ist er nicht nur im Verhältnis zur KG von seiner Einlagepflicht befreit, sondern haftet auch im Außenverhältnis zu den Gläubigern der Gesellschaft nicht mehr persönlich. Eine solche persönliche Haftung besteht nur, soweit die Einlage noch nicht geleistet ist → vgl. § 171 Abs. 1 HGB bzw. soweit dem Kommanditisten die schon geleistete Einlage zurückgewährt wird → vgl. § 172 Abs. 4 HGB.

Beispiel

A, B, C, D und E betreiben gemeinsam die „Sommerrodelbahn KG". A ist Komplementär, B, C, D und E sind Kommanditisten mit einer Einlage von je 100.000 €. B hat auf seine Einlage vertragsgemäß ein Grundstück eingebracht, das jedoch nur 90.000 € wert ist. C hat 50.000 € eingezahlt, der Rest wurde ihm zunächst gestundet. D hat zunächst voll eingezahlt; auf seinen Wunsch hin wurden ihm in einer finanziellen Notsituation jedoch 30.000 € seiner Einlage vorübergehend zurückgezahlt; zudem kaufte die KG von ihm einen gebrauchten mobilen Imbissstand für 20.000 €, obwohl dieser tatsächlich nur noch 10.000 € wert war. E schließlich hat seine Einlage voll geleistet. Nach einer Generalreparatur der Rodelbahn schuldet die KG dem Werkunternehmer W 120.000 € Werklohn. Dieser will wissen, an wen er sich wenden kann.

Zunächst haftet ihm natürlich die KG mit ihrem Gesellschaftsvermögen auf den vollen Betrag. Daneben haftet auch der Komplementär A persönlich in voller Höhe für die Verbindlichkeit der KG → vgl. § 161 Abs. 2 i.V.m. § 128 HGB. Auch B, C und D haften persönlich, aber beschränkt: von B kann W 10.000 € verlangen, da dieser mit der Übertragung des Grundstückes bislang nur 90.000 € der versprochenen Einlage von 100.000 € geleistet hat → vgl. § 171 Abs. 1 HGB. Von C kann er 50.000 € verlangen, da C in dieser Höhe seine Einlage noch nicht geleistet hat. Dass ihm die Einlage in dieser Höhe gestundet wurde, ist für den Gläubiger W unbeachtlich → vgl. § 172 Abs. 3 HGB. Schließlich kann W von D insgesamt 40.000 € verlangen. 30.000 €, da ihm in dieser

Höhe die bereits geleistete Einlage unmittelbar zurückgezahlt wurde, sowie weitere 10.000 €, die der an ihn gezahlte Kaufpreis den Wert des an die KG verkauften Imbissstandes überstieg, da jede Leistung der KG an den Kommanditisten, die ihr ohne Gegenleistung Vermögen entzieht, als Einlagenrückgewähr zu werten ist (BGH ZIP 2017, 77). → vgl. § 172 Abs. 4 HGB. Nur auf den E kann W wegen dessen voll eingezahlter Einlage nicht persönlich zugreifen.

Wird der Kommanditist von einem Gläubiger aufgrund einer noch oder wieder offenen Einlage in Anspruch genommen, so führt die Leistung nicht unmittelbar zu einem Erlöschen der Einlageschuld in dieser Höhe. Der Kommanditist erlangt vielmehr einen Erstattungsanspruch gegenüber der KG → vgl. § 161 Abs. 2 i.V.m. § 110 HGB. Da sich damit aber Erstattungsanspruch und Einlageverpflichtung gegenüberstehen, kann der Kommanditist beide durch Aufrechnung → vgl. §§ 387 ff. BGB zum Erlöschen bringen und damit wirtschaftlich seine Zahlung an den Gläubiger zur Einlageleistung nutzen. Dies ist nicht zuletzt deshalb sinnvoll, da erst damit die persönliche Haftung ausgeschlossen wird.

Es entspricht dem Wesen der Personengesellschaften, dass organschaftliche Verantwortung und Haftung der Gesellschafter in Beziehung zueinander stehen → vgl. Abschnitt 13.1.2.1, S. 209. Aus Sicht der Haftungsverpflichtung des Gesellschafters bedeutet das, dass ein voll haftender Gesellschafter aufgrund seines unbeschränkten wirtschaftlichen Risikos grundsätzlich auch Geschäftsführungs- und Vertretungsorgan sein soll, denn nur so kann er durch eigenes Handeln wirksam Einfluss auf die Geschicke der Gesellschaft nehmen und damit sein Risiko selbst beherrschen. Im Umkehrschluss folgt daraus, dass es bei einem Gesellschafter, der nur ein begrenztes wirtschaftliches Risiko durch seine Mitgliedschaft in der Gesellschaft eingeht, keineswegs der ständigen Einflussnahmemöglichkeit durch Geschäftsführung und Vertretung bedarf, um seine wirtschaftlichen Interessen angemessen zu wahren. Dieser Überlegung folgt die Regelung zu Geschäftsführung, Willensbildung bei grundlegenden Fragen und Vertretung auch bei der KG. Für den Komplementär gilt daher kraft Verweisung OHG-Recht; Abweichungen gibt es indes für den Kommanditisten.

Für die **GESCHÄFTSFÜHRUNG** → GLOSSAR gilt nach dem Gesetz zunächst, dass der Kommanditist hiervon ausgeschlossen ist und einer Geschäftsführungsmaßnahme eines Komplementärs auch nicht rechtlich wirksam widersprechen kann → vgl. § 164 Abs. 1 HGB. Allerdings kann der Gesellschaftsvertrag hiervon Abweichendes regeln, wie § 163 HGB zeigt. Das heißt, dass auch einem Kommanditisten vertraglich Geschäftsführungsbefugnisse eingeräumt werden können, wobei die Regelungsmöglichkeiten vom bloßen Widerspruchsrecht über die gemeinschaftliche Geschäftsführung bis zur Alleingeschäftsführung reichen.

Etwas unklar ist die gesetzliche Regelung bezüglich Gegenständen, die über die Geschäftsführung hinausgehen. Hier räumt § 164 Abs. 1 2. Halbsatz HGB den Kommanditisten ein Widerspruchsrecht ein. Das wird allgemein so interpretiert, dass zum einen auch bei der KG zwischen Geschäftsführungsaufgaben und Gegenständen zu unterscheiden ist, die der Beschlussfassung der Gesellschaftergesamtheit unterliegen und die Kommanditisten an den Beschlussfassungen mit eigenem Stimmrecht mitwirken, das gesetzliche Widerspruchsrecht also ein Mitbestimmungsrecht über grundlegende Entscheidungsgegenstände darstellt. Das Gesetz geht dabei von einem gleichwertigen Stimmrecht aller Gesellschafter und dem Einstimmigkeitsprinzip aus. Wie bei der OHG kann der Gesellschaftsvertrag hierzu aber Abweichungen regeln, insbesondere etwa eine Stimmengewichtung nach der Beteiligung und konkrete Mehrheitsentscheidungen vorsehen.

Schließlich gelten noch Besonderheiten für die **VERTRETUNG** → GLOSSAR der Gesellschaft. § 170 HGB bestimmt dazu: „Der Kommanditist ist zur Vertretung der Gesellschaft nicht ermächtigt." Dies folgt auf den ersten Blick der Regelung zur Geschäftsführung, die nach der gesetzlichen Regelung auch nur den Komplementären vorbehalten ist. Anders als diese ist der gesetzliche Vertretungsausschluss jedoch kein **DISPOSITIVES RECHT** → GLOSSAR, sondern **ZWINGENDES RECHT** → GLOSSAR, was daraus folgt, dass die Dispositionsregel des § 163 HGB den § 170 HGB gerade nicht mit umfasst. So ist es zwar möglich, einen Kommanditisten gesellschaftsvertraglich mit Geschäftsführungsaufgaben zu betrauen, indes kann ihm auf diesem Wege keine Vertretungsbefugnis übertragen werden. Das heißt jedoch nicht, dass es völlig ausgeschlossen wäre, einem Kommanditisten Vertretungsmacht einzuräumen: dass der organschaftliche Weg verschlossen ist schließt nämlich nicht aus, den Kommanditisten rechtsgeschäftlich mit der Vertretung der Gesellschaft zu betrauen. Dies ist möglich in Form einer **VOLLMACHT** → GLOSSAR → vgl. § 164 BGB, aber auch in Form der handelsrechtlichen **HANDLUNGSVOLLMACHTEN** → GLOSSAR → vgl. § 54 HGB oder der **PROKURA** → GLOSSAR → vgl. § 48 HGB → vgl. Abschnitt 8.1, S. 163, Abschnitt 8.2, S. 166. Derartige Bevollmächtigungen – vorzugsweise in Form der Prokura – sind in der Praxis vor allem dann anzutreffen, wenn den Kommanditisten auch Geschäftsführungsaufgaben vertraglich übertragen wurden.

Beispiel

Der A führt als Komplementär seit vielen Jahren zusammen mit seinem Sohn B als Kommanditist die „A & Sohn Getränkegroßhandlung KG". B ist nach dem Gesellschaftsvertrag neben dem A Geschäftsführungsbefugnis eingeräumt worden; er hat insoweit die gesamte interne Leitung des Unternehmens, die Anleitung des Personals sowie die Buchführung übernommen. Eines Tages erkrankt A schwer und kann für längere Zeit seine Aufgaben in der KG nicht wahrnehmen.

Da A erkrankt ist, wird die KG alsbald handlungsunfähig, da B sie trotz seiner Eigenschaft als Geschäftsführer wegen seiner Kommanditistenstellung nicht nach außen vertreten kann. Insbesondere können keine Wareneinkäufe mehr stattfinden, keine Verfügungen über die Konten der Gesellschaft getätigt werden, kein Personal eingestellt werden usw. Aus dieser misslichen Lage kann A die KG jedoch dadurch befreien, dass er dem B Prokura erteilt. Damit könnte er sodann die Gesellschaft umfassend vertreten; im Innenverhältnis wären seine Handlungen durch die schon bestehende Geschäftsführungsbefugnis gedeckt.

Besonderheiten bezüglich der Kommanditisten gelten schließlich für die Gewinn- und Verlustbeteiligung → vgl. § 167 ff. HGB, ihre Kontrollrechte gegenüber den geschäftsführenden Gesellschaftern → vgl. § 166 HGB, den Tod des Kommanditisten → vgl. § 177 HGB und das Wettbewerbsverbot → vgl. § 165 HGB.

14.3.3 GmbH & Co. KG

Eine besondere Form der KG, die in der Praxis häufig anzutreffen ist, ist die GmbH & Co. KG. Hierbei handelt es sich keineswegs um eine Mischform aus GmbH und KG. Vielmehr liegt dem Grunde nach eine KG vor, die die Besonderheit aufweist, dass mindestens ein Gesellschafter – typischerweise der einzige **Komplementär** → Glossar – die Rechtsform einer GmbH aufweist. Meist sind dabei die **Kommanditisten** → Glossar der KG zugleich unmittelbar oder mittelbar an der GmbH beteiligt.

Beispiel

Eine unmittelbare Beteiligung liegt bei der so genannten beteiligungsidentischen GmbH & Co. KG vor. Hier sind die Kommanditisten der KG in ihrem Beteiligungsverhältnis zueinander zugleich Gesellschafter der GmbH.

Eine mittelbare Beteiligung liegt bei der so genannten Einheitsgesellschaft vor: hier ist die KG selbst der alleinige Gesellschafter der GmbH.

Wesentlicher Grund dieser Konstruktionen ist dabei die Möglichkeit für die Gesellschafter, die natürliche Personen sind, in Form einer **Personengesellschaft** → Glossar tätig werden zu können, ohne dass dabei auch nur ein einziger Gesellschafter persönlich für die Verbindlichkeiten der Gesellschaft haftet. Die persönliche, unbeschränkte Haftung trifft nämlich die Komplementär-GmbH, für deren Verbindlichkeiten wiederum ihre Gesellschafter nicht persönlich einzustehen haben. Der GmbH & Co. KG begegneten daher anfangs auch Bedenken, denn der durch sie erreichte Haftungsausschluss widerspricht ersichtlich dem Grundsatz des Personengesellschaftsrechtes, wonach zumindest eine natürliche Person als Gesellschafter persönlich für die Verbindlichkeiten der Gesellschaft einstehen muss. Diese Bedenken setzten sich jedoch nicht durch, so dass die GmbH & Co. KG heute von Wissenschaft und Rechtsprechung anerkannt ist und sogar der Gesetzgeber wie selbstverständlich von ihrer Zulässigkeit ausgeht → vgl. etwa § 172 Abs. 6 HGB.

Historischer Ursprung für die Entwicklung der GmbH & Co. KG war zunächst das Steuerrecht. Früher wurde nämlich der Gewinn einer GmbH zunächst der Körperschaftssteuer unterworfen und der den einzelnen Gesellschaftern danach ausgeschüttete Gewinn nochmals der Einkommensteuer. Dieser doppelten Besteuerung bei der GmbH stand auf Seiten der Personengesellschaften lediglich eine einfache Besteuerung gegenüber, da diese nicht körperschaftssteuerpflichtig sind. An diesem Grundprinzip hat sich zwar nichts geändert, jedoch wird heute der auf einen Gewinnanteil einer GmbH bereits geleistete Körperschaftssteuerbetrag bei der Ermittlung der Einkommensteuerschuld des einzelnen Gesellschafters angerechnet, so dass die steuerlichen Gründe für die Gründung einer GmbH & Co. KG in den Hintergrund getreten sind. Im Zentrum stehen daher heute andere Überlegungen, z. B. dass der Ein- und Austritt eines Kommanditisten im Vergleich zum Ein- und Austritt eines GmbH-Gesellschafters deutlich unkomplizierter ist, da ein Kommanditanteil nicht den strengen Kapitalbindungen unterworfen ist, wie ein GmbH-Anteil → vgl. Abschnitt 15.5, S. 285.

Für die Innen- und Außenverhältnisse der GmbH & Co. KG gelten an sich zwar keine Besonderheiten gegenüber der KG, der Umstand, dass ihr Komplementär eine GmbH und damit keine **NATÜRLICHE PERSON** → GLOSSAR ist, muss aber berücksichtigt werden. Insoweit strahlt immer das GmbH-Recht in das Recht der KG hinein. Das gilt vor allem für den Umstand, dass die GmbH als **JURISTISCHE PERSON** → GLOSSAR nicht selbst handlungsfähig ist, sondern hinsichtlich Geschäftsführung und Vertretung immer durch ihr Organ, den oder die Geschäftsführer, vertreten wird → vgl. Abschnitt 15.3.2.3, S. 264.

Beispiel

Die typische GmbH & Co. KG wird nach dem Recht der KG allein von der Komplementär-GmbH vertreten → vgl. § 161 Abs. 2 i.V.m. § 125 HGB; § 170 HGB. Die Vertretung der Komplementär-GmbH folgt dabei dem GmbH-Recht, wonach allein der Geschäftsführer diese Gesellschaft vertreten kann → vgl. § 35 Abs. 1 GmbHG, wobei seine Vertretungsmacht im Außenverhältnis unbeschränkbar ist → vgl. § 37 Abs. 2 GmbHG. Deutlich wird diese typische Vertretungskette etwa bei der Parteibezeichnung in gerichtlichen Entscheidungen, die die Vertretungsverhältnisse mit angeben, z. B. „Hotel Thüringer Hof GmbH & Co. KG, vertreten durch die Hotel Thüringer Hof Betriebs-GmbH, diese vertreten durch ihren Geschäftsführer X“.

14.4 Stille Gesellschaft

Die dritte und letzte im HGB geregelte Handelsgesellschaft ist die Stille Gesellschaft → vgl. §§ 230 ff. HGB. Sie kommt immer nur zwischen zwei Personen vor: auf der einen Seite steht der Betreiber eines **HANDELSGEWERBES** → GLOSSAR – das kann ein **KAUFMANN** → GLOSSAR, aber auch eine Handelsgesellschaft (z. B. OHG, KG, GmbH, AG) sein; auf der anderen Seite der „Stille" – auch dies kann ein Kaufmann oder eine Handelsgesellschaft sein, was aber nicht zwingend ist; auch **NATÜRLICHE PERSONEN** → GLOSSAR kommen als Stille in Betracht. Zwischen diesen beiden Personen wird ein Gesellschaftsvertrag geschlossen, nach dem sich der Stille verpflichtet, sich mit einer Vermögenseinlage am Handelsgeschäft des anderen zu beteiligen → vgl. § 230 Abs. 1 HGB. Gemeinsamer Zweck der Gesellschaft ist der Betrieb des Handelsgewerbes durch dessen Inhaber allein, aber mit der finanziellen Unterstützung des Stillen. Hat der Geldgeber an dem Unternehmen gar kein Interesse, sondern liegt ihm lediglich an einer rentablen Geldanlage durch eine Gewinnbeteiligung, so fehlt es am gemeinsamen Zweck und es liegt keine Stille Gesellschaft, sondern ein so genanntes partiarisches Darlehen vor.

Da bei der Stillen Gesellschaft die Vermögenseinlage in das Vermögen des Geschäftsinhabers übergeht, wird kein gemeinschaftliches Gesellschaftsvermögen gebildet; auch tritt im Außenverhältnis allein der Geschäftsinhaber auf → vgl. § 230 Abs. 2 HGB. Die Stille Gesellschaft nimmt also nicht selbst am Rechtsverkehr teil und ist daher eine reine Innengesellschaft. Deshalb kann der Stille typischerweise auch nicht an der Unternehmensleitung des Geschäftsinhabers im Sinne einer Mitgeschäftsführung teilnehmen und eine Vertretung scheidet mangels Außenwirkung der Gesellschaft ohnehin aus. Der Stille ist insoweit auf geringe Kontrollrechte gegenüber dem Geschäftsinhaber beschränkt → vgl. § 233 HGB. Der wirtschaftliche Sinn liegt für diesen in der – nach außen nicht in Erscheinung tretenden – Finanzierungsfunktion, für den Stillen in seiner Gewinnbeteiligung, die im Gegensatz zur Verlustbeteiligung nicht ausgeschlossen werden kann → vgl. § 231 HGB.

Das Vorkommen der Stillen Gesellschaft ist breit gefächert. So ist sie etwa als Beteiligung von Familienangehörigen am Betrieb eines Familienmitgliedes zu finden; sie kommt heute auch häufig bei Mitarbeiterbeteiligungen vor sowie als Beteiligungsform von Kapitalanlegern bei Fondsgesellschaften.

14.5 Partnerschaftsgesellschaft

Die letzte Schöpfung des Gesetzgebers im Bereich der Personengesellschaften stellt die Partnerschaftsgesellschaft oder kurz: Partnerschaft, nach dem Partnerschaftsgesellschaftsgesetz vom 25.7.1994 (PartGG) dar. Hintergrund der Schaffung war der Umstand, dass den freien Berufen, etwa Ärzten, Architekten, Ingenieuren, Rechtsanwälten – die definitionsgemäß kein Handelsgewerbe betreiben – eine der OHG vergleichbare, teilrechtsfähige **PERSONENGESELLSCHAFT** → GLOSSAR zur Verfügung gestellt werden sollte. Dies ist mit der Partnerschaft geschehen, deren Ausgestaltung sich stark an die der OHG anlehnt. So verweist das PartGG bezüglich der Innenverhältnisse der Partner als auch bezüglich der Außenverhältnisse der Partnerschaft umfassend auf das OHG-Recht → vgl. im Einzelnen § 6 ff. PartGG. Gegenüber ihrem gesetzgeberischen Vorbild hat sie allerdings den Vorteil einer persönlichen Haftungsbeschränkung: zwar ordnet der dem § 128 HGB nachgebildete § 8 Abs. 1 PartGG eine grundsätzliche persönliche Haftung der Partner für die Verbindlichkeiten der Partnerschaft an, jedoch ist diese bei beruflichen Fehlern einzelner Partner auf diese begrenzt → vgl. § 8 Abs. 2 PartGG. Gänzlich ausgeschlossen ist diese persönliche Haftung für Schäden wegen fehlerhafter Berufsausübung, wenn die Partnerschaft zu diesem Zweck eine gesetzlich vorgeschriebene Berufshaftpflichtversicherung – wie sie für viele freie Berufe vorgesehen ist (vgl. z. B. für Rechtsanwälte § 51 Bundesrechtsanwaltsordnung [BRAO]) – unterhält und im Namen den Zusatz „mit beschränkter Berufshaftung“ – oder abgekürzt „mbB“ – führt → vgl. § 8 Abs. 4 PartGG.

Beispiel

Der X wird von Y vor dem Landgericht auf Zahlung von 10.000 € verklagt. Er mandatiert daraufhin die „Rechtsanwälte A und Partner“, eine aus A, B und C bestehende Partnerschaft. Das Mandat wird dabei ausschließlich von B bearbeitet, der es versäumt, im Prozess die bestehende Verjährung der gegen X geltend gemachten Forderung einzuwenden. Wegen dieses Fehlers wird X zur Zahlung der 10.000 € verurteilt, die er nun im Regresswege erstattet haben möchte.

Für den Schaden haftet dem X zunächst die Partnerschaft mit ihrem Gesellschaftsvermögen. X kann aber auch von dem bearbeitenden Rechtsanwalt B die Zahlung persönlich verlangen. Nicht zugreifen kann er indes auf A und C, da deren Haftung für den beruflichen Fehler des B ausgeschlossen ist.

Da die Partnerschaft ausdrücklich kein **HANDELSGEWERBE** → GLOSSAR betreibt → vgl. § 1 Abs. 1 S. 2 PartGG und auch keine **FIRMA** → GLOSSAR, sondern einen Namen führt → vgl. § 2 PartGG, dem im Übrigen exklusiv der Zusatz „Partnerschaft“ oder „und Partner“ vorbehalten ist → vgl. § 11 Abs. 1 PartGG, kann sie natürlich nicht ins **HANDELSREGISTER** → GLOSSAR eingetragen werden. Für sie wird deshalb beim Registergericht ein eigenes Partnerschaftsregister geführt.

Von der Praxis wird die Partnerschaft nur zögerlich angenommen. Hintergrund könnte dafür sein, dass zum einen die GbR – die klassische Verbandsform der freien Berufe – mittlerweile durch die Rechtsprechung des BGH deutlich aufgewertet wurde und ebenfalls als teilrechtsfähiger Verband anerkannt wird → vgl. Abschnitt 14.1, S. 217, und zum anderen verschiedenen Freiberuflern in jüngerer Zeit auch die bislang standesrechtlich verschlossenen Kapitalgesellschaften wie die GmbH und die AG als Rechtformalternativen geöffnet wurden. So können sich z. B. seit Mitte der 1990er Jahre auch Rechtsanwälte in diesen Rechtsformen zusammenschließen.

Zusammenfassung

- Die Gesellschaft bürgerlichen Rechts bildet die Grundform der Personengesellschaften; sie ist in den §§ 705 ff. BGB geregelt.
- Die GbR kann zu jedem gesetzlich zulässigen Zweck – außer dem Betrieb eines Handelsgewerbes – durch einen regelmäßig formlosen Vertrag begründet werden. Für die Wirksamkeit im Innenverhältnis genügt der Vertragsschluss, im Außenverhältnis wird sie mit Geschäftsaufnahme wirksam, da sie bezüglich des Handelsregisters nicht eintragungsfähig ist.
- Im Gesellschaftsvertrag können die Gesellschafter neben dem Zweck und ihren Beiträgen auch die Innenverhältnisse zueinander regeln; nur wenn es an solchen Regelungen fehlt, greift die gesetzliche Regelung ein. Nach dieser gilt Gesamtgeschäftsführung und auch hinsichtlich grundlegender Fragen das Einstimmigkeitsprinzip.
- Im Außenverhältnis knüpft die Vertretungsbefugnis an die Geschäftsführung an; der gesetzlichen Gesamtgeschäftsführung entspricht daher eine Gesamtvertretung, ist dagegen vertraglich Alleingeschäftsführung vereinbart, gilt entsprechend Alleinvertretung durch die Gesellschafter. Die Vertretungsmacht kann zudem vertraglich auch bezüglich ihres Umfanges mit Wirkung gegenüber Dritten beschränkt werden.
- Nach neuerer Ansicht ist die GbR in entsprechender Anwendung des § 124 Abs. 1 HGB teilrechtsfähig. Das gesamthänderisch gebundene Gesellschaftsvermögen steht damit der GbR als solcher zu und sie allein wird durch die handelnden Gesellschafter vertreten.
- Für die Verbindlichkeiten der GbR haften neben dieser auch alle Gesellschafter gesamtschuldnerisch und persönlich. Die persönliche Haftung lässt sich auch nicht wirksam gegenüber Dritten ausschließen.

- Die Offene Handelsgesellschaft (OHG) ist in den §§ 105 ff. HGB geregelt und ist die handelsrechtliche „Schwester" der GbR. Sie unterscheidet sich zunächst nur durch den Zweck, der ausschließlich auf den Betrieb eines Handelsgewerbes gerichtet sein muss.
- Eine OHG liegt daher vor, wenn mehrere Personen in einer Gesellschaft ein ist-kaufmännisches Gewerbe betreiben wollen; ist der Zweck auf ein kann-kaufmännisches → vgl. §§ 2, 3 HGB Gewerbe gerichtet, liegt eine OHG nur bei Eintragung ins Handelsregister vor; ansonsten ist eine GbR gegeben.
- Die Gründung erfolgt im Innenverhältnis allein durch den regelmäßig formlosen Vertragsschluss, im Außenverhältnis durch die Eintragung ins Handelsregister, bei einem ist-kaufmännischen Handelsgewerbe allerdings schon durch Geschäftsaufnahme.
- Auch bei der OHG ist das Recht der Innenverhältnisse dispositiv, d. h. die gesetzlichen Normen greifen nur dann ein, wenn der Gesellschaftsvertrag keine abweichenden Regelungen enthält.
- Greift das Gesetz ein, gilt Alleingeschäftsführung aller Gesellschafter mit Widerspruchsrecht der anderen; für grundlegende Fragen ist ein einstimmiger Gesellschafterbeschluss erforderlich.
- Im Außenverhältnis stellt sich die OHG als teilrechtsfähig dar; das gesamthänderisch gebundene Gesellschaftsvermögen kommt allein der Gesellschaft zu.
- Die Vertretung der Gesellschaft ist dispositiv, also zunächst der Regelung im Gesellschaftsvertrag vorbehalten. Nach dem Gesetz gilt Alleinvertretung, die hier – im Gegensatz zur GbR – jedoch nicht an die Geschäftsführung anknüpft, sondern unabhängig davon geregelt ist (bzw. im Gesellschaftsvertrag geregelt werden kann bzw. muss). Bezüglich der Reichweite der Vertretungsmacht ist diese gegenüber Dritten unbeschränkbar.
- Die Gesellschafter der OHG haften für deren Verbindlichkeiten persönlich und gesamtschuldnerisch, ohne diese Haftung ausschließen zu können.
- Die Kommanditgesellschaft (KG) ist eine weitere „Schwester" der OHG; in den §§ 161 ff. HGB geregelt kann sie wie diese nur den Zweck des Betriebes eines Handelsgewerbes haben.
- Neben dem Komplementär, der dem OHG-Gesellschafter entspricht, weist die KG einen weiteren Gesellschaftertyp auf, den Kommanditisten. Dieser verspricht der KG eine ins Handelsregister einzutragende Einlage, nach deren Leistung er von der persönlichen Haftung gegenüber Gläubigern befreit ist. Bei Nichtleistung oder Rückzahlung der Einlage ist seine persönliche Haftung auf den offenen Einlagebetrag beschränkt.

- Aufgrund der Haftungsbeschränkung ist der Kommanditist von der Geschäftsführung ausgeschlossen; gesellschaftsvertraglich können ihm aber Geschäftsführungsaufgaben übertragen werden. Nicht ausgeschlossen ist er hingegen von der Willensbildung zu grundsätzlichen Angelegenheiten: hier steht ihm bei der Beschlussfassung ein Stimmrecht zu.
- Gesellschaftsvertraglich nicht abänderbar ist der Ausschluss des Kommanditisten von der organschaftlichen Vertretung der KG. Allerdings kann ihm rechtsgeschäftlich – z. B. durch Bestellung zum Prokuristen – Vertretungsmacht eingeräumt werden.
- Eine besondere Form der KG ist die GmbH & Co. KG. Bei ihr wird die Stellung des Komplementärs typischerweise mit einer GmbH besetzt. Damit erreicht man, dass in der KG – obwohl Personengesellschaft – keine natürliche Person unbeschränkt persönlich für die Verbindlichkeiten der Gesellschaft haftet.
- Die Stille Gesellschaft → vgl. §§ 230 ff. HGB ist eine reine Innengesellschaft, bei der sich ein Stiller mit einer Einlage am Handelsgewerbe des anderen Gesellschafters beteiligt. Die Einlage geht in dessen Vermögen über, er allein handelt im Außenverhältnis. Dem Stillen gebührt hierfür ein nicht ausschließbarer Anteil an dessen Gewinn, er kann auch am Verlust beteiligt werden.
- Die Partnerschaftsgesellschaft (Partnerschaft) ist eine erst 1994 geschaffene, im PartGG geregelte Personengesellschaft für freie Berufe. Sie ist im Wesentlichen der OHG nachgebildet; übt jedoch kein Handelsgewerbe aus und wird in einem eigenen Partnerschaftsregister geführt. Wesentliche Besonderheit ist, dass trotz grundsätzlicher Haftung der Partner für die Verbindlichkeiten der Partnerschaft diese für die übrigen Partner ausgeschlossen ist, wenn die Verbindlichkeit auf einem beruflichen Fehler nur eines Partners beruht. Die persönliche Haftung ist sogar gänzlich ausgeschlossen, wenn eine Berufshaftpflichtversicherung besteht und der Namenszusatz „mit beschränkter Berufshaftung" (oder: „mbB") geführt wird.

Kontrollfragen

1. Welche Regelungen enthält das Gesetz hinsichtlich der Geschäftsführung sowie der Willensbildung zu Grundlagenfragen in der GbR? ✓
2. Welche Auswirkungen hat die vertragliche Vereinbarung einer Alleingeschäftsführung für die Vertretung der GbR? ✓

3. Kann bei der GbR der Umfang der Vertretungsmacht mit Wirkung gegenüber Dritten beschränkt werden?
4. Kann die persönliche Haftung der Gesellschafter einer GbR für deren Verbindlichkeiten gesellschaftsvertraglich ausgeschlossen werden?
5. Was unterscheidet die GbR grundsätzlich von der OHG?
6. Kann eine Gesellschaft, die einen Kleingewerbebetrieb unterhält, eine OHG werden, und wenn ja: was ist hierzu erforderlich?
7. Wenn die Gesellschafter einer OHG keine Vereinbarung zur Geschäftsführung und Beschlussfassung zu Grundlagenfragen getroffen haben, was gilt diesbezüglich dann?
8. Wie ist die Vertretung der OHG gesetzlich geregelt und welche Unterschiede bestehen insoweit zur GbR?
9. Welche Ansprüche gegenüber der OHG sowie den Mitgesellschaftern hat ein Gesellschafter, der persönlich eine Verbindlichkeit der OHG an einen Gläubiger zahlt?
10. Welche Besonderheit weist bei der Kommanditgesellschaft (KG) der Kommanditist gegenüber dem Komplementär auf?
11. Welche Konsequenzen hat dies für die Geschäftsführungsbefugnis und Vertretungsmacht des Kommanditisten?
12. Ist es überhaupt möglich, dass dem Kommanditisten Vertretungsmacht für die KG eingeräumt wird, und wenn ja: auf welche Weise?
13. Darf der Kommanditist über Grundlagenentscheidungen mit befinden?
14. Welche gesellschaftsrechtliche Konstruktion verbirgt sich hinter einer GmbH & Co. KG und welchen Sinn hat sie?
15. Was ist eine „Stille Gesellschaft“?
16. Wer kann sich in einer Partnerschaft zusammenschließen; welcher Rechtsform ist die Partnerschaft nachgebildet und welche haftungsrechtliche Besonderheit weist sie auf?

15 Kapitalgesellschaftsrecht

15.1 Grundlagen

Orientierungsfragen

- Was verbirgt sich hinter dem Begriff „Kapitalgesellschaft" und welche Gesellschaftsformen gehören dazu? → vgl. Abschnitt 15.1.1
- Welche Funktionen hat das Grund- bzw. Stammkapital bei AG und GmbH? → vgl. Abschnitt 15.1.1
- Welche Aktienformen kennt das AktG und was zeichnet sie aus? → vgl. Abschnitt 15.1.1
- Was versteht man unter dem gesellschaftsrechtlichen Trennungsprinzip? → vgl. Abschnitt 15.1.2, S. 246
- Warum ist bei Kapitalgesellschaften unter bestimmten Voraussetzungen eine unternehmerische Mitbestimmung möglich, bei Personengesellschaften indes nicht? → vgl. Abschnitt 15.1.3, S. 247
- Welche wirtschaftliche Bedeutung haben AG und GmbH? → vgl. Abschnitt 15.1.4, S. 248
- Warum können AG und GmbH auch von nur einer Person gegründet werden? → vgl. Abschnitt 15.1.5, S. 250

15.1.1 Begriff und Charakterisierung

Das Kapitalgesellschaftsrecht stellt einen Ausschnitt aus dem Gesellschaftsrecht dar, denn es behandelt – wie der Name sagt – nur das Recht ganz bestimmter Verbände, der so genannten **KAPITALGESELLSCHAFTEN** → GLOSSAR. Es nimmt im Gesellschaftsrecht jedoch eine besondere Stellung ein, da die Kapitalgesellschaften mittlerweile bestimmend im Wirtschaftleben sind und v.a. die Bedeutung der klassischen Handelsgesellschaften OHG und KG deutlich zurückgedrängt haben.

Der Begriff der „Kapitalgesellschaft" ist in der Wissenschaft entwickelt worden und dokumentiert, dass die dazugehörigen Gesellschaften als herausragendes Typmerkmal von einem besonders gestalteten Kapital gekennzeichnet sind. Mittlerweile hat der Gesetzgeber diesen Begriff auch übernommen und die Kapitalgesellschaften in § 3 Abs. 1 Nr. 2 des Umwandlungsgesetzes (UmwG) von 1994 legal definiert: zu ihnen gehört die Aktiengesellschaft (einschließlich der hier nicht näher zu behandelnden KGaA) sowie die GmbH.

Das diese Gesellschaften charakterisierende Kapital heißt bei der AG **GRUNDKAPITAL** → GLOSSAR und bei der GmbH **STAMMKAPITAL** → GLOSSAR; übergreifend kann man es auch **GARANTIEKAPITAL** → GLOSSAR nennen. Dieses Kapital, dessen Aufbringung und Erhalt besonders gesetzlich geschützt wird → vgl. Abschnitt 15.5, S. 285, hat verschiedene Funktionen für und in der Gesellschaft. Seine Mindesthöhe ist festgelegt und beträgt bei der AG 50.000 €, bei der GmbH – sofern diese nicht in der Sonderform der **UNTERNEHMERGESELLSCHAFT** → GLOSSAR → vgl. Abschnitt 15.5.2.1, S. 287 gegründet wird – 25.000 €. Es muss bereits bei der Gründung in bestimmtem Umfang aufgebracht werden. Damit hat es für die Gesellschafter die Funktion einer „Eintrittskarte" in die beschränkte persönliche Haftung für Verbindlichkeiten der Kapitalgesellschaft, die ein Privileg zur ansonsten allgemeingültigen vollen persönlichen Haftung natürlicher Personen – auch in Personenverbänden – darstellt. Aus Sicht der Gläubiger der Gesellschaft bildet es ebenfalls einen Ausgleich für den – aus deren Sicht – Verlust der persönlichen Mithaftung der Gesellschafter bzw. Beschränkung der Haftung auf das Gesellschaftsvermögen.

Das Garantiekapital hat zudem die Funktion, die Mitgliedschaft der Gesellschafter zu vermitteln. Gesellschafter einer Kapitalgesellschaft kann deshalb nur sein, wer durch einen (oder mehrere) Anteil(e) am Garantiekapital beteiligt ist. Dieser Anteil heißt bei der AG **AKTIE** → GLOSSAR und bei der GmbH **STAMMEINLAGE** → GLOSSAR; dabei weist die Aktie die Besonderheit auf, dass sie als Wertpapier ausgestaltet ist. Die Mitgliedschaftsvermittlung der einzelnen Anteile geschieht grundsätzlich dadurch, dass das – im **HANDELSREGISTER** → GLOSSAR vermerkte – Garantiekapital in einzelne Anteile zerlegt wird.

Bei der AG werden in der historischen Urform der so genannten **NENNBETRAGSAKTIE** → GLOSSAR Aktien ausgegeben, die auf einen bestimmten Nennbetrag lauten. Dieser muss mindestens einen Euro betragen bzw. auf einen höheren, vollen Eurobetrag lauten → vgl. § 8 Abs. 2 AktG. Dabei können Aktien mit verschiedenen Nennbeträgen ausgegeben werden; wichtig ist allerdings, dass die Summe der Nennbeträge aller Aktien dem Grundkapital entspricht.

Beispiel

A, B und C wollen zum Betrieb eines Freizeitparks eine AG mit einem Grundkapital von 100.000 € gründen. Jeder von ihnen soll mit 25% an der AG beteiligt sein; die restlichen 25% sollen Kleinanleger übernehmen. Die Aktien sollen als Nennbetragsaktien begründet werden.

A, B und C können nun 100.000 Aktien zu 1 € begründen, von denen jeder 25.000 Stück übernimmt und der Rest an Kleinanleger geht. Sie könnten aber auch drei Aktien zu je 25.000 €

und 2.500 Aktien zu je 10 € bilden, selbst je eine der „großen“ Aktien übernehmen und die 10-Euro-Aktien an Kleinanleger veräußern.

Der Nennbetrag der Aktie muss bei der Gründung der Gesellschaft zwar durch den Gründer (bzw. Übernehmer) an die Gesellschaft gezahlt werden; er gibt aber ansonsten nicht den Wert wieder, den die Aktie tatsächlich besitzt, da auch der Wert des Unternehmens nicht mit dem Grundkapital identisch, sondern eigenständig zu bemessen ist. Dem Nennbetrag einer Aktie kann daher über ihr Verhältnis zum Grundkapital lediglich abstrakt entnommen werden, welchen prozentualen Anteil sie an der Gesellschaft vermittelt → vgl. § 8 Abs. 4, 1. Halbsatz AktG.

Beispiel

A besitzt sieben Aktien zu je 500 € an der „Universum AG“. Deren Grundkapital beträgt 100.000 €. Aus dem Verhältnis von Nennbetrag zu Grundkapital ergibt sich, dass jede der Aktien eine Beteiligung von 0,5% vermittelt. Mit seinen sieben Aktien ist A also mit 3,5% an der AG beteiligt. Welchen Wert dies wirtschaftlich darstellt, hängt nun von dem Unternehmenswert der AG ab.

Beschränkt sich also der Aussagegehalt des Nennbetrages einer Aktie auf den durch ihn vermittelten Anteil am Grundkapital bzw. der Gesellschaft, so wäre es auch denkbar, Aktien nicht mit einem Nennbetrag, sondern mit der Angabe einer Quote auszustatten (so genannte Quotenaktie). Die 500-Euro-Aktie im vorigen Beispiel enthielte dann die Quotenangabe „0,5%“ oder „1/200“. Eine solche Quotenaktie sieht das deutsche Aktienrecht jedoch nicht vor. Allerdings können deutsche Aktiengesellschaften seit 1998 ihre Aktien an Stelle von Nennbetragsaktien in der Form der **Stückaktie** → Glossar begründen, die eine gedankliche Fortführung der Quotenaktie darstellt. Dabei wird das Grundkapital in eine bestimmte Anzahl von Aktien zerlegt, die weder auf einen Nennwert noch auf eine Quote lauten, die aber alle im gleichen Maße am Grundkapital beteiligt sind → vgl. § 8 Abs. 3 S. 1, 2 AktG. Der Anteilswert der einzelnen Aktie bestimmt sich daher nach der festgelegten Stückelung → vgl. § 8 Abs. 4, 2. Halbsatz AktG.

Beispiel

Das Grundkapital einer AG beträgt 1.000.000 € und ist in 20.000 Stückaktien aufgeteilt. Jede Aktie vermittelt also einen Anteil von 0,005% bzw. 1/20.000; nominell betrachtet 50 € am Grundkapital.

Die Möglichkeit der Stückelung findet dabei ihre Grenze im Betrag des Grundkapitals, denn der nominelle Anteil jeder Stückaktie am Grundkapital darf einen Euro nicht unterschreiten → vgl. § 8 Abs. 3 S. 3 AktG. Eine AG mit dem Mindestgrundkapital von 50.000 € kann also nicht mehr als 50.000 Stückaktien ausgeben.

Bei der GmbH wird das Stammkapital in **STAMMEINLAGEN** → GLOSSAR zerlegt; die Summe der Stammeinlagen muss dabei dem Stammkapital entsprechen → vgl. § 5 Abs. 3 S. 2 GmbHG. Die Stammeinlagen werden typischerweise nicht in einem Wertpapier verbrieft; ihre konkrete Aufteilung sowie die Zuordnung zu den einzelnen Gesellschaftern ergibt sich vielmehr nur aus dem Gesellschaftsvertrag → vgl. § 3 Abs. 1 Nr. 4 GmbHG. Der Grund dafür liegt darin, dass die Stammeinlagen – anders als die Aktien – nicht für eine schnelle und häufige Übertragung konzipiert sind; die über sie vermittelte Mitgliedschaft in der GmbH vielmehr langfristig angelegt ist → vgl. Abschnitt 15.4, S. 278. Der Mindestbetrag einer Stammeinlage beträgt 1 € → vgl. § 5 Abs. 2 GmbHG, höhere Beträge müssen auf volle Euro lauten → vgl. § 5 Abs. 2 GmbHG. Da die Stammeinlagen somit individuell zugeschnitten werden können → vgl. § 5 Abs. 3 S. 1 GmbHG, andererseits aber jeder Gesellschafter schon bei der Gründung mehrere Anteile übernehmen kann, ist die konkrete Beteiligung der Gesellschafter entweder unmittelbar über die Stammeinlagen oder mittelbar durch die Zuordnung einer bestimmten Anzahl von Anteilen möglich.

Beispiel

A, B und C wollen eine GmbH mit 50.000 € Stammkapital gründen. A soll dabei eine Mehrheit von 51% erhalten, B will sich mit 10% beteiligen und der Rest von 39% soll von C gehalten werden.

A kann daher eine Stammeinlage von 25.500 € übernehmen, B eine von 5.000 € und C eine von 19.500 €. Sie können aber bsp. auch 50.000 Geschäftsanteile zu je 1 € bilden, von denen A 25.500, B 5.000 und C 19.500 übernimmt.

15.1.2 Juristische Person und Trennungsprinzip

Die Kapitalgesellschaften als typische **KÖRPERSCHAFTEN** → GLOSSAR sind mit eigener Rechtspersönlichkeit ausgestattet, es handelt sich um von den Gesellschaftern verselbständigte **JURISTISCHE PERSONEN** → GLOSSAR → vgl. § 1 Abs. 1 S. 1 AktG, § 13 Abs. 1 GmbHG. Das heißt, dass auch die Vermögenssphären von Gesellschaft und Gesellschaftern strikt voneinander getrennt sind. Man spricht insoweit vom gesellschaftsrechtlichen Trennungsprinzip. Aus diesem Prinzip folgt ohne Weiteres, dass die Gesellschafter nicht für die Verbindlichkeiten der Gesellschaft haften; die ausdrückliche Regelung dieser Haftungsbeschränkung in § 1 Abs. 1 S. 2 AktG bzw. § 13 Abs. 2 GmbHG stellt dies nur klar. Mit anderen Worten: Um die persönliche Haftung eines Gesellschafters einer Kapitalgesellschaft zu begründen reicht die bloße Mitgliedschaft nicht aus, sondern es bedarf eines besonderen Rechtsgrundes. Das in der Eigenschaft als juristischer Person begründete Trennungsprinzip unterscheidet denn auch die Kapitalgesellschaften fundamental von der Rechtslage bei den **PERSONENGESELLSCHAFTEN** → GLOSSAR. Zwar weisen auch die ein vom Privatvermögen der Gesellschafter getrenntes Gesellschaftsvermögen auf; dieses steht intern jedoch nicht der Gesellschaft als solcher, sondern den Gesellschaftern in ihrer gesamthänderischen Verbundenheit zu. Hieraus folgt daher strukturell die grundsätzliche persönliche Mithaftung der Gesellschafter – wie vor allem in § 128 HGB geregelt –, die nur bei besonderer gesetzlicher Anordnung entfällt – z. B. beim **KOMMANDITISTEN** → GLOSSAR.

Das Trennungsprinzip hat auch Auswirkungen auf das Steuerrecht. Als eigenständige juristische Personen unterliegen die AG und die GmbH einer eigenen „Einkommen"-Steuer bezüglich des von ihnen erwirtschafteten Gewinns, nämlich der Körperschaftsteuer. Die Personengesellschaften hingegen sind wegen der fehlenden strikten Trennung von der Sphäre der Gesellschafter keine eigenen Steuersubjekte, hier werden erwirtschaftete Gewinne daher nur bei den Gesellschaftern deren Einkommensteuer unterworfen.

15.1.3 Unternehmerische Mitbestimmung

Die Kapitalgesellschaften sind nicht zuletzt Anknüpfungspunkt der **UNTERNEHMERISCHEN MITBESTIMMUNG** → GLOSSAR der Arbeitnehmer. Diese ist nicht mit der betrieblichen Mitbestimmung zu verwechseln, die nach den Regelungen des Betriebsverfassungsgesetzes (BetrVG) unabhängig von der Eignerstruktur am Betrieb als Bezugsobjekt ansetzt und in eigens zu bildenden Betriebsräten realisiert wird. Die unternehmerische Mitbestimmung hingegen knüpft an der Gesellschaftsform AG bzw. GmbH an und wird – soweit das von der Gesellschaft betriebene Unternehmen eine bestimmte Größe aufweist – durch Arbeitnehmervertreter im Aufsichtsrat realisiert → vgl. Abschnitt 15.3.3.2, S. 271.

Die verfassungsrechtlichen Voraussetzungen der unternehmerischen Mitbestimmung wurden vor allem durch das so genannte Mitbestimmungsurteil des Bundesverfassungsgerichts [BVerfGE 50, S. 297] zum Mitbestimmungsgesetz von 1976 herausgearbeitet. Danach gilt der Grundsatz, dass jede Beteiligung an einer privaten Personenvereinigung – egal welchen Typs – dem Eigentumsschutz des Art. 14 GG unterliegt. Das bedeutet u.a., dass es deren Gesellschafter grundsätzlich nicht dulden müssen, dass dritte, an der Gesellschaft nicht wirtschaftlich beteiligte Personen – wie die bei ihr beschäftigten Arbeitnehmer – an der Leitung der Gesellschaft beteiligt werden. Die tragende Überlegung dabei ist, dass es dem wirtschaftlichen Inhaber einer Gesellschaft (bzw. eines Unternehmens) angesichts des eigenen wirtschaftlichen Risikos nicht zuzumuten ist, sich einer auch nur teilweisen

Mitbestimmung außenstehender Dritter zu unterwerfen. Aus diesem Grunde gibt es bis heute keine unternehmerische Mitbestimmung in Einzelunternehmen oder Personengesellschaften.

Bei Kapitalgesellschaften liegt die Sache insoweit etwas anders, als das persönliche Risiko des einzelnen Gesellschafters auf seine Einlage beschränkt ist, mit anderen Worten durch die wirtschaftliche Betätigung in einer Kapitalgesellschaft aufgrund seiner beschränkten persönlichen Haftung nicht seine gesamte Existenz auf dem Spiel steht. Deswegen hat es das BVerfG als den Gesellschaftern zumutbar – d. h. mit Art. 14 GG vereinbar – erachtet, dass der Gesetzgeber bei großen Kapitalgesellschaften den Arbeitnehmern Mitbestimmungsrechte im Aufsichtsrat eingeräumt hat.

15.1.4 Vorkommen und Bedeutung von AG und GmbH

Die historischen Wurzeln der AG reichen bis in das 17. Jahrhundert zurück. Ihre Funktion war dabei immer die eines Kapitalsammelbeckens mit vielen Gesellschaftern – auch Kleinanlegern – als Grundlage für die Bewältigung großer wirtschaftlicher Vorhaben, für die das Geld einzelner nicht ausreichte. Historisch ist insoweit an den Betrieb von Überseehandel, die Schaffung der Eisenbahn, die flächendeckende Elektrifizierung und Gasversorgung zu erinnern, worin sich die AG bzw. ihre Vorläufer erstmals bewährten. Diese Rolle hat die AG trotz geänderter gesetzlicher Rahmenbedingungen im Wesentlichen behalten: sie ist nach wie vor die bevorzugte Gesellschaftsform von Großunternehmen; mehr als die Hälfte der 100 größten deutschen Unternehmen werden in der Form von AG betrieben. Die Gesamtzahl der AG in Deutschland liegt bei etwa 17.000; ca. 1.150 davon sind börsennotiert [Hirte, Rz. 1.84 mit weiteren Nachweisen].

Die GmbH wurde 1892 ohne historisches Vorbild vom deutschen Gesetzgeber durch das „Gesetz betreffend die Gesellschaften mit beschränkter Haftung" (GmbHG) geschaffen. Sie lehnt sich in vielen Regelungen an die AG an, ohne deren Regelungen sklavisch zu übernehmen. Beabsichtigt war, auch kleineren Unternehmen neben den Personenhandelsgesellschaften eine Körperschaft als Verbandsform zur Verfügung zu stellen, denn die AG war aus Sicht des Gesetzgebers allein Großunternehmen vorbehalten. Man spricht deshalb auch von der „kleinen Schwester der AG".

Hinsichtlich des praktischen Vorkommens liegt die GmbH nominell weit vor der AG; derzeit existieren mehr als 1.000.000 GmbH in Deutschland. Allerdings sind weniger als 80% davon selbst Unternehmensträger, da etwa 20% allein als Komplementär-GmbH in GmbH & Co. KG fungieren [Hirte, a.a.O.] und die GmbH zunehmend auch im nichtgewerblichen Bereich – etwa bei gemeinnützigen oder kirchlichen Einrichtungen – zu finden ist. Nach wie vor ist die GmbH nur selten Rechtsträger von Großunternehmen, sondern dominiert den Bereich der Klein- und mittelständischen Unternehmen.

Vor einigen Jahren hat die GmbH als Gesellschaftsform Konkurrenz durch Formen aus anderen europäischen Mitgliedsländern, namentlich durch die britische „Private Company Limited by Shares" – kurz **LIMITED (LTD.)** → GLOSSAR bekommen. Hierbei handelt es sich um eine der GmbH ähnliche Körperschaft mit eigener Rechtspersönlichkeit und Haftungsbeschränkung auf das Gesellschaftsvermögen, allerdings mit dem entscheidenden Unterschied, dass zur Gründung nur ein britisches Pfund benötigt wird. Lange Zeit hatte diese Gesellschaftsform keine Bedeutung in Deutschland, da der BGH ihren entscheidenden Vorteil – die Haftungsbeschränkung faktisch ohne Garantiekapital – mit seiner so genannten Sitztheorie beschränkte: danach wurde eine Ltd. mit Verwaltungssitz in Deutschland wegen des fehlenden Garantiekapitals haftungsrechtlich wie eine deutsche **PERSONENGESELLSCHAFT** → GLOSSAR behandelt mit der Folge, dass die Gesellschafter trotz der abweichenden britischen Rechtslage im Inland unbeschränkt persönlich hafteten. Nach zwei Urteilen des EuGH [„Inspire Art", 2000, „Überseering", 2002] war die Sitztheorie jedoch nicht mehr zu halten, da sie nach Ansicht des obersten europäischen Gerichts gegen die Niederlassungsfreiheit des EG-Vertrages (Art. 49 AEUV) verstößt. Auch der BGH verfuhr daher seitdem nach dem Gründungsstatut, d. h. das britische, die persönliche Haftung ausschließende Haftungsrecht galt nunmehr auch für Ltd. mit deutschem Verwaltungssitz. Danach gab es eine regelrechte Gründungswelle von Ltd., die ausschließlich in Deutschland tätig sind. Schätzungen zufolge wurden gut 25.000 solcher Ltd. gegründet [HIRTE, Rz. 1.59]. Eine Ltd. bietet indes nicht nur Vorteile. Zum einen ist vor allem institutionellen Geldgebern wie Banken die fehlende Kapitalausstattung der Ltd. bekannt, so dass diese Kredite an Ltd. regelmäßig nur bei zusätzlichen Sicherheiten durch die Gesellschafter vergeben, womit der Haftungsvorteil häufig wieder zunichte gemacht wird. (Ähnliche Probleme haben freilich auch nur mit Mindestkapital ausgestattete GmbH; → vgl. Abschnitt 15.5.1, S. 285). Zum anderen ist der dauerhafte Betrieb einer Ltd. nicht unaufwändig, da nach britischem Publizitätsrecht regelmäßig Berichte und ein Jahresabschluss in englischer Sprache und nach britischen Vorschriften erstellt und in Großbritannien eingereicht werden muss. Verstöße hiergegen werden mit für deutsche Verhältnisse ungewöhnlich scharfen Sanktionen – hohe Geldbußen bis hin zur Löschung der Gesellschaft – geahndet. Zwischenzeitlich hat auch der deutsche Gesetzgeber auf diese Änderung der Rechtslage reagiert und im Jahr 2008 mit der **UNTERNEHMERGESELLSCHAFT (UG)** → GLOSSAR → vgl. Abschnitt 15.5.2.1, S. 287 als besonderer Form der GmbH eine der Ltd. vergleichbare Gesellschaftsform geschaffen. Diese wurde in der Praxis so gut angenommen, dass dadurch die Neugründung von Ltd. faktisch zum Erliegen gekommen ist. Die Rechtsprechung beschäftigt daher das Phänomen Ltd. heute eher im Hinblick auf Abwicklungsprobleme. So ist zwischenzeitlich geklärt, dass in Deutschland vorhandenes Restvermögen einer im britischen Handelsregister gelöschten Ltd. dazu führt, dass hier eine inländische „Restgesellschaft“ als eine Art Liquidationsgesellschaft weiter existiert und das Vermögen nicht der englischen Krone anheimfällt (BGHZ 212, 381).

15.1.5 GmbH und AG als Einpersonengesellschaft

Das Bedürfnis natürlicher Personen, gewerblich am Wirtschaftsleben teilzunehmen ohne dabei das unbedingte Risiko der vollen persönlichen Haftung tragen zu müssen, ist verständlicherweise nicht auf Personengruppen beschränkt, sondern auch bei allein tätigen Gewerbetreibenden vorhanden. Historisch wurde mit der AG und der GmbH aber nur einem Zusammenschluss mehrerer Personen diese Möglichkeit der persönlichen Haftungsbegrenzung eingeräumt; bei der GmbH waren mindestens zwei, bei der AG ursprünglich sogar fünf Gründer erforderlich. Die – theoretisch denkbare und in der politischen Diskussion immer wieder einmal auftauchende – Institution eines „Kaufmanns mit beschränkter Haftung“ wurde vom Gesetzgeber niemals ernsthaft ins Auge gefasst. Die Praxis hat dies allerdings nicht hingenommen, sondern behalf sich über viele Jahre mit der Konstruktion einer so genannten „Strohmanngründung“ einer GmbH: Dabei wurde die GmbH durch die eigentlich interessierte Einzelperson und einen Strohmann als zweitem Gesellschafter gegründet, der seinen Anteil an der GmbH nach der Eintragung sogleich an den anderen Gesellschafter verkaufte, der somit – wie eigentlich gewollt – zum Alleingesellschafter wurde. Da das hinter der Strohmanngründung stehende Bedürfnis einzelner nach Teilnahme am Rechtsverkehr mit beschränkter persönlicher Haftung durchaus als legitim angesehen wurde, tolerierte die Rechtsprechung derartige Gründungen. Erst 1980 reagierte auch der Gesetzgeber mit der Schaffung der Möglichkeit, eine GmbH sogleich nur durch eine Einzelperson gründen zu können → vgl. § 1 GmbHG. Seit 1994, als der Gesetzgeber mit dem „Gesetz für kleine Aktiengesellschaften und zur Deregulierung des Aktienrechts“ [BGBl. I 1961] die AG für mittlere und kleinere Unternehmen geöffnet hat, ist es möglich, auch eine AG als Einzelperson zu gründen → vgl. § 2 AktG.

Zusammenfassung

- Zu den Kapitalgesellschaften zählen die AG (einschließlich der KGaA) sowie die GmbH. Sie sind durch ein besonderes Garantiekapital – Grundkapital bei der AG, Stammkapital bei der GmbH – gekennzeichnet.

- Das Garantiekapital hat zwei Funktionen: Erstens stellt es aus Sicht der Gesellschafter den Preis, aus Sicht der Gläubiger den Ausgleich dafür dar, dass die Gesellschafter einer Kapitalgesellschaft nicht persönlich für die Verbindlichkeiten der Gesellschaft haften. Zweitens dient es zur Vermittlung der Mitgliedschaft, die durch eine anteilige Beteiligung der Gesellschafter an dem Garantiekapital realisiert wird.
- Zu diesem Zweck wird in beiden Gesellschaften das Garantiekapital in Anteile zerlegt. Bei der AG ist dies in Form von Nennbetragsaktien oder Stückaktien möglich; die GmbH kennt nur nominell bezeichnete Stammeinlagen. Wesentlich ist in allen Fällen nicht der in den Anteilen verkörperte Nominalbetrag, sondern die sich aus dem Verhältnis zum Garantiekapital ergebende Beteiligungsquote.
- Kapitalgesellschaften sind rechtlich von ihren Gesellschaftern vollständig verselbständigte juristische Personen. Das damit einhergehende Trennungsprinzip vor allem bezüglich der Vermögenssphären ist der Ansatzpunkt der grundsätzlichen persönlichen Haftungsbeschränkung seitens der Gesellschafter. Als juristische Personen sind die Kapitalgesellschaften zudem eigenständige Steuersubjekte des Körperschaftsteuerrechtes.
- Die Kapitalgesellschaften sind zudem Ansatzpunkt der unternehmerischen Mitbestimmung der Arbeitnehmer auf Gesellschaftsebene, die bei großen Gesellschaften im Aufsichtsrat realisiert wird. Dieser Eingriff in das grundrechtlich geschützte Eigentum der Gesellschafter rechtfertigt sich daraus, dass diese nur beschränkt haften und daher in der Gesellschaft nur ein beschränktes wirtschaftliches Risiko eingehen. Bei Personengesellschaften, in denen die Gesellschafter grundsätzlich persönlich unbeschränkt haften, gibt es daher keine unternehmerische Mitbestimmung der Arbeitnehmer.
- Die AG ist als Kapitalsammelbecken konzipiert, in dem viel Kapital zur Bewältigung großer wirtschaftlicher Projekte aufgebracht werden kann. Sie ist dem gemäß nach wie vor dominierend im Bereich großer Unternehmen anzutreffen. Die GmbH hingegen ist als körperschaftliche Alternative zu den Personenhandelsgesellschaften geschaffen worden und daher vor allem bei kleinen und mittelständigen Unternehmen anzutreffen.
- Da es in Deutschland für einzelne Personen keine explizite Möglichkeit einer wirtschaftlichen Betätigung mit persönlicher Haftungsbeschränkung gibt, wurde seit jeher die GmbH hierfür genutzt. Seit einiger Zeit können solche Einmann-GmbH unmittelbar gegründet werden, nunmehr sogar Einmann-AG.

Kontrollfragen

1. Erläutern Sie kurz den Begriff „Kapitalgesellschaft“!
2. Welche Funktionen hat das Garantiekapital bei den Kapitalgesellschaften?
3. Nennen und erläutern Sie kurz die Aktienformen, in denen AG ihre Aktien ausgeben können!
4. Was verstehen Sie grundsätzlich unter unternehmerischer Mitbestimmung und warum gibt es diese nur bei Kapitalgesellschaften, nicht aber bei Personengesellschaften?
5. Aus welchem Grund können GmbH und AG auch von nur einer Person gegründet werden?

15.2 Gründung der Kapitalgesellschaft

Orientierungsfragen

- Welche zwingenden Schritte bedarf es zur Gründung einer Kapitalgesellschaft? → vgl. Abschnitt 15.2.1
- Was versteht man unter einer Vorgründungsgesellschaft und in welchem Verhältnis steht sie zur späteren (Vor-)Gesellschaft? → vgl. Abschnitt 15.2.2, S. 253
- Was versteht man unter der Vorgesellschaft, was charakterisiert sie und in welchem Verhältnis steht sie zur späteren, „fertigen“ Gesellschaft? → vgl. Abschnitt 15.2.3, S. 255
- Welche Haftungsregeln gelten in der Vorgesellschaft? → vgl. Abschnitt 15.2.3, S. 255

15.2.1 Überblick

Die Gründung einer Kapitalgesellschaft ist deutlich aufwendiger und komplizierter als die Gründung einer Personengesellschaft, bei der typischerweise der formlose Abschluss des Gesellschaftsvertrages genügt. Zwar bildet auch hier ein privatrechtlicher Vertrag zwischen den Gesellschaftern (bzw. die einseitige Gründungserklärung bei Einpersonengesellschaften) die Basis der Gesellschaft, jedoch genügt dies allein nicht, eine solche Gesellschaft zu schaffen. Dies hat seine Ursache darin, dass zum einen eine eigenständige **JURISTISCHE PERSON** → GLOSSAR geschaffen werden soll, deren „Geburt“ im deutschen Recht zwingend an die Eintragung in ein öffentliches Register – hier das **HANDELSREGISTER** → GLOSSAR – geknüpft ist → vgl. nur § 41 Abs. 1 S. 1 AktG bzw. § 11 Abs. 1 GmbHG. Zum anderen muss bereits vor dem eigentlichen Entstehen der Gesellschaft zumindest ein Teil des **GARANTIEKAPITALS** → GLOSSAR als „Eintrittskarte" der Gesellschafter in die beschränkte persönliche Haftung aufgebracht werden, was im Interesse vor allem des Gläubigerschutzes einer staatlichen Kontrolle bedarf. Hieraus ergibt sich, dass die Gründung einer Kapitalgesellschaft in mehreren Schritten erfolgt, die sich im Überblick wie folgt darstellen:

Der erste wesentliche und zwingend erforderliche Schritt zur Gründung der Kapitalgesellschaft ist der Abschluss des inhaltlich weitgehend festgelegten Gesellschaftsvertrages, der bei der AG Satzung, bei der GmbH schlicht Gesellschaftsvertrag genannt wird. Er bildet auch bei den Kapitalgesellschaften das Fundament, auf dem die Gesellschaft ruht. Anders als bei den Personengesellschaften ist dieser Vertragschluss hier aber formbedürftig: er bedarf der notariellen Beurkundung → vgl. § 23 Abs. 1 AktG, § 2 Abs. 1 GmbHG.

Bei der GmbH ist dies in einer vereinfachten Form möglich, wenn die Gesellschaft nicht mehr als drei Gründungsgesellschafter und einen Geschäftsführer haben soll und sich die Gründer eines vom Gesetz vorgegebenen Musterprotokolls bedienen → vgl. § 2 Abs. 1a GmbHG. Dies soll zum einen eine Beschleunigung des Gründungsvorganges bewirken und reduziert zum anderen die Gründungs-, namentlich die Notarkosten.

Mit dem Abschluss des notariellen Gesellschaftsvertrages – bei der AG spricht man ohne inhaltlichen Unterschied von der Feststellung der Satzung – ist die Gesellschaft „errichtet"; es beginnt die Phase der so genannten **VORGESELLSCHAFT** → GLOSSAR. In dieser Phase wird die Gesellschaft im Wesentlichen strukturiert, insbesondere werden die zwingend erforderlichen Organe gebildet. Zudem wird sie bereits mit einem bestimmten Anteil des Grund- bzw. Stammkapitals ausgestattet. Hauptziel in dieser Phase der Vorgesellschaft ist es, die Voraussetzungen für die Handelsregistereintragung zu erfüllen. Sind diese gegeben, erfolgt die Anmeldung beim zuständigen Registergericht und dort nach vorheriger Prüfung dann die Eintragung. Diese markiert die eigentliche Geburtsstunde der „fertigen" Kapitalgesellschaft und beendet zugleich die Vorgesellschaftsphase.

15.2.2 Vorgründungsgesellschaft

Noch vor den eigentlichen Gründungsschritten kommt es häufig vor, dass die zukünftigen Gesellschafter bereits gemeinschaftlich ein Unternehmen – häufig in Form einer GbR, gelegentlich auch als OHG – betreiben und sodann den Entschluss fassen, eine Kapitalgesellschaft – meist eine GmbH – zu gründen. In einem solchen Fall spricht man hinsichtlich der noch vor der Errichtung der Kapitalgesellschaft bestehenden Gesellschaft von der „**VORGRÜNDUNGSGESELLSCHAFT**“ → **GLOSSAR**.

Beispiel

A, B und C betreiben einen Fahrradladen in Form einer GbR. Aufgrund einer guten Entwicklung wollen sie bald expandieren und in umliegenden Orten Filialen eröffnen. Angesichts des damit auch größer werdenden persönlichen Haftungsrisikos möchten sie das Unternehmen jedoch nicht mehr als GbR, sondern als GmbH fortführen. Ein Formwechsel nach dem Umwandlungsgesetz kommt nicht in Betracht, da die GbR kein hierzu fähiger Rechtsträger ist → vgl. § 191 Abs. 1 UmwG. Die drei können jedoch eine neue GmbH gründen, um sodann den Geschäftsbetrieb mit der GmbH fortzuführen. Die GbR hätte in diesem Fall den Charakter einer Vorgründungsgesellschaft.

Der Begriff der Vorgründungsgesellschaft beschreibt damit also keinen besonderen Gesellschaftstyp, sondern vielmehr nur den Umstand, dass die spätere Kapitalgesellschaft in der beispielhaft dargestellten Weise aus einer Personengesellschaft hervorgegangen ist. Das zentrale Problem ist dabei, in welcher Beziehung die Vorgründungsgesellschaft zur späteren Kapitalgesellschaft steht, inwieweit Forderungen und Verbindlichkeiten übergehen und welche Folgen das für die persönliche Haftung der Gesellschafter hat.

Beispiel

Im obigen Beispiel haben A, B und C noch für die GbR Fahrräder vom Großhändler G gekauft, die Rechnung aber nicht bezahlt. Nun gründen sie die „A, B & C Fahrradhandels GmbH“, die ins Handelsregister eingetragen wird, und führen mit dieser das Unternehmen fort. G möchte nun wissen, von wem er die noch an die GbR gelieferten Fahrräder bezahlt verlangen kann.

Hierzu gilt nun folgendes: Die vor der Errichtung der Kapitalgesellschaft existierende Gesellschaft, also die Vorgründungsgesellschaft, ist mit der späteren Kapitalgesellschaft (einschließlich deren Vorgesellschaft) nicht identisch. Daraus folgt, dass die Vorgründungsgesellschaft trotz der Neugründung weiterexistiert und nicht hierin aufgeht. Es ändert sich lediglich ihr Zweck: aus der gewerblich tätigen, so genannten werbenden Gesellschaft wird eine Liquidationsgesellschaft, die nach den dafür geltenden Regeln abzuwickeln ist. Daraus folgt zwanglos, dass weder ihr Vermögen noch ihre Verbindlichkeiten automatisch auf die neu gegründete Kapitalgesellschaft übergehen. Hinsichtlich der Vermögensgegenstände – Sachen und Rechte – bedeutet das, dass diese individuell nach den Vorschriften des Sachenrechtes auf die neue Gesellschaft übertragen werden müssen (für die Eigentumsübertragung → vgl. Abschnitt 3.3.1, S. 125, Abschnitt 3.4, S. 128; Rechte, insbesondere Forderungen sind nach § 398 BGB abzutreten). Für die Verbindlichkeiten gilt, dass diese nur mit Zustimmung des einzelnen Gläubigers auf die neue Gesellschaft übertragen werden können → vgl. §§ 414 f. BGB. Da die Gläubiger ihre Zustimmung hierzu typischerweise nicht erklären, bleiben die Verbindlichkeiten also regelmäßig bei der ursprünglichen – nunmehrigen Liquidationsgesellschaft – zurück. Besondere Bedeutung hat dies für die Gesellschafter, denn sie haften als Gesellschafter der weiter bestehenden Personengesellschaft auch weiterhin für die bei ihr verbliebenen Verbindlichkeiten unabhängig von der Eintragung der neuen Gesellschaft persönlich; freilich nur für diese „Alt-Verbindlichkeiten", die noch von dieser Gesellschaft eingegangen wurden.

Beispiel
Im obigen Beispiel kann sich G also an die noch existierende, sich in Liquidation befindliche GbR wegen der noch offenen Rechnung wenden, ebenso an die persönlich hierfür haftenden Gesellschafter A, B und C. Keinen Erfolg hätte er jedoch bei der GmbH, da diese die Verbindlichkeit weder eingegangen ist noch diese auf sie übertragen wurde.

15.2.3 Vorgesellschaft

Praktisch bedeutsamer und bei jeder Gesellschaftsgründung zwingend vorkommend ist die Phase der **VORGESELLSCHAFT** → GLOSSAR, die mit der notariellen Beurkundung des Gesellschaftsvertrages beginnt und mit der Eintragung der Gesellschaft in das Handelsregister endet. Diese Phase kann sich unter Umständen längere Zeit hinziehen. Der Gesetzgeber hat für die hier auftretenden Probleme indes eine nur unvollkommene Regelung getroffen → vgl. § 11 GmbHG, so dass die Rechtsprechung gehalten war, diese Lücke mit einem geschlossenen „Recht der Vorgesellschaft" aufzufüllen. Hintergrund dieser Entwicklung war, dass der Gesetzgeber offenbar davon ausgegangen ist, dass die Gründer einer AG oder GmbH diese zunächst fertig erschaffen und erst dann den Geschäftsbetrieb mit dieser Gesellschaft aufnehmen. Die Aufgabe der Vorgesellschaft wurde insoweit allein darauf gerichtet, die „Geburt" der Gesellschaft vorzubereiten, also im Wesentlichen die Organe der Gesellschaft zu berufen, das notwendige Kapital einzubringen und die Anmeldung beim Registergericht vorzunehmen. Die Praxis hat aber gezeigt, dass die Gründer häufig schon in der Gründungsphase ihre Geschäfte beginnen wollen und in der Konstellation, dass sie einen bestehenden Geschäftsbetrieb zulässigerweise als Sacheinlage in die neue Gesellschaft einbringen wollen, hierzu sogar gezwungen sind. Damit aber waren etliche Fragen aufgeworfen, die die Rechtsprechung in vielen Entscheidungen zu lösen hatte.

Da es im Verhältnis zur GmbH nur vereinzelt Gründungen von AG gab und gibt, hat sich dieses Recht der Vorgesellschaft ganz überwiegend im Bereich der

GmbH entwickelt, weswegen im Folgenden auch allein die „Vor-GmbH“ betrachtet werden soll. Diese führt im Übrigen, soweit sie bereits im Rechtsverkehr auftritt, meist den Firmenzusatz „GmbH i.G.“ d. h. in Gründung.

15.2.3.1 Charakteristik der Vorgesellschaft

Grundlegend für das Recht der Vorgesellschaft ist auch hier die Frage, in welchem Verhältnis sie zu der späteren GmbH steht, womit organisch die Frage verbunden ist, welcher Gesellschaftsform die Vorgesellschaft überhaupt zuzuordnen ist. Hierzu wurde historisch fast alles vertreten. So sahen einige in ihr eine GbR oder OHG (je nach Größe oder Zweck), andere wiederum meinten, sie müsse als nichtrechtsfähiger Verein behandelt werden. Heute ist es einhellige Auffassung, dass die Vorgesellschaft eine Gesellschaft eigenen Typs („sui generis“) bildet, die im Wesentlichen schon der fertigen GmbH entspricht, soweit es nicht auf die Handelsregistereintragung ankommt. Hieraus folgt zwanglos, dass es sich bei der Vorgesellschaft um einen Vorläufer der GmbH handelt, der mit dieser identisch ist. Dies hat vor allem zur Folge – und hier liegt ein entscheidender Unterschied zur **VORGRÜNDUNGSGESELLSCHAFT** → GLOSSAR –, dass sich die Vorgesellschaft mit Eintragung in das Handelsregister lediglich zur fertigen GmbH wandelt und ihr Vermögen sowie ihre Verbindlichkeiten ohne weiteres auf die GmbH übergehen, ohne dass es einer Übertragung derselben oder gar einer Liquidation der Vorgesellschaft bedürfte. Weitere Konsequenzen hat diese Einordnung auch auf die Innen- und Außenverhältnisse der Vorgesellschaft. So gelten im Inneren bereits die Kompetenzregelungen des GmbHG. Insbesondere wird die Vorgesellschaft bereits durch den durch den Gesellschaftsvertrag oder die Gesellschafterversammlung bestellten Geschäftsführer geleitet, der – soweit er hierzu bevollmächtigt wird – bereits mit der unternehmerischen Tätigkeit beginnen bzw., wenn ein bestehendes Unternehmen eingebracht wird, diese fortführen darf. Im Außenverhältnis gilt die Vorgesellschaft bereits als weitgehend rechtsfähig, und zwar noch über § 124 HGB hinausgehend. Insbesondere ist sie komplementär-, grundbuch-, wechsel-, scheck-, partei-, firmen- und insolvenzfähig. Ihre Rechtsfähigkeit entspricht damit weitgehend bereits der der späteren GmbH. Vertreten wird sie ebenfalls schon durch das gesetzliche GmbH-Vertretungsorgan, den Geschäftsführer.

15.2.3.2 Die Haftung der Gründer in der Vorgesellschaft

Problematisch ist die Frage, inwieweit die Gründergesellschafter in der Phase der Vorgesellschaft für deren Verbindlichkeiten haften. Die Rechtsprechung und große Teile der Literatur haben es seit jeher abgelehnt, die Gründer bereits in dieser Phase von der persönlichen Haftung freizustellen, denn die Voraussetzungen hierfür – materiell die Aufbringung wenigstens eines Teiles des **GARANTIEKAPITALS** → GLOSSAR; formell die Eintragung ins **HANDELSREGISTER** → GLOSSAR – sind ja noch nicht erfüllt.

Die Rechtsprechung ging deshalb lange Zeit von einer persönlichen Haftung der Gründer aus, die in Anlehnung an die KG jedoch wie die eines **KOMMANDITISTEN** → GLOSSAR auf die versprochene Einlage beschränkt sein sollte. Diese Rechtsprechung wurde vom BGH in Abstimmung mit dem Bundesarbeitsgericht und dem Bundessozialgericht jedoch aufgegeben [BGHZ 134, 333]. Nunmehr gilt die sog. Verlustdeckungshaftung der Gründer, d. h. dass die Gründer für Verluste bzw. Verbindlichkeiten der Vorgesellschaft unbeschränkt haften, wobei diese Haftung jedoch nicht gegenüber dem einzelnen Gläubiger besteht (sog. Außenhaftung), sondern gegenüber der Vorgesellschaft (sog. Innenhaftung). Mit anderen Worten sind die Gründer in der Vorgesellschaft nicht verpflichtet – wie etwa der OHG-Gesellschafter – gegenüber jedem Gläubiger persönlich für die Zahlung der Gesellschaftsverbindlichkeiten einzustehen; sie sind aber dafür verantwortlich, dass die Vorgesellschaft immer über genügend Mittel verfügt, um ihre Verbindlichkeiten zu bedienen. Inhaltlich handelt es sich also um eine unbeschränkte Nachschusspflicht, die aus Sicht des Gründers wirtschaftlich einer unbeschränkten persönlichen Haftung entspricht. Mit dieser Ausgestaltung der Haftung soll vor allem verhindert werden, dass es bei einer Not leidenden oder gar insolventen Vorgesellschaft um einen Wettlauf der Gläubiger gegenüber den einzelnen Gesellschaftern kommt. Vielmehr soll in diesem Falle der (spätere) Insolvenzverwalter die Forderung der Vorgesellschaft gegenüber den Gesellschaftern geltend machen können, um diese zur Masse – und damit zur insolvenzrechtlichen Verteilung unter allen Gläubigern – ziehen zu können. Dieses – nicht unumstrittene – Konzept der Innenhaftung stellt den einzelnen Gläubiger im Übrigen außerhalb der Insolvenz keineswegs rechtlos. Es besteht nämlich die freilich etwas komplizierte Möglichkeit, dass er einen Titel – etwa ein Urteil – gegen die Vorgesellschaft derart vollstreckt, dass er sich die Forderung der Vorgesellschaft gegen den einzelnen Gründer pfänden und überweisen lässt und sodann direkt gegen diesen vollstreckt.

Beispiel

A und B wollen in Form einer GmbH eine Gaststätte betreiben. Zu diesem Zweck schließen sie notariell einen Gesellschaftsvertrag zur Gründung der „A + B GmbH" ab und bestellen den C als Geschäftsführer. Noch vor Eintragung der Gesellschaft ins Handelsregister eröffnen sie die Gaststätte und beginnen mit dem Betrieb. C kauft dafür im Namen der A + B GmbH i. G. bei der Brauerei B Bier ein. Trotz mehrfacher Mahnung wird die Rechnung nicht beglichen.

Die Brauerei muss sich zunächst an ihre Vertragspartnerin, also die Vorgesellschaft A + B GmbH i. G. wenden. Zwar haften auch A und B als Gründer persönlich, aber nur im Innenverhältnis gegenüber der Vorgesellschaft. Kommen sie ihrer Verpflichtung, die Vorgesellschaft mit genügend Finanzmitteln zur Bezahlung der Verbindlichkeiten auszustatten, nicht nach, kann die Brauerei sich allenfalls ihren Anspruch gerichtlich titulieren lassen (durch einen Vollstreckungsbescheid oder ein Urteil) und hieraus im Wege der Vollstreckung auf A und B zugreifen. Eine unmittelbare Inanspruchnahme der Gründer ist indessen ausgeschlossen.

Als Ausgleich für die aus Gläubigersicht nur schwer durchsetzbare Gründerhaftung gibt ihnen § 11 Abs. 2 GmbH (für die AG § 41 Abs. 1 S. 2 AktG) als einzige positivrechtliche Norm zur Vorgesellschaft zusätzlich einen unmittelbaren Anspruch bezüglich ihrer Forderungen gegen den „Handelnden", was nach gefestigter Ansicht jedoch nicht der einzelne Gründer, sondern der Geschäftsführer ist.

Beispiel
Im obigen Beispiel kann die Brauerei daher nicht nur von der Vorgesellschaft, sondern auch vom Geschäftsführer C persönlich die Bezahlung der Bierlieferung verlangen.

15.2.3.3 Das Ende der Vorgesellschaft und die Folgen für die Gründerhaftung

Mit der Eintragung der Gesellschaft in das **HANDELSREGISTER** → GLOSSAR ist die „Geburtsstunde" der fertigen GmbH gekommen. Die Vorgesellschaft wandelt sich in die GmbH um; aus der schon weitgehend rechtsfähigen Vor-GmbH wird die endgültige juristische Person GmbH. Für das Innen- und Außenverhältnis hat dies, da die Vorgesellschaft der GmbH ja schon im Wesentlichen entspricht, kaum praktische Auswirkungen. Anders stellt sich das für die Frage der persönlichen Haftung der Gründer dar. Festzustellen ist zunächst, dass nunmehr die erstrebte Haftungsbeschränkung eintritt → vgl. § 13 Abs. 2 GmbHG. Eine Haftung der Gesellschafter für Verbindlichkeiten der GmbH kommt im Grunde also nicht mehr in Frage. Dies gilt so uneingeschränkt indes nur für die Verbindlichkeiten, die ab dem Zeitpunkt der Eintragung entstehen. Grundsätzlich erlischt aber auch die oben beschriebene Verlustdeckungshaftung der Gründer, denn auch sie bezieht sich konkret auf Verbindlichkeiten der Gesellschaft i.S.d. § 13 Abs. 2 GmbHG. Deren ersatzloser Wegfall wäre indes eine nicht zu rechtfertigende Absolution der Gründer von der Haftung für ungedeckte Verbindlichkeiten, die sie im Stadium der Vorgesellschaft, und damit ohne das Vorliegen der Voraussetzung der Privilegierung der Haftungsbeschränkung, begründet haben. An ihre Stelle tritt deshalb eine seit langem anerkannte, dogmatisch freilich anders begründete Haftung, die sog. Vorbelastungshaftung oder Unterbilanzhaftung. Sie geht in Anlehnung an § 9 GmbHG davon aus, dass die Gründer die Verpflichtung trifft, dass die GmbH am Tage ihres Entstehens über ein die Passiva um das versprochene **GARANTIEKAPITAL** → GLOSSAR überschiessendes Aktivvermögen verfügt. Ist dies, was durch eine spezielle stichtagsbezogene Vorbelastungsbilanz festgestellt werden kann, nicht der Fall, so haften die Gründer im Verhältnis ihrer Anteile für die fehlende Differenz, also die Vorbelastung bzw. Unterbilanz. Dabei liegt hier ganz unstreitig eine Innenhaftung vor, da die Haftung nicht auf externen Verbindlichkeiten, sondern auf einem innergesellschaftlichen Anspruch der GmbH gegenüber den Gesellschaftern beruht. Der Höhe nach handelt es sich freilich um eine stichtagsbezogene Verlustdeckungshaftung, da die Unterbilanz ja nur aus Verlusten bzw. ungedeckten Verbindlichkeiten der Vorgesellschaft resultieren kann. Die Vorbelastungshaftung- oder Unterbilanzhaftung ist mit anderen Worten die auf den Eintragungstag „eingefrorene“ Verlustdeckungshaftung. Der BGH hat deshalb zu Recht betont, dass die GmbH-Gründer eine einheitliche Gründerhaftung in Form einer bis zur Eintragung der Gesellschaft andauernden Verlustdeckungshaftung und einer an die Eintragung geknüpften Vorbelastungs- bzw. Unterbilanzhaftung trifft.

Diese die Gründung begleitende persönliche Haftung der Gründer hat im Ergebnis den Zweck, die Gläubiger einer Vorgesellschaft oder jungen GmbH vor den typischen Risiken zu schützen, die junge Unternehmen in der Anfangsphase häufig haben, bevor sie am Markt etabliert sind. Dem gemäß ist es auch gerechtfertigt, diese Haftung zeitlich zu begrenzen. Geht nämlich eine GmbH erst einige Jahre nach ihrem Entstehen in die Insolvenz, so spricht eine gewisse Erfahrung dafür, dass diese ihre Ursachen nicht mehr in der Gründungsphase hat. In entsprechender Anwendung des § 9 Abs. 2 GmbHG verjährt deshalb der Anspruch der GmbH aus der Vorbelastungs- oder Unterbilanzhaftung zehn Jahre nach der Eintragung ins Handelsregister. Spätestens dann tritt für die Gründer also die vollständige persönliche Haftungsbeschränkung ein.

Für die Handelndenhaftung der Geschäftsführer nach § 11 Abs. 2 GmbHG gilt dies schon eher, denn diese erlischt ersatzlos bereits mit der Eintragung ins Handelsregister.

Beispiel

Ist die A + B GmbH im obigen Beispiel ins Handelsregister eingetragen, muss sich die Brauerei wegen der unbezahlten Bierlieferung weiter an die GmbH wenden, die an die Stelle ihrer Vorgesellschaft getreten und nunmehr Schuldnerin des Anspruches ist. Sofern zum Zeitpunkt der Eintragung eine Vorbelastung der GmbH bestand, kann sie auch weiterhin in den Anspruch der GmbH gegenüber ihren Gesellschaftern A und B vollstrecken. Nur gegen den Geschäftsführer C kann sie nicht mehr vorgehen, da dessen persönliche Haftung ersatzlos erloschen ist.

15.2.3.4 Der Sonderfall der „unechten" Vorgesellschaft

Das eben umrissene Recht der Vorgesellschaft findet nur auf sog. echte Vorgesellschaften Anwendung, also auf Vor-GmbH (und in den seltenen Fällen einer AG-Gründung auf die Vor-AG), deren Gründer ernsthaft die Eintragung in das **HANDELSREGISTER** → GLOSSAR betreiben. Dies ist indes dann nicht (mehr) der

Fall, wenn trotz Weiterbetriebes der Vorgesellschaft die Eintragung nicht mehr vorangetrieben wird – etwa auf Zwischenverfügungen des Registerrichters nicht reagiert wird – oder die Eintragung endgültig abgelehnt ist, ohne das die Gesellschafter die Liquidation beschließen. In einem solchen Fall spricht man von einer unechten Vorgesellschaft, die nicht wie eine solche behandelt wird. Ihr Gesellschaftstyp wird vielmehr objektiv bestimmt – meist ist es eine GbR oder OHG – und nach deren Regeln behandelt. Für die Gesellschafter hat dies regelmäßig vor allem die unbeschränkte Außenhaftung gegenüber den Gläubigern zur Folge, die zumindest unmittelbarere Auswirkungen hat, als die Innenhaftung in der (echten) Vorgesellschaft.

Beispiel

Betreiben A und B im obigen Beispiel die Eintragung der GmbH nicht mehr, setzten aber den Geschäftsbetrieb der Vorgesellschaft fort, kann die Brauerei nicht nur gegen die GmbH i. G., sondern nunmehr auch gegen die Gesellschafter A und B persönlich wegen der offenen Bierlieferungsrechnung vorgehen, weil die Vorgesellschaft dann wie eine GbR bzw. OHG behandelt wird.

Zusammenfassung

- Die Gründung einer Kapitalgesellschaft vollzieht sich in mehreren Schritten. Mit der notariellen Beurkundung wird die Gesellschaft errichtet; sodann werden die Organe gebildet und der Gesellschaft das gesetzlich vorgeschriebene Garantiekapital (zumindest teilweise) zugeführt und nach Anmeldung und gerichtlicher Prüfung erfolgt die Eintragung ins Handelsregister.
- Sofern bereits vor der Gründung eine Personengesellschaft besteht, deren Geschäftsbetrieb auf die Kapitalgesellschaft übertragen werden soll, spricht man von einer Vorgründungsgesellschaft. Diese ist mit der Kapitalgesellschaft nicht identisch; sie wandelt sich bei deren Gründung lediglich in eine Liquidationsgesellschaft. Ihr Vermögen und ihre Verbindlichkeiten gehen nicht automatisch auf die Kapitalgesellschaft über.
- Zwischen Errichtung und Eintragung ins Handelsregister besteht eine so genannte Vorgesellschaft. Es handelt sich um eine Gesellschaft sui generis, auf die bereits das Recht der späteren Kapitalgesellschaft Anwendung findet mit Ausnahme der Normen, die die Eintragung der Gesellschaft voraussetzen.
- Die Vorgesellschaft ist als Vorstufe mit der späteren Kapitalgesellschaft identisch; mit Eintragung geht sie in dieser auf; ihr Vermögen und ihre Verbindlichkeiten gehen über, ohne dass es einer Übertragung bedürfte.

- Es besteht eine persönliche Haftung der Gründer: bis zur Eintragung ins Handelsregister als Verlustdeckungshaftung; danach als Vorbelastungs- bzw. Unterbilanzhaftung. In beiden Fällen handelt es sich um eine Innenhaftung gegenüber der (Vor-)Gesellschaft.
- Daneben besteht in der Vorgesellschaftsphase eine persönliche Handelndenhaftung des Geschäftsführers, die mit Eintragung jedoch ersatzlos wegfällt.

Kontrollfragen

1. In welchen Schritten vollzieht sich die Gründung einer Kapitalgesellschaft?
2. Was versteht man unter einer Vorgründungsgesellschaft und in welchem Verhältnis steht sie zur späteren Kapitalgesellschaft?
3. Welche Ereignisse markieren die Vorgesellschaft?
4. Welche Regeln sind auf die Vorgesellschaft anwendbar und in welchem Verhältnis steht die Vorgesellschaft zur späteren, „fertigen" Kapitalgesellschaft?
5. In welcher Weise haften Gründer und Geschäftsführer einer Vorgesellschaft vor und nach der Eintragung der Gesellschaft persönlich?

15.3 Organisationsverfassung

Orientierungsfragen

- Welche obligatorischen Organe gibt es bei der AG und bei der GmbH und welche Aufgaben haben sie? → vgl. Abschnitte 15.3.2, S. 262, 15.3.3, S. 270 und 15.3.4, S. 273
- Welche Rechtsbeziehungen bestehen zwischen den Geschäftsleitern und ihrer Kapitalgesellschaft? → vgl. Abschnitt 15.3.2.2, S. 263
- In welchen Fällen haften die Geschäftsleiter der Gesellschaft bzw. deren Gläubigern persönlich? → vgl. Abschnitt 15.3.2.6, S. 266
- In welchen Fällen greift die unternehmerische Mitbestimmung der Arbeitnehmer im Aufsichtsrat ein? → vgl. Abschnitt 15.3.3.2, S. 271
- In welchem Verhältnis stehen Hauptversammlung und Vorstand bei der AG bzw. Gesellschafterversammlung und Geschäftsführer bei der GmbH? → vgl. Abschnitt 15.3.4, S. 273

15.3.1 Einleitung

Kennzeichnend für die Kapitalgesellschaften ist eine ausführlich geregelte Organisationsverfassung, also die Regelung der Gesellschaftsorgane und ihrer Kompetenzen. Zwei zwingende Organe sind dabei sowohl in der AG als auch in der GmbH gegeben, wenngleich sie sich im Namen unterscheiden: zum einen das Geschäftsführungs- und Vertretungsorgan: die **GESCHÄFTSLEITER** → GLOSSAR, bei der AG der **VORSTAND** → GLOSSAR, bei der GmbH der bzw. die **GESCHÄFTSFÜHRER** → GLOSSAR; zum anderen das Willensbildungsorgan der Gesellschafter, bei der AG die **HAUPTVERSAMMLUNG** → GLOSSAR; bei der GmbH die **GESELLSCHAFTERVERSAMMLUNG** → GLOSSAR. Die Kompetenzabgrenzung dieser Organe ist bei der AG gesetzlich detailliert geregelt und wegen § 23 Abs. 5 AktG faktisch kaum abänderbar. Bei der GmbH hingegen bietet das GmbHG nur eine subsidiär eingreifende, dispositive Kompetenzabgrenzung an (**DISPOSITIVES RECHT** → GLOSSAR), die durch den Gesellschaftsvertrag weitgehend abgeändert werden kann → vgl. § 45 GmbHG. Neben diesen Organen kommt bei der AG zwingend noch der **AUFSICHTSRAT** → GLOSSAR als drittes Organ hinzu, das bei der GmbH grundsätzlich nicht vorgesehen ist, aber im Gesellschaftsvertrag ebenfalls vorgesehen werden kann und im Falle des Eingreifens der **UNTERNEHMERISCHEN MITBESTIMMUNG** → GLOSSAR ebenfalls zwingend gebildet werden muss → vgl. Abschnitt 15.3.3.2, S. 271.

15.3.2 Vorstand und Geschäftsführer

15.3.2.1 Zusammensetzung

Bei der AG kann der Vorstand aus einer oder mehreren Personen bestehen; ab 3 Mio. Euro **GRUNDKAPITAL** → GLOSSAR muss er aus mindestens zwei Personen bestehen → vgl. § 76 Abs. 2 AktG. Bei großen AG ist es freilich üblich, dass der Vorstand aus deutlich mehr Mitgliedern besteht, unter denen intern eine Aufgabenverteilung erfolgt. Diese kann funktional ausgestaltet sein (z. B. Einkauf, Vertrieb, Finanzen, Recht) oder divisional, also nach Geschäftsfeldern (z. B. Farben, Pharma, Textil). Häufig anzutreffen ist auch eine Mischung aus beiden Aufteilungsprinzipien. In einem solchen Kollegialorgan ist es zudem üblich, dass der Vorstand der Leitung eines Vorsitzenden bzw. Sprechers untersteht und nach einer internen Geschäftsordnung handelt → vgl. §§ 77 ff. AktG. Bei der GmbH ist hingegen nur ein Geschäftsführer zwingend vorgeschrieben → vgl. § 6 Abs. 1 GmbHG. Alles andere – eine größere Anzahl, die Aufgabenverteilung, die interne Organisation – können die Gesellschafter frei im Gesellschaftervertrag regeln.

15.3.2.2 Bestellung und Anstellung

Die Geschäftsleiter, also Vorstandsmitglieder oder Geschäftsführer, sind auf eine doppelte Weise mit der Gesellschaft verbunden.

Die **BESTELLUNG** → GLOSSAR bezeichnet den korporativen Akt, aufgrund dessen die Organstellung einer **NATÜRLICHEN PERSON** → GLOSSAR in der Gesellschaft begründet wird. Dies ist erforderlich, da für die Kapitalgesellschaften das Prinzip der **DRITTORGANSCHAFT** → GLOSSAR gilt, insbesondere also die Gesellschafter keine „geborenen" Geschäftsleiter sind wie bei den selbstorganschaftlichen Personengesellschaften
(**SELBSTORGANSCHAFT** → GLOSSAR). Es handelt sich um ein einseitiges Rechtsgeschäft. Zwar muss der Betroffene mit dieser Bestellung einverstanden sein, jedoch erwachsen ihm hieraus keine Ansprüche gegenüber der Gesellschaft, insbesondere auf Vergütung seiner Tätigkeit. Die Bestellung erfolgt in der AG durch den **AUFSICHTSRAT** → GLOSSAR. Sie ist auf maximal fünf Jahre – wiederholbar – befristet. In dieser Zeit kann die Bestellung nur bei Vorlage eines wichtigen Grundes widerrufen werden → vgl. § 84 AktG. Die Befristung und die nur eingeschränkte Möglichkeit des Widerrufs der Bestellung sichern dem Vorstand eine institutionell starke Stellung gegenüber den anderen Gesellschaftsorganen. Bei der GmbH ist die **GESELLSCHAFTERVERSAMMLUNG** → GLOSSAR für die Bestellung des oder der Geschäftsführer zuständig. Der oder die ersten Geschäftsführer können auch schon im Gesellschaftsvertrag bestimmt werden → vgl. § 6 Abs. 3 GmbHG. Die Bestellung kann befristet oder unbefristet sein und ist jederzeit frei, also ohne Angabe von Gründen, widerrufbar, wenn nicht der Gesellschaftsvertrag etwas anderes vorsieht. Die institutionelle Stellung der Geschäftsführer in der GmbH ist daher im Vergleich zum Vorstand bei der AG deutlich schwächer. Die Bestellung sowie ihre Widerrufung wird mit dem Beschluss des zuständigen Organs wirksam und ist – deklaratorisch – ins **HANDELSREGISTER** → GLOSSAR einzutragen → vgl. § 39 Abs. 1 AktG; § 10 Abs. 1 GmbHG.

Die **ANSTELLUNG** → GLOSSAR steht neben der Bestellung und stellt einen zweiseitigen Vertrag dar. Da Vorstand bzw. Geschäftsführer aufgrund ihrer Aufgaben – nämlich der Leitung der Gesellschaft – keine abhängig beschäftigten Arbeitnehmer sind, ist der Anstellungsvertrag kein Arbeitsvertrag, sondern typischerweise ein entgeltlicher Geschäftsbesorgungsvertrag auf Grundlage des Dienstvertragsrechts → vgl. § 675 i.V.m. §§ 611 ff. BGB. Die Anstellung verpflichtet den Vorstand bzw. Geschäftsführer, seine Arbeitskraft der Gesellschaft zur Verfügung zu stellen, insbesondere seine Organaufgaben wahrzunehmen, wofür er im Gegenzug ein Gehalt erhält. Für den Abschluss und ggf. die Kündigung des Anstellungsvertrages ist dasselbe Organ zuständig, wie für die Bestellung. Die Kündigung erfolgt nach den entsprechenden dienstvertraglichen Regelungen und ist nicht automatisch mit dem Widerruf der Bestellung verknüpft.

Beispiel

Weil der Geschäftsführer G der „A GmbH" nicht die Umsätze erwirtschaftet, die die Gesellschafter von ihm erwarten, soll er durch einen geeigneter erscheinenden Kandidaten ersetzt werden. Durch Gesellschafterbeschluss widerrufen sie daher seine Bestellung, die damit sogleich endet (beachte aber die negative Publizität des Handelsregisters gemäß § 15 Abs. 1 HGB → vgl. Abschnitt 6.2.1, S. 150). Der Anstellungsvertrag besteht indes weiter und muss gesondert gekündigt werden. Da der Abberufungsgrund keine außerordentliche Kündigung gemäß § 626 BGB rechtfertigt, kann diese nur ordentlich nach Maßgabe des Vertrages, ansonsten gemäß § 621 BGB erfolgen.

15.3.2.3 Aufgaben und Pflichten aufgrund der Organstellung

Die Hauptpflichten von Vorstand und Geschäftsführer sind die interne Geschäftsführung und die externe Vertretung der Gesellschaft.

Die **GESCHÄFTSFÜHRUNG** → GLOSSAR umfasst auch hier – wie schon bei den **PERSONENGESELLSCHAFTEN** → GLOSSAR gezeigt – die gesamte Unternehmensleitung einschließlich der Einstellung, Führung und Kontrolle der Mitarbeiter. Abzugrenzen hiervon sind die den Gesellschaftern zugewiesenen Geschäfte, insbesondere die satzungsändernden Beschlüsse sowie alle anderen Grundlagenentscheidungen. Diese Kompetenzabgrenzung ist bei der AG sehr streng, denn eine Verschiebung ist regelmäßig nicht möglich und eine Einflussnahme der **HAUPTVERSAMMLUNG** → GLOSSAR auf den Vorstand ist ausgeschlossen → vgl. §§ 76 Abs. 1, 119 Abs. 2 AktG → vgl. Abschnitt 15.3.4.1, S. 273). Bei der GmbH hingegen können die Kompetenzen abweichend vom Gesetz im Gesellschaftsvertrag festgelegt werden, wobei freilich nur eine Verschiebung zugunsten der Gesellschafter möglich ist, nicht aber umgekehrt, denn die Gesellschafter können grundlegende Entscheidungen wie etwa eine Konzernierung nicht auf die Geschäftsführer übertragen. Ungeachtet dessen ist die Stellung der **GESELLSCHAFTERVERSAMMLUNG** → GLOSSAR auch ohne Regelung deutlich stärker als in der AG: die dortige Autonomie des Vorstandes ist den Geschäftsführern nicht gegeben; vielmehr können die Gesellschafter dem Geschäftsführer jederzeit auch Weisungen allgemeiner Art bis zu einzelnen Geschäftsführungsfragen erteilen, an die er zwingend gebunden ist → vgl. § 45 GmbHG → vgl. Abschnitt 15.3.4.2, S. 275.

Die **VERTRETUNG** → GLOSSAR ist kraft Gesetzes ausschließlich den Geschäftsleitern gegeben; sie allein sind das gesetzliche Vertretungsorgan der Gesellschaft. Regelungsfähig ist hierbei lediglich die Vertretungsform, wenn Vorstand oder Geschäftsführung aus mehreren Personen bestehen; die gesetzliche Anordnung der Gesamtvertretung ist sowohl bei der AG → vgl. § 78 Abs. 2 AktG als auch bei der GmbH → vgl. § 35 Abs. 2 GmbHG abdingbar. Im Interesse des Rechtsverkehrs ist die Regelung der Vertretungsmacht (Gesamtvertretung, Einzelvertretung usw.) im **HANDELSREGISTER** → GLOSSAR einzutragen → vgl. § 37 Abs. 3 AktG; § 10 Abs. 1 S. 2 GmbHG. Hinsichtlich der inhaltlichen Reichweite der **VERTRETUNGSMACHT** → GLOSSAR gilt indes, dass sie intern einschränkbar ist, nicht jedoch im Außenverhältnis → vgl. § 82 AktG; § 37 GmbHG.

Beispiel

In der „Automobilhandels GmbH" sind A und B zu Geschäftsführern bestellt. Beide haben Alleinvertretungsbefugnis; allerdings ist A ausschließlich für den Autoankauf, B für den Autoverkauf vertretungsbefugt. Dennoch kauft B eines Tages von X einen gebrauchten PKW an.

Der Vertrag ist wirksam. Die Beschränkung der Vertretungsmacht wirkt nur im Innenverhältnis des B zur GmbH, nicht jedoch im Verhältnis zu X. Die GmbH muss den Vertrag also erfüllen. Die Überschreitung der internen Beschränkung der Vertretungsmacht hat allenfalls interne Folgen für B: hat er etwa einen deutlich wertübersteigenden Preis für das Fahrzeug vereinbart, muss er der GmbH die Wertdifferenz als Schadenersatz zahlen → vgl. Abschnitt 15.3.2.6, S. 266.

Neben diesen Hauptpflichten treffen die Geschäftsleiter weitergehende Nebenpflichten, wie etwa die zur Buchführung, zur – bei AG und GmbH unterschiedlich ausgestalteten – Auskunftserteilung gegenüber den Gesellschaftern → vgl. Abschnitt 15.4.2, S. 278 sowie weitere Berichtspflichten aus besonderen Anlässen, etwa einer Umwandlung → vgl. etwa § 8 UmwG.

15.3.2.4 Im Besonderen: kapitalbezogene Pflichten

Besondere Pflichten treffen Vorstand und Geschäftsführer im Bezug auf das Grund- oder Stammkapital. Diesbezüglich haben sie hier zunächst dafür Sorge zu tragen, dass dieses nicht an die Gesellschafter zurückfließt, wofür sie persönlich haften → vgl. § 93 Abs. 3 Nr. 1 AktG; § 31 Abs. 1 GmbHG → vgl. Abschnitt 15.5.3.1, S. 293. Des Weiteren sind sie bei Verlust der Hälfte des Garantiekapitals zur sog. Verlustanzeige verpflichtet, d. h. sie müssen umgehend eine Haupt- bzw. Gesellschafterversammlung einberufen, um den Gesellschaftern die Möglichkeit zu geben, hierauf entsprechend zu reagieren → vgl. § 92 Abs. 1 AktG; § 49 Abs. 3 GmbHG. Besondere Bedeutung hat schließlich – auch unter dem Gesichtspunkt der persönlichen Haftung → vgl. Abschnitt 15.3.2.7, S. 267 – die sog. Insolvenzantragspflicht → vgl. § 15a Abs. 1 InsO. Danach muss der Vorstand oder Geschäftsführer beim zuständigen Insolvenzgericht binnen drei Wochen Antrag auf Eröffnung des Insolvenzverfahrens stellen, wenn die Gesellschaft zahlungsunfähig oder überschuldet ist. Zahlungsunfähigkeit ist dabei der voraussichtlich dauernde Mangel an Zahlungsmitteln in einem Ausmaß, dass die laufenden Verbindlichkeiten im Wesentlichen nicht mehr bedient werden können. Die Überschuldung hingegen, die nur bei Kapitalgesellschaften auftreten kann, liegt dann vor, wenn das nach Fortführungswerten zu bestimmende Aktivvermögen der Gesellschaft nicht mehr die Schulden deckt.

15.3.2.5 Pflichten aus dem Anstellungsvertrag

Neben den Pflichten aus der Organstellung treffen den Geschäftsleiter auch Pflichten aus dem Anstellungsvertrag **ANSTELLUNG** → GLOSSAR. Sie sind mehr auf seine Person bezogen und gehen hauptsächlich dahin, seine gesamte Arbeitskraft der Gesellschaft zur Verfügung zu stellen, die Organpflichten gewissenhaft zu erfüllen, Geschäftschancen zu nutzen und Schaden von der Gesellschaft abzuhalten. Dies wird bei der AG gesetzlich durch ein allgemeines Wettbewerbsverbot → vgl. § 88 AktG flankiert, das im GmbHG kein Pendant hat. Allerdings hat es sich hier eingebürgert, ein solches Wettbewerbsverbot – entweder dem § 88 AktG oder den §§ 112 f. HGB nachgebildet – im Anstellungsvertrag zu vereinbaren.

15.3.2.6 Haftung gegenüber der Gesellschaft

Das Gegenstück zu den beschriebenen Pflichten ist – wie im Zivilrecht allgemein – die Haftung bei Verstößen hiergegen. Eine solche Haftung ist für die Geschäftsleiter allgemein sowohl im AktG → vgl. § 93 Abs. 2 S. 1 als auch im GmbHG → vgl. § 43 Abs. 2 beschrieben. Indes greift diese Haftung, für die ein erhöhter Verschuldensmaßstab, nämlich „die Sorgfalt eines ordentlichen und gewissenhaften Geschäftsleiters" gilt → vgl. § 93 Abs. 1 S. 1 AktG; ähnlich § 43 Abs. 1 GmbHG, in der Praxis nur selten ein; meist nur in den im Gesetz näher bezeichneten Fällen, insbesondere der verbotenen Rückgewähr von Einlagen. Hierfür gibt es zwei Gründe. Zum einen stellt nach herrschender Rechtsprechung nicht jede – meist ja erst im Nachhinein sicher als solche erkannte – fehlerhafte Entscheidung des Geschäftsleiters einen Pflichtverstoß dar. Vielmehr wird dem Geschäftsleiter gerade bei unternehmerischen Entscheidungen, vor allem, wenn sie ein prognostisches Element enthalten, ein gewisser, gerichtlich nicht nachprüfbarer Ermessensspielraum zuerkannt. Eine zu strenge Haftung würde nämlich dazu führen, dass die vom Geschäftsleiter im Gesellschaftsinteresse ja gerade gewünschte unternehmerische Initiative zu sehr beschränkt würde.

Beispiel

Der Geschäftsführer der „Stadtbäckerei GmbH" beschließt, neben den schon bestehenden Filialen eine weitere in der Nähe der Uni zu eröffnen. Entgegen allen erhobenen Prognosen kommen nur wenige Studenten in den Laden. Die Filiale trägt sich daher nicht und muss wieder geschlossen werden.

Eine Haftung des Geschäftsführers für den entstandenen Schaden scheidet aus. Dass die erhobene gute Prognose nicht eingetreten ist, kann ihm nicht zum Vorwurf gemacht werden.

Zum einen hat er im Bereich seines nicht überprüfbaren Ermessens gehandelt, da die Eröffnung weiterer Filialen im anerkannten Bereich des unternehmerischen Interesses der GmbH lag, zudem hat er bei der Umsetzung im Rahmen seiner Sorgfaltspflicht gehandelt, da er entsprechende Prognosen erstellt hat.

Zum zweiten muss die Pflichtverletzung gerade auch einen Schaden der Gesellschaft ausgelöst haben, was nur selten der Fall und hinsichtlich der Kausalität häufig nur schwer nachweis- und bezifferbar ist (als Beispiel für eine durchgreifende und bezifferbare Haftung des Geschäftsführers: → vgl. Abschnitt 15.3.2.3 (Beispiel), S. 265).

15.3.2.7 Haftung bei Insolvenzverschleppung

Praktisch bedeutsamer ist deshalb die persönliche Haftung des Geschäftsleiters im Zusammenhang mit einer **INSOLVENZVERSCHLEPPUNG** → GLOSSAR, also der Verletzung der Pflicht zu rechtzeitiger Insolvenzanmeldung. Hier droht dem Vorstand bzw. Geschäftsführer in zweierlei Hinsicht eine persönliche Inanspruchnahme, die vom Umfang her von der Rechtsprechung immer weiter ausgedehnt wurde. Damit soll er nachhaltig und präventiv dazu angehalten werden, die Insolvenzantragstellung rechtzeitig vorzunehmen, da die Rechtzeitigkeit die Voraussetzung für eine für die Gläubiger noch sinnvolle Durchführung des Insolvenzverfahrens ist.

Zunächst haftet der Geschäftsleiter der Gesellschaft auf die (Rück-)Gewährung von Zahlungen, die er nach Eintritt der Zahlungsfähigkeit oder Überschuldung noch an Dritte geleistet hat → vgl. § 92 Abs. 2 i.V.m. § 93 Abs. 3 Nr. 6 AktG; § 64 GmbHG. Dabei ist unerheblich, an wen die Zahlungen geflossen sind; auch Zahlungen an Sozialversicherungsträger oder den Fiskus sind hier nicht privilegiert. Als Zahlung zählt dabei nicht nur die Bezahlung von Verbindlichkeiten der GmbH aus deren Vermögen, sondern alles, was das Vermögen der Gesellschaft schmälert.

Beispiel

[Nach BGH ZIP 2007, S. 1006]

Der A ist Geschäftsführer der Y-GmbH, die seit einem Monat zahlungsunfähig ist. Dennoch erhält er den Geschäftsbetrieb so weit als möglich aufrecht in der Hoffnung auf bessere Zeiten. Das letzte Barvermögen aus der Handkasse verwendet er zur Begleichung der überfälligen Stromrechnung. Vom debitorischen Konto der GmbH zahlt er weiter die Löhne der Arbeitnehmer. Gelegentlich kann er noch Kunden bewegen, offene Forderungen der GmbH durch Überweisung auf dieses Konto zu zahlen; einen Scheck, den er von einem Kunden erhält, löst er auch auf dieses Konto ein. In keinem Fall erreicht dabei der Kontostand ein Guthaben.

Gemäß § 64 GmbHG muss der A der Y-GmbH zunächst den Betrag der Stromrechnung erstatten; hier liegt eine klassische Zahlung aus dem Vermögen der GmbH vor. Nicht ersetzen muss er ihr indes die Lohnzahlungen an die Arbeitnehmer, da diese nicht aus dem Vermögen der GmbH erfolgten, sondern aus dem Vermögen – und damit allein zu Lasten – der kontoführenden

Bank. Ersetzen muss er der GmbH aber die Beträge, die auf das Konto überwiesen wurden und ihm durch die Scheckeinzahlung zugeflossen sind. Hierbei handelte es sich nämlich um Vermögenswerte der GmbH – ihr zustehende Forderungen – die er nicht zu Gunsten der GmbH eingezogen, sondern allein zu Gunsten der kontoführenden Bank zur Verminderung des Debets verwendet und damit der GmbH entzogen hat. Richtigerweise hätte er bei einer anderen Bank ein neues Konto für die GmbH einrichten und die Zahlungen und Einziehungen hierauf veranlassen müssen.

Geltend gemacht wird diese Haftung für die Gesellschaft bei der AG durch den **AUFSICHTSRAT** → GLOSSAR → vgl. § 112 AktG; bei der GmbH nach näherer Bestimmung der **GESELLSCHAFTERVERSAMMLUNG** → GLOSSAR durch einen besonderen Vertreter → vgl. § 46 Nr. 8 GmbHG und häufig durch den Insolvenzverwalter, sobald es doch zum Insolvenzverfahren gekommen ist.

Neben dieser Haftung gegenüber der Gesellschaft kann der Geschäftsleiter auch von den Gläubigern, die durch die Insolvenzverschleppung geschädigt worden sind, in persönliche Haftung genommen werden. Anspruchsgrundlage ist insoweit § 823 Abs. 2 BGB i.V.m. § 15a Abs. 1 InsO, da letztgenannte Norm ein **SCHUTZGESETZ** → GLOSSAR zu Gunsten der Gläubiger darstellt. Ersetzt verlangen kann dabei der Gläubiger freilich nur den Schaden, der konkret durch die Insolvenzverschleppung entstanden ist. D. h., dass ein Gläubiger, dessen Forderung aus der Zeit vor Eintritt der Insolvenzreife stammt – der sog. Altgläubiger – nur den Quotenschaden, also die Differenz zwischen der tatsächlichen und der bei rechtzeitiger Insolvenzanmeldung erreichbaren Insolvenzquote ersetzt bekommt. Da dies typischerweise nur einen kleinen Teil seiner Forderung ausmacht und zudem aufwendige Ermittlungen zur Schadenhöhe erfordert – es muss ja die hypothetische Insolvenzquote bei rechtzeitiger Anmeldung ermittelt werden – spielt diese Schadensforderung in der Praxis kaum eine Rolle. Relevanter ist insoweit der Anspruch der sog. Neugläubiger, deren Forderung erst nach Insolvenzreife entstanden ist. Diese können die gesamte Höhe ihrer Forderung abzüglich eines eventuellen Gewinnanteils verlangen, da sie die Forderungsbegründung – meist ein Vertrag – bei rechtzeitiger Insolvenzanmeldung gar nicht vorgenommen hätten.

Beispiel

A ist Geschäftsführer der „Z Fenster & Türen GmbH“. Diese ist seit dem 1.2. überschuldet; A führt die Geschäfte jedoch unverändert fort. Insbesondere bestellt er am 1.4. beim Großhändler G noch Türen für 100.000 €, für die dieser 15% Verkaufsgewinn kalkuliert hat. A kann weder die Türen des G bezahlen, noch die offene Rechnung des Fensterlieferanten F für eine Fensterlieferung vom Januar, aus der ebenfalls 100.000 € offen sind. Am 1.6. beantragt er dann doch die Eröffnung des Insolvenzverfahrens, was jedoch mangels einer die Kosten deckenden Masse vom Insolvenzgericht abgelehnt wird. Bei rechtzeitiger Anmeldung wäre eine Insolvenzquote von 20% erzielt worden.

Hier ist der Fensterlieferant F ein Altgläubiger. Er ist nur bezüglich der verlorenen Insolvenzquote geschädigt und kann daher von A persönlich nur 20.000 € (20% von 100.000 €) für die Rechnung aus der Zeit vor der Insolvenzreife verlangen. Die übrigen 80.000 € wären ihm nämlich auch bei ordnungsgemäßer Insolvenzanmeldung verloren gegangen; sie fallen unter sein normales Insolvenzrisiko.

G hingegen ist ein Neugläubiger. Hätte der A rechtzeitig Insolvenz angemeldet, wäre der Vertrag über die Türen gar nicht mehr zu Stande gekommen. Sein durch die Insolvenzverschleppung von A verursachter Schaden besteht also in der vollen Kaufpreisforderung – 100.000 € –, von der er sich jedoch seine Gewinnmarge von 15% = 15.000 € abziehen lassen muss, da er diesen Gewinn ohne Vertrag mit der GmbH ja auch nicht erzielt hätte. Er kann von A also 85.000 € verlangen.

Neugläubiger sind dabei nicht nur solche, die nach Insolvenzreife einen Vertrag mit der Gesellschaft schließen. Auch Gläubiger, die in einem Dauerschuldverhältnis mit der Gesellschaft stehen, können Neugläubiger sein.

Beispiel

Der Geschäftsführer der X-GmbH lässt trotz eingetretener Insolvenzreife die Arbeitnehmer der GmbH zwei Monate ohne Lohnzahlung weiter arbeiten; die unbedingt erforderlichen Zahlungen der GmbH bewirkt er von dem überzogenen Konto der Gesellschaft bei der B-Bank im Rahmen des bestehenden Kontokorrentkredites.

Zwar handelt es sich bei den Arbeitsverhältnissen der Arbeitnehmer zur GmbH um Dauerschuldverhältnisse, die bereits vor Eintritt der Insolvenzreife bestanden. Da jedoch der Lohnanspruch als Gegenleistung für konkret geleistete Arbeit jeden Monat neu entsteht, sind die Arbeitnehmer bezüglich des Lohnes für die Monate nach Insolvenzreife als Neugläubiger zu qualifizieren. Hätte der Geschäftsführer nämlich rechtzeitig Insolvenz beantragt, hätten sie nicht mehr für die GmbH gearbeitet.

Gleiches gilt im Ergebnis für die B-Bank, da das Kreditvolumen, das sie der GmbH gewährte, bei rechtzeitiger Insolvenzanmeldung nicht mehr angewachsen wäre [BGH NJW-RR 2007, S. 759].

Der Geschäftsführer haftet also den Arbeitnehmern für den Lohn seit Insolvenzreife und der B-Bank für die Beträge, die er nach Insolvenzreife von dem überzogenem Konto gezahlt hat, persönlich.

Nur ergänzend sei darauf hingewiesen, dass sich der Geschäftsleiter vor allem im Zusammenhang mit einer (drohenden) Insolvenz auch vielfältig strafbar machen kann; schon die Insolvenzverschleppung als solche stellt einen Straftatbestand dar → vgl. § 15a Abs. 4 InsO; vgl. im Übrigen §§ 399 ff. AktG; 82 ff. GmbHG; §§ 283 ff. StGB. Von besonderer Bedeutung ist insoweit § 266a StGB, das Vorenthalten und Veruntreuen von Arbeitsentgelt. Dieser Straftatbestand ist bereits dann erfüllt, wenn der Geschäftsleiter zum Fälligkeitszeitpunkt die Arbeitnehmeranteile zur Sozialversicherung nicht an die Einzugsstelle abführt. Besondere Brisanz bekommt diese Norm dadurch, dass sie ebenfalls eine Schutznorm gemäß § 823 Abs. 2 BGB darstellt, so dass der Geschäftsführer auch für diese nicht abgeführten Beträge den Sozialkassen persönlich haftet.

15.3.3 Aufsichtsrat

Einen **Aufsichtsrat** → Glossar kennt dem Grunde nach nur das AktG; im GmbHG ist ein solches Organ nur fakultativ vorgesehen → vgl. § 52 GmbHG. Dieser Unterschied erklärt sich aus der unterschiedlichen Typik der Gesellschaften. Bei der AG treten die Aktionäre typischerweise nur einmal im Jahr zur Hauptversammlung zusammen, deren Einberufung und Durchführung bei der idealtypischen Publikumsgesellschaft zudem sehr aufwändig ist. Der Gesetzgeber hat deshalb den Aufsichtsrat als Aufsichtsorgan der Aktionäre gegenüber dem Vorstand vorgesehen, der kleiner ist und flexibel handeln kann. Bei der idealtypischen GmbH war eine solche Institution indes nicht zwingend erforderlich, da diese einen überschaubaren Gesellschafterkreis hat und diese in der Gesellschafterversammlung selbst die Kontrolle der Geschäftsführer leisten können. Die Möglichkeit der Schaffung eines Aufsichtsrates (hier häufig auch Beirat genannt) durch den Gesellschaftervertrag hat er indes ausdrücklich erwähnt. Praktisch wird hierauf auch häufig bei größeren GmbH – sofern sie nicht ohnehin mitbestimmungspflichtig sind – zurückgegriffen, um die Gesellschafter zu entlasten oder – etwa bei Familiengesellschaften – auch ein Streitschlichtungsorgan in der Gesellschaft zu haben.

15.3.3.1 Organisation und Bestellung

Die Organisation des Aufsichtsrates bei nicht mitbestimmten Gesellschaften ist in den §§ 95 ff. AktG geregelt. Er besteht danach aus mindestens drei Mitgliedern, deren Anzahl bei entsprechender Regelung in der Satzung und bestimmtem Grundkapital auch höher – bis 21 Mitglieder – liegen kann. Die Mitglieder werden regelmäßig – der Intention als Aufsichtsorgan der Aktionäre gegenüber dem Vorstand entsprechend – von der **Hauptversammlung** → Glossar mit einfacher Mehrheit für maximal vier Jahre gewählt. Die Aufsichtsratsmitglieder müssen persönlich integer sein, was durch verschiedene Ausschlusskriterien gesichert werden soll. So dürfen sie nicht in näher bestimmter Weise mit der Gesellschaft bzw. ihren Konzerngesellschaften persönlich verbunden sein → vgl. §§ 105, 100 Abs. 2 ff. AktG. Der Aufsichtsrat wird durch einen von ihm selbst gewählten Vorsitzenden geleitet und entscheidet im Übrigen durch Mehrheitsbeschluss → vgl. §§ 107, 108 AktG. Gerade bei großen Aufsichtsräten ist es zulässig und üblich, dass er seine Aufgaben bezüglich der Beschlussvorbereitung, ggf. auch Entscheidung, auf Ausschüsse überträgt. Dies ist vor allem vor dem Hintergrund zu sehen, dass es sich beim Aufsichtsrat um ein Gremium handelt, dass nicht ständig tagt, sondern nur in Abständen von meist drei Monaten zusammentritt. Die Wahl des Aufsichtsratsmitgliedes stellt die **BESTELLUNG** → GLOSSAR dar, also den einseitigen korporativen Akt, der die natürliche Person zum Mitglied des Organs Aufsichtsrat macht. Anders als beim Geschäftsleitungsorgan erfolgt hier neben der Bestellung keine **ANSTELLUNG** → GLOSSAR, da die Mitarbeit nur eine gelegentliche ist und keine Vollzeitbeschäftigung darstellt. Da aus der Bestellung als solcher auch hier ein Vergütungsanspruch nicht abgeleitet werden kann, bedarf es für eine – zulässige und übliche – Vergütung der Aufsichtsratstätigkeit einer Festlegung in der Satzung oder der Bestimmung in der Hauptversammlung → vgl. § 113 AktG.

15.3.3.2 Unternehmerische Mitbestimmung

Besonderheiten weist die Zusammensetzung und Bestellung des Aufsichtsrates auf, wenn die Gesellschaft der **UNTERNEHMERISCHEN MITBESTIMMUNG** → GLOSSAR, also der Mitwirkung der Arbeitnehmer auf Unternehmensebene unterliegt. Diese wird ausschließlich im Aufsichtsrat realisiert. Das bedeutet für die AG, bei der ohnehin ein Aufsichtsrat existiert, lediglich eine Änderung der Zusammensetzung. Für die mitbestimmungspflichtige GmbH indes folgt hieraus, dass – so ein Aufsichtsrat nicht durch den Gesellschaftsvertrag gebildet wurde – ein solcher nunmehr zwingend zu bilden ist, wobei er dann im Wesentlichen den aktien- und mitbestimmungsrechtlichen Regelungen unterliegt. Eine unternehmerische Mitbestimmung ist in folgenden Fällen vorgesehen:

- Die Gesellschaft beschäftigt regelmäßig mehr als 2.000 Arbeitnehmer. Es ist ein Aufsichtsrat mit gerader Mitgliederzahl (bis 10.000 Arbeitnehmer: 12, bis 20.000 Arbeitnehmer: 16, mehr als 20.000 Arbeitnehmer: 20) zu bilden, der je zur Hälfte aus Vertretern der Gesellschafter und der Arbeitnehmer besteht, wobei die Arbeitnehmervertreter von den Arbeitnehmern gewählt und damit bestellt werden. Der Aufsichtsratsvorsitzende wird indes immer von der Gesellschafterseite gestellt und hat in einer Pattsituation ein doppeltes Stimmrecht [Grundlage: Mitbestimmungsgesetz (MitbestG) von 1976].
- Die Gesellschaft ist in der Montanindustrie (Kohleförderung und Eisen- und Stahlherstellung) tätig und beschäftigt regelmäßig mehr als 1.000 Arbeitnehmer. Es ist ein elfköpfiger Aufsichtsrat (je fünf Mitglieder der Gesellschafter- bzw. Arbeitnehmerseite und ein von der Gesellschafter- bzw. Hauptversammlung zu bestellender „Unabhängiger") zu bilden [Grundlage: Montan-MitbestG].
- In sonstigen Gesellschaften, die regelmäßig mehr als 500 Arbeitnehmer beschäftigen, ist der Aufsichtsrat entsprechend den aktienrechtlichen Vorschriften zu bilden, muss jedoch zu einem Drittel mit Arbeitnehmervertretern besetzt sein [Grundlage: seit 2004: das sog. Drittelbeteiligungsgesetz; vorher: §§ 76, 77 BetrVG 1952].

15.3.3.3 Aufgaben, Pflichten, Haftung

Die Hauptaufgabe des Aufsichtsrates ist die Kontrolle und die Überwachung des **VORSTANDES** → GLOSSAR bzw. der **GESCHÄFTSFÜHRER** → GLOSSAR sowohl hinsichtlich der Rechtmäßigkeit ihrer Handlungen als auch bezüglich deren Zweckmäßigkeit und Wirtschaftlichkeit. Um diese Aufgabe effektiv ausüben zu können, unterliegt die Geschäftsleitung ihm gegenüber einer umfassenden Berichtspflicht → vgl. § 90 AktG; darüber hinaus hat er ein umfangreiches Einsichts- und Prüfungsrecht in die Gesellschaftsunterlagen → vgl. § 111 Abs. 2 AktG. Seine Kompetenz geht indes nicht soweit, dass er Weisungen bzgl. der Geschäftsführung erteilen dürfte oder gar Geschäftsführungsaufgaben selbst wahrnehmen könnte → vgl. § 111 Abs. 4 S. 1 AktG. Möglich ist aber, dass durch die Satzung oder den Aufsichtsrat selbst bestimmte Arten von Geschäften (meist weit reichende und grundlegende Entscheidungen) von seiner Zustimmung abhängig gemacht werden. Verweigert er in einem solchen Fall die Zustimmung, kann die Geschäftsleitung die Sache jedoch der Hauptversammlung – bei der GmbH mit Aufsichtsrat der Gesellschafterversammlung – vorlegen, die mit qualifizierter (3/4-)Mehrheit die fehlende Zustimmung ersetzen kann → vgl. § 111 Abs. 4 S. 2 – 5 AktG.

Neben der Kontrolle der Geschäftsleitung hat der Aufsichtsrat auch verschiedene Verwaltungsaufgaben wahrzunehmen. Die wichtigste dabei ist die Wahl des **VORSTANDES** → GLOSSAR → vgl. § 84 AktG (dies gilt nicht für die GmbH mit Aufsichtsrat; hier bleibt die **GESELLSCHAFTERVERSAMMLUNG** → GLOSSAR zuständig) und die **VERTRETUNG** → GLOSSAR der Gesellschaft gegenüber diesem, etwa bei der Inanspruchnahme aus Pflichtverletzungen → vgl. § 112 AktG. Des Weiteren wirkt er umfangreich mit dem Vorstand zusammen bei der Prüfung und Aufstellung des Jahresabschlusses sowie der Bildung von Gewinnrücklagen mit → vgl. §§ 171, 172, 58 AktG und hat schließlich – neben dem Vorstand – die Hauptversammlung einzuberufen, wenn es das Wohl der Gesellschaft erfordert → vgl. § 111 Abs. 3 AktG.

Wie die Mitglieder des Vorstandes (bzw. Geschäftsführer einer GmbH) haften auch die Mitglieder des Aufsichtsrates der Gesellschaft für den Schaden, der dieser aus einer sorgfaltswidrigen Pflichtverletzung erwächst → vgl. § 116 AktG, der auf § 93 AktG verweist. Nach neuerer, noch nicht gefestigter Rechtsprechung, soll dies auch unmittelbar gegenüber den Gesellschaftern gelten, wenn die Pflichtverletzung eine Norm betrifft, die auch im individuellen Interesse der Gesellschafter besteht und daher als **SCHUTZGESETZ** → GLOSSAR gemäß § 823 Abs. 2 BGB anzusehen ist.

Beispiel

A, B und C sind Aufsichtsratsmitglieder der „Edelquell Brauerei AG". Obwohl ihnen auf einer Aufsichtsratsitzung bekannt wird, dass die finanzielle Situation der AG prekär ist und dringend liquides Kapital zum Überleben der AG benötigt wird, unternehmen sie nichts. Wegen alsbald eintretender Zahlungsunfähigkeit beantragt der Vorstand die Eröffnung des Insolvenzverfahrens.

A, B und C haben es hier pflichtwidrig unterlassen, angesichts der Situation der Gesellschaft eine außerordentliche Hauptversammlung einzuberufen, auf der die Aktionäre Entscheidungen hätten treffen können, die einen Fortbestand der AG gesichert hätten. Zwar ordnet § 111 Abs. 3 AktG die Pflicht des Aufsichtsrates zur Einberufung einer Hauptversammlung an, „... wenn das Wohl der Gesellschaft es erfordert [.]“, jedoch besteht diese Pflicht gerade auch im Interesse der Aktionäre, die dadurch vor dem Verlust ihrer Einlage geschützt werden sollen. Gemäß § 823 Abs. 2 BGB i.V.m. § 111 Abs. 3 AktG haben die Aktionäre daher Anspruch auf Ersatz ihres Schadens – d. h. den Verlust des von ihnen jeweils investierten Aktiennennkapitals.

15.3.4 Haupt- und Gesellschafterversammlung

Das zentrale Willensbildungsorgan der Kapitalgesellschaft ist bei beiden Formen die Gesamtheit der Gesellschafter in Form einer Versammlung, bei der AG Hauptversammlung genannt, bei der GmbH die Gesellschafterversammlung. Diese grundlegende Gemeinsamkeit darf jedoch nicht darüber hinwegtäuschen, dass es gerade hier bei AG und GmbH gravierende Unterschiede v.a. hinsichtlich der Stellung in der Gesellschaft und bezüglich der Kompetenzabgrenzung gibt.

15.3.4.1 Die Hauptversammlung der Aktiengesellschaft

Die Hauptversammlung der AG steht als Organ neben dem **VORSTAND** → GLOSSAR und spielt insoweit keine „führende“ Rolle. Dies zeigt sich vor allem in der klaren, wegen § 23 Abs. 5 AktG auch kaum verschiebbaren Kompetenzabgrenzung. Die Hauptversammlung hat nur über die ihr im Gesetz zugewiesenen Sachverhalte zu befinden; von der **GESCHÄFTSFÜHRUNG** → GLOSSAR ist sie direkt und vor allem auch indirekt ausgeschlossen; ihr ist insoweit auch kein Weisungsrecht eingeräumt. Lediglich wenn es der Vorstand als originäres Geschäftsführungsorgan verlangt, kann sie sich hierzu äußern → vgl. § 119 Abs. 2 AktG.

Beispiel

Die „Volksmusik-Produktions AG“ produziert CDs im Volksmusik-Genre. Als die weithin bekannte, wegen der regelmäßigen Saalschlägereien bei ihren Auftritten jedoch verrufene Volks-Rock-Band „Die Holzhackerbub'n“ bei ihr eine CD produzieren will, wird dies vom Vorstand abgelehnt. Die Aktionäre wittern indes ein glänzendes Geschäft und wollen den Vorstand deshalb anweisen, die CD doch zu produzieren und fassen einen entsprechenden Hauptversammlungsbeschluss.

Der Beschluss und die darin enthaltene Weisung an den Vorstand ist unwirksam. Bei der Auswahl der Bands, die durch die AG verlegt werden, handelt es sich eindeutig um eine Frage der Geschäftsführung, auf die die Hauptversammlung weder unmittelbar noch mittelbar Einfluss nehmen kann; die Entscheidung liegt vielmehr ganz allein beim Vorstand. Da der Vorstand befristet bestellt ist, kann die Hauptversammlung ihn auch nicht abberufen, da die abweichende Auffassung des Vorstandes im gegebenen Fall keinen besonderen Grund zur Abberufung darstellt → vgl. Abschnitte 15.3.2.2, S. 263 und 15.3.2.3, S. 264.

Die Kompetenzen der Hauptversammlung sind zunächst in § 119 Abs. 1 AktG aufgezählt. Sie betreffen in erster Linie die Bestellung des **AUFSICHTSRATES** → GLOSSAR (bzw. der von ihr zu stellenden Mitglieder in der mitbestimmten AG) und die Gewinnverteilung. Weiter genannt sind die Auflösung der Gesellschaft, Kapitalmaßnahmen sowie Satzungsänderungen. Damit ist aufgezeigt, dass der Hauptversammlung die sog. Grundlagenentscheidungen zukommen, die also die Grundlagen der Gesellschaft hinsichtlich des Unternehmenszweckes sowie der Struktur betreffen. Deshalb ist die Hauptversammlung bei derartigen Grundlagengeschäften auch an anderer Stelle im Gesetz als Entscheidungsorgan benannt. Zu nennen sind hier nur die Konzernverträge → vgl. z. B. § 293 AktG und Umwandlungsvorgänge → vgl. z. B. §§ 13, 65 UmwG.

Die Einberufung und Durchführung der Hauptversammlung ist – sofern es sich nicht um eine sog. „kleine AG" handelt, bei der alle Aktionäre namentlich bekannt sind, eine aufwändige Angelegenheit → vgl. im Einzelnen §§ 121 ff. AktG. Sie wird typischerweise nur einmal im Jahr durchgeführt, wobei der Ablauf an eine vorher festgelegte Tagesordnung gebunden ist, die auch den Rahmen für das Fragerecht der Aktionäre gegenüber dem Vorstand absteckt → vgl. § 131 AktG. Teilnahme- und stimmberechtigt ist dabei jeder Aktionär, unabhängig davon, wie viele Aktien er an der AG hält. Häufig nehmen jedoch gerade Kleinaktionäre nicht an der Hauptversammlung teil; sie können sich insoweit – soweit sie dies wünschen – von Dritten vertreten lassen. Typisch ist dabei die sog. Depotvollmacht, d. h., die Aktionäre lassen sich von ihrer depotführenden Bank vertreten → vgl. näher § 135 AktG. Die Entscheidungsfindung der Hauptversammlung geschieht über Abstimmungen. Dabei werden die Stimmrechte – von den wenigen Ausnahmen des Stimmrechtsausschlusses → vgl. § 136 AktG, der Vorzugsaktien ohne Stimmrecht → vgl. §§ 139 ff. AktG und der Höchststimmrechte → vgl. § 134 Abs. 1 S. 2 AktG abgesehen – nach dem Nennwert der Aktien bzw. – bei Stückaktien – nach der Anzahl bestimmt → vgl. § 134 Abs. 1 S. 1 AktG. Es gilt insofern ein „Gleichlauf zwischen Beteiligung und Stimmrecht". Bei den Abstimmungen gilt der Grundsatz der einfachen Stimmenmehrheit, bezogen auf die abgegebenen Stimmen mit der Folge, dass Enthaltungen neutral wirken, da sie schon bei der Bewertung der Abstimmungsbasis nicht mitzählen → vgl. § 133 Abs. 1 AktG. Bei den Grundlagenentscheidungen wird hingegen eine sog. qualifizierte Mehrheit von mindestens 3/4 des bei der Abstimmung vertretenen Grundkapitals verlangt; hier wirken Enthaltungen als „Nein"-Stimmen, da sie bei der Berechnung der Abstimmungsbasis mitgezählt werden → vgl. z. B. für die Satzungsänderung § 179

Abs. 2 AktG. Mit diesem qualifizierten Mehrheitserfordernis sollen bei diesen Entscheidungen Änderungen nur bei einem hohen Konsens ermöglicht werden und in gewisser Weise der Grundlagenbereich vor leichtfertigen Änderungen einfacher und wechselhafter Mehrheiten bewahrt werden.

15.3.4.2 Die Gesellschafterversammlung der GmbH

Anders als bei der AG steht die Gesellschafterversammlung in der GmbH nicht einfach neben dem **Geschäftsführer** → Glossar, sondern sie ist – vor allem in der nicht mitbestimmten GmbH – klar als „oberstes" Organ der Gesellschaft zu qualifizieren. Das folgt daraus, dass die Kompetenzen hier nicht zwingend, sondern nur subsidiär gesetzlich geregelt sind, die Gesellschafter mit anderen Worten ihre Zuständigkeiten selbst festlegen können → vgl. § 45 GmbHG. Insbesondere können sie dem Geschäftsführer auch Weisungen allgemeiner Art oder sogar zu einzelnen Geschäftsführungsfragen erteilen. Ihnen ist es insofern lediglich verwehrt, die Gesellschaft selbst nach außen zu vertreten.

Beispiel

Wäre die Volksmusik Produktionsgesellschaft im obigen Beispiel → vgl. Abschnitt 15.3.4.1, S. 273 eine GmbH, so könnten sich die Gesellschafter durchsetzen und dem Geschäftsführer die Weisung erteilen, mit den „Holzhackerbub'n" einen Vertrag über die Produktion einer CD zu schließen. Selbst könnten sie den Vertrag indes nicht schließen. Würde sich der Geschäftsführer trotz der Weisung weigern, einen solchen Vertrag abzuschließen, könnten ihn die Gesellschafter auch abberufen und einen neuen Geschäftsführer bestellen → vgl. Abschnitt 15.3.2.2, S. 263.

Fehlt es an einer vertraglichen Regelung, so greifen die gesetzlichen Zuständigkeitsregelungen ein, die im Wesentlichen denen bei der AG gleichen → vgl. § 46 GmbHG. Insbesondere ist die Gesellschafterversammlung auch immer für die Grundlagenentscheidungen zuständig, die nicht auf die Geschäftsführung oder einen eventuell bestehenden Aufsichtsrat übertragen werden können (z. B. die Satzungsänderung gemäß § 53 GmbHG). Zur Einberufung und Durchführung enthält das GmbHG nur wenige Vorschriften; das Procedere ist deutlich einfacher als bei der AG → vgl. im Einzelnen §§ 49 ff. GmbHG. Auch kann der Gesellschaftsvertrag hier wieder eigene Regelungen vorsehen → vgl. § 45 Abs. 2 GmbHG. Die Entscheidungsfindung findet auch bei der GmbH über Abstimmungen der Gesellschafter statt, wobei wieder der Grundsatz des Gleichlaufs von Beteiligung und Stimmrecht gilt (je 1 € eines Geschäftsanteils gewährt eine Stimme → vgl. § 47 Abs. 2 GmbHG). Jedoch können hier im Gesellschaftsvertrag weit reichende Abweichungen geregelt werden. Neben Vorzugsanteilen ohne Stimmrecht und Höchststimmrechten nach aktienrechtlichem Vorbild sind vor allem auch – bei der AG verbotene → vgl. § 12 Abs. 2

AktG – Mehrstimmrechte zulässig, d. h. bestimmten Anteilen kann ein höheres Stimmrecht zuerkannt werden, als es ihrer Beteiligung entspricht. Die erforderlichen Mehrheiten ähneln dem Aktienrecht: normale Abstimmungsgegenstände wie Gewinnverteilung oder die Wahl des Geschäftsführers bedürfen einer einfachen Mehrheit; Grundlagenentscheidungen wie Satzungsänderungen → vgl. § 53 Abs. 2 GmbHG einer qualifizierten, mindestens einer 3/4 – Mehrheit, hier jeweils bezogen auf die Zahl der abgegebenen Stimmen.

Zusammenfassung

- Die Kapitalgesellschaften haben jeweils zwingend ein Geschäftsführungsorgan – bei der AG den Vorstand, bei der GmbH den Geschäftsführer – sowie ein Willenbildungsorgan der Gesellschafter – bei der AG die Hauptversammlung, bei der GmbH die Gesellschafterversammlung. Nur bei der AG kommt als obligatorisches Organ noch der Aufsichtsrat hinzu, der bei der GmbH fakultativ gebildet werden kann und nur bei Eingreifen der Mitbestimmungsgesetze gebildet werden muss.
- Die Geschäftsleiter der Kapitalgesellschaft werden zunächst bestellt. Hierbei handelt es sich um einen einseitigen korporativen Akt, der eine natürliche Person zum Geschäftsführungsorgan der Gesellschaft macht. Zuständig hierfür ist bei der AG der Aufsichtsrat, bei der GmbH die Gesellschafterversammlung.
- Zusätzlich erfolgt die Anstellung der Geschäftsleiter durch einen zweiseitigen, entgeltlichen Geschäftsbesorgungsvertrag.
- Die Organaufgaben der Geschäftsleiter umfassen in der Hauptsache die Geschäftsführung und Vertretung der Gesellschaft; hinzu kommen weitere Nebenpflichten. Bei sorgfaltwidriger Pflichtverletzung haften die Geschäftsleiter der Gesellschaft für den daraus entstehenden Schaden.
- Eine besondere Geschäftsleiterpflicht besteht darin, bei Zahlungsunfähigkeit oder Überschuldung der Gesellschaft binnen drei Wochen Antrag auf Eröffnung des Insolvenzverfahrens zu stellen. Bei Verletzung dieser Pflicht haften sie der Gesellschaft für alle noch geleisteten Zahlungen, den Gläubigern für den aus der Verzögerung der Antragstellung entstehenden Schaden.
- Der Aufsichtrat ist das Kontroll- und Überwachungsorgan der Aktionäre gegenüber dem Vorstand.
- Er wird von der Hauptversammlung bestellt; eine Anstellung erfolgt daneben nicht.
- Bei großen Gesellschaften mit mindestens 500 Arbeitnehmern wird der Aufsichtsrat zum Zwecke der unternehmerischen Mitbestimmung zum Teil

mit Vertretern der Arbeitnehmer besetzt. Das gilt auch für GmbH, bei denen in diesem Falle zwingend ein Aufsichtsrat gebildet werden muss. Rechtsgrundlage sind das Mitbestimmungsgesetz, das Montanmitbestimmungsgesetz und das Drittelbeteiligungsgesetz.

- Neben der Kontrolle und Überwachung des Vorstandes hat der Aufsichtsrat diverse Verwaltungsaufgaben; besondere Entscheidungen des Vorstandes können von seiner Zustimmung abhängig gemacht werden.
- Die Hauptversammlung der AG steht mit klar abgegrenzten Kompetenzen, vor allem für Grundlagenfragen, neben dem Vorstand, dem sie bezüglich der Geschäftsführung keine Weisungen erteilen kann.
- Die Gesellschafterversammlung der GmbH hingegen stellt sich als oberstes Organ der Gesellschaft dar, die im Gesellschaftsvertrag Zuständigkeiten an sich ziehen kann und darüber hinaus gegenüber dem Geschäftsführer weisungsbefugt ist. Im Übrigen ist auch sie vor allem für Grundlagenfragen zuständig.

Kontrollfragen

1. Welche obligatorischen Organe haben die AG und die GmbH?
2. Was verstehen Sie unter der Bestellung des Geschäftsleiters einer Aktiengesellschaft? Welche Rolle spielt daneben die Anstellung?
3. Wer ist bei AG und GmbH jeweils für die Bestellung und Anstellung der Geschäftsleiter zuständig?
4. Welche Aufgaben haben Vorstand bzw. Geschäftsführer wahrzunehmen?
5. In welcher Weise haftet der Geschäftsleiter für sorgfaltswidriges Verhalten, insbesondere bei Verletzung der Insolvenzantragspflicht?
6. Warum gibt es gesetzestypisch einen Aufsichtsrat nur bei der AG, nicht aber bei der GmbH?
7. In welchen Fällen greift die unternehmerische Mitbestimmung ein? Welche Auswirkungen hat das im Einzelnen auf Bildung und Zusammensetzung des Aufsichtsrates?
8. Welche Aufgaben hat der Aufsichtsrat?
9. Welche Aufgaben haben die Haupt- bzw. Gesellschafterversammlung und in welchem Verhältnis stehen sie jeweils zu Vorstand bzw. Geschäftsführer?

15.4 Mitgliedschaft

Orientierungsfragen

- Welche Vermögens- und Verwaltungsrechte beinhaltet die Mitgliedschaft in einer AG oder GmbH? → vgl. Abschnitt 15.4.2
- Welche Pflichten begründet eine solche Mitgliedschaft? → vgl. Abschnitt 15.4.3, S. 280
- Wie wird die Mitgliedschaft bei AG und GmbH übertragen? → vgl. Abschnitt 15.4.4, S. 281
- Kann man aus einer AG oder GmbH austreten bzw. ausgeschlossen werden? → vgl. Abschnitt 15.4.5, S. 283

15.4.1 Begriff

Unter der **MITGLIEDSCHAFT** → GLOSSAR versteht man die personen- und vermögensrechtliche Stellung des einzelnen Gesellschafters in Bezug auf die Gesellschaft. Sie ist ein subjektives Recht, das den Eigentums-, Forderungs- und Immaterialgüterrechten vergleichbar ist und deshalb wie diese übertragen, belastet oder aufgegeben werden kann. Bei näherer Betrachtung zeigt sich, dass die Mitgliedschaft in eine ganze Reihe von Rechten und auch Pflichten zerfällt, mit anderen Worten ein ganzes Bündel von Rechten und Pflichten in sich vereint. Bei der AG weist die Mitgliedschaft die Besonderheit auf, dass sie in der Aktie – einem Wertpapier – verkörpert wird.

15.4.2 Rechte

Hinsichtlich der Mitgliedschaftsrechte unterscheidet man im Wesentlichen Vermögens- und Verwaltungsrechte.

Die Vermögensrechte bezeichnen dabei die auf das Vermögen der Gesellschaft bezogenen Individualrechte des Gesellschafters. Im Mittelpunkt steht insoweit der Gewinnanspruch des Gesellschafters, der diesem eine seinem Anteil entsprechende Beteiligung an dem von der Gesellschaft erwirtschafteten Gewinn sichert. Bei der AG wird dieser Anteil Dividende genannt, die im Normalfall jährlich ausgeschüttet wird. Dabei ist zunächst durch den **AUFSICHTSRAT** → GLOSSAR und den **VORSTAND** → GLOSSAR der Jahresabschluss festzustellen; beide können von einem erwirtschafteten Überschuss zunächst die Bildung bzw. Erhöhung von Rücklagen beschließen → vgl. § 58 AktG. Über den verbleibenden Gewinn – die sog. Ergebnisverwendung – hat sodann die **HAUPTVERSAMMLUNG** → GLOSSAR zu beschließen → vgl. § 174 Abs. 1 S. 1 AktG, die ebenfalls weitere Rücklagenbildungen oder Gewinnvorträge beschließen kann. Nur auf den dann verbleibenden Bilanzgewinn bezieht sich der individuelle Gewinnanspruch des Aktionärs → vgl. § 58 Abs. 4 AktG. Nicht zu den mitgliedschaftlichen Vermögensrechten zählt bei börsennotierten AG in diesem Zusammenhang der durch Spekulationsgeschäfte oder auch langfristige Anlage erwünschte Kursgewinn, der durch eine steigende Notierung der Aktien erzielt werden kann. Zwar reflektiert auch ein solcher Gewinn die Beteiligung des einzelnen Aktionärs, jedoch fließt er nicht unmittelbar aus der Mitgliedschaft, denn er ist rechtlich ein Zufallsergebnis, dass nur außerhalb der Gesellschaft – durch Anteilsverkauf – realisiert werden kann, ohne dass hierauf ein Anspruch – schon gar nicht gegen die Gesellschaft – bestünde.

Auch bei der GmbH haben die Gesellschafter auf der Grundlage des durch den bzw. die **GESCHÄFTSFÜHRER** → GLOSSAR zu erstellenden Jahresabschlusses einen Anspruch auf Ausschüttung des Jahresüberschusses. Zu befinden hat hierüber – durch Ergebnisverwendungsbeschluss – die **GESELLSCHAFTERVERSAMMLUNG** → GLOSSAR, die neben der Ausschüttung ebenfalls eine Einstellung in eine Gewinnrücklage oder einen Gewinnvortrag beschließen kann. Ein unmittelbarer Anspruch des einzelnen besteht auch hier nur auf den insoweit verbleibenden Ergebnis-„rest".

Weitere – in ihrer Bedeutung freilich hinter dem Gewinnanspruch rangierende – Vermögensrechte des einzelnen Mitglieds sind etwa das Bezugsrecht auf neue Anteile bei der effektiven Kapitalerhöhung → vgl. § 186 Abs. 1 AktG; für die GmbH nicht geregelt und umstritten; das Recht auf Zuteilung neuer Anteile bei der Kapitalerhöhung aus Gesellschaftsmitteln → vgl. § 212 AktG; § 57j GmbHG; der Zahlungsanspruch bei einer ordentlichen Kapitalherabsetzung → vgl. § 225 Abs. 2 AktG; § 58 Abs. 2 S. 2 GmbHG; das Recht auf Beteiligung am Liquidationserlös bei Auflösung der Gesellschaft → vgl. § 271 AktG; § 72 GmbHG sowie diverse Zahlungsansprüche im Zusammenhang mit Umwandlungen und Konzernierungsmaßnahmen.

Bei der zweiten Kategorie von Mitgliedsrechten – den Verwaltungsrechten – unterscheidet man zum einen Mitwirkungsrechte und zum anderen Informationsrechte.

Die Mitwirkungsrechte sichern dem einzelnen Gesellschafter, sich entsprechend seiner Kapitalbeteiligung in die Gesellschaft einzubringen, namentlich in der **HAUPTVERSAMMLUNG** → GLOSSAR oder **GESELLSCHAFTERVERSAMMLUNG** → GLOSSAR an der gesellschaftsinternen Willensbildung teilzunehmen. Zu den Mitwirkungsrechten zählen daher das Recht auf Teilnahme an sowie das Rede- und Stimmrecht in der Haupt- oder Gesellschafterversammlung. Hinzu kommt das Recht, Beschlüsse derselben anzufechten, das heißt einer gerichtlichen Kontrolle hinsichtlich Recht- und Satzungsmäßigkeit zuzuführen. Um insbesondere das

Stimmrecht als Kern der Mitwirkung sinnvoll ausüben zu können, bedarf der Gesellschafter selbstredend fundierter Informationen über die Beschlussgegenstände. Deshalb werden die Mitwirkungsrechte durch Informationsrechte gegenüber der Gesellschaft, namentlich der Geschäftsleitung ergänzt. Dabei bestehen zwischen AG und GmbH große Unterschiede. Während das (allgemeine) Informationsrecht bei der AG nur dem auf der Hauptversammlung anwesenden Aktionär zusteht, und zwar auch nur im Bezug auf konkrete Tagesordnungspunkte → vgl. § 131 AktG, hat der GmbH-Gesellschafter ein fast uneingeschränktes, jederzeitiges Auskunfts- und Einsichtsrecht gegenüber dem Geschäftsführer → vgl. § 51a GmbHG. Auch hierin spiegelt sich das unterschiedlich ausgestaltete Verhältnis zwischen Hauptversammlung und Vorstand einerseits – klare Kompetenzabgrenzung und autarke Führungsrolle des Vorstandes – und Gesellschafterversammlung und Geschäftsführer andererseits – satzungsdispositive Kompetenzabgrenzung und Weisungsgebundenheit des Geschäftsführers – wider. Neben diesen allgemeinen Auskunftsrechten bestehen in besonderen Situationen – etwa bei Umstrukturierungen – auch weitergehende spezifische Auskunftsrechte → vgl. etwa § 8 UmwG.

15.4.3 Pflichten

Hinsichtlich der mitgliedschaftlichen Pflichten eines Gesellschafters einer Kapitalgesellschaft ist zwischen Haupt- und Nebenleistungspflichten zu unterscheiden.

Die einzige Hauptpflicht, die einen Aktionär oder GmbH-Gesellschafter trifft, ist die so genannte Einlagepflicht. Dies ist die Verpflichtung – zunächst der Gründer –, die übernommene Einlage, also den Nennbetrag der Aktien bzw. des Gesellschaftsanteils zuzüglich eines eventuell vereinbarten Aufgeldes (Agio); bei Stückaktien den in diesen verkörperten Nominalanteil am Grundkapital, an die Gesellschaft zu zahlen. Ist diese Einlage voll erbracht, spricht man von voll eingezahlten Aktien bzw. Geschäftsanteilen. Diese verlieren diese Qualität auch nicht bei einer späteren Übertragung, etwa aufgrund eines Verkaufs. Der Erwerber erwirbt mithin voll eingezahlte Anteile, so dass ihn keine erneute Einlagepflicht trifft; wirtschaftlich zahlt er den Einlagebetrag freilich als Teil des Kaufpreises an den Veräußerer, ohne dass davon die Einlagepflicht gegenüber der Gesellschaft berührt würde. Anders verhält es sich jedoch dann, wenn der Erwerber – namentlich bei GmbH-Anteilen – nur teileingezahlte Anteile erwirbt: dann trifft ihn selbstverständlich die noch offene Resteinlageverpflichtung.

Für den Aktionär hat es mit der Einlagepflicht typischerweise sein Bewenden; abgesehen von einer nur historisch zu erklärenden Ausnahme → vgl. § 55 AktG kennt das Aktienrecht für den Aktionär keine Möglichkeit daneben tretender Nebenleistungspflichten. Dies entspricht ganz der gesetzgeberischen Intention der

AG als mitgliederstarker Publikumsgesellschaft und „Kapitalsammelbecken“, bei der die Kapitalanlage ganz im Vordergrund steht, während eine darüber hinausgehende persönliche Anbindung der Aktionäre weder gewünscht noch sinnvoll durchführbar wäre.

Ganz anders stellt sich – der abweichenden Struktur geschuldet – die Situation bei der GmbH dar. Hier können den Gesellschaftern inhaltlich unbegrenzt neben der Einlagepflicht weitergehende Nebenleistungspflichten auferlegt werden, etwa die Pflicht, zinslose Darlehen oder auch Sachen (Grundstücke, Räume, Maschinen etc.) zur Verfügung zu stellen oder als Geschäftsführer tätig zu sein. Möglich ist sogar die Vereinbarung einer beschränkten oder unbeschränkten Nachschusspflicht → vgl. §§ 26 ff. GmbHG. Voraussetzung für die Wirksamkeit solcher Verpflichtungen ist indes immer ihre Begründung im Gesellschaftsvertrag → vgl. §§ 3 Abs. 2, 26 Abs. 1 GmbHG. Dies hat vor allem bei späteren Regelungen dieser Art die Folge, dass es eines satzungsändernden Beschlusses und damit einer qualifizierten Mehrheit bedarf.

15.4.4 Erwerb und Übertragung

Beim Erwerb der Mitgliedschaft in einer Kapitalgesellschaft unterscheidet man zwischen originärem und derivativem Erwerb. Originär erwerben zunächst die Gründer einer Kapitalgesellschaft deren Mitgliedschaft, da sie in ihrer Person neu entsteht. Das gleiche gilt aber auch bei einer effektiven Kapitalerhöhung, also der Situation, dass von der bestehenden Gesellschaft das Garantiekapital erhöht, mithin neue Anteile (Aktien, Geschäftsanteile) geschaffen und von neu hinzukommenden Gesellschaftern übernommen werden. Derivativer, d. h. abgeleiteter Erwerb liegt dagegen vor, wenn existierende Anteile von einer Person auf eine andere übertragen werden. Dies kann auf rechtsgeschäftlicher Grundlage geschehen – etwa durch Verkauf oder Schenkung – aber auch durch Vererbung.

Die Mitgliedschaft in einer Kapitalgesellschaft ist im Vergleich zu der in einer Personengesellschaft relativ unkompliziert übertragbar, was seine Ursache in der völligen Verselbständigung der Gesellschaft als **JURISTISCHER PERSON** → GLOSSAR hat. Die Übertragung richtet sich dabei im Einzelnen danach, wie die Mitgliedschaft, das heißt die sie verkörpernden Anteile konkret rechtlich ausgestaltet sind. Die Übertragung von **AKTIEN** → GLOSSAR ist dabei noch deutlich einfacher, als die von GmbH-Anteilen (**STAMMEINLAGE** → GLOSSAR), da nur so die Funktion als (schnell) handelbare Kapitalanlageform gewährleistet werden kann. Ist die Mitgliedschaft hier in der „klassischen“ Weise als Inhaberaktie verbrieft, wird sie wie eine bewegliche Sache gemäß § 929 ff. BGB übertragen; der bisherige Aktionär muss sie also regelmäßig unter Einigung über den Eigentumswechsel dem Erwerber übergeben → vgl. Abschnitt 3.3.1, S. 125. Befinden sich solche Inhaberaktien dagegen –

wie häufig – in einem Wertpapierdepot bei einer (Wertpapiersammel-)Bank, so wird nicht mehr die einzelne Aktie, sondern der Herausgabeanspruch des entsprechenden Miteigentumsanteils an dem Depotbestand übertragen → vgl. §§ 929, 931 BGB, 6 DepotG → vgl. Abschnitt 3.3.1, S. 125. Hat die AG keine einzelnen Aktien ausgestellt, sondern nur sog. Sammelurkunden → vgl. §§ 10 Abs. 5 AktG, 9a DepotG, die sämtliche Aktien einer Gesellschaft oder wenigstens einen großen Teil davon verbriefen, so werden lediglich die Miteigentumsrechte des einzelnen Aktionärs an der Sammelurkunde übertragen → vgl. §§ 9a, 6 DepotG. Ist die Mitgliedschaft nicht in Form von Inhaber- sondern als Namensaktie verbrieft, bedarf es – wie etwa beim Wechsel – einer Übertragung der Aktie mit Indossament und Übergabe der Urkunde → vgl. § 68 Abs. 1 AktG i.V.m. Art. 12, 13, 16 WG. Zudem ist es für die Ausübung der Mitgliedschaftsrechte notwendig, dass die Übertragung gegenüber der AG nachgewiesen und angemeldet und sodann im Aktienbuch – dem „Mitgliedsverzeichnis" bei AG mit Namensaktien – eingetragen wird, denn als Aktionär gilt gegenüber der Gesellschaft nur, wer dort eingetragen ist. Bei AG mit Inhaberaktien reicht hierfür die Innehabung der Aktien bzw. ein dieses bestätigender Hinterlegungsschein der Depotbank aus.

Die GmbH-Anteile (**Stammeinlage** → Glossar) sind regelmäßig in keiner Wertpapierurkunde verbrieft, so dass sie auch nicht in der einfachen Form der Eigentumsübertragung nach § 929 ff. BGB (ggf. i.V.m. Regelungen des DepotG) übertragen werden können. Zurückzugreifen ist insofern vielmehr auf die Abtretung gemäß § 398 BGB. Um eine sichere Nachvollziehbarkeit einer solchen Übertragung zu erreichen und darüber hinaus den Erwerber auch vor Übereilung zu schützen hat der Gesetzgeber insoweit eine strenge Formvorschrift angeordnet: sowohl die Abtretung selbst als auch schon die (kausale) Verpflichtung hierzu bedürfen der notariellen Beurkundung → vgl. § 15 Abs. 3, 4 GmbHG. Gegenüber der Gesellschaft entfaltet die Übertragung schließlich auch hier – wie bei der Namensaktie – nur dann Wirksamkeit, wenn der Erwerb unter Nachweis des Übergangs, also Vorlage der notariellen Urkunde, bei der Gesellschaft angemeldet wurde → vgl. § 16 GmbHG. Bedeutsam ist dies vor allem für die Möglichkeit der Ausübung der Mitgliedschaftsrechte. Diese relativ aufwändige Übertragung resultiert auch hier aus der gesetzgeberisch vorgegebenen Typik der Gesellschaft: die Mitgliedschaft in einer GmbH ist auf Langfristigkeit konzipiert, nicht als – schnell wechselbare – Kapitalanlageform, so dass es einer raschen und einfachen Übertragbarkeit auch nicht bedarf.

Zu den allgemein zu beachtenden Übertragungsvorschriften kommt in der AG im Falle von Namensaktien → vgl. § 68 Abs. 2 AktG sowie bei der GmbH allgemein die Möglichkeit hinzu, dass die Aktien bzw. die GmbH-Anteile vinkuliert sind, d. h. ihre Übertragung auf Dritte durch die Satzung bzw. den Gesellschaftsvertrag an die

Zustimmung der Gesellschaft (typischerweise auch hier vertreten durch Vorstand bzw. Geschäftsführer) gebunden ist. Der übertragungswillige Gesellschafter muss mithin vor der Veräußerung seiner Anteile erst die Zustimmung der Gesellschaft einholen. Zweck dieser – v.a. bei GmbH keineswegs seltenen – statutarischen Vinkulierung der Anteile ist typischerweise, der Gesellschaft bzw. der Gesellschaftermehrheit einen bestimmenden Einfluss auf die Zusammensetzung des Gesellschafterkreises zu ermöglichen und damit etwa das Eindringen unerwünschter Personen, eine unerwünschte Mehrheitsbildung bis hin zu einer „feindlichen Übernahme“ zu verhindern.

15.4.5 Austritt und Ausschluss

Will der Gesellschafter einer Kapitalgesellschaft aus dieser austreten, also seine Mitgliedschaft beenden, muss er zunächst versuchen seine Anteile zu veräußern. Die Frage nach einem Austrittsrecht stellt sich erst, wenn dies misslingt. Entgegen der früheren Ansicht, die ein Austrittsrecht prinzipiell ausschloss, geht man heute davon aus, dass es jedenfalls in personalistisch strukturierten Kapitalgesellschaften ein individuelles Austrittsrecht gibt. Allerdings ist dieses Recht im Interesse der Gesellschaft, die dem Ausscheidenden bei seinem Austritt eine vollwertige Abfindung für den aufgegebenen Anteil zahlen muss, auf den Fall der Vorlage eines wichtigen Grundes beschränkt; es müssen mithin Gründe vorliegen, die es dem Gesellschafter aus Sicht eines objektiven Beobachters unzumutbar machen, weiter in der Gesellschaft zu verbleiben. Das könnte bei einer GmbH oder kleinen AG etwa ein massiv diskriminierendes Verhalten der Mitgesellschafter sein. Unter keinen Umständen ausreichend sind jedenfalls wirtschaftliche Entwicklungen der Gesellschaft, etwa Gewinnrückgang oder gar Verluste, denn sie charakterisieren ja gerade das durch die Einlage übernommene wirtschaftliche Risiko des Gesellschafters und sind schon deshalb kein „wichtiger Grund“.

Hinsichtlich eines Ausschlusses aus der Gesellschaft, also dem unfreiwilligen Entzug der Mitgliedschaft, kennt das AktG wie auch das GmbHG die Möglichkeit der Kaduzierung, d. h. der Einziehung von Anteilen, wenn der Gesellschafter seine Einlage hierauf nicht gezahlt hat → vgl. § 64 AktG, § 21 GmbHG. Darüber hinaus ist bei beiden Gesellschaften eine satzungsmäßige Regelung von Ausschlussgründen möglich, bei deren Vorlage sodann eine Amortisation (Einziehung der Anteile) erfolgen kann → vgl. § 237 AktG, § 34 GmbHG. In der Praxis kommt dies gelegentlich bei GmbH bzw. kleinen AG mit geschlossenem Gesellschafterkreis vor, etwa zur Regelung von Erbfällen oder für den Insolvenzfall eines Gesellschafters. Weitere Ausschlussgründe sehen beide Gesetze indes nicht vor; von den benannten Ausnahmen abgesehen stellt sich die Situation also wie bei der Frage des Austrittsrechtes dar. Im

Falle von personalistisch strukturierten Gesellschaften geht man auch diesbezüglich davon aus, dass es ein Ausschlussrecht durch die Gesellschaft – repräsentiert durch die Gesellschaftermehrheit – gibt, soweit in der Person des einzelnen Gesellschafters ein wichtiger Grund hierfür vorliegt. Dabei muss der Grund dahin gehen, dass es der Gesellschaft unzumutbar ist, dass der Auszuschließende als Mitglied verbleibt. Die Anforderungen hieran sind ebenfalls hoch gesteckt; bloße persönliche Spannungen unter den Gesellschaftern reichen z. B. regelmäßig nicht aus. Bei größeren Gesellschaften – insbesondere AG – wird indes ein Ausschlussrecht der Gesellschaft nicht anerkannt. Bei einer solchen Gesellschaft wäre es im Übrigen auch kaum denkbar, dass den übrigen Gesellschaftern das Verbleiben eines einzelnen unzumutbar sein könnte.

Zusammenfassung

- Die durch die Beteiligung am Grund- oder Stammkapital vermittelte Mitgliedschaft beinhaltet Rechte und Pflichten des Gesellschafters.
- Die Rechte sind auf der einen Seite Vermögensrechte – vor allem der Anspruch auf Teilhabe am Gewinn – und auf der anderen Seite Verwaltungsrechte, insbesondere auf Information, Teilnahme und Mitwirkung in der Versammlung der Gesellschafter.
- Grundlegende Pflicht des Gesellschafters ist die Pflicht zur Leistung der dem übernommenen Anteil entsprechenden Einlage auf das Grund- oder Stammkapital. Weitergehende Nebenpflichten können nur bei der GmbH im Gesellschaftsvertrag vereinbart werden.
- Die Mitgliedschaft kann durch Übertragung der Anteile auf andere Personen übertragen werden; Aktien bzw. hieran bestehende Rechte werden nach sachenrechtlichen Grundsätzen übertragen; GmbH-Anteile abgetreten. Die Übertragung steht jedem Gesellschafter frei. Nur bei sog. vinkulierten Namensaktien bzw. GmbH-Anteilen bedarf es der Zustimmung der Gesellschaft.
- Neben der Möglichkeit der Veräußerung besteht – beschränkt auf personalistische Kapitalgesellschaften – die Möglichkeit des Austritts aus wichtigem Grund. Umgekehrt kann ein Gesellschafter ebenfalls nur aus wichtigem Grund aus der Gesellschaft ausgeschlossen werden.

Kontrollfragen

1. Nennen Sie die Rechte und Pflichten, die sich für einen Aktionär bzw. einen GmbH-Gesellschafter aus seiner Mitgliedschaft ergeben!
2. Zeigen Sie an zwei Beispielen, welche Nebenpflichten einem GmbH-Gesellschafter durch den Gesellschaftsvertrag auferlegt werden können!
3. Warum gibt es im GmbH-Recht Nebenpflichten des Gesellschafters, hingegen im Aktienrecht grundsätzlich nicht?
4. Nach welchen Grundsätzen werden Aktien bzw. GmbH-Anteile übertragen?
5. Unter welchen Voraussetzungen kann ein Aktionär bzw. GmbH-Gesellschafter aus seiner Gesellschaft austreten bzw. ausgeschlossen werden?

15.5 Finanzverfassung

Orientierungsfragen

- Welche Grundsätze charakterisieren Grund- und Stammkapital bei den Kapitalgesellschaften? → vgl. Abschnitt 15.5.1
- Wie gewährleistet das Gesetz den Grundsatz, dass der Gesellschaft einmal das versprochene Garantiekapital effektiv zufließen muss, bei Bar- und Sachgründungen? → vgl. Abschnitt 15.5.2, S. 287
- Welche Sicherungsinstrumente hält das Gesetz bereit, dass das aufgebrachte Garantiekapital nicht mehr an die Gesellschafter zurückfließt? → vgl. Abschnitt 15.5.3, S. 292
- Wie werden sog. kapitalersetzende Gesellschafterleistungen behandelt? → vgl. Abschnitt 15.5.4, S. 295

15.5.1 Der Grundsatz des festen Nennkapitals

Die Finanzverfassung der Kapitalgesellschaften wird durch ein besonders gesichertes **GARANTIEKAPITAL** → GLOSSAR geprägt, das v.a. im Interesse der Gläubiger einen Ausgleich dafür bilden soll, dass die Gesellschafter hier abweichend vom allgemeinen Grundsatz von der persönlichen Haftung für Verbindlichkeiten der Gesellschaft befreit sind. Aus Sicht der Gesellschafter stellt das von ihnen einmalig aufzubringende Garantiekapital die „Eintrittskarte" in dieses Privileg der persönlichen Haftungsbefreiung dar. Das Garantiekapital, **GRUNDKAPITAL** → GLOSSAR bei der AG, **STAMMKAPITAL** → GLOSSAR bei der GmbH, wird durch den **GRUNDSATZ**

DES FESTEN NENNKAPITALS → GLOSSAR charakterisiert. Entgegen weit verbreiteter Vorstellungen hierzu bedeutet das zweierlei: zum einen die Verpflichtung der Gesellschafter, das genau bestimmte Garantiekapital einmal effektiv aufzubringen, d. h. bar oder in werthaltigen Sachwerten der Gesellschaft zuzuführen (Gebot der Kapitalaufbringung); zum zweiten das Verbot, dass das so aufgebrachte Vermögen der Gesellschaft offen oder verdeckt an die Gesellschafter zurückfließt (Gebot der Kapitalerhaltung).

Das Garantiekapital wird also durch Kapitalaufbringung einerseits und Kapitalerhaltung andererseits geprägt, wobei es insbesondere bei letzterem keineswegs darum geht, das einmal zugeführte Vermögen in seiner Substanz zu schützen, sondern lediglich um den Schutz des darin verkörperten Vermögenswertes. Dieser Schutz besteht des Weiteren ausdrücklich auch nur gegenüber einem Zugriff der Gesellschafter, nicht etwa allgemein vor sonstigem Verlust. Damit ist klar, dass die weit verbreitete Meinung, das Garantiekapital wäre – etwa bei einer Bargründung – eine unangreifbare Geldsumme zur Befriedigung der Gläubiger in der Insolvenz, irrig ist. Selbstverständlich kann – und soll! – die Gesellschaft mit ihrem Garantiekapital wirtschaften, was freilich auch die Gefahr eines Verlustes in sich birgt. Allein an die Gesellschafter darf dieses Vermögen nicht zurückfließen. Verbildlicht lässt sich dieses System des festen Nennkapitals am Beispiel einer Talsperre darstellen [nach WÜRDINGER; vgl. HIRTE, Rz. 5.21]: Die Gesellschafter verpflichten sich im Gesellschaftsvertrag, ein bestimmtes Garantiekapital der Gesellschaft zur Verfügung zu stellen, d. h. sie verpflichten sich, die Talsperre bis zu einer bestimmten Höhe der Staumauer anzustauen. Ergibt sich später ein höherer Wasserstand, dürfen sie diesen „Überschuss" auch für sich entnehmen, jedoch nur soweit, dass der versprochene Grundpegel nicht unterschritten wird. Dies ist jedoch nicht gänzlich ausgeschlossen, denn fließt der Sperre weniger zu als ab – symbolhaft für verlustbringende wirtschaftliche Tätigkeit – kann der Pegel freilich auch unter die vereinbarte Marke fallen. Für die Gesellschafter bedeutet das dann, dass sie Entnahmen für sich erst wieder tätigen dürfen, wenn durch erhöhten Zulauf der Grundpegel wieder überschritten wird.

Das System des festen Nennkapitals kann vor allem bei Gesellschaften, die nur über das gesetzliche Mindestkapital verfügen, nur eingeschränkt die Funktion der Gläubigersicherung an Stelle der persönlichen Haftung der Gesellschafter erfüllen. Politisch ist indes nicht gewollt, die Mindestbeträge anzuheben. Vielmehr hat der Gesetzgeber mit der Schaffung der **UNTERNEHMERGESELLSCHAFT (UG)** → GLOSSAR → vgl. Abschnitt 15.5.2.1, S. 287 als Sonderform der GmbH sogar die Möglichkeit eröffnet, auch nach deutschem Gesellschaftsrecht eine wirtschaftlich tätige Körperschaft zu bilden, bei der es faktisch keines Garantiekapitals mehr bedarf. Dies hat in der Praxis zur Folge, dass Unternehmergesellschaften und GmbH mit nur geringem Stammkapital zumindest bei Banken nicht als kreditwürdig gelten und

Kredite daher nur erhalten, wenn die Gesellschafter zusätzliche Sicherheiten – etwa persönliche Bürgschaften – hierfür stellen. Die Systemschwäche führt daher nicht selten zu einer wirtschaftlichen Wiederbegründung einer persönlichen Haftung der Gesellschafter, die durch die Rechtsformwahl eigentlich ausgeschlossen werden sollte. Hinzu kommt, dass im Insolvenzfall auch anderweitige Vermögenszuflüsse seitens der Gesellschafter wie Eigenkapital behandelt werden → vgl. Abschnitt 15.5.4, S. 295.

15.5.2 Kapitalaufbringung

Das erste Element des Systems des festen Nennkapitals – die Kapitalaufbringung – ist regelungstechnisch im Bereich der Gründung der Kapitalgesellschaft angesiedelt, denn bereits in dieser Phase muss – als Ausgleich zur mit Eintragung erreichten persönlichen Haftungsbeschränkung der Gesellschafter – schon ein wesentlicher Teil aufgebracht werden. Gewisse Unterschiede hierbei weisen Bar- und Sachgründung auf, wenngleich es bei beiden Formen um dasselbe Ziel – die Sicherung effektiver Kapitalaufbringung – geht.

15.5.2.1 Bargründung

Der Gesetzgeber geht bei beiden Gesellschaften von der so genannten Bargründung als dem Normalfall aus, d. h. dass die Gesellschaft das ihr versprochene Kapital in Form von Bareinzahlung erhält. Die Sachgründung bzw. die Leistung von Sacheinlagen stellt insofern nur eine – zulässige – Ausnahme dar. Der versprochene Vermögenswert der Grund- oder Stammeinlage entsteht auf Seiten der Gesellschaft im Grunde schon mit der Errichtung der Gesellschaft, denn die Gesellschafter verpflichten sich ja in dem Gesellschaftsvertrag verbindlich, den jeweils von ihnen übernommenen Aktien- bzw. Geschäftsanteil einzuzahlen. Damit hat die **Vorgesellschaft** → Glossar bereits einen schuldrechtlichen Anspruch gegenüber dem einzelnen Gründer auf Zahlung. Von einer effektiven Kapitalaufbringung kann indes erst dann gesprochen werden, wenn diese schuldrechtliche Verpflichtung tatsächlich auch erfüllt ist. Erste Sicherung der effektiven Kapitalaufbringung in diesem Sinne ist die Regelung, nach der die Anmeldung der Gesellschaft zum **Handelsregister** → Glossar erst erfolgen darf, wenn bei der AG mindestens ein Viertel auf alle Aktien eingezahlt ist → vgl. § 36a AktG und bei der GmbH ebenfalls ein Viertel auf alle Einlagen, insgesamt jedoch die Hälfte des Mindeststammkapitals geleistet ist → vgl. § 7 Abs. 2 GmbHG. Die Einzahlung muss dabei „zur freien Verfügung" des Vorstandes bzw. der Geschäftsführer erfolgen → vgl. § 36 Abs. 2 S. 1 AktG, § 8 Abs. 2 S. 1 GmbHG; bei Einzahlung auf ein Bankkonto muss dies die Bank bestätigen; gibt sie insoweit eine falsche Erklärung ab, haftet sie für den daraus entstehenden

Schaden – praktisch auf die verlorene Einlage → vgl. § 37 Abs. 1 S. 4 AktG, für die GmbH analog. Festzuhalten bleibt insoweit aber, dass die Eintragung der Gesellschaft ohne volle Zahlung der Einlage – bei einer GmbH mit Mindeststammkapital also schon bei Leistung von 12.500 € – erfolgen kann, so dass sich die Frage stellt, was sodann mit der offenen Einlageforderung der Gesellschaft geschieht. Auch hierfür sieht das Gesetz aufbringungssichernde Regelungen vor. Grundsätzlich können diese offenen Einlagen, die bei der AG vom Vorstand und bei der GmbH durch Gesellschafterbeschluss einzufordern sind – im nicht seltenen Falle einer Insolvenz durch den Insolvenzverwalter -, den Gesellschaftern nicht erlassen werden, auch eine Stundung ist unzulässig. Darüber hinaus kann der Gesellschafter gegen diese Forderungen auch nicht mit Gegenforderungen gegenüber der Gesellschaft (z. B. Darlehensrückzahlungsansprüche; bei der GmbH häufig auch Vergütungsansprüche aus einer zugleich übernommenen Geschäftsführertätigkeit) aufrechnen → vgl. näher § 66 Abs. 1 AktG, § 19 Abs. 2 GmbHG. Ist die offene Einlage eines Gesellschafters nicht zu erlangen, kann er in Form der Kaduzierung aus der Gesellschaft ausgeschlossen werden → vgl. § 64 AktG, § 21 GmbHG; die Gesellschaft muss dann versuchen, einen anderen Gesellschafter für die dabei eingezogene Beteiligung zu finden. Nur bei der GmbH kommt dabei als ultima ratio eine anteilmäßige Haftung der Mitgesellschafter für auch auf diesem Wege nicht erlangbare Fehlbeträge hinzu → vgl. § 24 GmbHG.

Besonderheiten gelten insoweit bei der **Unternehmergesellschaft (UG)** → Glossar, einer erst 2008 vom Gesetzgeber eingeführten Sonderform der GmbH → vgl. § 5a GmbHG. Hintergrund dieser Sonderform war das – im Ergebnis erfolgreiche – Bestreben, die Wettbewerbsfähigkeit der GmbH gegenüber der zunehmenden Anzahl von **Limited (Ltd.)** → Glossar, → vgl. Abschnitt 15.1.4, S. 248 zu erhalten. Zwar wurde auch bei der UG am Grundsatz des festen Nennkapitals festgehalten, jedoch darf hier das für die „klassische" GmbH erforderliche Mindeststammkapital von 25.000 € unterschritten werden. Angesichts des auch für die UG geltenden Mindestnennbetrages von 1 € pro Geschäftsanteil ist es damit möglich, eine UG mit einem Stammkapital von 1 € pro Gesellschafter, im Falle der Einpersonengesellschaft also mit einem einzigen Euro zu gründen. Dieses minimale Stammkapital ist dabei vor der Anmeldung zum Handelsregister voll einzuzahlen und darf auch nicht durch Sacheinlagen ersetzt werden. Angesichts der Höhe kommt dem Stammkapital bei der UG nur noch eine Vermittlungsfunktion hinsichtlich der Mitgliedschaft der Gesellschafter zu; eine Sicherung der Gläubiger durch dieses Stammkapital ist indes ersichtlich nicht mehr gegeben. Dem damit gegebenen erhöhten Risiko für die Gläubiger begegnet das Gesetz mit zwei Regelungen. Zum einen darf sich die UG nicht GmbH nennen, sondern muss in der Firma den Namen „Unternehmergesellschaft" bzw. „UG" führen und zudem den nicht abkürzbaren Zusatz „haftungsbeschränkt“. Mit dieser Publizitätspflicht sollen potentielle Gläubiger, etwa Geschäftspartner, deutlich auf das erhöhte Risiko von Forderungsausfällen aufmerksam gemacht werden, so dass sie etwa schon vor Vertragsschluss durch das Verlangen besonderer Sicherheiten entsprechend reagieren können. Zum anderen sind die Gesellschafter einer UG verpflichtet, ein Viertel des Jahresüberschusses in eine gesetzliche Rücklage einzustellen, die im Wesentlichen nur zur Kapitalerhöhung aus Gesellschaftsmitteln verwandt werden kann. Damit soll erreicht werden, dass die UG bei erfolgreicher Wirtschaftstätigkeit nach und nach so viel Eigenkapital ansammelt, dass sie sich durch eine Kapitalerhöhung sodann in eine „klassische“ GmbH umwandeln kann. Insoweit ist die UG also vor allem als vereinfachte Gründungsform hin zur GmbH konzipiert und nicht als echte Alternative, wenngleich die Gesellschafter auch bei ausreichendem Kapital nicht gezwungen sind, die Form der „klassischen“ GmbH anzunehmen. Mittlerweile deutet sich an, dass die UG alsbald zur „Standardform“ der GmbH-Gründung werden könnte. Schon im ersten Jahr nach Einführung der UG wurden fast 20.000 ins Handelsregister eingetragen; bis Anfang 2011 erhöhte sich diese Zahl gar auf ca. 47.000 [vgl. HIRTE, Rz. 1.84].

15.5.2.2 Gründung mit Sacheinlagen

15.5.2.2.1 Grundsätzliche Regelung

Grundsätzlich kann das versprochene **GARANTIEKAPITAL** → GLOSSAR statt in Geld auch in Form von Sachwerten aufgebracht werden. Dies kommt in der Praxis durchaus häufig vor, insbesondere wenn mit der neu zu gründenden Kapitalgesellschaft ein schon bestehendes Unternehmen fortgeführt werden soll. Hier sollen häufig das Unternehmen als Ganzes bzw. einzelne Vermögensteile daraus als Garantiekapital verwendet werden. Rechtstechnisch ist dies regelmäßig unkompliziert möglich: der Vermögenswert muss entsprechend der dafür geltenden Regeln auf die GmbH übertragen werden, z. B. muss die **VORGESELLSCHAFT** → GLOSSAR bei Grundstücken ins Grundbuch als Eigentümer eingetragen werden → vgl. § 873 BGB → vgl. Abschnitt 3.4, S. 128; bewegliche Sachen müssen nach den §§ 929 ff. BGB übertragen → vgl. Abschnitt 3.3.1, S. 125, Forderungen und Rechte nach § 398 BGB abgetreten werden. Indes verbindet sich mit der Sacheinlage eine offensichtliche Gefahr für die effektive Kapitalaufbringung, die einer fehlerhaften Überbewertung. Wenn nämlich die einzubringende Sache nicht den Wert erreicht, mit dem sie seitens der Gesellschaft angerechnet wird, fließt ihr der Höhe nach nicht das versprochene Kapital zu. Dies ist im Übrigen nicht nur aus Sicht des gläubigerschützenden Kapitalaufbringungsgebotes problematisch, sondern auch unter mitgliedschaftlichen Gesichtspunkten: der zu wenig leistende Gesellschafter erhält nach dem Grundsatz vom Gleichlauf zwischen

Beteiligung und Stimmrecht ein größeres Mitbestimmungsrecht in der Gesellschaft, als es seinem effektiv aufgebrachtem Kapital entspricht und bereichert sich darüber hinaus aufgrund der festgelegten Anteilsaufteilung auch am Gesamtvermögen der Gesellschaft zu Lasten der ordnungsgemäß leistenden Mitgesellschafter.

Dem Problem versucht das Gesetz durch eine Vielzahl von – restriktiv angewandten – Regelungen beizukommen, wobei der Gedanke umfassender Publizität eine besondere Rolle spielt. Zunächst einmal werden die einlagefähigen Sachgüter auf solche beschränkt, deren wirtschaftlicher Wert feststellbar ist → vgl. § 27 Abs. 2, 1. Halbsatz AktG, analog bei GmbH. Nicht einlagefähig in diesem Sinne ist deshalb etwa das einem Unternehmen zukommende Know-how oder die Güte seiner Geschäftsbeziehungen. Trotz mancher Kritik in der Wissenschaft ist es insbesondere nicht möglich, Dienstleistungen (z. B. die Geschäftsführungstätigkeit) als Sacheinlage einzubringen → vgl. § 27 Abs. 2, 2. Halbsatz AktG, für GmbH folgert man dies aus § 7 Abs. 3 GmbHG. Einlagefähig sind trotz dieser Einschränkung indes nicht nur Sachen im bürgerlich-rechtlichen Sinne, sondern auch alle anderen bewertbaren, geldwerten Vermögenswerte. Hierzu kann z. B. auch das unbedingte Versprechen gehören, der Gesellschaft für einen bestimmten Zeitraum unentgeltlich ein Gründstück, Maschinen o.ä. zur Verfügung zu stellen. Um überhaupt eine rechtliche Anerkennung der Einbringung zulässiger Sachgüter an Stelle des versprochenen Kapitals zu erreichen, ist bei AG und GmbH gleichermaßen eine unbedingte Satzungspublizität vorgeschrieben. Das heißt, dass in der Satzung bzw. im Gesellschaftsvertrag die **Aktien** → Glossar bzw. der Geschäftsanteil (**Stammeinlage** → Glossar), auf die eine Sacheinlage erfolgen soll, sowie der Gegenstand derselben genau anzugeben sind → vgl. § 27 Abs. 1 AktG, § 5 Abs. 4 S. 1 GmbHG. Unterbleibt eine solche vertragliche Aufnahme, so kann der betreffende Gesellschafter seine – der allgemeinen Regelung gemäß – in Geld zu leistende Einlage nicht wirksam durch eine Sacheinlage erfüllen; er bleibt trotz solcher Leistungen in vollem Umfang auf die versprochene Leistung in Geld verpflichtet. Neben dieser Satzungspflicht der Sacheinlage kommt als Publizitätselement bei der AG die Pflicht hinzu, die Werthaltigkeit der Sacheinlage extern prüfen zu lassen → vgl. § 33 Abs. 2 Nr. 4 AktG. Zudem muss bei beiden Gesellschaften zur Anmeldung ins Handelsregister ein gesonderter Bericht zur Angemessenheit der Sacheinlagen mit eingereicht werden → vgl. §§ 32 Abs. 2, 34 Abs. 2 AktG, § 5 Abs. 4 S. 2 GmbHG. Schließlich müssen die Sacheinlagen – im Gegensatz zu den Bareinlagen – schon vor der Anmeldung vollständig an die Gesellschaft geleistet werden. Das Registergericht hat sodann von Amts wegen die Werthaltigkeit der Sacheinlagen zu prüfen und zumindest bei nicht unwesentlicher Überbewertung die Eintragung der Gesellschaft abzulehnen → vgl. § 38 Abs. 2 AktG, § 9c Abs. 1 S. 2 GmbHG. Einen letzten Schutz der effektiven Kapitalaufbringung bei Sacheinlagen gewährt die so genannte Differenzhaftung → vgl. § 46 AktG, § 9 GmbHG: stellt sich nämlich erst nach erfolgter

Eintragung die Überbewertung der Sacheinlage heraus, so haftet der betroffene Gesellschafter für die Differenz zwischen tatsächlichem Sachwert und (höherem) Einlagewert in Form der ursprünglichen Geldeinlageverpflichtung.

Beispiel

A und B wollen ein Transportunternehmen in Form einer GmbH gründen. Das Stammkapital soll 200.000 € betragen. Zum Geschäftsanteil des B heißt es im Gesellschaftsvertrag: „Die Stammeinlage des B beträgt 100.000 €. Sie wird in voller Höhe als Sacheinlage durch lastenfreie Übertragung des Grundstückes im Gewerbegebiet, Industriestraße 1, erbracht." Nach notarieller Errichtung der Gesellschaft überträgt B das Grundstück auf die Vorgesellschaft; die Anmeldung zum Handelsregister erfolgt unter Beifügung eines Sachgründungsberichtes, der ein Gutachten eines Sachverständigen enthält, das bestätigt, dass das Grundstück 100.000 € Wert ist. Daraufhin wird die GmbH ins Handelsregister eingetragen.

Später stellt sich heraus, dass – was allen Beteiligten unbekannt war – das Grundstück mit giftigen Stoffen kontaminiert ist, da es in der Vergangenheit offenbar lange als „Wilde Müllkippe" benutzt wurde. Der objektive Grundstückswert lag daher zum Zeitpunkt der Anmeldung bei nur 20.000 €.

Gemäß § 9 Abs. 1 GmbHG muss der B nun noch 80.000 € bar an die GmbH als Einlage zahlen, da seine – ordnungsgemäß publizierte und vorgenommene – Sacheinlage objektiv nur 20.000 € wert war, er sich aber zu 100.000 € Einlage verpflichtet hat. Dass B die Wertminderung nicht selbst verursacht hat, sie ihm gar nicht bekannt war, ist unerheblich, denn der Differenzhaftung liegt allein der Grundsatz effektiver Kapitalaufbringung zu Grunde; auf Kenntnis oder gar Verschulden kommt es nicht an.

15.5.2.2.2 Das Problem verdeckter Sacheinlagen

Die effektive Kapitalaufbringung bei Sacheinlagen ist nicht nur dann gefährdet, wenn die Gründung unmittelbar mit Sachwerten erfolgt, sondern auch dann, wenn Sacheinlagen in zeitlicher Nähe zu einer Bargründung dergestalt eingebracht werden, dass der betreffende Gesellschafter nach Eintragung der Gesellschaft z. B. einen ihm gehörenden Sachwert an die Gesellschaft verkauft, die ihm dafür aus ihrem eben erst erlangten **GARANTIEKAPITAL** → GLOSSAR den Kaufpreis zahlt. Das Bewertungsproblem liegt dann – ohne entsprechende Kontrolle und Publizität – im Adäquanzverhältnis zwischen Leistung und Preis. Für die AG hat der Gesetzgeber hier die Lösung gefunden, dass zumindest Verträge über zu erwerbende Gegenstände, bei denen die Gegenleistung 10% des Grundkapitals übersteigt und die innerhalb von zwei Jahren nach der Eintragung der Gesellschaft erfolgen der Zustimmung einer qualifizierten Hauptversammlungsmehrheit und der Eintragung ins **HANDELSREGISTER** → GLOSSAR bedürfen und darüber hinaus auch einer der sofortigen Sacheinlage vergleichbaren Publizität und Prüfung unterworfen werden (sog. Nachgründung → vgl. § 52 AktG). Für die praktisch mehr gefährdete GmbH gab es lange Zeit keine gesetzliche Regelung. Zur Lösung des Problems hatte die Rechtsprechung deshalb das Rechtsinstitut der sogenannten verdeckten Sacheinlage entwickelt, wonach in bestimmten Fällen des systematischen Austauschs von Bareinlagen durch Sachwerte die ursprünglich geleistete Bareinlage nicht als Einlageleistung anerkannt wurde. Der Gesetzgeber hat im Jahr 2008 diesen Gedanken aufgenommen und nunmehr einer – von der früheren Rechtsprechung freilich etwas abweichenden – Regelung zugeführt, die im Hinblick auf die zunehmende Zahl kleiner Aktiengesellschaften ergänzend zur Regelung der Nachgründung auch ins Aktienrecht übernommen wurde → vgl. § 19 Abs. 4 GmbHG; § 27 Abs. 3 AktG. Ist danach feststellbar, dass in sachlichem und zeitlichem Zusammenhang mit der Gesellschaftsgründung nach einer vorab getroffenen Absprache die Bareinlage eines Gesellschafters durch Sachwerte ausgetauscht wurde, z. B. durch Verkauf einer Sache seitens des Gesellschafters an die Gesellschaft, so hat die geleistete Einlage keine Erfüllungswirkung und die Einlageverpflichtung bleibt weiter bestehen. Anders als die frühere Rechtsprechung (s. dazu die 1. Auflage, S. 291) werden die betreffenden Rechtsgeschäfte – also etwa der Kaufvertrag über die Sache und deren Übereignung – aber als wirksam anerkannt und der objektive Wert der Sache zum Zeitpunkt der Registeranmeldung auf die fortbestehende Einlageverpflichtung angerechnet, so dass der Gesellschafter wirtschaftlich betrachtet lediglich eine etwaige Differenz zur ursprünglichen Einlagepflicht nachzuzahlen hat.

15.5.2.3 Kapitalerhöhung

Die Frage der effektiven Kapitalaufbringung stellt sich nicht nur im Falle der Gründung einer Kapitalgesellschaft, sondern auch dann, wenn diese in ihrer Entwicklung – etwa zur Erlangung weiterer Eigenkapitalmittel – ihr Grund- oder Stammkapital erhöht. Auch der Erhöhungsbetrag unterliegt dann dem Prinzip der Kapitalaufbringung durch Bar- oder Sacheinlagen, weshalb die Gründungsvorschriften auch auf diesen Fall weitgehend anzuwenden sind → vgl. §§ 182 ff. AktG, §§ 55 f. GmbHG.

15.5.3 Kapitalerhaltung

Das Prinzip der effektiven Kapitalaufbringung wird im System des festen Nennkapitals (**Grundsatz des festen Nennkapitals** → Glossar) durch das zweite Element der Kapitalerhaltung ergänzt, das dahin geht, dass das aufgebrachte **Garantiekapital** → Glossar weder offen noch verdeckt an die Gesellschafter zurückfließen darf. Das bedeutet – um dies nochmals zu wiederholen – nicht, dass mit dem Kapital nicht gearbeitet werden dürfte. Bei Sacheinlagen ergibt sich dies schon aus der Natur der Sache, aber auch eingebrachte Barmittel dürfen natürlich im Geschäftsgang eingesetzt werden, etwa zu Investitionen oder der Begleichung von Gesellschaftsverbindlichkeiten. Es darf nur nicht an die Gesellschafter zurückfließen.

15.5.3.1 Rückgewährverbot

Das Verbot der Einlagenrückgewähr ist sowohl für die AG als auch die GmbH ausdrücklich im Gesetz geregelt → vgl. § 57 AktG, § 30 GmbHG, diese Normen stellen insoweit die zentrale Regelung der Kapitalerhaltung dar. Eine Einlagenrückgewähr liegt hiernach bei der AG vor, wenn den Aktionären mehr als der Bilanzgewinn gezahlt wird → vgl. § 57 Abs. 3 AG; dies bedeutet, dass hier nicht nur das reine **GRUNDKAPITAL** → GLOSSAR sondern auch die gesetzlich und satzungsmäßig gebildeten Rücklagen der Gesellschaft vor dem Zugriff der Aktionäre geschützt werden. Weniger weit reicht insoweit das GmbH-Recht: nach § 30 Abs. 1 GmbHG darf eine Zahlung an die Gesellschafter nur dann nicht erfolgen, wenn dadurch das zur Erhaltung des **STAMMKAPITALS** → GLOSSAR erforderliche Vermögen angegriffen wird; es wird also (nur) das durch die Stammkapitalkennziffer definierte Garantiekapital geschützt. Natürlich reicht aber ein bloßes Verbot regelmäßig nicht als effektiver Schutz des Garantiekapitals aus, sondern bedarf flankierend weitergehender Sanktionen für den Fall des Verstoßes. Erste gesetzliche Maßnahme ist insoweit natürlich die Verpflichtung des betroffenen Gesellschafters, die unter Verstoß gegen das Rückgewährverbot erhaltenen Leistungen der Gesellschaft zurückzuerstatten, der sog. Rückeinlageanspruch → vgl. § 62 Abs. 1 AktG, § 31 Abs. 1 GmbHG. Als Zweites kommt hinzu, dass auch die Geschäftsleiter, die in die verbotene Auszahlung ja involviert gewesen sein müssen, der Gesellschaft persönlich für die Zurückzahlung haften → vgl. § 93 Abs. 2, 3 Nr. 1 AktG, § 43 Abs. 3 GmbHG. Damit sollen **VORSTÄNDE** → GLOSSAR und **GESCHÄFTSFÜHRER** → GLOSSAR präventiv davon abgehalten werden, das Rückgewährverbot zu missachten. Nur bei der GmbH kommt – entsprechend den Kapitalaufbringungsvorschriften – schließlich noch eine Mithaftung der Mitgesellschafter für die Rückzahlung verbotener Ausschüttungen hinzu → vgl. § 31 Abs. 3 GmbHG.

15.5.3.2 Verdeckte Gewinnausschüttungen

Das Rückgewährverbot betrifft zunächst nur den Sachverhalt, dass einem Gesellschafter direkt – einseitig und ohne jede Gegenleistung – verbotene Zahlungen zufließen. Ein ungerechtfertigter Abfluss von Vermögen an die Gesellschafter kann aber auch dadurch erfolgen, dass der Gesellschafter wie ein außenstehender Dritter ein Austauschgeschäft mit der Gesellschaft tätigt. Solche Geschäfte sind im Grunde unbedenklich und gerade bei der GmbH häufig anzutreffen, insbesondere etwa in Form des geschäftsführenden Gesellschafters, der neben seiner Gesellschaftereigenschaft zugleich auch – wie ein Dritter – als Geschäftsführer angestellt ist und hierfür ein Gehalt erhält. Denkbar sind auch andere Geschäftsbeziehungen, z. B.

die Vermietung oder der Verkauf von Sachen durch einen Gesellschafter an die Gesellschaft. Probleme bereiten solche Geschäfte dann, wenn die Äquivalenz von Leistung und Gegenleistung gestört ist, also der Gesellschafter für seine Leistung eine Gegenleistung erhält, die über dem marktüblichen Wert liegt. In diesem Falle führt das Geschäft nämlich zu einer ungerechtfertigten Vermögensminderung bei der Gesellschaft. Dieser Vorgang kann damit eine sog. „verdeckte Gewinnausschüttung" darstellen. Bei der AG ist dies grundsätzlich unter Kapitalerhaltungsgesichtspunkten relevant, denn es liegt keine reguläre Gewinnausschüttung und damit ohne weiteres ein Verstoß gegen das Rückgewährverbot vor. Bei der GmbH gilt dies nur dann, wenn der Vermögensabfluss der Gesellschaft das zur Erhaltung des Stammkapitals erforderliche Vermögen angreift. Wirtschaftlich betrachtet stehen diese Fälle in ihren Auswirkungen auf das Vermögen der Gesellschaft einer unmittelbaren Zahlung an die Gesellschafter gleich; sie werden daher auch als solche behandelt mit den oben beschriebenen Folgen. Das heißt v.a. dass den betroffenen Gesellschafter bezüglich des Teils der erhaltenen Gegenleistung, der den marktüblichen Wert überschreitet, eine Rückzahlungspflicht gegenüber der Gesellschaft trifft.

Beispiel

Aktionär A der XY AG vermietet dieser ein Bürohaus für 100.000 € monatlich. Der Marktwert vergleichbarer Büroräume liegt bei nur 70.000 €. In Höhe der Differenz liegt daher eine – monatlich immer wiederkehrende – verdeckte und damit unzulässige Gewinnausschüttung von 30.000 € an A vor. Er ist daher verpflichtet, für alle Monate, die bereits gezahlt wurden, 30.000 € an die AG zu erstatten. Nach dem Grundsatz von Treu und Glauben → vgl. § 242 BGB ist er zudem verpflichtet, den Mietpreis für die Zukunft an den marktüblichen Preis anzupassen; jedenfalls ist er nicht befugt, mehr als den Marktpreis von 70.000 € von der AG zu verlangen.

15.5.3.3 Erwerb eigener Anteile

Einen weiteren grundsätzlichen Verstoß gegen das Gebot der Kapitalerhaltung stellt es dar, wenn die Gesellschaft – was aufgrund ihrer rechtlichen Verselbständigung als **juristischer Person** → Glossar möglich ist – eigene Anteile erwirbt, sich also an sich selbst beteiligt. Da in dem hierbei zu zahlenden Kaufpreis für die Anteile wirtschaftlich auch immer der darin liegende Anteil am **Garantiekapital** → Glossar enthalten ist, begegnet der Erwerb eigener Anteile grundsätzlichen Bedenken, da immer die Gefahr eines das Garantiekapital angreifenden Vermögensabflusses an die Gesellschafter, von denen ja allein Anteile erworben werden können, besteht. Das Gesetz lässt daher den Erwerb eigener Anteile nur unter strengen Voraussetzungen zu. Insbesondere darf er nur erfolgen, wenn das zur Erhaltung des Garantiekapitals erforderliche Vermögen nicht beeinträchtigt wird und regelmäßig ein besonderer, vom Gesetz ausdrücklich genannter sachlicher

Grund für den Erwerb vorliegt, man etwa bei einer Verschmelzung oder bestimmten Konzernierungsmaßnahmen verpflichtet ist, ausscheidende Gesellschafter gegen Übernahme der Anteile abzufinden → vgl. im Einzelnen §§ 71 ff. AktG, § 33 GmbHG.

15.5.4 Kapitalersetzende Gesellschafterdarlehen

Die eben dargestellten Regelungen zur effektiven Kapitalaufbringung und Kapitalerhaltung sind im Ergebnis nur dann hinreichende Schutzinstrumente zu Gunsten der Gläubiger, wenn die von den Gesellschaftern festgesetzte Garantiekapitalkennziffer auch in einem angemessenen Verhältnis zum wirtschaftlichen Eigenkapitalbedarf der Gesellschaft steht. Dies ist indes praktisch häufig nicht gegeben; die vom Gesetzgeber allein verlangte und von den Gesellschaftern auch eingehaltene Mindestkapitalausstattung reicht insbesondere bei vielen GmbH wirtschaftlich nicht zum Betrieb des Unternehmens aus, so dass die fehlenden Eigenkapitalmittel durch Fremdkapital ausgeglichen werden müssen.

Empirisch hat sich dabei vor allem bei der GmbH gezeigt, dass auch diese Fremdmittel häufig von den Gesellschaftern und nicht von tatsächlich „fremden“ Geldgebern stammen, insbesondere in der Form, dass diese der Gesellschaft selbst Darlehen einräumen. Diese Finanzierungsart ist im Grunde aufgrund der Gesetzeslage nicht zu beanstanden und kann im Einzelfall – etwa wegen kurzfristiger Finanzierungslücken – im Vergleich zur (Eigen-)Kapitalerhöhung sogar wirtschaftlich sinnvoll sein. Bedenken bestehen allerdings dann, wenn das Gesellschafterdarlehen in einer auf eine Insolvenz zulaufenden Krisensituation gewährt wird, in denen ein „echter“ Dritter – etwa eine Bank – der Gesellschaft gar kein Darlehen mehr gewährt hätte, denn dann ersetzt das Gesellschafterdarlehen nicht mehr ein Fremddarlehen, sondern die eigentlich angezeigte Eigenkapitalzufuhr der Gesellschafter.

Dem gemäß erschiene es gerade gegenüber den „echten“ Gläubigern der Gesellschaft auch als bedenklich, die Gesellschafter hinsichtlich ihrer Darlehen insbesondere in der Insolvenz gleich zu behandeln, ihnen vor allem bei der Verteilung der Insolvenzmasse den gleichen Rang zuzuweisen. Der Bundesgerichtshof hatte daher schon seit langem Grundsätze entwickelt, nach denen sog. „kapitalersetzende Gesellschafterdarlehen“ von Gesellschaftern und zum Teil auch anderen nahestehenden Personen wie echtes Eigenkapital behandelt wurden, mithin auf ihre Rückzahlung das Rückgewährverbot des § 30 GmbHG Anwendung fand. Auch der Gesetzgeber griff diesen Gedanken im Jahre 1980 auf und führte eine – allerdings nur im Falle der Insolvenz eingreifende – Regelung ins GmbHG ein → vgl. §§ 32a, 32b GmbHG a.F., so dass seither der gesamte Problembereich teils gesetzlich, teils durch die weiter Geltung beanspruchende, sich immer weiter differenzierende Rechtsprechung abgedeckt wurde (näher zum Ganzen vgl. 1. Auflage, 15.5.4.). Nunmehr hat 2008 der Gesetzgeber diesen kaum noch übersehbaren Rechtsbereich durch eine Neuregelung einheitlich und abschließend geregelt und diese Regelung gänzlich ins Insolvenzrecht, also die Insolvenzordnung (InsO) verlegt. Der Sache nach hat er dabei freilich im Wesentlichen auf die bisherige Rechtslage und Rechtsprechung zurückgegriffen. Den Kern der Regelung bildet nunmehr § 39 Abs. 1 Nr. 5 InsO, wonach im Insolvenzverfahren über eine (Kapital-) Gesellschaft – in der Praxis also v.a. GmbH, aber auch Ltd. oder GmbH & Co. KG → vgl. § 39 Abs. 4 S. 1 InsO – die Rückzahlungsforderung bezüglich eines Gesellschafterdarlehens nur nachrangig hinter allen anderen Insolvenzforderungen bedient wird. Dies wird in den meisten Fällen zur Folge haben, dass der betroffene Gesellschafter mit dieser Forderung aufgrund der vorrangig zu bedienenden Forderungen anderer Gläubiger leer ausgeht. Diese strenge Rechtsfolge gilt dabei nicht nur für Gesellschafterdarlehen im engeren Sinne – also Darlehensverträge zwischen Gesellschafter und Gesellschaft –, sondern auch für Forderungen des Gesellschafters aus anderen Rechtsgeschäften mit der Gesellschaft, die einem Darlehen wirtschaftlich entsprechen. So werden „stehengelassene“ Forderungen des Gesellschafters, z. B. gestundete Zahlungen auf sein Geschäftsführergehalt oder für gelieferte Waren, ebenso als darlehensgleiche Leistung bewertet wie etwa die geldwerte Überlassung von Gütern – etwa Grundstücken – zur Nutzung durch die Gesellschaft. Des Weiteren werden – wie schon nach altem Recht – auch Darlehen und vergleichbare Leistungen erfasst, die zwar nicht von einem Gesellschafter selbst, sondern einem gesellschaftsfremden Dritten (praktisch häufig Familienangehörigen) erbracht wurden, aber seitens des Gesellschafters durch eine Sicherheitsbestellung oder Bürgschaft abgesichert sind. In diesem Falle muss sich der Dritte entgegen der allgemeinen Regel erst an den Sicherungsgeber – also den Gesellschafter – wenden und kann erst dann und soweit, wie er bei diesem unbefriedigt geblieben ist, anteilsmäßige Befriedigung aus der Insolvenzmasse verlangen → vgl. § 44a InsO. Dem schon der früheren Rechtsprechung zu Grunde liegenden Gedanken folgend, nur solche Leistungen als eigenkapitalersetzend zu behandeln, die der Sache nach von einem Gesellschafter an Stelle von Eigenkapital geleistet oder bei Leistung durch Dritte entsprechend abgesichert wurden – was eine gewisse Finanzierungsverantwortung des Gesellschafters voraussetzt – greifen die genannten Regelungen nur bei geschäftsführenden Gesellschaftern sowie bei Gesellschaftern ein, deren Kapitalbeteiligung über 10% liegt → vgl. § 39 Abs. 5 InsO. Sie gilt zudem auch nicht für Gläubiger, die ihre Gesellschaftsbeteiligung erst bei drohender oder bereits eingetretener Zahlungsunfähigkeit zum Zwecke der Sanierung erworben haben (sog. Sanierungsgläubiger) → vgl. § 39 Abs. 4 S. 2 InsO. Abgerundet werden die genannten Regelungen, deren unmittelbare Anwendung die Eröffnung eines Insolvenzverfahrens voraussetzt, dadurch, dass schon geleistete Zahlungen auf Forderungen, die im Insolvenzverfahren als nachrangig zu behandeln wären bzw. die durch einen Gesellschafter abgesichert waren, durch den Insolvenzverwalter angefochten und von den Empfängern für die Insolvenzmasse zurückgefordert werden können, wenn sie im letzten Jahr vor dem Insolvenzantrag erfolgt sind → vgl. §§ 135, 143 InsO. Damit sollen Missbräuche dergestalt verhindert werden, dass zielgerichtet vor Insolvenzbeantragung die genannten nachrangigen Forderungen noch bedient werden, um dem zu erwartenden Ausfall im Verfahren selbst zu entgehen.

Zusammenfassung

- Die Finanzverfassung der Kapitalgesellschaften wird vom Grundsatz des festen Nennkapitals geprägt. Dieser besagt, dass das von den Gesellschaftern der Gesellschaft zugesagte Garantiekapital einmal effektiv aufgebracht werden muss und dann nicht mehr an die Gesellschafter zurückfließen darf. Für die wirtschaftliche Betätigung der Gesellschaft steht es hingegen zur Verfügung.
- Bei einer Bargründung muss das Garantiekapital schon vor Anmeldung der Gesellschaft zum Handelsregister teilweise zur freien Verfügung der Geschäftsleiter an die Gesellschaft geleistet werden. Offene Einlageforderungen können nicht erlassen, gestundet oder vom Gesellschafter aufgerechnet werden.
- Bei der Sachgründung müssen die versprochenen, bewertungsfähigen Sachleistungen sofort voll erbracht werden. Sie sind zudem im Gesellschaftsvertrag zu benennen und es ist nachzuweisen, dass sie den dafür angesetzten Wert haben. Stellt sich später eine Überbewertung heraus, muss der Gesellschafter die Differenz in bar leisten.
- In zeitlicher Nähe zur Gründung erfolgende verdeckte Sacheinlagen werden bei der AG nach gesetzlichen Vorgaben ähnlich wie echte Sachgründungen behandelt. Bei der GmbH fehlt eine gesetzliche Regelung; nach derzeitiger Rechtsprechung gilt, dass der Gesellschafter in diesem Fall seine Bareinlage nochmals erbringen muss.
- Die Kapitalerhaltung wird vor allem durch ein bei AG und GmbH verschieden weit gefasstes Einlagenrückgewährverbot gewährleistet. Es wird flankiert durch die Pflicht der Gesellschafter, die zu Unrecht erhaltenen Leistungen der Gesellschaft wieder zu erbringen und eine persönliche Haftung der an der Rückgewähr beteiligten Geschäftsleiter.
- Wird die Rückgewähr der Einlagen durch Geschäfte mit dem Gesellschafter verschleiert, spricht man von verdeckter Gewinnausschüttung. Hier wird der Teil, der über den marktüblichen Preis der Gesellschafterleistung hinausgeht, wie eine echte Rückgewähr von Einlagen behandelt.

- Grundsätzlich verboten ist zudem der Erwerb eigener Anteile durch die Gesellschaft, da auch das zu einer Einlagenrückzahlung führen kann. Zulässig ist dies daher nur in den gesetzlich vorgesehenen Fällen, und zwar nur, wenn das Garantiekapital dadurch nicht angegriffen wird.
- Finanzieren die Gesellschafter die Gesellschaft neben ihren Eigenkapitalleistungen auch mit Darlehen oder ähnlichen Leistungen, so werden diese im Insolvenzfall als nachrangig behandelt. Das gilt auch für Leistungen Dritter, für die ein Gesellschafter eine Sicherheit gestellt oder sich verbürgt hat. Leistungen der Gesellschaft auf solche Forderungen sind zudem anfechtbar, wenn sie im letzten Jahr vor Insolvenzbeantragung erfolgt sind.

Kontrollfragen

1. Welchen Inhalt hat der Grundsatz des „festen Nennkapitals"?
2. Durch welche Regelungen sichert das AktG bzw. das GmbHG die effektive Kapitalaufbringung des der Gesellschaft versprochenen Garantiekapitals?
3. Welche Besonderheiten weist die Gründung einer Unternehmensgesellschaft (UG) auf?
4. Welche Besonderheiten sind bei einer Sachgründung durch die Gesellschafter zu beachten?
5. Wer haftet für unzulässigerweise an die Gesellschafter zurückgewährte Einlageleistungen?
6. Was verstehen Sie unter einer verdeckten Gewinnausschüttung und wie wird diese behandelt?
7. Warum ist der Erwerb eigener Anteile durch Kapitalgesellschaften nur ausnahmsweise erlaubt?
8. Was ist unter einem kapitalersetzenden Gesellschafterdarlehen zu verstehen und wie wird es rechtlich behandelt?

Übungsfälle

Grundlegende Anmerkungen zur Falllösung

Die Lösung juristischer Fälle sollte immer mit der Überlegung „Wer (Gläubiger) will was (geltend gemachter Anspruch) von wem (Schuldner) woraus (gesetzliche Anspruchsgrundlage)?" beginnen. Dies erlaubt es, den zur Bearbeitung gestellten Sachverhalt zu strukturieren und auf relevante Fakten hin zu prüfen. Hat man sich auf diese Weise die Fallfrage präzise vor Augen geführt, ist zu prüfen, ob die einzelnen Tatbestandsmerkmale der Anspruchsgrundlage erfüllt sind. In den meisten Fällen lassen sich diese klar aus dem Gesetz – sei es aus der Norm selbst, sei es im Zusammenspiel mit den Normen des gleichen Abschnitts – ableiten.

Haben Sie die Entstehung eines Anspruchs bejaht, ist weiterzuprüfen, ob dieser evtl. untergegangen ist. Dies ist beispielsweise der Fall, wenn der Anspruch bereits erfüllt worden oder durch Aufrechnung erloschen ist. Besteht der Anspruch noch, stellt sich letztlich die Frage der Durchsetzbarkeit. Dies betrifft die Verjährung, die indes nicht Gegenstand dieser Darstellung ist.

Merksatz
Die Falllösung orientiert sich zunächst an der Frage „Wer will was von wem woraus?". Sodann ist die Frage „Anspruch entstanden – Anspruch untergegangen – Anspruch durchsetzbar?" zu erörtern.

Bürgerliches Recht

Aufgabe 1

K will von V einen gebrauchten Lkw kaufen. Er schreibt an V: „Hiermit bevollmächtige ich H zur Führung der Verhandlungen und zum Abschluss eines Kaufvertrages über Ihren Lkw." Als die Kaufverhandlungen nicht wunschgemäß laufen, widerruft K gegenüber H die Vollmacht.

V erfährt von diesem Widerruf nichts und schließt mit H, der trotz des Widerrufs der Vollmacht weiter im Namen des K verhandelt hat, einen Kaufvertrag. Als K davon erfährt, ist er empört und lehnt das Geschäft ab. Nun verlangt V von K Abnahme und Bezahlung des LKW. Zu Recht?

Aufgabe 2

G kauft von S ein Auto zum Preis von 10.000 €. Kurz darauf bietet D dem S 15.000 € für den Wagen. S verkauft ihn daher an D und übereignet ihn sogleich. G ist empört und verlangt nun von S die Herausgabe der von D erhaltenen 15.000 €. Zu Recht?

Aufgabe 3

Kneipenbetreiber K kauft bei V eine neue Zapfanlage zum Preis von 5.000 €. Nach einigen Tagen stellt sich heraus, dass das aus der Anlage gezapfte Bier zu warm ist, weil V aus Unachtsamkeit beim Einbau das Kühlaggregat beschädigt hat. K fordert V auf, ihm eine neue Zapfanlage zu liefern. V entgegnet jedoch, es sei lediglich ein neues Kühlaggregat einzubauen, um den Fehler zu beheben. Nachdem V die Reparatur durchgeführt hat und die Anlage nun einwandfrei funktioniert, verlangt K von ihm wegen des Ärgers einen Rabatt auf den Kaufpreis sowie Schadenersatz in Höhe von 600 € für den bis zur Reparatur entgangenen Umsatz. Zu Recht?

Aufgabe 4

E hat sein Fahrrad am Fahrradständer vor der Uni abgestellt, ohne es abzuschließen. Kurz nach der Vorlesung bittet ihn sein Freund B, ihm das Fahrrad zu leihen, womit E einverstanden ist. Er fordert B auf, sich das Rad einfach zu nehmen. Auf dem Weg zum Fahrradständer sieht er, wie Dieb D dabei ist, mit dem Fahrrad wegzufahren. Darf B dem D das Rad mit Gewalt abnehmen?

Aufgabe 5

E hat B sein Fahrrad geliehen. Als B Geld braucht, verkauft er das Rad an D. Die Übergabe findet sofort statt. Beide einigen sich, dass D Eigentümer werden soll.

a. Hat D Eigentum erworben, wenn er nicht wusste, dass E der wahre Eigentümer des Rades war?

b. Hat D Eigentum erworben, wenn ihm B mitgeteilt hat, das Fahrrad gehöre E; dieser habe ihn aber gebeten, einen Käufer zu suchen?

Aufgabe 6

E verkauft sein Grundstück durch notariellen Kaufvertrag an K. Die Auflassung soll erst erfolgen, wenn K den Kaufpreis bezahlt hat. E bestellt aber zugunsten des K eine Auflassungsvormerkung, die auch eingetragen wird. Später bietet D dem E einen wesentlich höheren Preis für das Grundstück. E geht auf das Angebot ein; beide schließen sogleich formwirksam einen Kaufvertrag und erklären vor dem Notar die Auflassung. D wird als neuer Eigentümer ins Grundbuch eingetragen.

a. Ist D Eigentümer geworden?
b. Was kann K tun?

Handelsrecht

Aufgabe 1

Kaufmann K hat P Prokura erteilt. Im Arbeitsvertrag zwischen K und P ist vereinbart, dass P keine Geschäfte abschließen darf, deren Wert 100.000 € übersteigt. Gleichwohl kauft P bei X im Namen des K eine Maschine zum Preis von 500.000 €. Als X Abnahme und Bezahlung verlangt, verweigert K dies unter Verweis auf den beschränkten Umfang der Prokura.

a. Kann X Abnahme und Bezahlung der Maschine verlangen?
b. Hat K Ansprüche gegen P?

Aufgabe 2

Kaufmann K führt bei der B-Bank AG sein Firmenkonto. Er erteilt der B per Fax den Auftrag, für ihn 500 Aktien der X-AG zu kaufen. Als er nach einem halben Jahr wegen der immensen Kurssteigerungen die Aktien wieder verkaufen will, um den Gewinn abzuschöpfen, stellt er fest, dass die Bank den Auftrag nicht ausgeführt hat. Er verlangt Schadenersatz. Die B lehnt dies ab, da mangels Annahmeerklärung kein Vertrag zustande gekommen sei. Wer hat Recht?

Aufgabe 3

Kaufmann K betreibt eine Schneiderei, in der er auch Änderungsarbeiten vornimmt. X hatte ihm ein teures Ballkleid aus Seide mit Diamantenbesatz zum Kürzen vorbeigebracht. Als Y in den Laden kommt, gefällt ihr das Kleid so gut, dass K es ihr verkauft und sogleich übereignet. Ist Y Eigentümerin geworden, wenn K ihr gegenüber zwar eingeräumt hat, dass das Kleid der X gehört, diese es aber bei ihm in Kommission gegeben hat?

Gesellschaftsrecht

Aufgabe 1

Als der bekannte Antiquitätenhändler Anton Scheidler hoch betagt aber kinderlos stirbt, vererbt er sein Geschäft seinem langjährigen, einzigen Angestellten Samuel und dessen Ehefrau Berta zu gleichen Teilen. Beide möchten den Laden, der aufgrund des Warenbestandes einen Wert von 30.000 € verkörpert, als gleichberechtigte Inhaber weiterführen.

Nennen und erläutern Sie kurz zwei gesellschaftsrechtliche Gestaltungsmöglichkeiten, die Samuel und Berta hierzu offen stehen!

Aufgabe 2

Die Freunde Paul und Erich betreiben lange Zeit mit mäßigem Erfolg einen kleinen Laden für Landhausmode. Als die Jugendmode eines Tages auf Landhausmode umschwenkt, steigen die Umsätze rasant an. Paul und Erich müssen den Laden vergrößern und Personal einstellen.

Sie möchten sich nun auch haftungsrechtlich absichern und gründen am 1.2. vor dem Notar die „Landhausmode GmbH", mit der sie sodann die Geschäfte weiterführen. Das Stammkapital zahlen sie voll ein, ohne es in der Folgezeit anzutasten. Am 2.4. wird die Gesellschaft ins Handelsregister eingetragen.

Da beide schon recht betagt sind, veräußern sie schließlich am 1.7. die gut gehende GmbH (in Form ihrer Anteile daran) an Xaver.

Am 15.1. sowie am 15.3. hatte der Großhändler Max vertragsgemäß Ware an den Laden geliefert, ohne dass die Rechnungen bezahlt worden wären.

a. Max wendet sich nun zunächst an Paul und Erich persönlich, die eine Bezahlung ablehnen. Kann Max Zahlung einer oder beider Rechnungen von ihnen verlangen?

b. Max versucht auch bei der GmbH, seine Rechnungen bezahlt zu bekommen, was Xaver als ihr Geschäftsführer indes ebenfalls ablehnt. Mit Recht?

Aufgabe 3

Friedrich Steinhauer ist Geschäftsführer (G) der „Steinhauer-Bedachungs-GmbH", die sich mit Dachdeckerarbeiten befasst. Nach einigen Jahren guter Geschäfte stagniert die Auftragslage. Am 2.1. stellt G fest, dass die Gesellschaft überschuldet ist. In der Hoffnung auf eine Verbesserung der Situation lässt er die bei der GmbH angestellten Dachdecker jedoch zunächst weiter auf verschiedenen Baustellen arbeiten. Hinsichtlich der Lohnzahlungen vertröstet er sie immer wieder. Da keine Besserung eintritt, stellt er am 2.5. schließlich doch den Geschäftsbetrieb ein und kündigt den Dachdeckern. Das restliche Bargeld verwendet er dafür, die rückständigen Arbeitnehmerbeiträge an die Sozialversicherung zu zahlen. Danach stellt er den überfälligen Insolvenzantrag; wenig später wird das Insolvenzverfahren vor dem Amtsgericht eröffnet.

a. Der eingesetzte Insolvenzverwalter Dr. Schlau fordert für die Insolvenzmasse der GmbH von G persönlich die Zahlung der an die Sozialversicherung geleisteten Beiträge. Mit Recht?

b. Nachdem die Dachdecker nur für die Monate Januar bis März Insolvenzausfallgeld vom Arbeitsamt bekommen haben, verlangen auch sie persönlich von G ihren Lohn für April. Haben sie insoweit einen Anspruch gegen G?

Lösungen zu den Übungsfällen

Bürgerliches Recht

Aufgabe 1

V hat einen Anspruch gegen K auf Abnahme und Bezahlung des LKW aus § 433 Abs. 1 BGB, wenn zwischen beiden ein Kaufvertrag zustande gekommen ist.

Problematisch ist, ob die Willenserklärung des H für und gegen K wirkt, ob er diesen also wirksam vertreten hat → vgl. § 164 Abs. 1 BGB. Zwar hat H eine eigene Willenserklärung im Namen des K abgegeben. K hatte ihm zunächst auch eine Vollmacht erteilt. Es handelte sich dabei um eine Außenvollmacht i.S.v. § 167 Abs. 1, 2. Fall BGB, da K die Bevollmächtigung gegenüber dem potenziellen Vertragspartner V erklärt hat. Die Vollmacht war zum Zeitpunkt der Vertragsverhandlungen jedoch gemäß § 168 BGB durch Widerruf erloschen. H hatte mithin keine Vertretungsmacht mehr.

Indes hatte V keinerlei Kenntnis vom Erlöschen der Vollmacht. Sein guter Glaube wird durch §§ 170, 173 BGB geschützt: die Vollmacht bleibt ihm gegenüber in Kraft. H konnte daher gegenüber V noch eine wirksame Willenserklärung im Namen des K abgeben, so dass ein Kaufvertrag zustande gekommen ist.

V hat daher einen Anspruch gegen K auf Abnahme und Bezahlung des LKW aus § 433 Abs. 1 BGB.

Aufgabe 2

G könnte gegen S einen Anspruch auf Herausgabe der 15.000 € aus §§ 275 Abs. 4, 285 BGB haben. Dazu müsste die dem S obliegende Leistung unmöglich geworden sein und S einen Ersatz für den von ihm geschuldeten Leistungsgegenstand erlangt haben.

Mit dem Abschluss des Kaufvertrags ist zwischen G und S ein Schuldverhältnis entstanden, vermöge dessen G von S die Übereignung des Wagens verlangen konnte, § 433 Abs. 1 BGB. S kann diese Leistung jedoch nicht mehr erbringen, da er das Fahrzeug zwischenzeitlich an D übereignet hat. Die Leistung ist nachträglich subjektiv unmöglich. Objektive Unmöglichkeit liegt hier nicht vor, da ja D noch die Möglichkeit hätte, den Wagen an G zu übereignen. S ist daher gemäß § 275 Abs. 1 BGB von seiner Leistungspflicht befreit.

Die Rechte des G bestimmen sich nach § 275 Abs. 4 BGB, welcher u. a. auf § 285 BGB verweist. Danach hat G einen Anspruch auf Herausgabe des Surrogats, wenn S dieses aufgrund des Umstands, durch den er von der Leistungspflicht befreit ist, erhalten hat. Aus dem Verkauf des Wagens an D hat S 15.000 € erlangt. Dieser Vermögenszuwachs beruhte auf dem Sachverhalt – nämlich dem Verkauf und der Übereignung des Wagens an D – welcher die Leistung gegenüber G unmöglich gemacht hat. Der Anspruch des G auf Herausgabe der 15.000 € besteht daher.

Indes ist G aus §§ 275 Abs. 4, 326 Abs. 4 BGB seinerseits verpflichtet, im Gegenzug den vereinbarten Kaufpreis von 10.000 € an S zu entrichten. Im Ergebnis kann G von S daher die Herausgabe der 15.000 € nur gegen Zahlung von 10.000 € verlangen. In der Praxis wird hier die Aufrechnung gemäß § 387 BGB erklärt, so dass die gegenseitigen Forderungen nach § 389 BGB erlöschen, soweit sie deckungsgleich sind. S muss daher 5.000 € an G zahlen.

Aufgabe 3

Das Recht des K auf Minderung („Rabatt") des Kaufpreises könnte aus §§ 437 Nr. 2, 441 BGB resultieren. K und V haben einen Kaufvertrag über die Zapfanlage nach § 433 BGB abgeschlossen. Bei Gefahrübergang, i.e. bei Übergabe der Anlage war diese mangelhaft i.S.v. § 434 Abs. 2 BGB, denn bei der Montage hat V fehlerhaft gehandelt und das Kühlaggregat beschädigt.

Durch die Reparatur hat V den Mangel indes behoben. Die Minderung des Kaufpreises kommt gemäß § 441 BGB aber nur in Betracht, wenn die Voraussetzungen für ein Rücktrittsrecht gegeben sind („**statt zurückzutreten ...**"). Das Recht zum Rücktritt vom Kaufvertrag besteht nach §§ 437 Nr. 2, Fall 1, 439, 440 BGB allerdings nur, wenn die Nacherfüllung fehlgeschlagen ist. Dies ist hier nicht der Fall, so dass K keinen Anspruch auf Kaufpreisminderung hat.

Er kann jedoch Schadenersatz neben der Leistung nach §§ 437 Nr. 3, 280 Abs. 1 BGB verlangen. Die Zapfanlage wies bei Gefahrübergang einen Sachmangel auf → vgl. § 434 Abs. 2 S. 1 BGB. Dieser war von V verschuldet, da er aus Unachtsamkeit (= Fahrlässigkeit → vgl. § 276 BGB) das Kühlaggregat beschädigt hat. Infolge der mangelhaften Leistung ist K ein Schaden entstanden, der durch die Nacherfüllung nicht beseitigt werden konnte: Hätte V das Kühlaggregat nicht beschädigt, hätte die Anlage von Anfang an funktioniert. Die Umsatzeinbußen i.H.v. 600 € können auch durch die Reparatur der Anlage nicht wieder ausgeglichen werden. K hat daher gegen V einen Anspruch auf Ersatz des Betriebsausfallschadens.

Aufgabe 4

B darf dem D das Rad mit Gewalt abnehmen, wenn ihm das Selbsthilferecht aus § 859 Abs. 2 BGB zusteht. Dies ist der Fall, wenn er Besitzer des Rades – einer beweglichen Sache – war und ihm der Besitz durch verbotene Eigenmacht entzogen wurde.

Ursprünglich hatte E Besitz an dem Rad, denn er konnte die tatsächliche Sachherrschaft darüber ausüben → vgl. § 854 BGB. Dies galt auch, während das Fahrrad unabgeschlossen im Fahrradständer stand, denn E wusste, wo es sich befindet und wollte auch die Sachherrschaft weiter ausüben.

Fraglich ist, ob B Besitz an dem Rad erlangt hat. Eine Besitzübertragung nach § 854 Abs. 1 BGB durch Erlangen der faktischen Zugriffsmöglichkeit hat nicht stattgefunden. Denn dies erfordert, dass sich der Besitzerwechsel in irgendeiner Form nach außen dokumentiert. Indes hatte B die Möglichkeit, die Sachherrschaft auszuüben: Das Rad war nicht abgeschlossen und B kannte seinen Standort. Gemäß § 854 Abs. 2 BGB genügte für den Besitzübergang daher die bloße Einigung zwischen E und B.

D hat B seinen Besitz ohne dessen Willen entzogen, so dass der Tatbestand der verbotenen Eigenmacht nach § 858 BGB erfüllt ist. B hat ihn dabei auf „frischer Tat betroffen“, so dass er dem D das Rad gemäß § 859 Abs. 2 BGB mit Gewalt abnehmen darf.

Aufgabe 5

a. Ursprünglich war E Eigentümer des Fahrrads. Er selbst hat sein Eigentum nicht an D übertragen, da die in § 929 S. 1 BGB vorausgesetzte Einigung und Übergabe der Sache zwischen B und D zustande kam.
   In Betracht kommt daher nur ein gutgläubiger Eigentumserwerb nach §§ 929, 932 Abs. 1 BGB. B handelte als Nichtberechtigter: E hatte ihn nicht zur Übereignung des Rades an D bevollmächtigt. D war gutgläubig i.S.v. § 932 Abs. 2 BGB, da er davon ausging, dass B der Eigentümer war. D konnte somit gutgläubig Eigentum an dem Fahrrad erwerben.
b. In der Abwandlung scheitert der Eigentumserwerb nach § 929 S. 1 BGB wiederum daran, dass der als Veräußerer auftretende B nicht Eigentümer des Fahrrads war. Somit konnte D allenfalls gutgläubig Eigentum nach §§ 929, 932 Abs. 1 BGB erwerben. Der gute Glaube ist jedoch gemäß § 932 Abs. 2 BGB ausgeschlossen, wenn der Erwerber wusste, dass der Veräußerer nicht Eigentümer der Sache war. Dies ist hier der Fall. D war bekannt, dass das Fahrrad im Eigentum des E stand. Er glaubte lediglich daran, dass B zur Übereignung befugt sei. Der gute Glaube an die Verfügungsbefugnis wird in § 932 BGB indes nicht geschützt. D konnte daher kein Eigentum an dem Rad erwerben.

Aufgabe 6

a. D hat nach §§ 873, 925 BGB Eigentum an dem Grundstück erworben. Er hat mit E vor dem Notar die Auflassung erklärt und D ist ins Grundbuch eingetragen worden. Damit liegen alle Voraussetzungen für den Eigentumsübergang vor. Die zugunsten des K eingetragene Vormerkung ändert daran nichts, da sie die Verfügungsbefugnis des E nicht beschränkt.

b. Mangels notariell beurkundeter Auflassung und Eintragung als neuer Eigentümer ins Grundbuch konnte K kein Eigentum an dem Grundstück erwerben. Allerdings hat K aus dem Kaufvertrag mit E einen Anspruch auf Übereignung des Grundstücks → vgl. § 433 Abs. 1 S. 1 BGB. Zur Sicherung dieses Anspruchs ist eine Auflassungsvormerkung nach § 883 Abs. 1 BGB zugunsten des K ins Grundbuch eingetragen. Dies hat gemäß § 883 Abs. 2 BGB zur Folge, dass die Übereignung des Grundstücks von E an D gegenüber K unwirksam ist („… ist **insoweit** unwirksam, als sie den Anspruch vereiteln oder beeinträchtigen würde.") Gegenüber K gilt daher E weiterhin als Eigentümer, d. h. K kann von ihm weiterhin die Auflassung verlangen. Zudem kann K seine Eintragung ins Grundbuch erzwingen. Dazu muss er beim Grundbuchamt einen Antrag auf Eintragung als Eigentümer, die Auflassung von E an ihn nachweisen und eine Bewilligung des Voreingetragenen D vorlegen. Auf diese hat D einen Anspruch aus § 888 Abs. 1 BGB.

Handelsrecht

Aufgabe 1

a. X könnte gegen K einen Anspruch auf Abnahme und Bezahlung der Maschine aus § 433 Abs. 2 BGB haben. Dazu müsste zwischen beiden ein Kaufvertrag zustande gekommen sein. Dies ist der Fall, wenn P K wirksam vertreten hat, so dass seine Willenserklärung nach § 164 Abs. 1 BGB für und gegen K wirkt. Die Voraussetzungen der wirksamen Stellvertretung liegen vor: P hat eine eigene Willenserklärung im Namen des K abgegeben. Dabei hat er sich im Rahmen der durch die Prokura verliehenen Vertretungsmacht bewegt: Gemäß § 49 Abs. 1 HGB darf ein Prokurist alle Geschäfte abschließen, die der Betrieb eines Handelsgewerbes mit sich bringt. Die Beschränkung der Prokura im Innenverhältnis (K – P) ist gegenüber X unwirksam → vgl. § 50 Abs. 1 HGB, zumal X gutgläubig war. P handelte daher mit Vertretungsmacht, so dass seine Willenserklärung für und gegen K wirkt → vgl. § 164 BGB. Zwischen X und K ist mithin ein Kaufvertrag zustande gekommen. K ist aus § 433 Abs. 2 BGB zur Abnahme und Bezahlung der Maschine verpflichtet.

b. K könnte gegen P Anspruch auf Schadenersatz aus § 280 Abs. 1 BGB haben. Mit dem Überschreiten der im Arbeitsvertrag gesetzten Grenzen der Vertretungsmacht hat P eine Pflichtverletzung begangen. Diese hat er auch zu vertreten → vgl. §§ 280 Abs. 1 S. 2, 276 BGB.
Jedoch ist K kein Schaden entstanden: Zwar muss er den Kaufvertrag erfüllen und 500.000 € an X zahlen. Dafür erhält er aber die Maschine. Damit kann K keinen Schadenseratzanspruch gegen P geltend machen.

Aufgabe 2

K hat einen Anspruch gegen B auf Schadenersatz statt der Leistung nach §§ 280 Abs. 1, 3, 281 BGB, wenn B schuldhaft Pflichten aus einem Schuldverhältnis verletzt hat. Ein solches Schuldverhältnis ist mit dem Auftrag des K zum Aktienkauf zustande gekommen. Zwar hat B die Annahme nicht ausdrücklich erklärt. Ihr Schweigen gilt nach § 362 HGB jedoch als Annahme: Als AG ist B eine Handelsgesellschaft und somit gemäß § 6 HGB Formkaufmann. Zwischen K und B besteht eine Geschäftsverbindung, da B für K Bankgeschäfte besorgt. Der Antrag des K ist ihr zugegangen und sie hat nicht unverzüglich geantwortet.

Durch Nichtausführung des Auftrags zum Aktienkauf hat B gegenüber K eine Pflichtverletzung begangen. Dies muss sie auch vertreten, da sie zumindest fahrlässig gehandelt hat → vgl. §§ 280 Abs. 1 S. 2, 276 BGB. Eine Frist zur Nacherfüllung muss K der B nicht setzen, da diese nach § 281 Abs. 2 BGB wegen besonderer Umstände entbehrlich ist. Denn eine Nacherfüllung hätte für K keinen Wert. Mit den entgangenen Kursgewinnen ist K auch ein Schaden entstanden, den K nach §§ 280 Abs. 1, 3, 281 BGB ersetzt verlangen kann.

Aufgabe 3

Nach § 929 BGB konnte Y kein Eigentum erwerben, da K nicht Eigentümer des Kleides war. Damit kommt allenfalls ein gutgläubiger Eigentumserwerb nach §§ 929, 932 BGB in Betracht. Gemäß § 932 Abs. 2 BGB ist die Gutgläubigkeit jedoch ausgeschlossen, wenn der Erwerber weiß, dass der Veräußerer nicht Eigentümer der Sache ist. Y war dies bekannt: sie wusste, dass das Kleid der X gehört.

Y konnte jedoch über § 366 HGB gutgläubig Eigentum erwerben: K ist Kaufmann. Er hat das Kleid in seinem Handelsgeschäft veräußert. Dabei hat er der Y wahrheitswidrig vorgespiegelt, zur Übereignung des Kleides befugt zu sein. Y war insoweit gutgläubig. Der gutgläubige Erwerb war auch nicht nach § 935 BGB ausgeschlossen. Das Kleid ist der X nicht abhanden gekommen, da sie ihren unmittelbaren Besitz freiwillig an K übertragen hatte. Y ist also Eigentümerin des Kleides geworden.

Gesellschaftsrecht

Aufgabe 1

Es kommt zunächst die Gründung einer Personengesellschaft in Betracht.

Erforderlich ist hierzu der formlose Abschluss eines Gesellschaftsvertrages, in dem sich Samuel und Berta verpflichten, den Laden gemeinschaftlich zu betreiben und hierzu das gemeinsam ererbte Vermögen in das Gesellschaftsvermögen einzubringen. Da es sich bei dem Laden angesichts des Vermögens und des bisherigen Betriebes mit nur einem Angestellten ersichtlich nur um ein Kleingewerbe handelt, wäre damit eine GbR → vgl. §§ 705 ff. BGB gegeben. Angesichts der gesetzlichen Regelung – gemeinschaftliche Geschäftsführung und Vertretung – würde diese Form auch dem Interesse nach gleichberechtigter Inhaberschaft Genüge tun; zudem könnten sie abweichende Regelungen – etwa Alleingeschäftsführung – vereinbaren. Als Personengesellschaft wäre auch die Gründung einer OHG → vgl. §§ 105 ff. HGB möglich; hierzu müssten sie diese aber nach Abschluss eines entsprechenden Gesellschaftsvertrages mit konstitutiver Wirkung ins Handelsregister eintragen lassen; Alleingeschäftsführung und Vertretung beider Gesellschafter wäre dann schon gesetzlich gegeben. In jedem Falle einer Personengesellschaft würden sie jedoch persönlich für die Verbindlichkeiten der Gesellschaft haften.

Als zweites käme die Gründung einer Kapitalgesellschaft in Form einer GmbH in Betracht.

Hierzu bedürfte es zunächst eines notariell geschlossenen Gesellschaftsvertrages. Hinsichtlich des Stammkapitals wäre eine Sachgründung mit dem übernommenen Vermögen zu empfehlen, das – da es über dem gesetzlichen Mindestbetrag von 25.000 € liegt – ausreichen würde. Das Stammkapital könnte auf 30.000 € festgesetzt werden, wobei jedem Gesellschafter ein Anteil von 15.000 € – aufgeteilt nach genau bezeichneten Vermögenswerten – zuzuordnen wäre. Sodann müsste das gesamte versprochene Sachvermögen auf die Vor-GmbH übertragen werden; angesichts der beabsichtigten Gleichberechtigung müssten sich beide Gesellschafter zu Geschäftsführern bestellen, sofern diese Regelung noch nicht im Gesellschaftsvertrag getroffen wurde. Nach Anmeldung würde die GmbH ins Handelsregister eingetragen werden. Die GmbH-Lösung hätte den Vorteil, dass beide von der persönlichen Haftung für die Gesellschaftsverbindlichkeiten befreit wären.

Aufgabe 2

a. Es ist zwischen den beiden Rechnungen zu unterscheiden.
   Die Rechnung vom 15.1. beruht noch auf einem Kaufvertrag, der vor Errichtung der GmbH geschlossen war. Angesichts des nur kleinen Gewerbebetriebes

ist davon auszugehen, dass Paul und Erich zu dieser Zeit eine GbR bildeten. Da deren Geschäftsbetrieb nunmehr auf die GmbH übertragen wurde, liegt eine so genannte Vorgründungsgesellschaft vor. Das bedeutet, dass die GbR nach wie vor – nun als Liquidationsgesellschaft – existiert und insbesondere noch Schuldnerin der Kaufpreisforderung vom 15.1. ist. Zu Recht wendet sich Max daher an Paul und Erich persönlich, da sie als Gesellschafter der GbR für deren Verbindlichkeiten persönlich haften → vgl. § 128 HGB analog.

Die Rechnung vom 15.3. hingegen stammt aus der Zeit, als das Geschäft – nach Errichtung aber vor Eintragung – als Vor-GmbH betrieben wurde. Die also in der Vorgesellschaft begründete Forderung ist daher mit der späteren Eintragung auf die GmbH übergegangen; eine persönliche Haftung von Paul und Erich scheidet aus. Abwegig wäre die Überlegung, dass hier eine Gründerhaftung eingreift. Zum einen wäre dies eine Innenhaftung, zum anderen liegen ihre Voraussetzungen laut Sachverhalt eindeutig nicht vor, denn das Stammkapital wurde in der Vorgesellschaft nicht angegriffen.

b. Auch bei der Frage der Haftung der GmbH ist nach den Rechnungen zu unterscheiden. Wie dargestellt ist die Verbindlichkeit aus der Rechnung vom 15.1. bei der Vorgründungsgesellschaft verblieben und nicht auf die Vorgesellschaft und GmbH übergegangen. Mithin haftet die GmbH auch nicht hierfür. Bezüglich dieses Betrages lehnt Xaver zu Recht eine Bezahlung ab.

Anders verhält es sich bei der Rechnung vom 15.3. Da diese Verbindlichkeit seitens der Vorgesellschaft begründet wurde, ging sie auch auf die GmbH über, so dass Max insoweit zu Recht von ihr die Bezahlung fordert.

Zusammengefasst kann sich Max wegen der ersten Rechnung also an die in Liquidation befindliche GbR (Vorgründungsgesellschaft) sowie deren persönlich haftende Gesellschafter Paul und Erich, wegen der zweiten nur an die GmbH wenden.

Aufgabe 3

a. Angesichts der Überschuldung der GmbH hätte G spätestens drei Wochen nach deren Eintritt den Insolvenzantrag stellen müssen; nach dem Ablauf dieser Frist liegt eine Insolvenzverschleppung durch G vor. Dr. Schlau fordert daher zu Recht die Zahlung in Höhe der an die Sozialversicherung nach diesem Termin noch gezahlten Beiträge für die Insolvenzmasse der GmbH, denn es handelt sich um das Gesellschaftsvermögen vermindernde Zahlungen im Sinne des § 64 GmbHG.

b. Auch die Arbeitnehmer verlangen unter dem Gesichtspunkt der Haftung bei Insolvenzverschleppung → vgl. § 823 Abs. 2 BGB i.V.m. § 15a Abs. 1 InsO zu Recht von G persönlich ihren ausstehenden und vom Insolvenzausfallgeld nicht gedeckten Lohn für den Monat April. Zwar handelt es sich bei ihren Arbeitsverhältnissen zur GmbH um Dauerschuldverhältnisse, die bereits vor Eintritt der Insolvenzreife bestanden. Da jedoch der Lohnanspruch als Gegenleistung für konkret geleistete Arbeit jeden Monat neu entsteht, sind die Arbeitnehmer bezüglich des Lohnes für den Monat April als Neugläubiger zu qualifizieren. Hätte G nämlich rechtzeitig Insolvenz beantragt, hätten sie im April nicht mehr für die GmbH gearbeitet.

Glossar

Absolute Rechte
Rechtspositionen, die – im Gegensatz zu → **relativen Rechten**, die nur zwischen Vertragspartnern wirken – von jedermann zu achten sind.

Abstraktionsprinzip
Die Wirksamkeit des → **Verfügungsgeschäfts** ist nicht von der Wirksamkeit des → **Verpflichtungsgeschäfts** abhängig.

Abtretung
Übertragung einer → **Forderung** auf eine andere Person durch → **Rechtsgeschäft**.

Anfechtung
Gestaltungsrecht, durch das eine zuvor abgegebene → **Willenserklärung** aus bestimmten, gesetzlich vorgegebenen Gründen rückwirkend nichtig wird.

Aktie
Wertpapier, einzelner Anteil am → **Grundkapital** einer AG.

Annahmeverzug → **Gläubigerverzug**

Anscheinsvollmacht
Ein Dritter, der keine → **Vertretungsmacht** besitzt, tritt als Stellvertreter auf, was der Vertretene zwar nicht weiß, bei sorgfältigem Verhalten aber hätte erkennen können.

Anwartschaftsrecht
Rechtsposition vor Erwerb eines vollgültigen Rechts, die bereits so stark gesichert ist, dass sie nicht mehr durch einseitige Erklärung des Veräußerers zerstört werden kann.

Allgemeine Geschäftsbedingungen
Für eine Vielzahl von → **Verträgen** vorformulierte Vertragsbedingungen, welche eine Vertragspartei der anderen beim Abschluss des Vertrages vorgibt.

Anstellung
Vertragliche Verbindung der → **Geschäftsleiter** mit ihrer → **Kapitalgesellschaft** (entgeltlicher Geschäftsbesorgungsvertrag).

Arglistige Täuschung
Bewusst wahrheitswidrige Behauptung von wichtigen Umständen, durch die der Täuschende sein Gegenüber zur Abgabe einer → **Willenserklärung** veranlassen will, die er anderenfalls nicht abgegeben hätte.

Auflassung
Einigung zwischen Veräußerer und Erwerber über den Eigentumsübergang an einem Grundstück.

Aufrechnung
Wechselseitige Verrechnung einer → **Forderung** mit einer gleichartigen Gegenforderung, die aus demselben Rechtsverhältnis resultiert.

Aufsichtsrat
Kontroll- und Überwachungsorgan bezüglich des → **Vorstandes** in der AG; Organ, in dem – auch in der GmbH – die → **unternehmerische Mitbestimmung** realisiert wird.

Aufwendungen
Freiwillige Vermögenseinbußen.

Auslegung
Verfahren, um den hinter dem Wortlaut einer → **Willenserklärung** stehenden Sinn und Willen des Erklärenden zu ermitteln.

Beschluss
Gleichgerichtete → **Willenserklärungen** von mehreren Personen in einer Personenvereinigung, die parallel abgegeben werden.

Besitz
Tatsächliche Herrschaftsgewalt über eine → **Sache**, faktische Möglichkeit auf diese zuzugreifen.

Besitzkonstitut → **Besitzmittlungsverhältnis**

Besitzmittlungsverhältnis
Rechtsverhältnis, vermöge dessen jemand gegenüber einem anderen zum → **Besitz** einer → **Sache** berechtigt ist.

Bestellung
Einseitiger korporativer Akt, der eine → **natürliche Person** zum → **Geschäftsleiter** oder → **Aufsichtsrat** einer → **Kapitalgesellschaft** macht.

BOTE
Mittelsperson, die eine fremde → **WILLENSERKLÄRUNG** überbringt oder entgegennimmt.

DAUERSCHULDVERHÄLTNIS
Austausch von → **LEISTUNGEN** über einen längeren Zeitraum.

DELIKTSFÄHIGKEIT
Fähigkeit, sich durch unerlaubte Handlungen schadenersatzpflichtig zu machen.

DIFFERENZHYPOTHESE
Verfahren zur Ermittlung der Höhe eines → **SCHADENS**, bei dem der Wert des Vermögens vor und nach dem schädigenden Ereignis verglichen wird.

DISPOSITIVES RECHT
Rechtsnormen, von denen die Anwender (Vertragsparteien, Gesellschafter) durch eigenständige Regelungen abweichen können.

DISSENS
Fehlende Willensübereinstimmung mangels objektiver Einigung oder wegen objektiv mehrdeutiger Äußerungen.

DRITTORGANSCHAFT
Prinzip der Organbesetzung bei → **KÖRPERSCHAFTEN**, nach dem neben den Gesellschaftern auch mit der Gesellschaft nicht verbundene Personen zur Besetzung der Organe herangezogen werden können.

DULDUNGSVOLLMACHT
Ein Dritter, der keine → **VERTRETUNGSMACHT** besitzt, tritt als Stellvertreter auf, was der Vertretene weiß und duldet.

EIGENSCHAFTSIRRTUM
→ **IRRTUM** über Eigenschaften einer Person oder über Merkmale einer → **SACHE**, die auf der natürlichen Beschaffenheit oder den rechtlichen oder tatsächlichen Umständen beruhen und für deren Brauchbarkeit oder Wert als wesentlich angesehen werden.

EIGENTUM
Herrschaftsgewalt über eine → **SACHE**, die es ihrem Inhaber gestattet, frei mit der Sache zu verfahren und andere von der Einwirkung auf diese auszuschließen.

EIGENTUMSVORBEHALT
Übereignung einer Kaufsache unter der aufschiebenden Bedingung der vollständigen Zahlung des Kaufpreises.

EINPERSONENGESELLSCHAFT
AG oder GmbH mit nur einem Gesellschafter; ermöglicht Einzelpersonen die Teilnahme am Wirtschaftsleben mit persönlicher Haftungsbeschränkung.

EMPFANGSBOTE
Person, die zur Entgegennahme einer → **WILLENSERKLÄRUNG** geeignet und ermächtigt ist.

EMPFANGSVERTRETER
Person, die zur Entgegennahme von → **WILLENSERKLÄRUNGEN** ermächtigt ist, dabei aber im Gegensatz zum → **BOTEN** selbständig handeln kann.

ERBENGEMEINSCHAFT
→ **GESAMTHAND** die kraft Gesetzes entsteht, wenn ein Erblasser mehrere Erben hinterlässt.

ERFÜLLUNGSGEHILFE
Person, die mit dem Willen des → **SCHULDNERS** tätig wird, um ihn bei der Erfüllung seiner vertraglichen Pflichten zu unterstützen.

ERFÜLLUNGSSCHADEN
→ **SCHADEN**, der dadurch entsteht, dass ein → **VERTRAG** nicht oder nicht wie vereinbart erfüllt worden ist.

ERKLÄRUNGSIRRTUM
Der Erklärende gibt eine → **WILLENSERKLÄRUNG** ab, die er mit diesem Inhalt nicht abgeben wollte, z. B. Versprechen, Verschreiben.

FAHRLÄSSIGKEIT
Außerachtlassen der im Verkehr üblichen Sorgfalt.

FÄLLIGKEIT
Zeitpunkt, ab dem ein → **SCHULDNER** seine → **LEISTUNG** erbringen und der → **GLÄUBIGER** diese fordern darf.

FALSUS PROCURATOR
Vertreter ohne → **VERTRETUNGSMACHT**.

FIRMA
Name des → **KAUFMANNS**, unter dem er seine Geschäfte betreibt, die Unterschrift abgibt und unter dem er klagen oder verklagt werden kann.

FORDERUNG
Anspruch aus einem Schuldverhältnis.

FORMKAUFMANN
Kaufmannseigenschaft der Handelsgesellschaften kraft Gesetzes, unabhängig davon, ob diese tatsächlich ein → **HANDELSGEWERBE** betreiben.

GARANTIEKAPITAL
Besonderes Nennkapital bei den → **KAPITALGESELLSCHAFTEN**, das einmal effektiv aufgebracht werden muss und nicht an die Gesellschafter zurückgezahlt werden darf.

GATTUNGSSCHULD
Geschuldete → **LEISTUNG** ist nur der Art nach bezeichnet.

GEFÄHRDUNGSHAFTUNG
Haftung für → **SCHÄDEN**, die aus einem rechtmäßigen Verhalten resultieren, das eine erlaubte Gefahr darstellt.

GEFÄLLIGKEIT
Versprechen einer → **LEISTUNG** ohne Rechtsbindungswillen, d.h. ohne für deren Erfolg einstehen zu wollen.

GEMEINSCHAFT
Mehreren Personen steht ein Recht gemeinschaftlich zu → vgl. §§ 741 ff. BGB.

GESAMTAKT
Parallele → **WILLENSERKLÄRUNGEN** von mindestens zwei Personen, die auf derselben Seite eines → **VERTRAGS** stehen.

GESAMTHAND
Form der Vermögenszuordnung an mehrere Personen, die darüber nur gemeinsam verfügen können, liegt etwa bei der → **ERBENGEMEINSCHAFT**, aber auch der GbR und OHG vor.

GESCHÄFTSFÄHIGKEIT
Fähigkeit, wirksame → **WILLENSERKLÄRUNGEN** abzugeben und damit → **RECHTSGESCHÄFTE** abzuschließen.

GESCHÄFTSFÜHRER
Geschäftsführungs- und Vertretungsorgan der GmbH.

GESCHÄFTSFÜHRUNG
Jedes Tätigwerden zur Erreichung des Gesellschaftszweckes i.S.d. Unternehmensleitung mit Ausnahme der Grundlagenentscheidungen, die den Gesellschaftern vorbehalten sind.

GESCHÄFTSLEITER
Oberbegriff für → **VORSTAND** und → **GESCHÄFTSFÜHRER.**

GESELLSCHAFTERVERSAMMLUNG
Für Grundlagenfragen zuständiges Willensbildungsorgan der Gesellschafter in der GmbH.

GEWERBE
Planmäßige und dauerhafte selbständige Tätigkeit mit Gewinnerzielungsabsicht.

GLÄUBIGER
Person, die aus dem Rechtsverhältnis etwas verlangen kann.

GLÄUBIGERVERZUG
Nichtannahme der ordnungsgemäß angebotenen → **LEISTUNG** durch den → **GLÄUBIGER.**

GRUNDKAPITAL
→ **GARANTIEKAPITAL** bei der AG; Mindestbetrag: 50.000 €.

GRUNDSATZ DES FESTEN NENNKAPITALS
Beschreibt den Inhalt des → **GARANTIEKAPITALS** bei → **KAPITALGESELLSCHAFTEN** dahin, dass dieses einmal effektiv aufgebracht werden muss und dann nicht mehr an die Gesellschafter zurückfließen darf.

GRUNDSCHULD
Belastung eines Grundstücks, die dem Inhaber der Grundschuld das Recht vermittelt, sich auch ohne → **FORDERUNG** aus einem Grundstück zu befriedigen.

HANDELSBRAUCH
Handelsrechtliche Verkehrssitte, die bei der → **AUSLEGUNG** von Rechtshandlungen im kaufmännischen Verkehr zu berücksichtigen ist.

HANDELSGESCHÄFTE
Alle Geschäfte eines → **KAUFMANNS**, die zum Betrieb seines → **HANDELSGEWERBES** gehören.

HANDELSGEWERBE → **GEWERBE**

HANDELSMAKLER
Person, die gewerbsmäßig für andere, ohne ständig damit betraut zu sein, die Vermittlung von → **VERTRÄGEN** über Gegenstände des Handelsverkehrs übernimmt.

HANDELSREGISTER
Beim Amtsgericht geführtes öffentliches Verzeichnis, das Auskunft über alle im kaufmännischen Verkehr wesentlichen Tatsachen der → **KAUFMÄNNER**, Handels- und → **KAPITALGESELLSCHAFTEN** gibt.

HANDELSVERTRETER
Person, die als selbständiger Gewerbetreibender ständig damit betraut ist, für einen anderen → **UNTERNEHMER** Geschäfte zu vermitteln oder in dessen Namen abzuschließen.

HANDLUNGSVOLLMACHT
→ **VOLLMACHT** zur Vornahme bestimmter, zum → **HANDELSGEWERBE** gehörender Geschäfte.

HAUPTVERSAMMLUNG
Für Grundlagenfragen zuständiges Willensbildungsorgan der Aktionäre in der AG.

HYPOTHEK
Belastung eines Grundstücks, die dem Inhaber der Hypothek das Recht vermittelt, sich wegen einer nicht beglichenen → **FORDERUNG** aus dem Grundstück zu befriedigen.

INHALTSIRRTUM
Der Erklärende weiß nicht, welche Bedeutung seine → **WILLENSERKLÄRUNG** hat.

INSICH-GESCHÄFT
→ **RECHTSGESCHÄFT**, das ein Stellvertreter mit sich selbst abschließt.

INSOLVENZVERSCHLEPPUNG
Verletzung der den → **GESCHÄFTSLEITERN** einer → **KAPITALGESELLSCHAFT** obliegenden Pflicht, bei Zahlungsunfähigkeit oder Überschuldung binnen drei Wochen Antrag auf Eröffnung des Insolvenzverfahrens zu stellen.

IRRTUM
Auseinanderfallen von Vorstellung und Realität.

IST-KAUFMANN
→ **KAUFMANN**, der ein → **GEWERBE** betreibt, das nach Art und Umfang einen in kaufmännischer Weise eingerichteten Gewerbebetrieb erfordert („Kaufmann kraft Gewerbes“).

Juristische Person
Rechtssubjekte, die durch Eintragung in ein staatliches Register (z. B. → **Handelsregister**) uneingeschränkte Rechtsfähigkeit erlangen; typisch für → **Körperschaften.**

Kann-Kaufmann
→ **Kleingewerbetreibende** oder Land- bzw. Forstwirte, die freiwillig ihre Eintragung ins → **Handelsregister** betreiben und dadurch die Kaufmannseigenschaft erwerben („Kaufmann kraft Eintragung").

Kapitalgesellschaften
Gesellschaften, deren Finanzverfassung durch ein bestimmtes → **Garantiekapital** gekennzeichnet ist, über das zudem die → **Mitgliedschaft** vermittelt wird: AG, KGaA, GmbH.

Kaufmann
Betreiber eines → **Gewerbes.**

Kleingewerbetreibende
→ **Unternehmer**, deren → **Gewerbe** keinen in kaufmännischer Weise eingerichteten Gewerbebetrieb bedarf.

Kommanditist
Gesellschafter einer KG, dessen Haftung auf seine Einlage beschränkt ist.

Kommissionsgeschäft
Gewerbsmäßiger An- oder Verkauf von Waren oder Wertpapieren im eigenen Namen, aber für Rechnung eines anderen.

Komplementär
Persönlich haftender Gesellschafter einer KG.

Konkludent
Schlüssiges Verhalten, das auch ohne ausdrückliche Äußerung auf einen bestimmten Willen schließen lässt.

Konkretisierung
Beschränkung der → **Gattungsschuld** auf eine bestimmte → **Sache** durch deren Aussonderung.

Kontokorrent
Laufende Verrechnung von → **Forderungen** unter → **Kaufleuten.**

KÖRPERSCHAFTEN
Gruppe von → **PRIVATEN PERSONENGESELLSCHAFTEN**, bei der der Verband im Vordergrund steht; gekennzeichnet vor allem durch rechtliche Verselbstständigung (→ **JURISTISCHE PERSON**), → **DRITTORGANSCHAFT** und beschränkte Haftung der Gesellschafter.

LEISTUNG
Bewusste und zweckgerichtete Mehrung fremden Vermögens.

LIMITED (LTD.)
→ **KÖRPERSCHAFT** nach britischem Recht, mit der – sofern ihr Verwaltungssitz in Deutschland liegt – hier ein Unternehmen betrieben werden kann. Verfügt über kein der AG oder GmbH vergleichbares → **GARANTIEKAPITAL**. Die Gesellschafter sind dennoch von einer persönlichen Haftung befreit.

MITGLIEDSCHAFT
Summe aller Rechte und Pflichten eines Gesellschafters in einem → **PRIVATEN PERSONENVERBAND**.

NATÜRLICHE PERSON
Rechtliche Bezeichnung des Menschen, der kraft seines Daseins Rechtsfähigkeit besitzt.

NEGATIVES INTERESSE → **VERTRAUENSSCHADEN**

NENNBETRAGSAKTIE
→ **AKTIE**, deren Anteil am → **GRUNDKAPITAL** der AG als Nennbetrag ausgewiesen ist.

NICHTIGKEIT
Unheilbare Unwirksamkeit einer → **WILLENSERKLÄRUNG**.

NICHTLEISTUNG
Nichterbringen der geschuldeten → **LEISTUNG** durch den → **SCHULDNER**.

NOTWEHR
Schädigende Handlung, die notwendig ist, um einen Angriff von sich oder einem anderen abzuwehren.

PERSONALKREDIT
Darlehen, dessen Rückzahlung durch die Haftung einer weiteren Person abgesichert ist.

Personengesellschaften
Gruppe von → **privaten Personenverbänden**, bei der die Gesellschafter im Vordergrund stehen; gekennzeichnet vor allem durch fehlende oder eingeschränkte Rechtspersönlichkeit, → **Selbstorganschaft** und persönliche Haftung der Gesellschafter für die Verbindlichkeiten der Gesellschaft.

Pfandrecht
Dingliches Recht, das den Inhaber berechtigt, seine → **Forderungen** durch Verwertung der gepfändeten → **Sache** oder Forderung zu befriedigen.

positives Interesse → **Erfüllungsschaden**

Privatautonomie
Freiheit zur rechtsgeschäftlichen Selbstbestimmung.

Privater Personenverband
Privatrechtlich auf freiwilliger Basis gegründete Personenvereinigung zur Verfolgung eines überindividuellen Zweckes; hierzu gehören alle vom Gesellschaftsrecht erfassten Verbände.

Prokura
Durch → **Rechtsgeschäft** erteilte → **Vertretungsmacht** für Geschäfte, die der Betrieb eines → **Handelsgewerbes** gewöhnlich mit sich bringt.

Provision
Vergütung des → **Handelsvertreters** oder → **Handelsmaklers**.

Prozessfähigkeit
Fähigkeit, wirksame Handlungen in einem Gerichtsverfahren vorzunehmen.

Realkredit
Darlehen, dessen Rückzahlung durch einen Gegenstand gesichert ist.

Rechtsgeschäft
Tatbestand, der aus mindestens einer → **Willenserklärung** und evtl. weiteren Elementen besteht und an den die Rechtsordnung den Eintritt eines bestimmten Erfolges knüpft.

relative Rechte
Rechtspositionen, die nur zwischen den Parteien eines → **Rechtsgeschäfts** wirken.

Sache
Nach außen abgegrenzter, körperlicher Gegenstand.

SCHADEN
Unfreiwillige Einbuße an materiellen oder immateriellen Rechtsgütern.

SCHEINKAUFMANN
Person, die nicht im → **HANDELSREGISTER** eingetragen ist, aber dennoch wie ein → **KAUFMANN** behandelt wird, weil sie im Rechtsverkehr wie ein solcher auftritt.

SCHLECHTLEISTUNG
Erbringung der → **LEISTUNG** nicht so, wie sie geschuldet ist.

SCHULDNER
Person, die aus einem Rechtsverhältnis zu einer → **LEISTUNG** verpflichtet ist.

SCHUTZGESETZ
Gesetz, das nicht nur dem Schutz der Allgemeinheit dient, sondern gerade auch den Schutz des Geschädigten vor einer Verletzung seiner Rechtsgüter bezweckt.

SELBSTORGANSCHAFT
Prinzip der Organbesetzung bei → **PERSONENGESELLSCHAFTEN**, nach dem nur Gesellschafter als Organpersonen in Betracht kommen.

STAMMEINLAGE
Einzelner Anteil am → **STAMMKAPITAL** einer GmbH.

STAMMKAPITAL
→ **GARANTIEKAPITAL** bei der GmbH; Mindestbetrag: 25.000 €.

STELLVERTRETUNG
Rechtsgeschäftliches Handeln mit Wirkung für und gegen einen anderen.

STÜCKAKTIE
→ **AKTIE**, deren Anteil am → **GRUNDKAPITAL** der AG nicht durch einen Nennbetrag o.ä. ausgewiesen ist; der in ihr verkörperte Beteiligungswert ergibt sich allein aus der Anzahl, in die das Grundkapital zerlegt wurde.

TRENNUNGSPRINZIP
Strikte Trennung von → **VERPFLICHTUNGS-** und → **VERFÜGUNGSGESCHÄFT.**

TREU UND GLAUBEN
Redliche Ansichten und Verhaltensweisen aller billig und gerecht denkenden Menschen.

UNMÖGLICHKEIT
Leistungsstörung, bei der die geschuldete → **LEISTUNG** nicht erbracht werden kann.

UNTERNEHMER
Natürliche oder → **JURISTISCHE PERSON**, die in Ausübung ihrer gewerblichen oder selbständigen beruflichen Tätigkeit → **RECHTSGESCHÄFTE** abschließt.

UNTERNEHMERGESELLSCHAFT
Sonderform der GmbH, die mit einer Stammeinlage von nur 1 € pro Gesellschafter gegründet werden kann. Faktisch wird bei der Gründung damit trotz Gewährung persönlicher Haftungsbefreiung der Gesellschafter auf ein gläubigersicherndes → **STAMMKAPITAL** verzichtet.

UNTERNEHMERISCHE MITBESTIMMUNG
Mitwirkung der Arbeitnehmer bei großen → **KAPITALGESELLSCHAFTEN** in deren → **AUFSICHTSRAT.**

VERBOTENE EIGENMACHT
Störung oder Entziehung des → **BESITZES** eines anderen gegen dessen Willen, ohne dass der Besitzer dies will oder das Gesetz dies gestattet.

VERBRAUCHER
→ **NATÜRLICHE PERSON**, die ein → **RECHTSGESCHÄFT** abschließt, das weder gewerblichen Zwecken dient noch ihrer selbständigen beruflichen Tätigkeit zugeordnet ist.

VERFÜGUNGSGESCHÄFT
→ **RECHTSGESCHÄFT**, durch das unmittelbar auf den Bestand eines Rechts eingewirkt wird, indem es übertragen, aufgehoben, belastet oder seinem Inhalt nach verändert wird.

VERPFLICHTUNGSGESCHÄFT
→ **RECHTSGESCHÄFT**, durch das man sich zu einer → **LEISTUNG** verpflichtet.

VERRICHTUNGSGEHILFE
Person, die von einem Geschäftsherrn in dessen Interesse mit einer Tätigkeit betraut worden und dabei den Weisungen des Geschäftsherrn unterworfen ist.

VERTRAG
→ **RECHTSGESCHÄFT**, das aus den inhaltlich übereinstimmenden → **WILLENSERKLÄRUNGEN** von mindestens zwei Personen besteht.

VERTRAUENSSCHADEN
→ **SCHADEN**, der daraus entsteht, dass der Geschädigte auf die Gültigkeit der → **WILLENSERKLÄRUNG** seines Vertragspartners vertraut hat.

VERTRETUNG
Rechtsgeschäftliches Handeln mit Wirkung für und gegen einen anderen.

VERTRETUNGSMACHT
Fähigkeit, → **WILLENSERKLÄRUNGEN** mit Wirkung für und gegen einen anderen abzugeben und entgegen zu nehmen.

VERZUG
Verspätete → **LEISTUNG.**

VOLLMACHT
Durch → **RECHTSGESCHÄFT** erteilte → **VERTRETUNGSMACHT.**

VORGESELLSCHAFT
Phase bei der Gründung von → **KAPITALGESELLSCHAFTEN** zwischen der Errichtung der Gesellschaft und der Eintragung ins → **HANDELSREGISTER.**

VORGRÜNDUNGSGESELLSCHAFT
Bezeichnung einer → **PERSONENGESELLSCHAFT** (GbR oder OHG), deren Geschäftsbetrieb auf eine → **KAPITALGESELLSCHAFT** übertragen wird.

VORMERKUNG
Vermerk im Grundbuch, der den Anspruch auf Erwerb des → **EIGENTUMS** an einem Grundstück sichern soll.

VORSATZ
Wissentliches und willentliches Herbeiführen einer bestimmten Folge.

VORSTAND
Geschäftsführungs- und Vertretungsorgan der AG.

WIDERRECHTLICHE DROHUNG
Unzulässige Ankündigung eines Übels für den Fall, dass der Bedrohte eine bestimmte → **WILLENSERKLÄRUNG** nicht abgibt.

WILLENSERKLÄRUNG
Private Willensäußerung, die auf Herbeiführung eines rechtlichen Erfolges gerichtet ist.

ZUGANG
Eine → **WILLENSERKLÄRUNG** ist so in den Machtbereich des Empfängers gelangt, dass dieser unter gewöhnlichen Umständen von deren Inhalt Kenntnis nehmen kann.

ZURÜCKBEHALTUNGSRECHT
Recht des → **SCHULDNERS**, seine → **LEISTUNG** so lange zu verweigern, bis der → **GLÄUBIGER** die ihm obliegende Gegenleistung erbringt.

ZWINGENDES RECHT
Verbindliche Rechtsnormen, von denen die Anwender (Vertragsparteien, Gesellschafter) nicht abweichen können.

Abkürzungen

AEUV	Vertrag über die Arbeitsweise der Europäischen Union
AG	Aktiengesellschaft
AGB	Allgemeine Geschäftsbedingungen
AGG	Allgemeines Gleichbehandlungsgesetz
AktG	Aktiengesetz
AMG	Arzneimittelgesetz
Art.	Artikel
BAG	Bundesarbeitsgericht
BGB	Bürgerliches Gesetzbuch
BGH	Bundesgerichtshof
BGHZ	Entscheidungssammlung des Bundesgerichtshofs, Zivilsachen
BtMG	Betäubungsmittelgesetz
BVerfGE	Entscheidungssammlung des Bundesverfassungsgerichts
bzw.	beziehungsweise
DepotG	Depotgesetz
d. h.	das heißt
EFZG	Entgeltfortzahlungsgesetz
eG	eingetragene Genossenschaft
e. V.	eingetragener Verein
ff.	fortfolgende
GbR	Gesellschaft bürgerlichen Rechts
GBO	Grundbuchordnung
gem.	gemäß
GenG	Genossenschaftsgesetz
GG	Grundgesetz für die Bundesrepublik Deutschland
ggf.	gegebenenfalls
GmbH	Gesellschaft mit beschränkter Haftung
GmbHG	Gesetz betreffend die Gesellschaften mit beschränkter Haftung

GoA	Geschäftsführung ohne Auftrag
HGB	Handelsgesetzbuch
ICC	International Chamber of Commerce
i. d. R.	in der Regel
i. e.	id est (das ist)
i. e. S.	im eigentlichen Sinne
InsO	Insolvenzordnung
i. S. v.	im Sinne von
i. V. m.	in Verbindung mit
KG	Kommanditgesellschaft
KGaA	Kommanditgesellschaft auf Aktien
Ltd.	Private Company Limited by Shares (Limited)
NJW-RR	Neue Juristische Wochenschrift - Rechtsprechungsreport
oHG	offene Handelsgesellschaft
ProdHaftG	Produkthaftungsgesetz
S.	Seite; Satz
s. o.	siehe oben
sog.	so genannt
StGB	Strafgesetzbuch
StVG	Straßenverkehrsgesetz
s. u.	siehe unten
UG	Unternehmergesellschaft
UmweltHG	Umwelthaftungsgesetz
usw.	und so weiter
vgl.	vergleiche
WG	Wechselgesetz
WHG	Wasserhaushaltsgesetz
z. B.	zum Beispiel
ZIP	Zeitschrift für Wirtschaftsrecht
ZPO	Zivilprozessordnung

Literatur

Gesamtdarstellungen

DÄUBLER, W. [2008]: BGB kompakt: Allgemeiner Teil – Schuldrecht – Sachenrecht, 3. Aufl., München

FÜHRICH, E. [2012]: Wirtschaftsprivatrecht: Grundzüge des Privat-, Handels- und Gesellschaftsrechts für Wirtschaftswissenschaftler und Unternehmenspraxis, 11. Aufl., München

FÜHRICH, E. [2017]: Wirtschaftsprivatrecht in Fällen und Fragen, 7. Aufl., München

KALLWASS, W. [2018]: Privatrecht. 23. Aufl., München

MEHRINGS, J. [2015]: Grundlagen des Wirtschaftsprivatrechts, 3. Aufl., München

MEYER, J. [2017]: Wirtschaftsprivatrecht. Eine Einführung, 8. Aufl., Berlin

MÜSSIG, P. [2018]: Wirtschaftsprivatrecht. Rechtliche Grundlagen wirtschaftlichen Handelns, 20. Aufl., Heidelberg

Bürgerliches Recht

BROX, H./WALKER, W.-D. [2018]: Allgemeiner Teil des BGB, 42. Aufl., Köln

BROX, H./WALKER, W.-D. [2019]: Allgemeines Schuldrecht, 43. Aufl., München

BROX, H./WALKER, W.-D. [2019]: Besonderes Schuldrecht, 43. Aufl., München

HIRSCH, C. J. [2018]: Schuldrecht Allgemeiner Teil, 11. Aufl., Baden-Baden

ISAY, H. [1899]: Die Willenserklärung im Thatbestande des Rechtsgeschäfts nach dem Bürgerlichen Gesetzbuch für das Deutsche Reich, Jena

KLUNZINGER, E. [2019]: Einführung in das Bürgerliche Recht. Grundkurs für Studierende der Rechts- und Wirtschaftswissenschaften, 17. Aufl., München

MEDICUS, D./PETERSEN, J. [2019]: Grundwissen zum Bürgerlichen Recht, 11. Aufl., München

MEDICUS, D./LORENZ, S. [2019]: Schuldrecht I. Allgemeiner Teil, 22. Aufl., München

MEDICUS, D./LORENZ, S. [2018]: Schuldrecht II. Besonderer Teil, 18. Aufl., München

PRÜTTING, H. [2017]: Sachenrecht. Ein Studienbuch, 36. Aufl., München

RÜTHERS, B./STADLER, A. [2017]: Allgemeiner Teil des BGB, 19. Aufl., München

SCHMIDT, R. [2019]: Bürgerliches Gesetzbuch. Allgemeiner Teil, 18. Aufl., Grasberg

VIEWEG, K./WERNER, A. [2018]: Sachenrecht, 8. Aufl., München
WOLF, M./WELLENHOFER, M. [2018]: Sachenrecht, 33. Aufl., München

Handelsrecht

BROX, H./ HENSSLER, M. [2016]: Handelsrecht, 22. Aufl., München
CANARIS, C.-W. [2006]: Handelsrecht, 24. Aufl., München
FISCHINGER, U. [2015]: Handelsrecht, Heidelberg
KLUNZINGER, E. [2011]: Grundzüge des Handelsrechts, 14. Aufl., München
LETTL, T. [2018]: Handelsrecht. Ein Studienbuch, 4. Aufl., München
OETKER, H. [2019]: Handelsrecht, 8. Aufl., Berlin

Gesellschaftsrecht

EISENHARDT, U./WACKERBARTH, U. [2015]: Gesellschaftsrecht I (Personengesellschaften), 16. Aufl., München
EISENHARDT, U./WACKERBARTH, U. [2018]: Gesellschaftsrecht II (Kapitalgesellschaften), 2. Aufl., München
GRUNEWALD, B. [2017]: Gesellschaftsrecht, 10. Aufl., Tübingen
HIRTE, H. [2019]: Kapitalgesellschaftsrecht, 9. Aufl., Köln
HUECK, G./WINDBICHLER, Ch. [2017]: Gesellschaftsrecht, 24. Aufl., München
HÜFFER, U./KOCH, J. [2019]: Gesellschaftsrecht, 11. Aufl., München
KÜBLER, F./ASSMANN, H.-D. [2006]: Gesellschaftsrecht, 6. Aufl., Heidelberg
RAISER, T./VEIL, R. [2015]: Recht der Kapitalgesellschaften, 6. Aufl., München
SAENGER, J. [2018]: Gesellschaftsrecht, 4. Aufl., München
SCHMIDT, K. [2017]: Gesellschaftsrecht, 5. Aufl., Köln
SCHWERDTFEGER, A. (Hrsg.) [2014]: Gesellschaftsrecht Kurzkommentar, 3. Aufl., Neuwied
WIEDEMANN, H. [1980]: Gesellschaftsrecht Band I: Grundlagen, München
WIEDEMANN, H. [2004]: Gesellschaftsrecht Band II: Recht der Personengesellschaften, München
WILHELM, J. [2018]: Kapitalgesellschaftsrecht, 4. Aufl., Berlin

Index